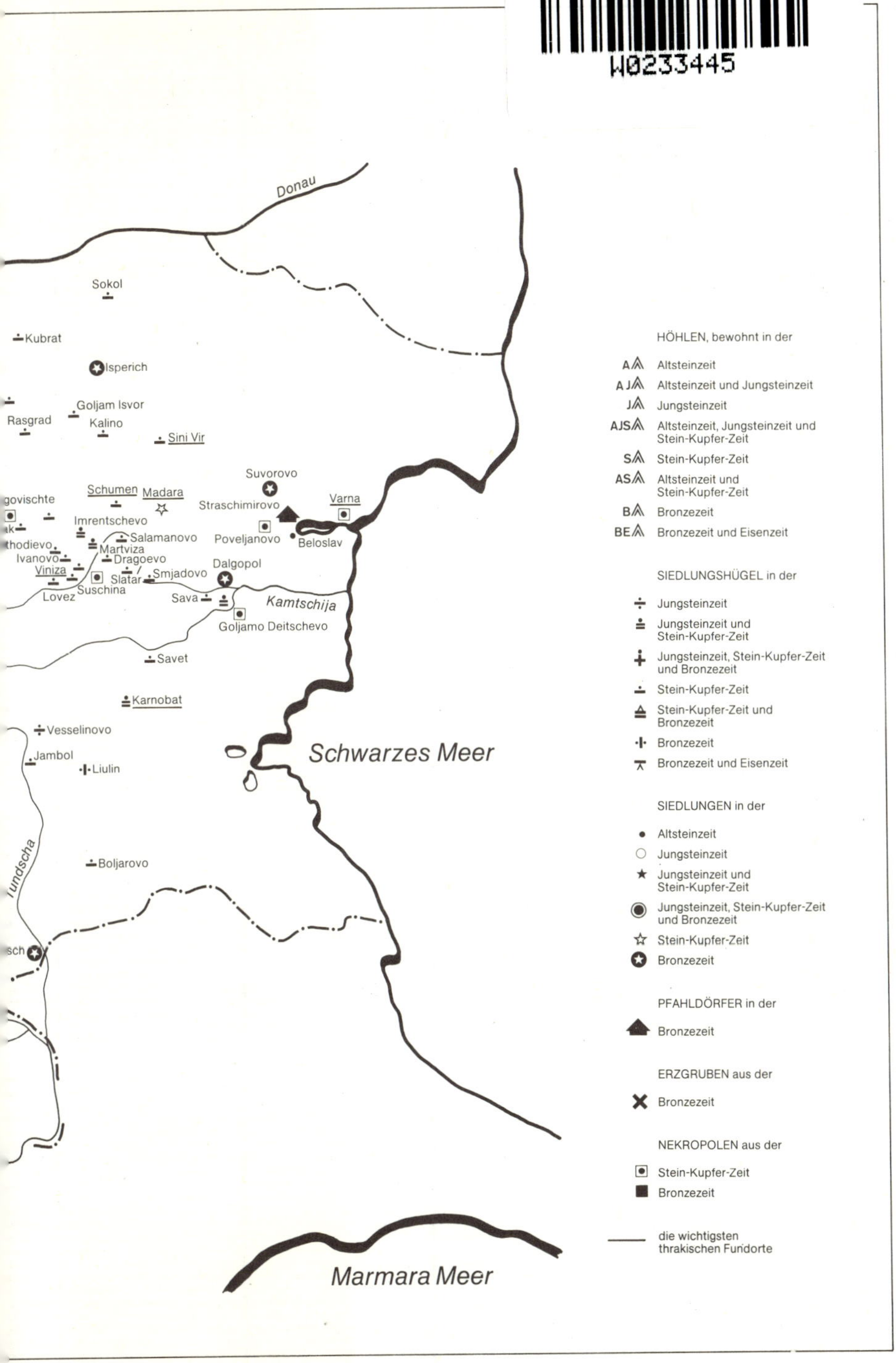

Donau

Sokol

⚊ Kubrat

✪ Isperich

Goljam Isvor
Rasgrad   Kalino

⚊ Sini Vir

Suvorovo

...govischte   Schumen Madara   ✪
⚊   ☆
...ak⚊   Imrentschevo   Straschimirovo   Varna
...thodievo⚊   Martviza   Salamanovo   Poveljanovo   Beloslav
Ivanovo⚊   Dragoevo
Viniza   Smjadovo   Dalgopol
Lovez   Suschina   Slatar   ◉
                 Sava ⚊   ⚊
                    Goljamo Deitschevo   Kamtschija

⚊ Savet

⚊ Karnobat

÷ Vesselinovo
Jambol   Liulin

Schwarzes Meer

⚊ Boljarovo

...sch ✪

Tundscha

Marmara Meer

HÖHLEN, bewohnt in der

A⋀	Altsteinzeit
A J⋀	Altsteinzeit und Jungsteinzeit
J⋀	Jungsteinzeit
AJS⋀	Altsteinzeit, Jungsteinzeit und Stein-Kupfer-Zeit
S⋀	Stein-Kupfer-Zeit
AS⋀	Altsteinzeit und Stein-Kupfer-Zeit
B⋀	Bronzezeit
BE⋀	Bronzezeit und Eisenzeit

SIEDLUNGSHÜGEL in der

÷	Jungsteinzeit
⚊	Jungsteinzeit und Stein-Kupfer-Zeit
⊥	Jungsteinzeit, Stein-Kupfer-Zeit und Bronzezeit
⚊	Stein-Kupfer-Zeit
⚊	Stein-Kupfer-Zeit und Bronzezeit
⊣	Bronzezeit
⊤	Bronzezeit und Eisenzeit

SIEDLUNGEN in der

●	Altsteinzeit
○	Jungsteinzeit
★	Jungsteinzeit und Stein-Kupfer-Zeit
◉	Jungsteinzeit, Stein-Kupfer-Zeit und Bronzezeit
☆	Stein-Kupfer-Zeit
✪	Bronzezeit

PFAHLDÖRFER in der

Bronzezeit

ERZGRUBEN aus der

✕	Bronzezeit

NEKROPOLEN aus der

◉	Stein-Kupfer-Zeit
■	Bronzezeit
—	die wichtigsten thrakischen Fundorte

Siegert
Wo einst Apollo lebte

Heinz Siegert

Wo einst Apollo lebte

Das geheimnisvolle Volk
der Thraker

Econ Verlag · Wien · Düsseldorf

Fotonachweis:
Sämtliche Fotos hat der Autor
zur Verfügung gestellt

Inhalt

Ein Wort des Dankes

möchte ich allen Damen und Herren der historischen und archäologischen Institute in Bulgarien und Rumänien sagen, die mich in meiner Arbeit bereitwillig unterstützt haben.

Mein besonderer Dank gilt Herrn Prof. Dr. Alexander Fol, dem Direktor des Thrakologischen Instituts, und Herrn Prof. Dr. V. Velkov von der Universität Sofia sowie den Herren Professoren Dr. D. Berciu und V. Babeş vom Archäologischen Museum in Bukarest, die mir in uneigennütziger Weise stets mit fachkundigem Rat zur Seite standen. Ihren Anregungen habe ich viel zu verdanken.

Nicht zuletzt gilt mein Dank meiner langjährigen Sofioter Mitarbeiterin, Frau Diplomkaufmann Rosa Schopowa, die mir bei der Sichtung, Wertung und der Übersetzung des bulgarischen Quellenmaterials behilflich war. Frau Professor Doris Seiferth (Sighişoara, Rumänien) hat mir wissenschaftliches Material aus dem Rumänischen, Russischen und Französischen übersetzt und mit großer Sorgfalt für meine Arbeit aufbereitet. Ihr verdanke ich auch die gewissenhafte Erstellung der Zeittafel und der umfangreichen Bibliographie.

Der Autor

Vorwort

Geheimnisvolles Thrakien

Die Thraker sind ein »versunkenes Volk«, und lange Zeit war Thrakien ein Land, das den Historikern nur aus der griechischen Mythologie und Geschichte bekannt war. Ein rätselhaftes Land, das von der Wissenschaft nur fragmentarisch erfaßt werden konnte, weil eine umfassende Erforschung des thrakischen Altertums erst der Zeit nach dem Zweiten Weltkrieg vorbehalten blieb.

Die Thraker besiedelten in den ersten zwei vorchristlichen Jahrtausenden große Teile der Balkanhalbinsel und Kleinasiens. Es ist faszinierend, ihren archäologischen Spuren zu folgen, die immer wieder zu neuen und unerwarteten Entdeckungen führen: Da sind beispielsweise die Tontafeln von Gradeschniza in Bulgarien zu erwähnen, die zu den ältesten Schriftdenkmälern der Welt zählen. Die Schriftzeichen auf diesen Tafeln sind zur selben Zeit entstanden wie jene der Sumerer, also etwa viertausend Jahre v. Chr. und rund eintausend Jahre vor der Entstehung der minoisch-kretischen Liniar-B-Schrift, die bisher als die älteste europäische Schrift galt.

Zum anderen muß der sensationelle Goldfund von Varna im Jahre 1972 genannt werden, der für die Geschichte des Altertums den gleichen Stellenwert hat wie die Entdeckungen von Troja und Mykene. Die in einer Nekropole mit symbolischen Bestattungen als Grabbeigaben gefundenen Armreifen, Diademe und Kultgegenstände aus purem Gold wurden etwa in den Jahren um 3200 v. Chr. von Goldschmieden unbekannter Herkunft geschaffen. Sie wurden zu einer Zeit hergestellt, in der in Ägypten die ersten Dynastien gegründet wurden und im übrigen Europa noch tiefste Steinzeit herrschte. Die Goldschätze von Varna decken den Schimmer einer historischen Epoche auf, von der man bisher so gut wie gar nichts wußte. Sie bestätigen, daß im Westen und Süden des Schwarzen Meeres – und das ist der thrakische Zentralraum – schon zwei Jahrtausende vor der griechischen Kolonisation Stämme mit hohen Zivilisationsformen lebten, aus denen sich in einem langwierigen Migrationsprozeß die drei großen thrakischen Stammesgemeinschaften der Thraker, der Daker-Mösier und der Phryger entwickelt haben.

Heinz Siegert

Auf den Spuren der Thraker

Beim Morgengrauen wurde ich wachgetrommelt. Ein alter Trommler zog durch das Dorf. Die Bewohner des kleinen Ortes im bulgarischen Strandja-Gebirge hatten auf diesen Weckruf nur gewartet. Festlich gekleidet strömten sie kurze Zeit später in Richtung einer kleinen Kapelle, in der die einzige bulgarische Feuertänzerin, wie von einem geheimen Zauber gebannt, auf die dort aufgestellten Ikonen starrte. Ministranten schwenkten den Weihrauchkessel, und vor der Kapelle versammelten sich Trommler und Dudelsackbläser.

»Ich werde verrückt, wenn ich diese monoton-rhythmische Musik noch länger hören muß«, flüsterte meine Begleiterin, eine junge Ärztin aus Burgas, die mir von der Kulturabteilung des Außenministeriums in Sofia für diesen Besuch zugeteilt worden war.

Die Trommeln wirbeln jetzt in rasendem Tempo. Zaghaft, wie im Trancezustand löst sich die Nestinarka aus der Erstarrung und beginnt vor der Kapelle zu tanzen. Es ist das Fragment eines Tanzes. Doch plötzlich windet sie sich wie von Dämonen besessen in qualvollen Krämpfen, und ihr Gesicht wird bleich, um nach einigen Augenblicken dunkelrot anzulaufen. Ihre Muskeln spannen sich, sie zittert am ganzen Leib, und ihre Hände sind bleich vor Kälte. Nur das Herz pocht. Man glaubt es zu hören. Und ihr Mund stößt quälende Klagen aus. Klagen, die verraten, daß hier ein Mensch Todesängste erleidet.

Gebannt und zutiefst aufgewühlt verfolgen die Dorfbewohner den Leidentanz der Nestinarka, bis diese vor Erschöpfung ohnmächtig vor den Ikonenbildern zusammensinkt.

Meine Begleiterin wischt sich den kalten Schweiß von der Stirn: »Ekstase, ein erstaunlicher Fall von religiösem Ekstasetanz, ähnlich jenem frühchristlicher und islamischer Sekten.«

Am Nachmittag beginnen die Vorbereitungen für den Höhepunkt des Festes, den »Tanz auf dem Feuer«. Auf dem Dorfplatz wird nach einem genau vorgeschriebenen Zeremoniell ein Holzstoß entfacht. »Als Gott sich einsam fühlte, machte er ein großes Feuer«, sinniert ein alter Mann. »Die Feuertänzer«, so meint er, »erhalten durch den Tanz auch die Gabe, Kranke zu heilen und die Zukunft zu deuten.« Das erinnert mich an andere ekstatische Tänzer, die rumänischen »Caluşarii«, deren Tanz ich im oltenischen Scornicesti selbst erlebte. Die »Caluşarii« geraten durch den infernalischen Rhythmus, durch das blitzschnelle Aufstampfen der Füße, das Stoßen der Tanzstöcke auf den Boden und ihre kurzen Schreie in Ekstase, die, durch die hypnotischen Kräfte ihres »Vâtafs« (Vortänzer) verstärkt, eine gewaltige suggestive Wirkung auf die Zuschauer ausübt. Die »Caluşarii« waren noch bis vor dem Zweiten Weltkrieg in Männerbünden organisiert und verpflichtet, einmal im Jahr eine Woche lang – meist vor Pfingsten zur Zeit der »Rusalien« (Waldfeen) – für die Unterhaltung der Menschen zu tanzen und durch besondere magische Tänze zur Heilung der Kranken beizutragen. Das Wort »Caluşarii« bedeutet soviel wie »die kleinen Pferde« und weist auf die uralte Herkunft des Tanzes hin: Bei den alten Thrakern galt nämlich das Pferd als heiliges Tier, und manche Stämme sahen in diesem die höchste Inkarnation des Menschen.

»Ich weiß nicht, Fremder«, fuhr der alte bulgarische Bauer fort, »ob Ihr dies verstehen könnt: Das Feuer wird unsere Krankheiten verbrennen, und der Tanz der Nestinarka wird uns Glück bringen.« Ein Gongschlag beendet unser Gespräch. Ringsum wird es still. Von der Nestinarken-Kapelle her nähert sich eine kleine Prozession. An der Spitze geht der Ikonenträger, begleitet vom Schreien des Dudelsacks und dem Dröhnen der Trommel. Dahinter folgt die Feuertänzerin. Schlangenstarr blickt sie in die züngelnde Glut. Der Ikonenträger umschreitet den feurigen Rost. Die Nestinarka nähert sich dem Feuer. Spannungsgeladene Ruhe. Der Dudelsack schrillt auf, die Trommel wirbelt, und die Nestinarka springt mit dem durch Mark und Bein gehenden, von uralten Instinkten entfesselten Schrei »Waach, waach!« in die Glut. Ein Aufatmen geht durch die Zuschauer. Das Gesicht der Feuertänzerin ist bleich und starr wie das einer Toten. Nur die Hände kreisen nach allen Seiten: der hilflose Flügelschlag eines sterbenden Vogels. Die Nestinarka tanzt auf dem glühenden Holzkohlenrost.

Die Feuertänzerin spürt den Schmerz nicht. Sie tritt auf der anderen Seite aus dem Feuer, wendet sich um und springt mit einem neuerlichen wilden Aufschrei zurück in die Kohlenglut. Ihr Tanz wird bewegter, das Spiel der Musikanten fieberhafter. Als wolle sie das Feuer austreten, so stampft sie nun mit aller Wucht in die Glut.

Dann reißt sie sich los, eilt aus dem Feuer und nimmt mit zitternden Fingern das Bild des heiligen Konstantin, das ihr einer der Ikonenträger entgegenhält. Sie drückt das Bild mit zärtlicher Gebärde an ihren Körper und eilt, als könne ihr nun nichts mehr geschehen, zum Kohlenrost zurück. Ihr Tanz gilt nun dem heiligen Konstantin. Es ist der Tanz einer Erlösten. Nach ungefähr zehn Minuten tritt sie aus dem Feuer. Zaghaft nähert sie sich den Ikonen, küßt diese und kehrt sicheren Schrittes in ihr Haus am Rande des Dorfes zurück.

Wir saßen am Abend dieses 21. Mai, des Tages des heiligen Konstantin und der heiligen Elena, noch lange mit dem Popen und einigen Dorfbewohnern zusammen. Draußen auf dem Platz loderte das Nestinarkenfeuer noch hoch auf. Tanz wechselte mit Gesang. Aus dem kultischen Geschehen war ein Volksfest geworden. »Ich konnte keine Brandwunden an ihren Beinen feststellen«, begann die Ärztin. »Und solche Feuertänzer gibt es auch bei anderen Völkern. Es muß ein System dahinterstecken. Einige Forscher sind der Meinung, daß die Feuertänzer ihre Fußsohlen mit geheimgehaltenen Schutzmitteln bestreichen, andere, daß das Nichtverwundetwerden auf das psychische Spiel vor dem Feuertanz zurückzuführen ist, bei dem sich eine Schweißschicht bildet, die Verbrennungen verhindert. Die Wahrheit hat noch niemand entdeckt. Ich weiß sie auch nicht.«

»Vielleicht wird die Wissenschaft einmal hinter das Geheimnis des Feuertanzes kommen«, meinte der Pope nachdenklich, »aber ob sie damit auch hinter das Geheimnis der Kraft des Glaubens kommt, scheint mir fraglich.« Wir schwiegen.

Der Ursprung des bulgarischen »Tanzes auf dem Feuer« wird mit den Einflüssen kleinasiatischer Feuerkulte und des Kybele-Kultes, eines Vorläufers des Dionysos-Kultes, in Verbindung gebracht. Zwar später von christlichen Kultelementen beeinflußt, ist der Nestinarkentanz durch seine unverändert gebliebenen Grundkomponenten – die Musik, der Tanz und das Feuer – dennoch bis in unsere Zeit in seinem Wesen ein kleinasiatisch-heidnischer Kult geblieben.

Davon war auch ein indischer Ethnograph überzeugt, den ich einige Jahre später in der Nähe des Strandja-Gebirges im alten Schwarz-

meerstädtchen Achtopol kennenlernte, wo er nach den Spuren und
Beweisen einer gemeinsamen indisch-bulgarischen Vergangenheit
suchte. Das Strandja-Gebirge liegt auf dem Weg zu den Meerengen,
die Europa von Asien trennen und an deren beiden Küsten schon im
frühen Altertum thrakische Stämme siedelten. Der Bosporus hieß in
der Antike »Thrakischer Bosporus«, und die Dardanellen (Hellespont) verdanken ihren Namen dem thrakischen Stamm der Dardaner.

Die Annahme einer ethnischen Verbindung zwischen den Thrakern
und den Indern in frühgeschichtlicher Zeit ist heute bereits mehr als
nur eine wissenschaftliche Hypothese. Trotz der großen Entfer-
nung und der unterschiedlichen historischen Entwicklung sind in
der Lebensweise und der Psyche beider Völker viele Parallelen
festzustellen. Die Ähnlichkeit zwischen dem Feuertanz im Strandja-
Gebirge und demjenigen in den Steppen Radschastans ist verblüffend; und viele als typisch bulgarisch geltende bäuerliche Gefäße
und Arbeitsgeräte sind in vielen Gebieten Westindiens ebenso
gebräuchlich.

Wie in Bulgarien ist es auch in Radschastan üblich, an einem
bestimmten Frühlingstag die Bäume und Häuser zu schmücken,
Feuer zu entfachen, rituelle Bäder zu nehmen und an den Bäumen
Schaukeln aus Rindengeflecht anzubringen, in denen die Mädchen
von den Burschen geschaukelt werden. In Bulgarien wie auch in
Rumänien heißt dieser Tag »Georgi-Den« bzw. »Sîngiorzul«, also
der Tag des heiligen Georg (dem beispielsweise im bulgarischen
Brauchtum eine größere Bedeutung zukommt als dem Weihnachts-
fest). Das Brauchtum am Georgstag ist in beiden Balkanländern
ebenso vielfältig und spektakulär wie in Indien. Es wird in Bulgarien
vor allem in den Rhodopen und im Strandja-Gebirge, in Rumänien
besonders in Siebenbürgen gepflegt. Waren die Volkskundler noch
bis vor einigen Jahren der Meinung, daß es sich beim St.-Georgs-
Kult um ein vorwiegend christliches Brauchtum mit gewissen
heidnischen Überlieferungen handelte, so weiß man heute, daß die
Wurzeln dieses Brauchtums in der thrakischen Vergangenheit, im
Dionysos-Kult, liegen. Der »Georgstag« ist ein heidnisches Früh-
lingsfest, ein Fest des Wachstums und der Fruchtbarkeit, bei dem

Feuer und Wasser eine dominierende Rolle spielen. In Rumänien läßt man von den Höhen der Karpaten Feuerräder in die Täler rollen, und in den bulgarischen Rhodopen »baden« Frauen und Mädchen im Morgengrauen des Georgstages nackt im Tau der Bergwiesen. Doch nicht nur von den Vorfahren der heutigen Bulgaren und Rumänen, den thrakischen Odrysen, Bessen, Mysern, Dakern oder Geten, weisen ethnische Spuren weit nach Osten – manche Wissenschaftler sind der Auffassung, daß thrakische Elemente über Indien hinaus bis nach China zu finden sind –, sondern auch von den anderen Stämmen des thrakischen Raumes, der in seiner vorhistorischen Zeit vermutlich vom Schwarzen Meer bis zur Adria und vom Pruth bis zur Ägäis reichte. So markieren archäologische Wegzeichen heute eindeutig eine Verbindung zwischen den Thrakern und Kleinasien, Ägypten und den ägäischen Inseln in der frühen Bronzezeit. Die seit dem Ende des Zweiten Weltkrieges von den Linguisten mühsam erforschten Saumpfade in die thrakische Vergangenheit sind der archäologischen Forschung vorausgeeilt: Sie eröffnen überraschend viele neue Perspektiven und haben die Vergangenheit der Bevölkerung im thrakischen Raum bis zum Jahr 5000 v. Chr. als ethnische Einheit ausgelotet.

Kleiner Ausflug in die Vorgeschichte

Je tiefer wir versuchen, in die Geschichte Europas einzudringen, desto geringer und farbloser wird unser Wissen. Dies trifft im besonderen auf jene Völker zu, die außerhalb des Lichtkreises der griechisch-römischen Antike lagen, also auch auf die Thraker, die uns erst durch die griechischen und römischen Geschichtsschreiber und Geographen bekannt geworden sind. Doch auch diese Berichte (sehen wir von den Epen Homers einmal ab) beschäftigen sich in erster Linie mit den Thrakern der Antike. Was vorher war, wußten auch die alten Griechen nicht. Den Sprachforschern und Archäologen unserer Zeit blieb es vorbehalten, auch die vorgeschichtliche Zeit der Thraker aufzuhellen. Noch ist vieles nicht bis ins Detail geklärt, noch fehlen mitunter die Ergebnisse der archäologischen Forschung, die als solide Bausteine die kühnen Konstruktionen der Linguisten untermauern und festigen könnten. Dennoch zeichnen sich bereits kraftvolle Konturen der Vorgeschichte jener Bewohner Südosteuropas ab, von denen wir heute mit Gewißheit sagen können, daß sie dem ägäischen Raum vor den Griechen seine ethnische Basis gaben. Übereinstimmung herrscht in der prähistorischen Wissenschaft auch darüber, daß die Thraker der großen indoeuropäischen – die deutschen Archäologen verwenden dafür die Bezeichnung »indogermanisch« – Völkerfamilie zuzuzählen sind.

Auf der Suche nach der vorhistorischen Vergangenheit der Thraker stießen die Archäologen, Anthropologen und Linguisten im thrakischen Raum unvermutet auch auf Spuren, die zu völlig neuen Erkenntnissen und einem Umdenken hinsichtlich der Herkunft der indoeuropäischen Stämme und der Entstehung ihrer Ursprache geführt haben.

Im 19. Jahrhundert vermuteten die Historiker die Heimat der Indoeuropäer – damals wurden diese als Arier bezeichnet – im fernen Asien. In einer 1874 erschienenen »Geschichte des Altertums« steht zu lesen: »Zu den Völkern, welche für die moderne Kultur von besonderer Bedeutung geworden sind, ist auch jener große Volksstamm, dem wir selbst angehören, die Arier, zu rechnen. Es ist eine Errungenschaft der vergleichenden Sprachwissenschaft, die Zusammengehörigkeit dieses Volksstammes entdeckt zu haben, dessen

Siedlungsgebiete vom Brahmaputra bis zu den Küsten des atlantischen Ozeans reichen und der überall Herr und Gebieter der übrigen Volksstämme geworden ist. Wir nennen diesen Volksstamm die Arier, weil dessen Angehörige in Asien sich selbst als Arja (die Trefflichen) bezeichneten.

Wo das kleine Hochland Vorderasiens mit dem größeren Hinterasiens zusammentrifft, nämlich am Hindukusch, Borlothag und dem alten Imaus, erhebt sich an den Quellen und am Lauf des Amu-Darja (Oxus) ein weidenreiches Hochland, kühl und waldig, wo in den Tälern zwar Ackerbau betrieben wird, das jedoch weithin von Wüsten und Steppen umschlossen ist. Hier wechseln sich glühende Hitze im Sommer und schneidende Kälte mit Schneestürmen im Winter ab.

Dieses Hochland war der alte Sitz der Arier, die sich von hier aus in südöstlicher, südlicher und westlicher Richtung verbreitet haben. Die Bewohner waren Hirten und Jäger. Sie beherrschten bereits die Grundformen des Ackerbaues. Gemeinsam waren allen diesen arischen Stämmen Götternamen und Götteranschauung; ferner die Bezeichnungen des »seins« (Verbum und Substantiv), der Haupttätigkeiten, der einfachen Verwandtschaftsgrade sowie die wichtigsten Benennungen, die das Hirtenleben, den Häuserbau, das Schmieden, die Waffen, den Wagen, die Ehe und die Zahlen betreffen.

Ihre Religion war, wie die der Semiten, eine Naturreligion, die den Gegensatz von Licht und Finsternis, Regen und Dürre hervorhob; aber sie war erhabener und reiner als diese. Von dem gemeinsamen Stamm trennten sich die Kelten zuerst und traten die Wanderung nach Westeuropa an; Slawen zogen nach Osteuropa, der latinisch-griechische Stamm nach den Küstenländern des adriatischen Meeres, während die Germanen sich lange an den Küsten des Schwarzen Meeres aufhielten. Am längsten miteinander verbunden blieben die späteren Stämme der Inder, Meder und Perser, bis auch hier, wie es scheint, eine religiöse Spaltung zur Trennung der Stämme führte. Ein Teil von ihnen (bei den Griechen hießen sie Sogdianer, Baktrier, Hyrkanier und Arachosier) siedelte sich in den nördlich und westlich vom Hindukusch gelegenen Gebirgslandschaften an; der andere zog weiter, durchwanderte die südwestlichen Pässe dieses Gebirges und bemächtigte sich der fruchtbaren Landstriche an den Ufern des Indus. Jene, auch Iranier (oder nach ihrer heiligen Sprache Zend-Volk) genannt, entwickelten mit der Zeit ein Kulturleben, das dann ihre Überwinder, die Meder und Perser, von ihnen übernahmen; diese – die bei den übrigen Völkern der alten Welt nach dem Hauptfluß ihres Landes den Namen Inder oder Hindus führten – wurden die Schöpfer jenes ausgeprägten Religionswesens, jener eigentümlichen Staats- und Rechtsformen, jener merkwürdigen Sanskritliteratur, die wir noch jetzt in ihren Resten und Überlieferungen bewundern.«

So einfach, so einleuchtend schien damals, vor hundert Jahren, die Herkunft der indoeuropäischen Arier zu sein. Heute werden als Arier nur die Ost-Indoeuropäer bezeichnet, die nach der vorherrschenden wissenschaftlichen Meinung im 2. Jahrtausend v. Chr. nach Mittelasien eingedrungen sind.

Doch je stärker sich die Wissenschaft dieses Themas annahm, je gründlicher sie sich mit den Indoeuropäern auch jener Gebiete beschäftigte, die bis zum Ende des Zweiten Weltkrieges in dieser Hinsicht eine historische Terra Inkognita darstellten, desto komplizierter wurde die Antwort auf die Frage, woher sie denn nun wirklich kamen, diese Kelten, Illyrer, Thraker, Griechen, Lateiner, Germanen, Skythen und andere. Sicher weiß man bis heute nur, daß die Indoeuropäer eine gemeinsame Ursprache hatten und daß der Prozeß ihrer Expansion wesentlich früher angesetzt werden muß, als man bisher angenommen hat – vermutlich schon in Verbindung mit der Voreiszeit. Diese Expansion erstreckte sich über mehrere tausend Jahre.

Rumänische, sowjetische und bulgarische Forscher haben eine sehr starke Expansion indoeuropäischer Stämme im frühen Neolithikum, und zwar zu Beginn des 6. Jahrtausends, nachgewiesen. Bisher hatte man diese Expansion wesentlich später, nämlich im 3. und 2. Jahrtausend, vermutet. Nach diesen Forschungsergebnissen muß auch die Differenzierung der indoeuropäischen Teilsprachen wesentlich früher erfolgt sein. Man nimmt an, daß dies etwa im 3. Jahrtausend v. Chr. geschehen ist. Hinsichtlich der Frage aber, wo

die gemeinsame Urheimat dieser sich entwickelnden indoeuropäischen Stämme und Völker lag, herrscht nur in der Negation Übereinstimmung: nicht im Norden Europas, wo sie die Wissenschaft vor allem während der Jahre zwischen den beiden Weltkriegen angesiedelt hatte. Heute vertritt ein Großteil der Archäologen die Meinung, daß die Urheimat der Indoeuropäer in den südrussischen Steppen zwischen Dnjepr und dem Kaspischen Meer zu suchen ist. Sowjetische Gelehrte haben nachgewiesen, daß die Steinzeitkultur in diesem Raum einer lang anhaltenden Evolution unterworfen war, die zur Formung jener sprachlichen Elemente beigetragen hat, die später als typische Merkmale der Indoeuropäisierung angesehen wurden. Hinzu kommt, daß in diesem Raum nachweisbar Hirtenvölker lebten, deren ständiger Bedarf an neuen Weideplätzen sie zu einer permanenten Expansion nach allen Richtungen hin zwang. Deutsche Prähistoriker vermuten das Zentrum der Indoeuropäer hingegen im Tiefland zwischen der Oder und dem Unterlauf der Wolga, während die Forschungen der Linguisten Georgiev (Bulgarien) und Bernstein (USA) auch Zentraleuropa nicht mit absoluter Sicherheit ausschließen. Der bekannte rumänische Historiker Pârvan wiederum bezeichnet den dakisch-illyrisch-thrakischen Raum als »die Wiege der vor- und protohistorischen Zivilisationen«. Auf keinen Fall seien diese Kulturen zuerst in Italien, Griechenland oder Kleinasien entstanden. »Die Herkunft der Italiker, Griechen und Asiaten im 3. und 2. Jahrtausend führt uns«, so Pârvan, »nach den neuesten wissenschaftlichen Erkenntnissen in den Donauraum.«
Wenn es auch, wie der deutsche Historiker Ernst Kirsten behauptet, müßig ist, die »Heimat der Indogermanen zu suchen, weil die Differenzierung der Teilsprachen so früh eingesetzt hat, daß der erschließbare gemeinsame Wortschatz der urindogermanischen Sprache nicht mehr ein einheitliches Wohngebiet erweisen kann«, so verlocken die jüngsten Forschungsergebnisse in Südosteuropa dennoch zu einer neuen Hypothese. Folgt man nämlich den Linguisten, die eine breite urindoeuropäische Sprachbasis in Europa festgestellt haben, dann ist es nicht nur denkbar, sondern wahrscheinlich, daß sich in mehreren geographisch und klimatisch günstig gelegenen

europäischen Gebieten starke indoeuropäische Ballungszentren entwickelt haben, von denen aus – voneinander unabhängig – Wanderungen und Einbrüche in die dünnbesiedelten Landstriche Europas erfolgten. Solche indoeuropäische Zentren könnten dann in Südrußland, an der Oder, aber auch im Karpaten- und Donauraum bestanden haben.

Die ersten Menschen

Wann der erste Mensch im thrakischen Raum aufgetaucht ist, vermag heute niemand mehr mit Gewißheit zu sagen. Seine fragmentarischen Spuren lassen sich bis in die ältere Altsteinzeit (bis etwa 200 000 Jahre) zurückverfolgen. Die ältesten bisher in Bulgarien und Rumänien gemachten Funde stammen aus der sogenannten Acheuléen-Periode (vor 200 000 Jahren). Funde, die etwa hunderttausend Jahre zurückliegen, wurden entlang der Donau bei Svischtov, Russe und Tutrakan gemacht. Die mittlere Altsteinzeit, das Paläolithikum (100 000 bis 40 000 Jahre), ist durch zahlreiche Höhlenfunde im heutigen Bulgarien, Rumänien, Griechenland und Jugoslawien belegt.

Von den ältesten Menschen, den Paläanthropen, wurden in Südosteuropa bisher nur an zwei Stellen Überreste entdeckt: 1895 in Krapina bei Zagreb (Jugoslawien) und 1960 in Petralona bei Saloniki (Griechenland). In Krapina wurden Schädel- und Skelettreste von rund 30 Personen im Alter von einem bis fünfzig Jahre gefunden. Man nimmt an, daß diese »ersten Menschen« von Krapina noch Kannibalen waren, die zwei verschiedenen Rassen angehörten, von denen die weiterentwickelte die primitivere getötet und verzehrt hat. Die Urmenschen von Krapina waren Jäger und Sammler. Wahrscheinlich haben sie vor etwa 30 000 bis 40 000 Jahren gelebt.

Der Paläoanthropusschädel von Petralona wurde in einer Höhle gefunden, in deren rötlichem Erdreich auch Überreste von einem Nashorn, einem Edelhirsch sowie von Höhlenbären, Füchsen, Hyänen und sogar von einem Pferd entdeckt wurden. Unter den Anthropologen ist bezüglich der Zuordnung dieses Schädels ein heftiger Streit darüber entbrannt, ob dieser nämlich einem weiblichen Homo sapiens oder einem weiblichen Neandertaler gehört hat. Im Mesolithikum, also der Zeitspanne zwischen Alt- und Jungstein- zeit, kam es auf der Balkanhalbinsel auf Grund einer fortschreiten- den Erwärmung zu einer starken Veränderung des Klimas. Bis vor kurzem hat man diese Zeit als Hiatus, als eine große Unterbrechung des Lebens betrachtet. Doch dann haben Höhlenfunde, die beim Bau des jugoslawisch-rumänischen Donaukraftwerkes am Eisernen Tor freigelegt wurden, das Gegenteil bewiesen: Das Leben dauerte auch zwischen dem Paläolithikum und dem Neolithikum an, war jedoch Wandlungen unterworfen, und nur der Mangel an Beweis- stücken hatte auf eine Unterbrechung schließen lassen.

Eine dieser neuentdeckten Kulturen – in Schela Cladovei neben der Donaustadt Turnu-Severin – besteht aus drei verschiedenen Peri- oden: Die erste ist durch einen deutlichen Verfall der Feuerstein- bearbeitung und das Aufkommen der Quarzitbearbeitung gekenn- zeichnet. In der zweiten Periode tauchen verschiedene Geräte aus Hirschgeweih auf, so u. a. auch Pflanzstöcke und pflugscharähnli- che Gegenstände. Zusammen mit diesen Geräten wurden in Schela Cladovei auch primitive Kultgegenstände mit einfachen geometri- schen Ziermotiven – wie sie heute noch bei den Holzschnitzereien der rumänischen Hirten üblich sind – gefunden.

Die Menschen beschäftigten sich mit Früchtesammeln und Fischen; Ackerbau und Viehzucht kamen auf. Die ersten Jägergruppen wurden gebildet, um gemeinsam das kleinere Wild zu jagen. Das Großwild starb aus.

Die dritte Periode weist, den Funden nach zu schließen, auf eine fortgeschrittene Seßhaftigkeit der Menschen hin. So wurden die Feuerstellen immer wieder an derselben Stelle errichtet und die Toten in ihrer unmittelbaren Umgebung in flachen Gruben beer- digt. Die Geräte aus dieser Periode lassen den Schluß zu, daß sich die Bewohner bereits intensiv mit dem Pflanzenbau beschäftigt haben. Wahrscheinlich wurden zuerst Wurzelgemüse, Pflanzen mit Pfahl- wurzeln oder Knollen und eßbare Früchte tragende Pflanzen ange- baut. Es gab auch schon Haustiere: den Hund, eine zahme Auerochs- en- und eine gezähmte Wildschweingattung.

Die weltweite Bedeutung der archäologischen Funde vom Eisernen

Tor sieht der rumänische Gelehrte Vasile Boroneamț in der Lösung
von drei Fragen, die die Archäologen der Welt bisher besonders
beschäftigten. Die erste Frage bezieht sich auf die Art, wie der
Ackerbau erstmalig erschien und wie er sich in Europa ausdehnte.
Die bisher vertretene Annahme, wonach Feldbau im Umkreis der
Wohnungen erstmalig in Westasien oder Kleinasien betrieben wurde, bedarf einer Korrektur. »Unsere Grabungsfunde beweisen einen
primitiven Feldbau, der zwar nicht das Niveau des asiatischen
erreichte, aber dennoch den damals höchsten Stand in Europa
verzeichnete.«
Mit dieser ersten Frage steht nach Ansicht des rumänischen Forschers auch die zweite, nämlich die nach den materiellen und
kulturellen Beziehungen zwischen Europa und dem nahen Asien, in
engem Zusammenhang. Die Funde von Schela Cladovei wie auch
jene aus früheren Kulturen beweisen eindeutig die kontinuierliche
Verbindung mit dem europäischen Paläolithikum. Vorsichtig deutet
Vasile Boroneamț etwas an, was von anderen Forschern bereits als
eine wissenschaftliche Sensation gewertet wird: »Es besteht die
Möglichkeit, daß diese Kulturen in einer noch älteren Periode auch
Westasien beeinflußten.«
Die dritte Frage betrifft die Kunstgegenstände der Kultur von Schela
Cladovei, die durch ihre abstrakt-geometrischen Ornamente in
einem direkten Zusammenhang mit dem europäischen Jungpaläoli-
thikum stehen. Auch hier wird eindeutig der Nachweis erbracht,
daß die kulturelle Entwicklung zwischen der Alt- und Jungsteinzeit
nicht unterbrochen, sondern fließend war. »Was in dieser Zeitspanne anhand der Funde besonders auffällt und für die Menschheit
wichtig ist, ist die Entwicklung des Menschen. Aus einem Sklaven
der Natur wurde allmählich der Entdecker ihrer Geheimnisse, aus
dem Verbraucher von Rohstoffen wurde der Produzent materieller
Güter«, meint Vasile Boroneamț. Archäologische Zeugnisse dieser
Zeit wurden in geringerem Umfang auch in Bulgarien, in Bosnien-
Herzegowina, Dalmatien, Montenegro und in Griechenland entdeckt.
Ergiebiger für die Archäologen ist die Jungsteinzeit in Südosteuropa. Sie wird in Bulgarien, Jugoslawien und Rumänien seit dem

Kriegsende systematisch erforscht. Die Regierungen dieser Länder stellten dafür große finanzielle Mittel zur Verfügung. Die Ergebnisse blieben nicht aus. Neue Kulturen wie etwa jene von Karanovo in Südbulgarien, Kremikovzi (bei Sofia) und Starčevo in Jugoslawien – aus der sich später die Vinča-Durdas-Kultur südlich und nördlich des Eisernen Tores entwickelte – wurden entdeckt.

Gegen Ende des Neolithikums reichte beispielsweise die Kultur von Karanovo bis zu den Küsten des Ägäischen Meeres. Alle diese Funde erzwangen ebenfalls eine entscheidende Revision früherer Auffassungen: Die alte Theorie von der nördlichen oder mitteleuropäischen Herkunft der Jungsteinzeitkulturen wurde endgültig verworfen. Heute weiß man, daß die Bevölkerung der Balkanhalbinsel durch eine lang andauernde innere Evolution von sich aus die Voraussetzung für den Eintritt in die Jungsteinzeit schuf, deren wirtschaftliche, gesellschaftliche und kulturelle Entwicklung später durch eine stufenweise Einwanderung von Steinzeitmenschen aus Kleinasien – etwa im 5. Jahrtausend v. Chr. – noch beschleunigt wurde.

Während der Stein-Kupfer-Zeit (Aeneolithikum) haben sich im südöstlichen Teil der Balkanhalbinsel aus den verschiedenen neolithischen Kulturen größere Kulturgebiete entwickelt, die ebenfalls weitgehend lokalisiert werden konnten. Es sind das in Bulgarien die Kulturen von Karanovo in Süd- und Nordostbulgarien und von Gniljane-Krivodol in West- und Nordwestbulgarien; in Rumänien handelt es sich um die Kulturen von Boian und Gumelniţa in Muntenien, von Sălcuţa in Oltenien und die Cucutenikultur in Siebenbürgen und der Moldau; in Serbien und Teilen Makedoniens entstand die Bubanj-Kultur sowie in Griechenland die Kultur von Larissa-Rachmani.

Weiße Hand auf rotem Grund

Vor einigen Jahren stießen Arbeiter beim Bau des größten Stahlwerkes Bulgariens in der Nähe des kleinen Dorfes Kremikovzi – etwa 20 Kilometer nördlich von Sofia an den Südausläufern des Balkans gelegen – auf eine prähistorische Siedlung, deren einzelne Kulturschichten von der Jungsteinzeit bis zur Eisenzeit reichen. In der untersten, also in der zeitlich am weitesten zurückliegenden Kulturschicht fanden die Archäologen in sieben Meter Tiefe Keramikgegenstände, die durch ihre außergewöhnliche Form und ihre leuchtenden Farben überraschten. Die Tongefäße haben die Form einer aufblühenden Tulpe, sind in der Regel 21 bis 25 Zentimeter groß und stammen etwa aus der ersten Hälfte des 5. Jahrtausends. Sie sind mit verschiedenen Ornamenten geschmückt, die mit weißer Humusfarbe auf die leuchtendrote Oberfläche gemalt worden sind. Kleinere Tonbecher sind mit einer stilisierten weißen Hand auf rotem Grund – sie erinnert ein wenig an eine Harpune – verziert. Das Motiv der Menschenhand spielte in der dekorativen Technik des neolithischen Menschen im thrakischen Raum eine dominierende Rolle: Sie charakterisiert die Fähigkeit des Menschen, das Nützliche und Schöne auf der Welt zu schaffen.

Doch auch in Westanatolien wurde in Gebäuden und Höhlen die »weiße Hand auf rotem Grund« entdeckt. Das fast gleichzeitige Auftreten dieses Symbols in Thrakien und Anatolien bestätigt die Vermutung, daß die künstlerischen Impulse für diese Keramik im Zuge der in der Jungsteinzeit erfolgten Wanderungen der Ackerbauern von Kleinasien über den Bosporus nach Süd- und Westbulgarien gelangt sind – ebenso wie das Symbol des Hakenkreuzes, das, aus der gleichen Zeit stammend, auf einer Tonscherbe in einer Höhle bei Lowetsch (Nordbulgarien) gefunden wurde. Das Hakenkreuz dürfte die belebende Kraft des Sonnenlichtes und die ewige Bewegung in der Natur symbolisiert haben. Beide Motive weisen auf eine enge Beziehung der jungsteinzeitlichen Kultur Bulgariens mit jener im heutigen Anatolien hin und belegen einmal mehr, daß selbst Meerengen für den Menschen der Jungsteinzeit kein unüberwindliches Hindernis darstellten.

In dieser Zeit lebt der Mensch bereits im Freien. Er hat die Höhlen verlassen und legt seine Siedlungen zumeist an Flüssen und Seen, an nicht zu steilen Berghängen oder in sonnigen Talmulden an. Er baut ebenerdige Häuser, die einen rechteckigen, fast quadratischen Grundriß haben. Manche der Häuser, die nur aus einem einzigen Raum bestehen, sind mit einem Holzboden ausgestattet, andere mit einem Lehmbewurf. Der offene Herd befindet sich nicht in der Mitte des Raumes, sondern dicht an jener Wand, die dem Eingang gegenüberliegt. Der Mensch der Jungsteinzeit kann bereits Fischnetze flechten und sich mit Knochennadeln eine Kleidung aus Tierhäuten nähen. Er zähmt den Hund, das Schwein, die Wildziege und beginnt damit, diese Tiere auch zu züchten. Er kultiviert wildwachsende Pflanzen und baut erstmals Weizen und Gerste an, bevor er die ersten Gefäße aus Ton formt, die nicht nur dem täglichen Gebrauch dienen, sondern auch das Auge erfreuen sollen. Der Mensch beginnt nachzudenken; die ersten religiösen Vorstellungen entstehen.

Im nordbulgarischen Russe wurden Schädel gefunden, die Schädelöffnungen und Durchlöcherungen aufwiesen. Diese Trepanationen und Perforationen wurden jedoch erst nach dem Tod vorgenommen; man schnitt die Schädeldecke auf oder meißelte den Knochen heraus. In manchen Fällen wurden die Schädel der Verstorbenen mit einem spitzen Gegenstand, vermutlich einer Kupfernadel, durchstochen. Wahrscheinlich hatte diese Prozedur den Zweck, böse Geister aus dem Kopf des Verstorbenen auszutreiben. »Hier begegnen wir«, so der bulgarische Anthropologe Peter Boev, »einem groben ethnographischen Brauch, der in Bulgarien sogar heute noch – wenn auch artverändert – bekannt ist. Bis zum Ende des vorigen Jahrhunderts wurde hier der Leichnam mit einem Pfahl durchbohrt, damit der Verstorbene nicht zu einem Vampir werden konnte.« Die Pfählung von Toten war in entlegenen Dörfern und Gemeinden des rumänischen Fürstentums Moldau noch bis ins 19. Jahrhundert n. Chr. allgemein üblich. Es ist interessant, daß postmortale Trepanationen bisher im Balkanraum nur in Bulgarien und Rumänien entdeckt wurden. Das Fortbestehen dieses Brauches bis in unsere Zeit beweist die engen ethnischen Verbindungen zwischen den Stämmen nördlich und südlich der Donau.

Von der zweiten Hälfte bis zum Ende des 5. Jahrtausends nimmt die Vielfalt der dekorativen Elemente der Kultur in Kremikovzi und der südbulgarischen Karanovo-Kultur ab; auch der weiß-rote Farbenkontrast verschwindet. Die Gefäße sind in der Regel einfarbig, doch ihre alte Form bleibt unverändert. Es tauchen jedoch auch neue

Gefäßformen auf: röhrenförmige Behälter, deren Außenseite mit menschenähnlichen Reliefs verziert ist. Es handelt sich dabei offensichtlich um Kultgefäße. Eine kultische Bedeutung hatten auch die in dieser Zeit auftauchenden tönernen Lampen in Form eines gleichseitigen Dreiecks, deren Außenwände mit geometrischen Figuren geschmückt sind.

Die neuen Keramikformen, die plötzlich neben den alten Erzeugnissen auftauchen, werden auf die Einwanderung eines unbekannten Stammes aus Kleinasien zurückgeführt. Doch allzulange dürfte sich dieser Stamm im zentralen thrakischen Raum nicht aufgehalten haben. Die Kulturschicht, die diese Unbekannten im Siedlungshügel von Karanovo zurückgelassen haben, mißt nur einige Zentimeter. Das bedeutet, daß sich dieser Stamm »nur« etwa hundert Jahre in Thrakien aufgehalten hat, um dann nach Süden weiterzuziehen. Seine Spuren wurden erst in unserer Zeit wieder verfolgt, als sich herausstellte, daß einige Elemente dieser frühthrakischen Kultur auch auf den Kykladeninseln zu finden sind. Die Kykladen (»Ringinseln«) mit ihrer Hauptinsel Delos waren im 2. Jahrtausend gemeinsam mit der etwa 120 Kilometer südlich gelegenen Insel Kreta Mittelpunkt einer hochentwickelten prähistorischen Kultur. Die Annahme des bulgarischen Gelehrten V. Georgiev, wonach die Träger dieser in Thrakien entstandenen Kultur sich auf den Kykladeninseln niederließen, ist nicht von der Hand zu weisen.

Künstler und Kannibalen

Wie sahen nun die Menschen aus, die in der Übergangszeit vom Stein- zum Metallzeitalter auf der Balkanhalbinsel lebten? Es gibt keine bildlichen Darstellungen – die Höhlenmalereien, die jüngst in einer Höhle beim Eisernen Tor in Rumänien und in der Magurahöhle in Bulgarien entdeckt wurden, lassen keine anthropologischen Schlüsse zu –, und es gibt auch keine schriftlichen Aufzeichnungen; die Buchstabenschrift war damals, im 4. Jahrtausend v. Chr., noch nicht erfunden. Die ersten gegenständlichen Wandmalereien im ägäischen Raum entstanden etwa tausend Jahre später auf

Kreta und den Kykladeninseln. Daß unser Wissen über das Aussehen und Leben dieser Menschen dennoch nicht farblos geblieben ist, verdanken wir der Arbeit der Archäologen und Anthropologen, die wesentlich mitgeholfen haben, die Urgeschichte des thrakischen Raumes gegenständlich werden zu lassen.

Hier der anthropologische »Steckbrief« eines »bulgarischen« Steinzeitmenschen: »Männerschädel, gefunden in Russe (Inventar-Nr. 84). Aeneolothikum. Mediterran-dinarischer Rassentyp. Adultus (22–25 J.), mesokran, rhomboid, mittelgroß und schmal, orthokran und metriokran, mittelhohe, mittelbreite, zurückfliehende Stirn, mittelausgeprägtes Relief, runder Hinterkopf bei gutausgeprägtem Relief, mittellange Nase, niedriges und mittelbreites Gesicht mit niedrigen Augenhöhlen, eurymetop, orthognath, leptoprosop, chamaekonch, chamaerrhin, mesouranisch und brachystaphylin, euenkephal. Der Wuchs beträgt nach Manouvrier 168,9 cm (nach dem Femur), 178,7 (nach dem Radius) und 178,8 (nach der Ulna); nach Breitinger dementsprechend 172,3 und 177 cm und nach Pearson 168,2 (nach dem Humerus). Unter dem rechten Tuber parietale ist mit einem nagelspitzen Gegenstand ausgeführte postmortale Trepanation zu sehen.«

Befreien wir diese wissenschaftliche Beschreibung von ihrer kühlen Sachlichkeit und spezifischen Terminologie, dann vermittelt sie uns – gemeinsam mit vielen hundert anderen ebenso genauen Berichten – ein recht anschauliches Bild der Menschen dieser Zeit. Der junge Mann, etwa 22 bis 25 Jahre alt, lebte in einer prähistorischen Siedlung, die östlich der heutigen Stadt Russe direkt an der Donau lag (die hier ihren Lauf seit Jahrtausenden nicht mehr verändert hat). Der Mann dürfte etwa 3000 Jahre v. Chr. mit einer größeren Gruppe von Ackerbauern zusammen gelebt haben. Er war etwa 1,70 bis 1,80 Meter groß, hatte einen mittelgroßen, schmalen Kopf mit zurückfliehender Stirn. Er gehörte der mediterran-dinarischen Rasse an, die damals den Großteil der Bevölkerung der Ägäis und der Balkanhalbinsel stellte. Augen- und Haarfarbe sind uns nicht bekannt. Wir wissen nicht, ob er blond und blauäugig war wie seine thrakischen Nachfahren oder dunkelhaarig und rehäugig wie seine – vielleicht – kleinasiatischen Vorfahren. Auch fehlt der Hinweis, woran der Mann in seinen jungen Jahren gestorben ist. Wir wissen nicht, ob er im Kampf den Tod gefunden hat oder einer Seuche erlegen ist, wie vielleicht die anderen 37 Frauen, Männer und Kinder, die in seiner unmittelbaren Umgebung begraben worden sind. Die etwa zehnpfennigstückgroße Öffnung in der Schädeldecke wurde nach seinem Tode angebracht; sie ist kein Zeugnis eines gewaltsamen Todes. Der Tote wurde in liegender Hockerstellung begraben. Die Beine wurden angezogen, die Arme vor das Gesicht gelegt und am Körper festgebunden. Damit wollte man eine leibliche Auferstehung des Verstorbenen verhindern. Offensichtlich hatte die Sippe Angst, der Tote könnte den Lebenden Leid zufügen. Einige Gewebe im Nacken beweisen, daß der Tote bei der Bestattung bekleidet war. Teile seines Skelettes waren rot eingefärbt. Da man im Grab des Steinzeitmenschen auch ein Gefäß mit roter Ockererde gefunden hat, vermutet Peter Boev, daß damit tönerne Kultgegenstände bemalt worden waren und die rote Farbe dem Toten als Blutsymbol eines Weiterlebens nach dem Tode mitgegeben wurde. Durch das Grundwasser der Donau war die Farbe nachträglich auf die Knochen aufgetragen worden.

Die aeneolithische Kultur des Siedlungshügels von Russe hat in Bulgarien viele Parallelen; sie ist aber auch nördlich der Donau bis nach Muntenien und bis in die Norddobrudscha hinein zu finden, wo sie als Gumelnița-Kultur bekannt ist. In der Norddobrudscha wurde übrigens eine der großartigsten und bedeutungsvollsten Tonskulpturen der Steinzeit gefunden: die Plastik eines sitzenden Menschen, der seinen Kopf nachdenklich in beide Hände stützt. Diese Darstellung des ersten »denkenden Menschen« ist, geschützt von dickem Panzerglas, in einer Vitrine des Nationalmuseums von Bukarest zu sehen.

Etwa hundert Kilometer südöstlich von Russe entdeckte 1966 die bulgarische Archäologin Ana Raduntscheva in einem Siedlungshügel bei Vinica im Kreis Schumen den Kopf einer kleinen tönernen Menschenfigur, der den Steckbrief des Mannes von Russe noch anschaulich ergänzt.

Der Fund ist darüber hinaus ein wertvoller Beitrag zur Erforschung der Ethnogenese der Balkanvölker und wirft ein bezeichnendes

Licht auf die Physiognomie der Menschen, die einst an der Schwelle vom Neolithikum zum Metallzeitalter hier lebten. Der Kopf verblüfft durch seine widersprüchliche Form. Sein Schädel entspricht durchaus dem grazil-mediterranen Typ, während das Gesicht – das einer Maske gleicht – starke vorderasiatische Rassenmerkmale aufweist. Ähnliche Köpfe wurden in verschiedenen Gegenden der Balkanhalbinsel gefunden, so auch im südbulgarischen Dorf Dinja bei Plovdiv. Das Gesicht dieses Frauenkopfes aus Ton wird von großen, ovalen Augen beherrscht, die an die Augen jener südbulgarischen Bäuerinnen gemahnen, wie sie der bulgarische Maler Dimitrov zu Beginn unseres Jahrhunderts in seinen Werken festgehalten hat. Sie kennzeichnen einen schönen und edlen Frauentyp, den man auch heute noch vor allem in Südbulgarien und Griechenland antrifft.

In Butomir (Bosnien) wurden ebenfalls stark kleinasiatisch geprägte Tonfiguren gefunden. Eine dieser Figuren sieht wie eine neolithische Nofretete aus. Es ist anzunehmen, daß dieser kleinasiatische Rassentyp – wir finden ihn später auf den Wandmalereien der Paläste von Knossos (Kreta) und im thrakischen Grabmal von Kasanläk (Bulgarien) – in der Stein-Kupfer-Zeit auf der ganzen Balkanhalbinsel vertreten war. Es ist ein Typus, wie man ihn auch jetzt noch bei den Nachkommen vornehmer Phanariotinnen in Konstantinopel und Bukarest findet: mit kühngeschwungener Nase, olivfarbigen Augen und blauschwarzem Haar.

Obwohl er noch primitiv aussah, war dieser Mensch bereits ein denkendes, ästhetisch empfindendes Wesen. Was ihn freilich nicht hinderte, gelegentlich noch in tiefsten Kannibalismus zurückzufallen, wie dies zerbrochene und zertrümmerte Menschenknochen in einigen Abfallgruben von Siedlungshügeln und in Höhlen recht eindringlich demonstrieren. Auch die Kultur von Russe könnte mit dem Makel des Kannibalismus behaftet sein. Manche Forscher vermuten, daß nicht alle Schädeltrepanationen unbedingt kultischen, sondern manchmal auch kulinarischen Zwecken dienten. Das sollte uns nicht erschrecken. Die Geschichte hat seither in vielen Varianten bewiesen, daß sich Kunst und Kannibalismus nicht unbedingt gegenseitig ausschließen müssen. Wie sehr der Steinzeit-

mensch im thrakischen Raum ein denkendes und künstlerisch
empfindendes Wesen war, beweisen die ersten primitiven Skulptu-
ren mannigfaltiger Idole, die in dieser Zeit von prähistorischen
Künstlern geschaffen wurden. Im frühen Neolithikum waren diese
Gegenstände ausschließlich aus Ton gebildet; in der Stein-Kupfer-
Zeit wurden die dreidimensionalen Skulpturen vorwiegend auch aus
Knochen, Marmor, Serpentin und in machen Fällen sogar aus Gold
hergestellt.

Die Dame aus Karanovo I

Die frühneolithische Dame aus dem südbulgarischen Siedlungshügel Karanovo – erschaffen etwa 4000 Jahre v. Chr., wiederaufgefun-
den 1960 – besticht durch ihre futuristische Linie und den Sex-Ap-
peal ihres – Pardon – Hinterteils. Das zierliche Figürchen aus Ton,
ganze 11,5 Zentimeter groß, ist eine jener Menschendarstellungen
des frühen Neolithikums, die überall auf der Balkanhalbinsel mit
dem Beginn des primitiven Ackerbaus auftauchen und fast schlagartig mit der Bronzezeit wieder verschwinden. Die meisten dieser
Skulpturen stellen Frauen dar. Das entspricht der religiösen Auffassung dieser ersten ackerbau- und viehzuchttreibenden Stämme. Sie
verehrten die Mutter Erde (den späteren antiken Thrakern als die
Göttin Demeter bekannt), den Himmel und die Sonne.
Die »Dame aus Karanovo« gewährt einen aufschlußreichen Einblick in die Psyche der Menschen dieser Zeit, in ihr soziales
Verhalten und ihre gesellschaftliche Ordnung. Sie wird von Ana
Raduntscheva wie folgt beschrieben: »Der Kopf hat eine normale
Form und ist als Rechteck stilisiert, das sich unmittelbar mit der
Schulter verbindet. Im Gesicht sind die Augen und die Nase nur
angedeutet. Anscheinend hat sich der neolithische Bildhauer nicht
bemüht, dem dargestellten Objekt charakteristische Züge zu verleihen. Der Körper der Statuette ist sorgfältig geformt und fast
harmonisch. Die Brüste stellen zwei halbkugelförmige Vorsprünge
dar, die unnatürlich hoch in der Gegend des Schultergürtels sitzen.
Der Unterleib hat normale Proportionen, woraus wir ersehen
können, daß der prähistorische Bildhauer in die dreidimensionale

Tongestalt nicht die Idee der Fortpflanzung, ja nicht einmal, wie bisher angenommen, die Fruchtbarkeit der Erde mit hineingelegt hat. Die Beine sind vereinigt; deutlich heben sich nur Knie und Knöchel ab. Die Rückseite der Statue ist sorgfältig modelliert. Der Rücken ist gerundet, die Taille leicht angedeutet; sie verbindet ebenmäßig den verlängerten Oberkörper mit dem stark ausladenden Gesäß. Die Skulpturfiguren aus den beiden Frühperioden der Jungsteinzeit verblüffen durch diese überstarke Betonung. Man gewinnt den Eindruck, als habe sich die Aufmerksamkeit und das Können des Künstlers einzig hierauf konzentriert. In sehr seltenen Fällen sind auch die Geschlechtsorgane detailliert dargestellt.« Interessant ist auch die Stellung der langen und dünnen Arme: Der eine weist zum Geschlechtsdreieck, der andere liegt fest an der Taille über dem gewölbten Gesäß. Im Unterschied zu anderen aus dieser Zeit stammenden Frauenstatuetten, die meist eine sorgfältig model-lierte und meist übergroße Büste aufweisen, ist die »Figur« aus Karanovo ein ausgesprochener Twiggytyp, ein knabenhaftes Mäd-chen: ohne altsteinzeitliche Fruchtbarkeitssymbole, doch gewiß nicht bar jeder erotischen Symbolik, die sich eben zu dieser Zeit, in diesem Stadium der menschlichen Evolution, durch ein überbeton-tes Hinterteil ausdrückte.

Erst später, mit dem Aufkommen männlicher Skulpturen, nehmen jene Figuren und Statuetten überhand, bei denen die primären Geschlechtsmerkmale im Zentrum der künstlerischen Gestaltung stehen. Das ist eine bemerkenswerte und interessante Erscheinung. Sie drückt den tiefgreifenden Wandel in der sozialen Ordnung beim Übergang von der Jungsteinzeit zur Stein-Kupfer-Zeit (Aenelithi-kum) aus, der sich auch in der Verschiebung der Verehrung von der fruchtbaren Erdmutter zu einem männlichen Gott hin manifestier-te. Dieser Übergang vom Matriarchat zum Patriarchat erstreckte sich über viele Jahrhunderte. Die Epoche des Matriarchats, in der allein das Mutterrecht die soziale Struktur bestimmte, in der es auch bei den Ackerbauern noch keinen privaten Bodenbesitz gab, war ein friedliches Zeitalter. Die Kultur der Menschen, ausgedrückt durch ihre Keramik, erreichte ein hohes Niveau.

Erst mit dem Eintritt in das Metallzeitalter (um 4000 v. Chr.) tritt dann der Mann in den Vordergrund: Er trägt die neuen, viel gefährlicheren Waffen und kämpft um Rohstoffe und Besitz. Durch diese Arbeitsteilung beginnen sich auch die ersten sozialen Unterschiede abzuzeichnen. Der Mensch tritt aus der Dämmerung einer Welt der Emotionen ins harte Licht rational-technischen Denkens. Die Rollenfixierung der Fortpflanzung wird auch bei den Tonfiguren dieser Zeit deutlich. Bei den Männerfiguren führt – als Hinweis auf die Zeugung – stets eine Hand zum Geschlecht. Die symbolische Aussage der weiblichen Figuren hingegen betrifft die Geburt. Typisch dafür sind die 1936 in Sofia entdeckten Skulpturen aus dunkelgrünem Serpentin, die Frauen im Augenblick des Gebärens darstellen.

Geheimnisvolle Schriftzeichen

Archäologie ist eine Wissenschaft vom Leben, auch wenn sie sich vorwiegend mit totem Material beschäftigt. Der Zufall steht bei großen und bedeutenden archäologischen Entdeckungen fast immer Pate. An diese archäologischen Binsenwahrheiten mußte ich denken, als ich im Thrakologischen Institut in Sofia von der seltsamen Geschichte eines der bedeutungsvollsten Funde des letzten Jahrzehnts erfuhr. Eine Entdeckung, die zweifellos mit dazu beitragen wird, das bisherige Bild der geistigen und materiellen Kultur der Urbevölkerung des zentralen Balkanraumes zu korrigieren. Es ist dies eine Geschichte der Zufälle, der Duplizität der Fälle und – last not least – auch eine Geschichte des berühmten sechsten Sinnes der Archäologen. Im Sommer 1966 stieß ein Team junger bulgarischer Forscher in dem bisher ergiebigsten Siedlungshügel Bulgariens, in Karanovo – er birgt noch immer viele wissenschaftliche Schätze –, bei Nachgrabungsarbeiten auf eine erste Spur. Sie fanden in einer der sieben Kulturschichten unter den Scherben von Gefäßen und den Bruchstücken keramischer Kulttische eine kleine, unscheinbare ovale Tonscheibe, deren Rand sorgfältig abgeschliffen war. Um das kleine Tonstück, das offensichtlich nicht Teil eines keramischen Ganzen war, von dem schweren, lehmigen Erdreich reinigen zu können, legten die Forscher die einem Siegel ähnliche Platte in ein heißes Sandbad. Nach dieser Behandlung ließ sich die Erdkruste leicht abbürsten, und die Archäologen entdeckten nun auf der blanken Scheibe, die einen Durchmesser von sechs Zentimetern aufwies, seltsame geometrische Zeichen, die zweifellos in dieser Art ein Unikat darstellten.

Das Alter des tönernen Siegels wurde aufgrund der Kulturschicht, in der es gefunden wurde, auf mehr als fünftausend Jahre geschätzt, d. h., das Tonsiegel dürfte etwa 3500 v. Chr. entstanden sein. Über die Bedeutung der ornamentalen Zeichen gingen die Meinungen auseinander. Waren es Kultzeichen, zufällige Ornamente oder – doch diese Überlegung wagte man im Hinblick auf das Alter des Siegels kaum auszusprechen – Zeichen einer prähistorischen Schrift, ähnlich der piktographischen Schrift der Kreter Mitte des 3. Jahrtausends? Sorgfältige Untersuchungen sollten den ersten groben Schätzungen folgen. Man wollte nichts übereilen. Einzelfunde sind in der Archäologie oft nicht mehr als jene berühmte erste Frühlingsschwalbe, die noch keinen Sommer macht.

Einige Wochen später wurde in dem etwa 300 Kilometer nordwestlich gelegenen Siedlungshügel von Gradeschniza in Nordbulgarien neuer Fundalarm gegeben. Diesmal fanden die Archäologen in einer noch weiter zurückreichenden Schicht – etwa aus der Periode gegen Ende des 4. Jahrtausends – eine 12,5 Zentimeter lange und 10,5 Zentimeter breite Tontafel, die ebenfalls mit diesen ungewöhnlichen Zeichen versehen war. 24 Zeichen, von denen eines einem »M« und ein anderes dem griechischen Buchstaben »D« ähnelte. Ansonsten wieder Dreieckzeichen und andere geometrische Figuren.

Fast zur selben Zeit entdeckten auch rumänische Archäologen, die bereits über den Fund in Karanovo informiert worden waren, in einem Siedlungshügel bei Tataria in der Dobrudscha gleich drei dieser seltsamen Tafeln. Ihre Zeichen stimmten weitgehend mit jenen in Bulgarien entdeckten überein.

Daß Tontafeln und Siegel über Jahrtausende hinweg erhalten geblieben sind, verdankt die Wissenschaft einem puren Zufall. In der Regel wurden diese steinzeitlichen »Notizblöcke« – bei den Zeichen handelt es sich offensichtlich um Symbole für Gebrauchsgegenstände des täglichen Lebens – nur einmal verwendet und hernach vernichtet oder dem natürlichen Verfall preisgegeben. Die jetzt gefundenen Tafeln dürften unabsichtlich ins Feuer geraten und damit über fünftausend Jahre lang bis in unsere Zeit konserviert worden sein.

Der bulgarische Philologe und Sprachwissenschaftler Vladimir Georgiev, Professor und Mitglied der Akademie in Sofia, umriß die außerordentliche Bedeutung dieser Funde für die Wissenschaft mit den Worten: »Die Schriftzeichen auf dem Siegel von Karanovo sowie auf den Tafeln von Gradeschniza und Tataria sind älter als die früheste kretische Schrift. Sie sind einmalig und sind zumindest die älteste Schrift in Europa. Auf der Hand liegt auch die Tatsache, daß diese Inschriften die ersten Phasen des Schrifttums in der Welt darstellen und Thrakien und die Balkanhalbinsel zu jenen Zentren gehören, in denen vor fünf- bis sechstausend Jahren, fast parallel zu den Sumerern und Ägyptern, die erste Schrift entwickelt wurde.«

Nach Meinung des Sofioter Professors reichen diese Funde jedoch nicht aus, die Schriftzeichen zu deuten, wie es auch bis jetzt unmöglich war, die frühe kretische Schrift zu enträtseln. Um einigermaßen einen Überblick zu bekommen, müßten noch mindestens einige Dutzend dieser »Texte« gefunden werden. Aber auch dann kann diese früheste Bilderschrift nicht gelesen, sondern nur gedeutet werden.

Und nur gedeutet, nicht aber gelesen werden kann auch die später entstandene Sprache der Thraker und der mit ihnen verwandten Daker. Denn das Thrakische war eine Sprache, die keine schriftlichen Spuren hinterlassen hat. Die Thraker zählten zu jenen großen indoeuropäischen Völkern (wie die Illyrer, Kelten und auch Germanen), ohne deren ethnisches und linguistisches Substrat die Bildung der heutigen europäischen Völker und Sprachen nicht möglich gewesen wäre, die jedoch selbst über keine eigene Schrift verfügten.

Diese Tatsache wurde in der Vergangenheit oft falsch interpretiert; man sah darin den Beweis einer geistig rückständigen Kultur. Der römische Historiker griechischer Abstammung, Aelianus Claudius (etwa um 200 v. Chr.), stellt betroffen fest: »Bei den alten Thrakern kannte niemand die Buchstaben, ja, alle barbarischen Stämme Europas hielten es für etwas sehr Schändliches, die Schrift zu gebrauchen.« Doch hier irrte der Römer. Die »Barbaren« dieser Zeit hatten es nämlich aufgrund ihres gesellschaftlichen und organisatorischen Entwicklungsstandes gar nicht nötig, sich mit einer Schrift herumzuschlagen. Sie waren Nomaden und Hirten, die von der Hand in den Mund lebten. Wenn sie nicht mehr genug zum Leben hatten, dann raubten sie ihre Nachbarn und die Nachbarn ihrer Nachbarn aus. Die archaischen Thraker produzierten nicht mehr, als sie selbst brauchten. So kamen sie auch gar nicht auf die Idee, Handel zu treiben, der sie gezwungen hätte, feste Formen und Normen aufzustellen, die gleichzeitig auch die Grundlage für eine erste staatliche Struktur gewesen wären. Dafür hätten sie in der Tat die Schrift als Verständigungsmittel gebraucht, nicht aber für den Zusammenhalt einer patriarchalischen Ordnung, die streng autokratisch aufgebaut war und an deren Spitze ein Führer stand: mit allen Befugnissen und Pflichten, die Jagd und Krieg von ihm verlangten. Der »Vater der Geschichte«, der griechische Historiker Herodot (484–425 v. Chr.), urteilt über sie: »Wer faul ist, wird hoch geehrt, wer sein Feld bebaut, zutiefst verachtet. Von Krieg und Raub zu leben ist ihnen das Schönste.« Dennoch fehlte es den alten Thrakern nicht an religiösen Begriffen und an einer bemerkenswerten materiellen Kultur, was die archäologischen Funde der Zeit nach dem Zweiten Weltkrieg überzeugend bestätigt haben.

Als sie schließlich seßhaft wurden und staatsähnliche Gebilde entwickelten, die eine Schrift voraussetzten, griffen sie nach dem bereits Bestehenden: nach dem griechischen und nach dem lateinischen Alphabet. Später ging die Sprache der Thraker und Daker in den Sprachen jener Völker auf, die im Balkanraum neu entstanden. Übrig blieben Eigennamen von Menschen, Gottheiten und der meisten Stämme sowie Pflanzennamen und Bezeichnungen von Flüssen, Bergen, Orten und anderen Toponymen. Die vergleichende Sprachwissenschaft hat sie in mühseliger Kleinarbeit aus dem Wortschatz der bestehenden Balkansprachen herausgefiltert, so daß wir heute eine stattliche Anzahl dieser Wörter kennen. Doch so gut wie nichts weiß die Wissenschaft vom Aufbau der thrakischen Sprache, von ihren Gesetzmäßigkeiten, den Satzkonstruktionen und Satzgefügen. Es gibt kein Vergleichsmaterial. Außer einigen

bruchstückhaften Formen und Grabinschriften konnte bisher nicht
ein einziger Satz aus der Sprache der Thraker und Daker gefunden
werden. Doch es wäre nun voreilig, in der Sprache der Thraker nur ein
Verständigungsmittel unter Primitiven sehen zu wollen. Die Sprache der Thraker muß höher entwickelt gewesen sein. Um Christi
Geburt gab es sogar ein Buch in thrakischer, d. h. in getischer
Sprache. Wir kennen den Titel, den Autor und den Erscheinungs-
ort: Es handelt sich um das »Büchlein in Versen«, in getischer
Sprache von keinem Geringeren als dem römischen Dichter Ovid
(43 v. Chr. bis 18 v. Chr.) während seiner Verbannung in Tomis –
dem heutigen rumänischen Constanţa –, in Hexametern und Penta-
metern verfaßt. Die getischen Verse Ovids sind seit seinem Tode
verschollen, und die Hoffnung, sie vielleicht irgendwo in irgendeiner Klosterbibliothek zu entdecken, ist so gut wie aussichtslos. Da
die Mönche im Mittelalter und die byzantinischen Kanzlisten in den
Schreibstuben die thrako-getische Sprache nicht mehr verstanden,
hatten sie auch keine Veranlassung, das »Büchlein in Versen« für die
Nachwelt abzuschreiben. »Wenn wir dieses Büchlein hätten – das
Geheimnis der thrakischen Sprache, von der wir nur wissen, daß sie
eine selbständige, indogermanische Sprache mit iranischen, armeni-
schen, illyrischen und griechischen Elementen war, wäre bald
gelöst«, schwärmte ein junger rumänischer Sprachforscher, den ich
in Constanţa traf, wo er an einem Werk über den ethymologisch-
lexikalischen Wert der thrakischen Eigennamen arbeitete.

Bronzezeit ist nicht gleich Bronzezeit

Das Aeneolithikum brachte für die Ethnogenese der frühen Balkan-
völker, der Thraker, Illyrer und Griechen, eine schwerwiegende
Zäsur, die durch wesentliche Veränderungen in der Lebensweise
und im Kulturstand der Bevölkerung gekennzeichnet ist. Unter
Aeneolithikum versteht die Wissenschaft den Übergang von der
Steinzeit, dem Neolithikum, zum Metallzeitalter. Für den zentralen
Balkanraum ist auch die Bezeichnung Stein-Kupfer-Zeit gebräuch-
lich, was besagen soll, daß in dieser Periode, in der den frühen

Balkanvölkern das Metall – vor allem Kupfer, Silber und Gold –
schon bekannt war, dies nicht automatisch zu einem »sprunghaften
Eintritt« in das Kupfer- bzw. Bronzezeitalter geführt hat. Es war
vielmehr ein langsames Hineinwachsen in die neue Technik der
Metallverarbeitung. Außerdem gab es das begehrte Kupfer damals
auf der Balkanhalbinsel ebensowenig wie Zinn für die Herstellung
von Bronze. So mußten sich die Menschen auch weiterhin teilweise
mit ihren Stein- und Knochenwerkzeugen und -waffen begnügen.
Manche Forscher setzen die Zeit des Aeneolithikums im Balkanraum um etwa 2800 v. Chr. bis 2000 v. Chr. an. Zu dieser Zeit erfuhr
auf der Insel Kreta, auf den Kykladeninseln und entlang der
anatolischen Küste des ägäischen Meeres die Bronzezeit schon ihre
erste Entfaltung. Im Balkan-Karpaten-Raum, in weiten Teilen
Kleinasiens, an der Schwarzmeerküste und auf den ägäischen Inseln
lebten Ende des 3. Jahrtausends Ackerbauern, deren Herkunft
heute noch zweifelhaft ist, nicht aber ihre ethnische Zugehörigkeit
zur indoeuropäischen Völkerfamilie.
Diese Ackerbauern waren im großen und ganzen seßhaft und
friedlich, wenngleich sie manchmal auch von Migrationswellen vor
allem aus dem heutigen Anatolien gestört wurden. Doch auch die
ersten kulturellen Impulse kamen aus dem Osten, aus Mesopotami-
en, und die geistig-kulturelle Abstrahlung der Sumerer und Babylo-
nier erreichte nicht nur die Ägäis, sondern auch den zentralen
Balkanraum. Freilich war der Einfluß auf Kreta – wo noch ein
starker kultureller und wirtschaftlicher Einfluß aus Ägypten hinzu
kam – größer als jener auf die Ackerbauern im heutigen Bulgarien
und Makedonien.
Doch das Prinzip der Ausstrahlung, die der Wiener Althistoriker
Schachermeyr als anatolisch-vorderasiatische »Kulturtrift« bezeichnet, war für die Ägäis und den Balkan gleichermaßen gültig. Sie
lieferte den Sammlern und Jägern die Impulse für die Seßhaftigkeit,
den Ackerbau und die Töpferei – die Töpferscheibe war in Mesopotamien schon um das Jahr 3300 v. Chr. erstmals aufgetaucht – und
schuf auch die Voraussetzungen für eine erste urbane Lebensweise
im zentralen Balkanraum.
Die Länder Mitteleuropas erreichte diese vorderasiatische

»Kulturtrift« nicht. Dadurch gewannen die Länder des Orients und der Ägäis sowie – durch den Einbruch fremder Hirten- und Nomadenvölker etwas verzögert – der Balkanraum gegenüber Mittel- und Westeuropa einen kulturellen Vorsprung von zwei bis drei Jahrtausenden.

Der Goldschatz von Varna

Ende August 1973 veröffentlichte die bulgarische Nachrichtenagentur Sofia-Press folgende Meldung: »Im westlichen Industriebezirk der Schwarzmeerstadt Varna wurden prähistorische Gruben entdeckt, die aus dem 4. Jahrtausend v. Chr. stammen. Obwohl in diesen Gruben keine menschlichen Skelette gefunden wurden, nimmt man an, daß es Gräber sind, in denen symbolische Bestattungen erfolgten. Die gefundenen Steinäxte, Feuersteinmesser und Tongefäße sind charakteristisch für diese Epoche. Einzigartig ist ein Tongefäß, das ein goldenes Ornament ziert. Das ist die erste Entdeckung dieser Art. Beim Aneinanderfügen der gefundenen Goldplättchen ergab sich eine menschliche Maske. Die Goldgegenstände sind viel älter und zahlreicher als die von Schliemann bei der Entdeckung von Troja II gefundenen. Die Ausgrabungen und die Erforschung der Funde werden fortgesetzt.«
Damals ahnte noch niemand, daß dieser Fund vermutlich als sensationellster unseres Jahrhunderts in die Geschichte der Archäologie eingehen wird. Die Entdeckung des Schatzes war ein Zufall, seine Sicherstellung ein Glücksfall. Fast unvorstellbar ist auch der Gedanke, daß die Goldschätze von Varna – ihr Wert ist in jeder Beziehung unschätzbar – mehr als fünftausend Jahre lang nur wenige Zentimeter unter der Erdoberfläche lagen, ohne bemerkt worden zu sein.
Die ersten Goldgegenstände wurden von Arbeitern entdeckt, die in einer Fabrik am Stadtrand von Varna einen Graben für eine Kabelleitung aushoben. Dabei stießen sie auf einige metallene Ringe und Reifen. Da in dieser Gegend archäologische Zufallsfunde aus der Römerzeit nicht selten sind, maßen sie auch diesen Gegenständen keine außergewöhnliche Bedeutung zu. Die Armreifen sahen

wie aus Ton modelliert aus. Die Arbeiter nahmen, was sie gefunden hatten, als Souvenir mit nach Hause. Sie suchten auch nicht nach weiteren Gegenständen, dafür sahen die bisherigen zu unscheinbar aus. Am nächsten Tag sollte das Kabel verlegt und der Graben wieder zugeschüttet werden. Ein Wettersturz mit starken Gewittern und heftigen Regenfällen vereitelte das Vorhaben. In dieser Situation kam der Wissenschaft ein weiterer Zufall zu Hilfe. Einer der Arbeiter wohnte in dem kleinen Weinbauerndorf Winiza, und dort lebte auch ein Lehrer, der ehrenamtlicher Mitarbeiter des archäologischen Museums von Varna war. Die beiden trafen sich, Schutz vor dem tropenähnlichen Regen suchend, in einer Kneipe. Hier erfuhr der Lehrer von dem Fund. Als er den schweren, messingähnlichen Armreifen sah, den er keiner der ihm bekannten historischen Epochen zuordnen konnte, verständigte er das Museum – und dieses gab schon nach dem ersten Lokaltermin archäologischen Großalarm.

»Am übernächsten Tag«, erinnert sich Professor Velkov aus Sofia, »war ich bereits an der Fundstelle. Es regnete noch immer. Das ausgehobene Erdreich war naß und unfreundlich. Doch die trübe Stimmung verging uns schnell, als wir – nur ein wenig im lehmigglitschigen Boden herumstöbernd – Dutzende kleiner Plättchen aus purem Gold fanden.«

Mit den planmäßigen Ausgrabungen wurde sofort begonnen. Die Archäologen legten eine Nekropole frei, die sie auf das Ende des 4. Jahrtausends v. Chr. datierten.

Der Fund von Varna gibt der Wissenschaft zahlreiche Rätsel auf. Die Technik der Verarbeitung ist für diese Zeit ebenso einmalig wie die Verwendung von hochkarätigem Gold. Schmuckgegenstände wie Ringe, Zepter und Armreifen wurden aus Goldklumpen herausgeschmiedet.

Bisher wurden noch keine Spuren gefunden, die hier auf eine feste Siedlung schließen lassen könnten. Manche Forscher sind der Ansicht, daß die Gräber möglicherweise zu einer jener Pfahlbausiedlungen gehört haben, die es im Raum Varna zu dieser Zeit an mehreren Stellen gegeben hat. Andere vermuten, daß hier, an der Küste des Schwarzen Meeres, eine Kultstätte von internationaler

Bedeutung lag – vergleichbar etwa mit der viel später geschaffenen Orakelstätte von Delphi –, zu der Geschenke aus dem fernen Babylon, aus Assyrien, dem Hethiterreich und von der Insel Kreta gebracht worden sind. Oder stammen die Schätze gar vom sagenhaften »Kolchis jenseits des Meeres«, das wegen seines Goldreichtums den Menschen schon seit urdenklichen Zeiten bekannt war? Der Phantasie sind keine Grenzen gesetzt. Doch ob es sich bei den Funden nun um Importe oder um Kunstgegenstände bodenständiger Provenienz, die als Grabbeigaben verwendet wurden, gehandelt hat: Sie beweisen in beiden Fällen, daß sich hier an der Schwarzmeerküste in den »dunklen Jahrhunderten« der frühen Bronzezeit ein bedeutendes kulturelles und wirtschaftliches Zentrum von großer Ausstrahlungskraft befunden haben muß.

Das Gold von Varna deckt den Schimmer einer historischen Epoche auf, von der wir bisher so gut wie gar nichts wußten. Hier wird der Zipfel eines Schleiers gelüftet, der über einer Kultur liegt, deren Ende uns vermutlich Homer mit dem glanzvollen Auftritt des thrakischen Helden Rhesos vermittelt hat. Rhesos, der uns wie eine göttliche Lichtgestalt aus dem Dunkel der Jahrhunderte entgegentritt: in goldener Rüstung auf goldbeschlagenem Streitwagen. Rhesos' Leben ließ sich bisher wie jenes seines thrakischen Volkes nur bis zum Fall Trojas zurückverfolgen. Das war etwa im Jahre 1150 v. Chr. Das Gold von Varna aber stammt aus der Zeit um 3200 v. Chr. Es wurde zweitausend Jahre vor Rhesos geschmiedet. Von wem? Kupfer, Bronze, Silber und Gold waren damals nur den Kulturen im östlichen Mittelmeergebiet bekannt. Weisen die Goldfunde von Varna auf die Basis einer Kultur hin, die die Küsten des Schwarzen Meeres umfaßte und aus der Jahrtausende später eine unvergleichlich hohe künstlerische Gestaltungskraft entstand? Diese Frage muß vorerst ungeklärt bleiben.

Außer Zweifel steht jedoch, daß die Schwarzmeerküste schon Jahrtausende vor der griechischen Kolonisation zum Zentrum einer Weltkultur gehört hat, so wie Babylon, Assyrien, Ägypten und Kreta. Damit bekommen nun jene Überlegungen und Hypothesen Gewicht und Konturen, die schon von den ersten Erforschern der vorthrakischen Vergangenheit, dem Wiener Professor W. Tomaschek, dem bulgarischen Gelehrten I. Kazarov und dem rumänischen Forscher V. Pârvan, aufgestellt wurden: daß Thrakien der Ursprung der europäischen Kultur schlechthin ist.

Reiter aus dem Norden

In die friedliche Idylle der Ackerbauernkultur, die von manchen Historikern, wie die Funde von Varna beweisen, nicht zu Unrecht als das »Goldene Zeitalter« der Vorgeschichte bezeichnet wird, drangen gegen Ende des dritten und zu Beginn des zweiten vorchristlichen Jahrtausends fremde Völker aus dem Norden ein. Mit ziemlicher Sicherheit kann man sagen, daß es indoeuropäische Stämme aus den Steppengebieten nördlich des Schwarzen Meeres waren. Die kräftigen und vitalen Hirten- und Nomadenvölker brauchten neuen Lebensraum, und sie suchten und fanden diesen zunächst bei den schwachen und friedfertigen Ackerbauern Südosteuropas. Die Routen ihrer Einfallswege sind durch die Zerstörung der älteren neolithischen Zivilisation archäologisch markiert: Sie reichen über das rumänische Siebenbürgen bis nach Pannonien (Ungarn) und zur unteren Donau (Muntenien und Dobrudscha) und erfassen die gesamte Balkanhalbinsel bis zu den Küsten der Ägäis. Die Inseln der Ägäis erreichten die Reiter aus dem Norden nicht; das Meer war ihnen, wie allen Steppenvölkern, unheimlich. Die Kultur der Eindringlinge war ungleich primitiver als jene der bodenständigen Ackerbauern. Es gibt aus dieser Zeit kaum Darstellungen von Menschen und Tieren. Die Träger der »neuen« Kulturen besaßen auch weder jene bestechenden Fähigkeiten der Ackerbauern, dem toten Stein durch künstlerische Formung Leben zu geben, noch verstanden sie es, die reichen Möglichkeiten des Modellierens von Ton zu nützen. Ihre Keramik ist grob; vorherrschend sind breite und plumpe Schüsseln, die nicht bemalt sind. Verzierungen fehlen fast ganz, und wenn sie vorhanden sind, dann sind sie kunstlos und ohne ästhetisches Empfinden gestaltet; zumeist handelt es sich nur um einfach gekerbte Linien.
Der Untergang der Ackerbauernkultur schien durch den Einbruch der Reitervölker perfekt; doch er war es nicht.

Man darf sich nämlich den Einbruch der überaus dynamischen und betont patriarchalisch organisierten Hirten- und Nomadenvölker nicht als einen einzigen, gut geplanten und organisierten Feldzug vorstellen, der mit einem Schlag alle bestehenden Kulturen und deren Träger vernichtete. Im Gegenteil, die Einbrüche der Steppennomaden erfolgten in mehreren Wellen und waren von unterschiedlicher Intensität. Wir wissen aber, daß dies ein langanhaltender Prozeß war, der über Jahrhunderte andauerte und bei dem die einzelnen Bevölkerungsschübe zeitlich und auch territorial unabhängig voneinander erfolgten. Manche Gebiete wurden sogar mehrmals erobert, wobei die nachkommenden Stämme ihre inzwischen seßhaft gewordenen Verwandten ebenso grausam behandelten wie die autochthone Bevölkerung. Dank der umfangreichen archäologischen Forschungen weiß man heute, daß die gewaltsam erzwungene Veränderung der Kultur und Zivilisation durch die Steppenvölker nicht mit einer völligen Vernichtung der einheimischen Bevölkerung einherging. Selbst in jenen Gegenden, wo die Ackerbauern nicht mehr die Möglichkeit hatten, sich in die unwegsamen und schützenden Berge zurückzuziehen, kam es zu keiner totalen Ausrottung. Die Männer wurden zwar in der Regel nach ihrer Gefangennahme erschlagen, doch die Frauen und Kinder als willkommene Beute betrachtet. Sie wurden dem siegreichen Stamm als gleichberechtigte Stammesangehörige eingegliedert; Sklavinnen gab es nicht.

In manchen entlegenen Gegenden, wie etwa in den tiefen Wäldern der Rhodopen (Südbulgarien), gab es auch nach dem Abebben und Versickern der Invasionen aus dem Norden unberührt gebliebene Enklaven der Ackerbauern, die erst allmählich und in Form einer friedlichen Unterwanderung von den Eindringlingen assimiliert wurden. Mit dem Seßhaftwerden der Hirtenvölker – das wiederum eine Änderung ihrer Lebensweise und der wirtschaftlichen Verhältnisse und somit den Übergang zu einer höheren Form der Landwirtschaft bedeutete – kam es rasch zu einer Verschmelzung mit der autochthonen Bevölkerung. Aus dieser Verbindung entstanden neue ethnische Gruppen, deren weitere Evolution schließlich zur Bildung jener großen Völker führte, die uns in Südosteuropa seit der

48

historisch faßbaren Zeit der Antike auch auf Grund schriftlicher Quellen bekannt sind: die Illyrer, Thraker und Griechen. Die Daker, die Ahnen der heutigen Rumänen, nahmen eine Sonderstellung ein, über die noch zu sprechen sein wird.

In dieser Zeit, also gegen Ende des dritten vorchristlichen Jahrtausends, erfolgte aus den südrussischen Steppen noch eine zweite, gewaltige Expansion, diesmal gegen Osten und Südosten. Noch heute unbekannte indoeuropäische Stämme zogen in mehreren Wellen am Schwarzen Meer entlang bis zum Kaukasus und von dort über den später berühmt gewordenen Alexanderweg bis nach Kleinasien, wo sie sich im Hochland des heutigen Anatoliens niederließen.

Aus einem dieser indoeuropäischen Stämme entstanden Ende des 3. Jahrtausends durch die Verschmelzung mit der kulturell hochentwickelten Urbevölkerung die Hethiter, von denen man bis vor hundert Jahren nicht viel mehr wußte als das, was das Alte Testament über sie berichtet. Wir werden den Hethitern etwa um 1200 v. Chr. in der direkten Konfrontation mit den Thrakern nochmals begegnen. Und noch ein anderes Volk, oder besser gesagt eine andere Völkergemeinschaft, dürfte zu dieser Zeit die Basis für seine spätere Volkswerdung gelegt haben, nämlich die Skythen, über deren Existenz wir erstmals von Herodot erfahren. Der griechische Geschichtsschreiber bezeichnet alle zwischen Donaumündung, Dnjepr und Don an der Küste des Schwarzen Meeres lebenden Stämme, einschließlich der Sarmaten, als Skythen. Auch mit ihnen werden wir uns noch ausführlicher beschäftigen.

Das Schwarze Meer, bis in die jüngste Zeit für viele Wissenschaftler nur in Verbindung mit griechischer Mythologie und Kolonisierung von historischem Interesse, hat durch die in allen Anrainerstaaten durchgeführten intensiven Forschungen einen neuen Stellenwert für die Geschichte Europas bekommen. Die jüngsten Forschungsergebnisse der archäologischen Grabungen in der Sowjetunion, in der Türkei und den Ländern der Balkanhalbinsel bestätigen die Annahme, daß das Gebiet um das Schwarze Meer in früher prähistorischer Zeit – also schon vor dem Entstehen der ersten Hochkulturen in der Ägäis – der dominierende ethnische Kristallisationskern für alle späteren antiken Völker und Kulturen war.

Hier entstand, parallel zu Mesopotamien und Ägypten, eine hohe
Kultur, deren gemeinsames Erbe inzwischen bei allen Anrainervöl-
kern des Pontos Euxeinos nachgewiesen werden konnte. Archäologie und Linguistik bestätigen aber auch, daß die aus einer Evolution
der autochthonen Bevölkerung entstandenen neuen ethnischen
Gruppen in ständigen – wenn auch nicht immer friedlichen –
Wechselbeziehungen zueinander standen. All die vielen Völker,
Stämme und Sippen, deren kulturelle und sprachliche Unterschiede
durch die großen Entfernungen bedingt sind, sind im Grunde
genommen nur Teile einer einheitlichen ethnischen Substanz, die
dem Schwarzen Meer, dem Karpaten-Balkan-Raum und Kleinasien
gleichermaßen zugeordnet werden muß.

Nach dem Zweiten Weltkrieg wurden unter der Leitung des
englischen Archäologen J. Mellaart in Çatal Hüyüt, 300 Kilometer
südlich der türkischen Hauptstadt Ankara, die Überreste einer
prähistorischen Stadt entdeckt, die bereits im 6. Jahrtausend v. Chr.
von vermutlich mehreren Tausend Menschen bewohnt war. Nach
deren Zerstörung (oder Verfall) siedelten sich an derselben Stelle
immer wieder Menschen an und hinterließen schließlich einen
prähistorischen Siedlungshügel von 17 Meter Höhe und 500 Meter
Länge. Die zehn verschiedenen Kulturschichten weisen verblüffen-
de Analogien zu jenen von Troja und dem bulgarischen Karanovo
auf. »Schon die ersten Funde«, so berichtete der französische
Historiker Marcel Brion, »waren sensationell, da man hier die
ältesten, an Teppichmuster erinnernden Malereien auf verputzten
Wänden und die frühesten Webarbeiten der Welt entdeckte. Auch
der Nachweis eines Stierkultes, der Jahrtausende später in Kreta und
auf Zypern wieder auftauchte, ist für die Entwicklung der religiösen
Vorstellungen von höchster Bedeutung. Die anatolischen Entdek-
kungen ergeben, daß sich die neolithische Revolution, der Übergang
vom Jägerdasein zur Seßhaftigkeit mit Ackerbau, in den verschiedenen Teilen Kleinasiens etwa gleichzeitig vollzog. Die weiblichen
Idole mit ihren übersteigerten Formen verbildlichen die Trägerin
des Lebens, die Fruchtbarkeit, und sind in ihrem Realismus Nachfahren der altsteinzeitlichen ›Venusfiguren‹. Erst im 4. Jahrtausend
erscheinen streng stilisierte, abstrakte Statuetten als Ausdruck reli-

giöser Vorstellungen von einer Muttergöttin. Handgeformte Keramik aus der neolithischen Sicht von Hačilar im 5. Jahrtausend v. Chr. zeigt zum erstenmal die für die Bandkeramik typische Spirale, während die etwa gleichzeitig entstandenen mesopotamischen Gefäße von Hassuna und Samarra mit ihren Tierdarstellungen Einflüsse der viehzüchtenden Nomaden des Iran aufweisen. Bemerkenswert ist die ausgezeichnete Qualität dieser frühesten Keramik. In der zweiten Hälfte des 5. Jahrtausends v. Chr. wurde die Verarbeitung von Metall im Hochland von Kleinasien und im Iran erfunden ... Die Bronzezeit, die hier in den ersten Jahrhunderten des 3. Jahrtausends beginnt, führte auch in Zentralanatolien zu einer Kultur, die auf derselben hohen Stufe wie die von Akkad in Mesopotamien und die von Maikop im Kubangebiet stand.«

Die Übereinstimmung mit der prähistorischen Entwicklung im thrakischen Raum ist unverkennbar, die gemeinsame ethnisch-kulturelle Basis kaum zu übersehen. Dennoch muß betont werden, daß diese Übereinstimmung im Übergang vom Neolithikum zur Stein-Kupfer-Zeit vorwiegend aus einer parallelen Entwicklung mit ausgeprägten autochthonen Zügen entstanden ist, die jedoch eine gegenseitige Beeinflussung nicht unbedingt ausschließt. Doch die Beeinflussung erfolgte nicht nur in einer Richtung, wie man das früher mangels besserer Beweise und Einsichten annehmen mußte, sondern stellte eine gegenseitige künstlerische und kulturelle Befruchtung dar.

Heute zweifelt kaum noch ein Experte an der These, daß es auch schon in der grauen Vorzeit keine grundsätzlich dummen oder gescheiten, keine angeboren guten oder bösen Völker gegeben hat, sondern daß deren geistiger und wirtschaftlicher Entwicklungsstand eben weitgehend von den geographischen Bedingungen jenes Raumes abhängig war, in dem sie lebten. Einem Volk, das beispielsweise etwa tausend Kilometer von den nächsten Kupfer- und Zinnlagerstätten entfernt lebte, kann man nachträglich nicht gut den »Vorwurf« der geistigen Rückständigkeit machen, weil es die Bronze nicht erfunden hat und dadurch auch erst viel später in die Kulturstufe der Bronzezeit – die Germanen beispielsweise erst etwa 1500 Jahre nach den Hethitern – eintreten konnte.

Für die parallele autochthone Entwicklung der spätneolithischen Kulturen – hier hatten, weil das Metall noch nicht entdeckt war, alle Stämme sozusagen Chancengleichheit – im Bannkreis des Schwarzen Meeres gibt es zahlreiche Beweise. So war etwa die Kultur von Karanovo in Südbulgarien mit der von Hačilar in Anatolien synchron und diese wieder mit jener, die östlich vom Schwarzen Meer im Kubangebiet durch sowjetische Forscher freigelegt wurde. Die Funde waren hier wie dort gleich: bikonische Gefäße, Gefäße mit Füßchen, Sicheln mit Flintzacken, Löffelchen aus Knochen und zierliche kleine Frauenstatuetten. Die archäologischen Verbindungslinien weisen aber auch auf das jugoslawische Stačevo und den rumänischen Kulturkreis von Gumelniţa hin.

Genaue Untersuchungen der jeweiligen Kulturschichten dieser weit voneinander entfernten Siedlungshügel durch die Radiokarbonmethode, den sogenannten C-14-Test, haben auch deren chronologische Übereinstimmung ergeben. Der C-14-Test dient der Archäologie zur Altersbestimmung von organischen Stoffen. Er wurde 1946 nach der Hypothese des amerikanischen Chemikers Libby entwickelt, 1948 erstmals experimentell erprobt und basiert auf folgender wissenschaftlicher Erkenntnis: In lebenden Pflanzen oder Tieren (und selbstverständlich auch im Menschen) stellt sich ein konstantes Mengenverhältnis vom stabilen Kohlenstoffisotop der Massenzahl 12 zum radioaktiven Isotop C 14 ein. Nach dem Tode des Organismus ändert sich dieses Verhältnis, da kein Kohlenstoff mehr durch Assimilation bzw. durch Nahrung aufgenommen wird. Das C-14-Isotop zerfällt mit einer Halbwertzeit von 5589 Jahren. Die Bestimmung des Gehaltes an C 14 ermöglicht somit eine Berechnung der nach dem Tode verstrichenen Zeit. Diese Methode erlaubt beispielsweise Altersbestimmungen von Holz- und Knochenfunden bis zu 50 000 Jahren mit einer Genauigkeit von plus/minus hundert Jahren.

In einigen Fällen wurde bei bulgarischen und rumänischen Siedlungshügeln durch diesen C-14-Test nachgewiesen, daß die vergleichbaren archäologischen Funde älter als jene in Kleinasien oder im östlichen Schwarzmeergebiet gefundenen Gegenstände waren. Damit war der Nachweis der parallelen Entwicklung erbracht. Die bislang angenommene Priorität der vorderasiatischen Entwicklung hatte sich nicht bestätigt. Die Parallelen der prähistorischen Entwicklung finden auch mit dem Einfall der südrussischen Steppenvölker eine Fortsetzung: In Anatolien wie in Südosteuropa lebten zu dieser Zeit Ackerbauern, die fast zur gleichen Zeit von den Reitern aus dem Norden unterworfen wurden, mit denen sie später eine Fusion eingingen. Diese führte zu einer weiteren Indoeuropäisierung beider Landstriche. Durch die Verschmelzung mit der autochthonen Bevölkerung verschwanden allmählich auch die früheren grausamen Formen der Steppenzivilisation.

Der Prozeß der Ethnogenese der Balkan- und Schwarzmeervölker verlief, bedingt durch die unterschiedlichen Komponenten bei der Einwanderung und dem Seßhaftwerden, nicht einheitlich. Dies führte zu einer starken Differenzierung der sich nun bildenden prähistorischen Stammesgruppen, die sich später im Rahmen einer sich verfeinernden Evolution in immer neue Stämme aufsplitterten. Diese Unterscheidung bezog sich nicht nur auf Sprache, Kultur und wirtschaftliche Entwicklung, sie machte sich auch in der Mentalität der verschiedenen Stämme bemerkbar, deren psychische Relevanz mitunter noch bis in unsere Zeit hineinreicht. So kann man sagen, daß die ethnisch-genetischen Faktoren dieser unterschiedlichen Entwicklung – wie wir sie beispielsweise bei den heutigen Bulgaren und Rumänen feststellen können – auch auf die unterschiedlichen Bedingungen bei der Fusion zwischen Ackerbauern und Steppenvölkern zurückzuführen sind. Unbeschadet späterer ethnischer Unterwanderungen und linguistischer Einflüsse durch Germanen, Slawen oder Turkvölker zeigt sich in der Unterschiedlichkeit zwischen den Bulgaren und Rumänen eine Grundkomponente, die bereits in der Frühzeit ihrer Geschichte gesucht werden muß.

Die neolithischen Urahnen der heutigen Bulgaren und Rumänen lebten in verschiedenen Gegenden, und auch ihre Konfrontation mit den eindringenden Steppenvölkern war unterschiedlich stark. Nun gibt es beispielsweise gewichtige Hinweise darauf, daß die Ackerbauern im heutigen Siebenbürgen, in Bessarabien und in der Nordmoldau schon damals eine Methode der Verteidigung praktizierten, die ihren Nachkommen in späteren Zeitläufen oftmals ein Überleben und den Fortbestand ihres Volkes sicherte: Sie retirierten bei Gefahr in die unwegsame Gebirgswelt der Karpaten und kehrten, wenn der Feind das scheinbar menschenleere Land verlassen hatte, vollzählig und ungebrochen wieder in ihre Siedlungen zurück. Sie trotzten dem überlegenen Feind, indem sie ihm auswichen. Die schwachen Nachhuten, die die Reitervölker zur Sicherung ihrer Verbindungswege zurückließen, oder jene kleineren Gruppen, die hier eine neue Heimat suchten, waren für die zahlenmäßig starke autochthone Bevölkerung kein Problem: Sie wurden assimiliert, und die sich im Laufe der Jahrhunderte neu formende Gruppe entsprach mehr der Mentalität der Ackerbauern als jener der Pferdezüchter aus dem Norden.

In Thrakien, wo die Wanderung nach dem Süden durch die Küsten des Ägäischen Meeres gestoppt und die Masse der Hirtenvölker zur Seßhaftigkeit gezwungen wurde, kam es zu einer umgekehrten Entwicklung; die Einwanderer behielten die Oberhand. Eine Gesetzmäßigkeit – wie es scheint – der Völkerwanderungen in diesem Raum, die auch beim Eindringen der Slawen im 4. und 5. Jahrhundert n. Chr. deutlich wurde: Auch in diesem Fall zogen die Slawen durch Rumänien, ohne seßhaft zu werden, und ließen sich erst südlich der Donau nieder.

Noch gibt es, verständlicherweise, bezüglich der Details und Folgen dieser großen Völkerwanderungen unterschiedliche Interpretationen, die zum Teil auch von aktuellen nationalen Überlegungen bestimmt werden. Auch Wissenschaftler vermögen nur selten über ihren nationalen Schatten zu springen. Doch »so unsicher die historischen und archäologischen Angaben auch sein mögen«, zieht der jugoslawische Prähistoriker Milutin V. Garašanin die Quintessenz aus den verschiedenen Meinungen, »eine Tatsache ist unumstößlich: Im dritten Jahrtausend vor unserer Zeitrechnung begannen die aufeinanderfolgenden Bewegungen der Steppenvölker, die in dem Augenblick, in dem sie mit der autochthonen Bevölkerung zusammenprallten, diesen zwar ihre Zivilisation aufzwangen, aber gleichzeitig auch deren Lebensformen annahmen. Dieser große Prozeß der Zerstörung und der Verschmelzung wurde erst im zweiten Jahrtausend mit der Bildung der Bronzezivilisation beendet. Es ist sicher, daß wir vom historischen Standpunkt aus von einer großen Zäsur in der Ethnogenese der Balkanvölker sprechen können. Die Archäologie hat unmißverständlich bewiesen, daß diese Veränderung von großer historischer Tragweite war.« Als unmittelbare Folge dieser ethnisch-genetischen Veränderung entstehen im thrakischen Raum bis zum 18. Jahrhundert v. Chr. drei große Stammesgemeinschaften, nämlich die Daker-Mösier, die Thraker und die Phryger. Die Thraker des klassischen Altertums erscheinen jedoch erst mit dem Aufkommen des Eisens auf der historischen Bühne der Balkanhalbinsel.

Kreta, Troja und Mykene

Die Bronzezeit war im thrakischen Raum eine verhältnismäßig ruhige Epoche, wenngleich auch sie nicht frei von, wie wir heute sagen würden, inneren und sozialen Spannungen war. Es gab zwar keine großen Invasionen, doch es kam zwischen den sich nun herausbildenden Stämmen und Sippen zu ständigen Reibereien, Stammesfehden und lokalen Vernichtungszügen. Wohl gab es einige Ansätze von dörflichen Gemeinwesen, doch führten diese im Endeffekt nur zu einer weiteren Partikularisierung. Die Bewohner Altthrakiens hatten – im 2. Jahrtausend v. Chr. – einen relativ niedrigen Zivilisationsstand. Von der alten Ackerbauernkultur war nicht mehr viel übriggeblieben. Die Menschen begnügten sich mit dem, was sie hatten, und sie fanden als Jäger und Fischer in den wald- und wasserreichen Gebieten mehr, als sie brauchten. Die Seen und Flüsse waren so fischreich, daß die alten Thraker sogar ihre Pferde mit Fischen fütterten.

Wie sah es nun zur gleichen Zeit im ägäischen Raum und in Anatolien aus, in jenen Gebieten also, die eine fast analoge vorhistorische Entwicklung durchgemacht hatten wie die thrakischen Länder? Hier zeigt sich eine bemerkenswerte Tendenz: Überall dort, wo die Ackerbauern ungestört von den Einbrüchen der Steppenvölker eigenständig eine höhere Form der Landwirtschaft erreichten, festigte sich auch ihre materielle Kultur, und es kam zur Bildung der ersten urbanen Siedlungen. Solche Städte der sogenannten ägäisch-anatolischen Kulturprovinz waren – soweit sie uns bisher durch Ausgrabungen bekanntgeworden sind – Troja in Kleinasien und Knossos auf Kreta.

Maßgeblich für den wirtschaftlichen Aufschwung der Ackerbauern war neben der höheren Form der Landwirtschaft auch die rasche Entwicklung der Metallurgie auf Grund der Erzvorkommen in Kleinasien und Zypern. Auf Kreta wurden um 3000 v. Chr. die ersten Metallwaffen und Werkzeuge, aber auch schon Gold- und Silbergegenstände geschmiedet. Handwerk und Handel entstanden. Doch Landwirtschaft und Metallurgie waren es nicht allein, die bei den Kretern schon unter ihrem legendären König Minos – er lebte vermutlich in der Zeit zwischen 2700 und 2200 v. Chr. – den Anstoß zur Bildung eines organisierten Gemeinwesens gaben. Hier war die

Wasserarmut der Insel der kategorische Imperativ. Die permanente
Wassernot machte (wie in Mesopotamien, Ägypten oder China)
eine künstliche Bewässerung zur besseren Bodennutzung und Kul-
tivierung von Obst und Gemüse notwendig. Doch eine künstliche
Bewässerungsanlage entsteht nicht von selbst. Sie muß geplant,
gebaut und schließlich zur gerechten Verteilung des lebenswichtigen Gutes auch überwacht, kontrolliert und verwaltet werden.
Daraus ergab sich für Kreta eine unumgängliche Konsequenz: die
Bildung eines geordneten Gemeinwesens. Günther Kehnscherper
schildert das so: »Auf Kreta wurde der Bau von Tiefbrunnen und
Wasserleitungen notwendig, um Quellwasser aus dem Gebirge in
die Ebene zu leiten. Auch die Errichtung von Hafenanlagen für den
immer umfangreicheren Seehandel ging weit über die Kraft der
einzelnen Familien. So stehen Kreta und die Kykladen in der älteren
Bronzezeit im Übergang zu einer Kulturstufe, die schon gesetzlich
geordnete Verhältnisse erkennen läßt.
Eine kleinstädtische Siedlungsform voll emsiger Betriebsamkeit
setzt sich zunächst durch, eine kleine Welt blühenden Handwerks,
eifrigen Handels und weitreichenden Seeverkehrs. Letzterer brachte
neben Kreta besonders den Kykladen-Inseln infolge der Gunst ihrer
zentralen Lage inmitten der Ägäis einen später nie wieder erreichten
Wohlstand. Kreta stand erst am Anfang seiner seebeherrschenden
Rolle, und auch die Bewohner des umliegenden Festlandes waren
keine guten Seefahrer. Da erkannten die Menschen auf den Kykladen-Inseln die ihnen gebotenen großen Möglichkeiten und brachten
den Seehandel in ihre Hand ... Ihre vielrudrigen Seeschiffe erschlossen lange vor den Achäern, Phöniziern und Griechen Seewege
nach Italien, Spanien und den Balearen. Archäologische Neufunde
machen es wahrscheinlich, daß schon hier die Anfänge eines in
mittelminoischer Zeit weiter ausgebauten Netzes von Handelskolo-
nien und Faktoreien liegen.«
Nichts von alldem erreichte und berührte in der frühen Bronzezeit
den thrakischen Raum. Erst von der mittleren Bronzezeit an sind
Ähnlichkeiten zwischen den Vorgängen und Ereignissen in der
mykenischen Welt – vor allem jener des Festlandes – und Thrakien
festzustellen, die manche Forscher veranlassen, von einem »myke-

nischen Thrakien« zu sprechen. Alexander Fol, Direktor des Thrakologischen Instituts der Bulgarischen Akademie der Wissenschaften, meint, daß sich die Existenz und die Lebensäußerungen im mykenischen Thrakien sowohl an den archäologischen Funden als auch an der Mythologie, der Numismatik und Linguistik deutlich erkennen lassen. Die kulturhistorische Zusammengehörigkeit des thrakischen Raumes mit der mykenischen Welt wurde in den vergangenen Jahren nicht nur an den einzelnen Phasen und der hohen Entwicklung der Töpferkunst und der Metallbearbeitung, sondern auch an den Bestattungsbräuchen und den Befestigungsanlagen in den Gebirgsgegenden festgestellt.

Die bulgarischen Forscher betonen, daß sich beispielsweise die Bestattungsbräuche im Rahmen einer kulturellen Einheit der Bevölkerung der südlichen Donaugebiete als Teil eines mykenischen Ganzen entwickelt haben, die aber auch ihre Verwandtschaft mit den Großsteingräbern im Kaukasus und Kleinasien nicht leugnen können. Man nimmt an, daß die großen Grabdenkmäler auch mit jenen geheimnisvollen und bisher noch nicht völlig enträtselten thrakischen Hochgebirgsfestungen und Kultstätten zu tun haben, die erst in allerjüngster Zeit im Rhodopen- und Piringebirge entdeckt worden sind.

Doch wir sind nun der Zeit »ein wenig« - so um etliche hundert Jahre - vorausgeeilt. Ehe es nämlich zu jener hier für das Ende der Bronzezeit und für den Beginn der Eisenzeit skizzierten Entwicklung kam, vernichtete eine unvorstellbare Naturkatastrophe schlagartig die europäische Hochkultur Kretas und der Kykladen.

Noch vor ein paar Jahrzehnten war die Wissenschaft der Meinung, daß die Zerstörung des nur aus der griechischen Mythologie bekannten minoisch-kretischen Reiches durch fremde Eroberer erfolgt sei. Heute wissen wir, daß ganze Armeen nicht imstande gewesen wären, dieses Werk einer totalen Zerstörung zu vollbringen, sondern daß es dazu einer Urkraft von gigantischem Ausmaß bedurfte: des Ausbruchs des Vulkans Santorin auf der etwa 120 Kilometer nordöstlich gelegenen Insel Thera an der Wende vom 15. zum 14. Jahrhundert v. Chr. Der nahezu 2000 Meter hohe Vulkangipfel der kleinen Insel wurde durch den Ausbruch bis zu einer Tiefe von 300 Meter unter dem Meeresspiegel weggerissen. Nach Schätzungen der Geologen wurden rund 130 Kubikkilometer glühenden Gesteins und heißer Asche meilenweit fortgeschleudert. Der Zusammenbruch des Santorin-Massivs muß nach Meinung Günther Kehnscherpers eine gewaltige Flutwelle ausgelöst haben, die noch auf Kreta mehr als 30 Meter hoch gewesen sein dürfte; denn selbst 30 Meter über dem Wasserspiegel liegende Häuser wurden von Bimssteinmassen verschüttet, die das Meer anspülte.

Nach der Katastrophe befand sich an der Stelle des Vulkans ein Kratersee von elf Kilometern Durchmesser. Die Heftigkeit der herausgeschleuderten Wassermassen kann heute noch aus der Tatsache ersehen werden, daß die Vulkanränder teilweise glattgeschliffen wurden und wie polierte Felsen aussehen. Der Aschenregen dieses verheerenden Vulkanausbruches reichte bis nach Ägypten.

Bimssteinablagerungen sind heute noch auf dem Meeresgrund vor Alexandrien von Tauchern festgestellt worden.

Thraker und Troja

Die materielle Kultur der minoischen Kreter wurde zwar durch den Vulkanausbruch von Santorin schlagartig vernichtet, doch Flutwelle und Aschenregen vermochten nicht die geistige Ausstrahlung zu zerstören, die von Kreta aus bis zum griechischen Festland und bis nach Troja reichte. Vermutlich wurde auch Troja von dem gewaltigen Erdbeben, das den Vulkanausbruch auf der Insel Thera begleitete, wieder einmal zerstört.

Die Zerstörung der Stadt im Trojanischen Krieg wird heute etwa um das Jahr 1150 v. Chr. angesetzt. Zu diesem Krieg war es, der Sage nach, wegen des Raubes der Helena, der schönen und begehrenswerten Tochter des Zeus und der Leda, durch den nicht minder schönen Sohn des Königs Priamos von Troja, Paris, gekommen. Homer berichtet, daß die erbosten Athener Troja neun Jahre lang vergeblich belagerten, ehe die Stadt im zehnten Kriegsjahr durch eine List – das berühmt gewordene trojanische Holzpferd, mit dem sich die Athener in die Stadt einschleusen ließen – zu Fall kam. Soweit die Legende. Für die geschichtliche Grundlage des Homer-

schen Berichtes haben sich inzwischen auch durch die archäologische Forschung zahlreiche Belege erbringen lassen.
»Insgesamt darf man heute sagen«, stellt Kehnscherper fest«, »der
Trojanische Krieg ist eine gesicherte historische Tatsache. Der
Seekrieg, nicht aber die Belagerung Trojas, könnte durchaus neun
oder zehn Jahre gedauert haben. Was auch immer seine unmittelbaren Ursachen gewesen sein mögen und abgesehen davon, wie lange
er sich tatsächlich hinzog, so waren die Streitigkeiten letzten Endes
ein Wirtschaftskrieg, den das rohstoffarme Mykene führte. Troja
beherrschte den gewinnbringenden Schwarzmeerhandel mit Gold,
Silber, Eisen, Zinnober und Schiffsholz, mit Leinen, Hanf, getrock-
neten Fischen, Öl und Salz, hatte doch zum Beispiel der chinesische
Jadestein über das Schwarzmeergebiet den Weg bis nach Knossos
gefunden. Als Troja gefallen war, konnten die Achäer entlang dieser
uralten Handelsroute nach dem Mittleren Osten feste Niederlassungen errichten, die bald ebenso reich wurden wie die Handelszentren
in Kleinasien, Ugarit oder Sizilien. Mykene und Athen profitierten
als führende Seemächte bis in die griechische Zeit hinein vom
Schwarzmeerhandel; sie kauften in diesen Gebieten« (von den
Geten und Dakern der Dobrudscha, Anm des Verf.) »Getreide
besonders billig auf, um es auf den unfruchtbaren ägäischen Inseln
gewinnbringend abzusetzen.«
Durch den trojanischen Krieg rückten auch die Thraker erstmals in
das historische Bewußtsein der Griechen. Anerkennend berichtet
Homer in der Ilias von der hohen Kultur und Kampfmoral jener
thrakischen Fürsten und Stämme, die den Trojanern im Kampf
gegen die Athener als Bundesgenossen zur Seite standen. Auf die
Frage von Odysseus, ob denn die Hilfsvölker »unter den rossezäh-
menden Troern oder für sich allein« schlafen würden, antwortete
ihm der Verräter Dolon: »Darüber will ich dir ganz untrügliche
Auskunft erteilen. Nach der Seeseite lagern die Karer, die bogenbe-
wehrten Paionen, auch die Leleger, Kaukauner, edlen Pelasger; in
der Richtung Thymbra erhielten die Plätze die Lykier, die mutigen
Myser, die Maioner, Kämpfer zu Wagen, und Phryger, Streiter zu
Roß.«
Mit Ausnahme der Pelasger, deren ethnische Zugehörigkeit noch

ungeklärt ist, waren alle von Homer hier aufgezählten Hilfsvölker thrakische Stämme.

An der Spitze des thrakischen Aufgebots stand Rhesos. In der griechischen Mythologie ist Rhesos ein thrakischer Halbgott, dessen Mutter Klio die Muse der Geschichtsschreibung und des Epos war. Tatsächlich dürfte er aber eine historische Gestalt gewesen sein und über die Thraker im Rhodopengebirge geherrscht haben. Homer bezeichnet Rhesos als König, »dessen Gespann das größte und schönste ist, das je ich erblickte, weißer als Schnee noch die Rosse, im Laufen so schnell wie die Winde. Auch sein Wagen ist kunstvoll verziert mit Gold und Silber. Golden und riesig groß sind die Waffen – ein Anblick zum Staunen –, die er mitführt; eigentlich stünde es sterblichen Helden gar nicht zu, sie zu führen, nur den unsterblichen Göttern.«

Rhesos, der mit seinen thrakischen Reitern im zehnten Jahr der Belagerung Trojas zum Entsatz der Stadt eingetroffen war, wird von dem Trojaner Dolon verraten und von den Griechen Odysseus und Diomedes getötet.

Das Entree der Thraker in die antike Geschichte war eindrucksvoll. Heute wissen wir zudem, daß auch Troja selbst eine starke thrakische Komponente aufwies: einmal als deren Gründer und zum anderen als deren Zerstörer im Zuge der »Großen Wanderung«, über die noch zu berichten sein wird. Schon dem Entdecker Trojas, Heinrich Schliemann (1822 bis 1890), war bei der Freilegung der ersten Kulturschicht aufgefallen, daß die hier gefundene Keramik starke balkanische Einflüsse aufwies. Inzwischen haben Bodenfunde in Bulgarien bestätigt, daß die Kultur der frühen thrakischen Bronzezeit fast identisch mit jener der Schicht I von Troja ist. Ihre typologische Übereinstimmung spricht für die Einheit der Kunsttradition während dieser Epoche zwischen Kleinasien und der Balkanhalbinsel.

Troja II, Schliemanns ergiebigste Fundschicht, zeigt die Kultureinflüsse aus dem Balkanraum noch deutlicher. Sie kommen architektonisch vor allem bei der Burg, dem Haus und gewissen Spiralornamenten, wie sie in Makedonien und Bulgarien gefunden wurden, zum Vorschein.

Der bulgarische Wissenschaftler Dimitar P. Dimitrov nimmt an, daß die Trojaner selbst zu den frühesten thrakischen Auswanderern ins nordwestliche Kleinasien gehörten. Sie haben vermutlich schon im dritten vorchristlichen Jahrtausend den Hellespont überquert und sich bei Hissarlik niedergelassen. Im 2. Jahrtausend v. Chr. dauerte die thrakische Migrationswelle an und führte zur Besiedlung der asiatischen Küste der Propontis (Marmarameer) und des Hellespont von Kyzikos bis zum Skamander. Diese Einwanderung ging dem Fall Trojas voraus.

In Homers Epos »Ilias« werden die Trojaner häufig zusammen mit den Dardanern erwähnt. Nicht selten findet sich die Anrede:»Hört, Trojaner, Dardaner und andere Völker!« Ein König Dardanos, der dem Stamm der Dardaner den Namen gab, taucht schon als allererster Beherrscher des trojanischen Gebietes auf. Er gründet Dardania, ehe noch Troja gegründet worden ist. Der balkanische Ursprung der trojanischen Dardaner ist im Oberlauf des Axios (Vardar) und des Margus (Morava) zu suchen. Von dort sind sie mit den ersten thrakischen Stämmen zu Beginn des 2. Jahrtausends nach Kleinasien ausgewandert, wo sie schon im 14. Jahrhundert v. Chr. als Verbündete der Hethiter an den Feldzügen gegen Ägypten teilnahmen.

Alexander Randa weist ebenfalls auf die enge Verbindung zwischen Trojanern und Thrakern hin:»In der ›Ilias‹ tritt uns der Thraker Aeneas entgegen, wohl die erste in Umrissen erkennbare und geschichtlich erwiesene thrakische Gestalt. Er ist der Anführer der im heutigen Makedonien siedelnden Dardaner ... und Vertreter jener Dynastie, die jahrhundertelang in der Stadt geherrscht hat.« Nach Meinung des Salzburger Professors stand der Trojaner Aeneas an der Spitze einer thrakischen Völkerkoalition, die alle Stämme nördlich des thessalischen Peneios umfaßte und vom kleinasiatischen Halys bis zum paionischen Axios, dem heutigen jugoslawischen Vardar, reichte. Ihr gehörten Phryger, Maionen, Myser, Kikonen, Paionen, Pelasger, Karier, Eneter und Dardaner an, die durch familiäre und hierarchische Beziehungen eng mit dem trojanischen Herrscherhaus verbunden waren. Dieser trojanische Stämmeblock war »der erste thrakische Stammesbund der Geschichte, der die Territorien beiderseits der Meerengen umfaßte« (W. Tomaschek).

Was Randa und Tomaschek mehr oder weniger hypothetisch behaupteten, wurde in den Jahren nach dem Zweiten Weltkrieg durch umfangreiche archäologische Forschungen bestätigt. Die in den Homerischen Epen geschilderten und auch in griechischen und orientalischen Quellen erwähnten großen Völkerwanderungen, die die Balkanhalbinsel und Kleinasien Ende der Bronzezeit erfaßt hatten, konnten durch intensive und systematische Ausgrabungen fast nahtlos aneinandergefügt werden und haben das Bild dieser Migration ergänzt. Es ist ein Bild von verwirrender ethnologischer Buntheit, dessen tragende Komponente das thrakische Element war. Diese Forschungen haben ergeben, daß die Thraker auch an den ägäischen Küsten Kleinasiens nicht Anrainer, sondern integrierter Bestandteil der gesamten ägäischen Kultur waren und daß sie letztlich zu dem Entstehen dieser Kultur entscheidend beigetragen haben

Die Geschichte von Troja VII b2

Solange die Menschen das Metall nicht kannten, formten sie ihre Werkzeuge aus Knochen und Stein und ihre Haushaltsgeräte aus Ton. Und weil Ton leichter zu formen ist als Stein und Knochen, wurde die Keramik sehr bald Spiegelbild des kulturellen und geistigen Lebens der Sippen, Stämme und Völker – und damit auch zum begehrten Zeugnis für eine vergleichende Altertumsforschung. Oft signalisierten die Scherben eines Tonkruges Zusammenhänge zwischen historischen Abläufen, die man sich vordem nicht hätte erträumen lassen. Das war auch, was die vorgeschichtlichen Beziehungen zwischen den thrakischen Stämmen und Troja, vor allem von Troja VII b2, betrifft, der Fall, dies ist die letzte und jüngste Kulturschicht von Troja; sie stammt aus der Zeit Ende des 12. oder Anfang des 11. Jahrhunderts v. Chr. Damals ist das vorgeschichtliche Troja zum letztenmal zerstört worden.

Diese letzte Phase war von relativ kurzer Dauer: vielleicht weniger als ein Jahrhundert. In den Fundschichten dieser Epoche fiel den

Archäologen eine besondere Form der Keramik auf, die der Kultur-tradition Kleinasiens völlig fremd war: die sogenannte Buckelkera-mik. Dies ist eine Keramik, die sich durch eine reife ästhetische Formgebung auszeichnet. Bezüglich ihrer Herkunft tappten die Wissenschaftler lange im dunkeln. Da man in Kleinasien keine analoge Entsprechung fand, suchte man irgendwo westlich der Dardanellen (Hellespont). Einige Wissenschaftler vermuteten den Ursprung der Buckelkeramik im mittleren Donaugebiet, also im heutigen Ungarn, von wo sie während der Völkerwanderung im letzten Viertel des 2. Jahrtausends v. Chr. von irgendeinem fremden Volk nach Troja gebracht worden sein sollte. Nach einer anderen These stammte sie aus dem makedonisch-adriatischen Raum, von wo sie mit der letzten Welle der phrygischen Auswanderer um 1200 v. Chr. nach Kleinasien gekommen war. Doch auch dies erwies sich als nicht zutreffend. Das Rätsel schien weiterhin ungelöst zu bleiben. Da kam den Archäologen der Zufall zu Hilfe.

Bei Ausgrabungen im südbulgarischen Dorf Mezek im Bezirk Haskovo stieß man 1932 und 1933 auf eine antike Siedlung. Die Archäologen entdeckten dabei auch einige Scherben von handge-formten Gefäßen, verziert mit dem bekannten Motiv der groben Keramik von Troja VII b2, einer Kombination von konzentrischen, mit Tangenten verbundenen Kreisen. Das war ein Fingerzeig, der die wissenschaftliche Welt aufhorchen ließ. Doch die Skepsis blieb: ein faszinierender Hinweis, sicher, aber wer konnte beweisen, daß es sich hierbei nicht um ein zufällig von Troja nach Thrakien gelangtes Gefäß handelte? Später tauchten sporadisch auch in anderen Teilen Bulgariens und Rumäniens weitere Bruchstücke von Buckelkeramik-Gefäßen auf. Die These von der mitteleuropäischen Herkunft der Keramik von Troja VII b2 geriet ins Wanken. Schritt für Schritt wurde durch zahlreiche Funde in Bulgarien der Nach-weis erbracht, daß die Formen der trojanischen Buckelkeramik zur Bronzezeit in Bulgarien häufig vorgekommen waren. Doch immer waren es nur Bruchstücke, die gefunden wurden, so daß eine Rekonstruktion für den Vergleich mit den trojanischen Funden nicht möglich war. Erst 1956 gelang den bulgarischen Archäologen der große Wurf: In der Nähe des Dorfes Gabrovo (bei Kasanläk, am

Fuß des legendären Schipkapasses über das Balkangebirge) wurde
eine Urne gefunden, die mit »Buckeln« verziert ist. Ihre Formgebung entsprach haargenau jener der Gefäße von Troja VII b2.
Andere Funde folgten, und heute ist man in der Lage, exakt zu
beweisen, daß die Buckelkeramik von Troja VII b2 südosteuropäi-
scher Herkunft ist. Mit dieser Feststellung wurde nicht nur ein
wissenschaftlicher Disput beendet, sondern ein weiterer wichtiger
Beitrag zur Aufhellung der Geschichte der Thraker geleistet. Die
Angaben antiker Schriftsteller über die Wanderung der thrakischen
und der ihnen verwandten Stämme nach Kleinasien – für die es
bisher kaum eine archäologische Abstützung gegeben hatte – können seither als gesichert angesehen werden. Die thrakischen Stämme
haben die Form ihrer Keramik aus der alten Heimat nach Kleinasien
mitgebracht.
Neufunde in Mösien und Thrakien beweisen überzeugend, daß die
einst hier lebende thrakische Bevölkerung die Buckelkeramik nach
Troja VII b2 gebracht hat. »Vielleicht«, so folgert der bulgarische
Gelehrte Dimiter P. Dimitrov, »war das eigentliche Thrakien
südlich des Balkangebirges das Zentrum der Buckelkeramik, von
wo sie sich nach Norden und nach Süden ausbreitete. Wenn die
Keramik von Troja VII b2 so eng mit der Keramik Thrakiens
verwandt ist, so kann sie als terminus ante quem für die Chronologie
der thrakischen Keramik aus der Zeit der ägäischen Wanderung
betrachtet werden. Datieren wir die Keramik von Troja VII b2 in
das 12. Jahrhundert v. Chr., so müssen wir die thrakische wenigstens ins 13. Jahrhundert datieren. Die Thraker und Mösier sind
vermutlich bereits im 13. Jahrhundert v. Chr. nach dem nordwestli-
chen Kleinasien gekommen und haben sich mit ihrer keramischen
Erzeugung in Troja und in den Gebieten um diesen Landstrich
niedergelassen. Nach der Zerstörung von Troja VII a – an der sie
selbst vielleicht auch beteiligt waren – sind einige von ihnen in
friedlicher Weise bis in die Burg vorgedrungen und haben den
Anfang zu Troja VII b2 gelegt. Sie brachten hierher auch ihre
Keramik mit, deren Erzeugung sie noch lange fortsetzten.«

Die neuen Herren der Ägäis

Die Folgen des Trojanischen Krieges veränderten die politische,
wirtschaftliche, kulturelle und ethnische Szenerie in der Ägäis, auf
der Balkanhalbinsel und in Kleinasien grundlegend. Das Ende einer
Epoche zeichnete sich ab. Erinnern wir uns: Nach der furchtbaren
Santorin-Katastrophe, durch die die minoisch-kretische Kultur und
Zivilisation schlagartig vernichtet wurde, übernahmen die Achäer
auch das Erbe Kretas. Die Achäer waren etwa 1900 v. Chr. nach
Griechenland eingewandert; ihre Herkunft ist ungeklärt. In historischer Zeit bewohnten sie den Südosten des Peloponnes, ein Gebiet,
das ursprünglich von den Ioniern besiedelt worden war. Später
schoben sich die Achäer, die über ausgezeichnete Krieger und eine
gutausgerüstete Flotte verfügten, über die ägäischen Inseln und
Kreta bis an die Küste Kleinasiens, wo sie einen erheblichen Anteil
an der Kolonisierung hatten. Für Jahrhunderte waren sie die
einzigen Herren der Ägäis. Auf der asiatischen Seite war nur
Ägypten ein ernster Rivale; und Troja, das ihnen den Zugang zum
Schwarzen Meer und damit auch zu den goldreichen Flüssen der
Kolcher – der historische Kern des mythischen Argonautenzuges
dürfte mit der Erkundung des Schwarzen Meeres und der damit
verbundenen Entdeckung des Goldreichtums von Kolchis zusam-
menhängen – streitig machen konnte. So entschlossen sie sich zum
grausamsten und längsten Krieg der vorhellenischen Zeit. Obwohl
sie diesen Krieg um Troja für sich entschieden, ging ihre Epoche, das
Zeitalter der Mykene, endgültig zu Ende.
Das Unheil kommt aus dem Norden. In mehreren Wellen schiebt
sich, beginnend um das 13. Jahrhundert v. Chr., eine unübersehbare
Völkermasse aus dem Norden Europas gegen Südosten. Um 1230 v.
Chr. erreichen die Fremdlinge Griechenland und die Ägäis. Ihre
Krieger sind mit leichten Streitwagen ausgerüstet, und wegen ihrer
erfolgreichen Nahkampftechnik – sie verstehen es exzellent, mit
ihren bronzenen Schwertern und Messern umzugehen – läuft ihnen
der Ruf der Unbesiegbarkeit voraus. Ihre Flotte, die entlang der
Adria bis zum Peloponnes segelt, unterstützt die Raubkriege des
Landheeres mit kühnen und rücksichtslosen Überfällen auf die
Hafenstädte und Küstensiedlungen der Achäer. Frauen, Kinder und
die materielle Beute führen diese sogenannten »Nord- und

Seevölker« auf schweren Ochsenkarren mit sich – und weil sie ihre Toten verbrennen und in Urnen beisetzen, werden sie von den Archäologen auch als »Urnenfelder-Leute« bezeichnet. Die Völkerwanderung, die ihr Einfall in den ägäischen Raum auslöste, wird als »Große Wanderung« oder »Ägäische Wanderung« bezeichnet. Sie verebbte erst im 7. Jahrhundert v. Chr.

Die Hauptschwierigkeiten der Erforschung der »Großen Wanderung«, mit deren letzter Welle auch die Dorer – vermutlich aus dem albanischen Raum – nach Griechenland kamen, liegen nach Ansicht des deutschen Archäologen Günther Kehnscherper darin, daß aus vielen Gebieten Europas im Zusammenhang mit ungewöhnlichen Klimaverhältnissen und katastrophalen Naturereignissen Volksstämme abwanderten, zugleich aber in den alten Wohngebieten Menschen dieser Stämme zurückblieben. »So finden sich die Hinterlassenschaften der Völker dieser Wanderungszeit sowohl weiterhin in geringem Umfang in den alten Stammesgebieten als auch in den durch die Wanderungszüge verursachten Zerstörungshorizonten Griechenlands, Kretas, Kleinasiens und Palästinas. Kretisch-mykenische und zyprische Keramik, makedonische Gefäße mit Lausitzer Elementen, thrakische Waffen, nord- und mitteleuropäische Bronzegegenstände, etruskische Formen, dorische und illyrische Sprachreste, all das begegnet dem Forscher, der sich mit dem Komplex ›Große Wanderung‹ beschäftigt.« Über das Ausmaß der kriegerischen Wanderung gibt nicht nur der hinterlassene Zerstörungshorizont Auskunft, es gibt – erstmals in der Geschichte der Menschheit – darüber auch ausführliche schriftliche Belege. Und zwar in Form von Tontäfelchen, die in einem chronologisch geordneten Archiv des Hethiterkönigs Suppiluliume gefunden wurden, sowie in den Inschriften im Tempel des Ramses III. von Medinet Habu. Auf einer Keilschrifttafel an den König von Zypern lesen wir die Warnung: »Schiffe der Feinde auf dem Meer hat man gesehen! Wohlan, sei sehr auf der Hut! Wo sind deine Schiffe und Streitwagen stationiert? Rüste dich zur Verteidigung und erwarte den Feind stark zu Fuß.«

Unter den in den ägyptischen Inschriften erwähnten Fremdvölkern werden als stärkste Gruppe die Philister genannt. Ihnen und ihrer

Kultur wurde als »biblischem« Volk auch schon in der Vergangenheit mehr Interesse gewidmet als den anderen Völkerschaften. Und
dennoch blieb das Geheimnis ihrer Herkunft und ihrer Rolle bei der
»Großen Wanderung« bis in unsere Zeit ungeklärt. Erst als es dem
deutschen Gelehrten Joseph Wiesner gelang, die Stämme und
Völker in den Siegesberichten der ägyptischen Pharaonen zu identifizieren, wurde auch das Verhältnis der Beziehungen zwischen
Thrakern und Philistern deutlich: Sie standen in jahrhundertelan-
gem engem Kontakt. Sie waren Nachbarn, die, durch die Völker-
invasion aus dem Norden einmal in Bewegung gesetzt, zu selbsttäti-
gen Hauptträgern der Zerstörung der alten achäisch-mykenischen
Strukturen wurden.
Nach Wiesner sind die Philister durch ihren Namen mit der älteren
Bezeichnung für den Fluß Strymon (Struma), Palaistinos, verbunden, »der von der griechischen Form des Philisternamens, Palisti-
noi, und der Landschaftsbezeichnung Palaistina nicht getrennt
werden kann. Die ägyptischen Bilddenkmäler bieten uns Darstellungen von Philistern, die mit schweren Ochsenwagen den Landweg nach Süden wählten, aber auch von Philisterkriegern auf
Schiffen, die im Deltagebiet nach heftigen Kämpfen von den
Verbänden Ramses' III. abgewehrt wurden.«
Philister und Thraker bildeten das Gros der nach Kleinasien eindringenden Nord- und Seevölker, wo sie von den besiegten Hethitern die Kunst der Eisenverarbeitung lernten. Und die des Schmie-
dens kundigen thrakischen Stämme der Bronzezeit wurden alsbald
auch wegen ihrer Fertigkeit in der Herstellung von Eisenwaffen
berühmt.

Aufbruch nach Kleinasien

Die Verbindung der Thraker mit Kleinasien reicht jedoch schon in
die Zeit vor dem Einbruch der Nord- und Seevölker zurück.
Abgesehen davon, daß die Urbevölkerung der Steinzeit dies- und
jenseits des Bosporus und der Dardanellen in einem »kulturellen«
Austausch stand, waren auch die Myser und die Phryger schon um
2000 v. Chr. von Europa nach Kleinasien vorgestoßen, wo sich ihre

Spuren später allmählich verloren. Damals entstand in Zentralanatolien das Reich der Hethiter mit der Hauptstadt Hattusi (heute Boğazköy, 150 Kilometer südlich von Ankara). Die Hethiter, ein indoeuropäisches Volk, waren vermutlich im 3. Jahrtausend in mehreren Wellen vom Kaukasus her ins Zentrum Kleinasiens gezogen, wo sie sich mit der einheimischen Bevölkerung vermischten. Für die Hethiter begann bereits in den ersten Jahrhunderten des 3. Jahrtausends die Bronzezeit, und Ausgrabungen beweisen, daß um 2400 v. Chr. ihre Kultur auf derselben hohen Stufe wie die von Akkad in Mesopotamien und die von Maikop im Kuban-Gebiet stand. »In 13 Königsgräbern fand man prachtvoll gearbeitete Gefäße, Becher, Stirnbänder, Armreifen, Fibeln und Nadeln aus Gold, ferner bronzene ›Standarten‹, vermutlich Aufsätze auf Stangen, in Form von Tieren oder von Sonnenscheiben, Symbolen des Weltalls. Sehr eigenartig sind die aus Goldblech geschnittenen, streng stilisierten Doppelidole, deren Brüste durch runde Löcher angedeutet werden. Der axtförmige Kopf findet sich auch bei Idolen aus Elektron, einer natürlichen Gold-Silber-Legierung« (M. Brion). Die Träger dieser Kultur werden als Chattier bezeichnet, und man nimmt an, daß deren Nachkommen später als Hethiter in Erscheinung traten.

Interessant und verblüffend ist in diesem Zusammenhang die unwahrscheinliche Parallelität zur frühen Karanovo-Kultur im heutigen Nordbulgarien, deren Träger die Vorfahren der Thraker waren. Auch hier fand man aus dünnem Goldblech gefertigte Figürchen, die den menschlichen Körper stilisiert und schematisch darstellen, wie es bei den flachen Knochen- und Marmorstatuetten der Stein-Kupfer-Zeit der Fall war. Auffallend ist auch die künstlerische Übereinstimmung bei den Plastiken der frühen Hethiter mit jenen der frühen Thraker. Die Darstellung stillender Mütter war bei beiden Völkern schon zur Bronzezeit ein beliebtes künstlerisches Sujet.

Das hethitische Großreich erreichte seine größte Machtentfaltung und kulturelle Blütezeit zwischen dem 15. und 13. Jahrhundert v. Chr. Um 1200 v. Chr. erlag das Hethiterreich dem Ansturm der Nord- und Seevölker, an deren Spitze die Philister und die thrakischen Phryger standen.

Die Herkunft der Phryger, die in Kleinasien archäologisch erst von der Mitte des 8. Jahrhunderts v. Chr. an erfaßbar sind, konnte erst in unserer Zeit geklärt werden. Sie waren ein thrakischer Stamm, dessen Urheimat etwa im heutigen jugoslawischen Makedonien lag. Ihre Einwanderung erfolgte in mehreren, zeitlich getrennten Schüben, die um 1200 v. Chr. durch den kriegerischen Einfall im Rahmen der Ägäischen Wanderung ihren Höhepunkt erreichten. Wir wissen wenig über diese Zeit, und auch die Erwähnung der Phryger als Verbündete Trojas durch Homer gibt uns kaum Aufschluß über die sozial-ökonomischen Verhältnisse der ersten in Kleinasien angesiedelten Phryger. Wenn man aber bedenkt, daß zwischen ihrer ersten Ansiedlung im 13. Jahrhundert v. Chr. bis zur historisch erfaßbaren Gründung ihres Reiches im 8. Jahrhundert v. Chr. mehr als vierhundert Jahre vergingen, ist die Annahme begründet, daß sie sich bis dahin auf keiner sehr hohen Kulturstufe befanden.

Die Gründung ihres Reiches verliert sich in Legenden. Als Stammvater der Phryger wird der sagenhafte König Midas genannt, der über einen unermeßlichen Reichtum verfügt haben soll. Aber das sind Hypothesen. Tatsächlich dürfte sich das Phryger-Reich in einem langwierigen Prozeß aus mehreren Stämmen gebildet haben, in den auch die Reste der Hethiter und anderer kleinasiatischer Völker mit einbezogen wurden. So wurde Phrygien, das im 8. Jahrhundert v. Chr. das kleinasiatische Hochplateau von den Ausläufern des Rhyndakos und des Mäander bis zum Halys und bis zum Tattasee (heute Tuzgölü) umfaßte, zum Schmelztiegel europäisch-orientalischer Kultur. Das Reich der Phryger war nicht so sehr ein schöpferisches Land, sondern eher eine geistige Relaisstation der ägäischen, mesopotamischen und auch ägyptischen Kultur. Dieser Mischkultur entstammen großartige Grab- und Kultdenkmäler in Westanatolien. Auf den Felsenreliefs an der Quelle des Sangarius (Sakarya) spielt das Motiv des Löwen eine große Rolle. Hinter den Fassaden liegen die Grabkammern mit den Totenbänken.

Die »Große Mutter« Kybele

Die Phryger verehrten die »Große Mutter« Kybele – welche die Griechen später in ihre Rhea verwandelten – und einen männlichen, dem Baal verwandten Gott, der zusammen mit seinem Sohn Attis von ihnen als Gottvater Manes verehrt wurde. Kybele, von den Griechen auch »Megale Meter«, von den Römern »Magna Mater« genannt, war die bestimmende kleinasiatische Mutter- und Fruchtbarkeitsgöttin. Die Religion der Phryger war wie das spätere Christentum eine der großen Mysterienreligionen des Orients. Sie war ein Übergang vom Kult der Großen Mutter zum Mysterium des Erlösers Attis. Das Attis-Mysterium wurde später in Rom gefeiert. »Der sympathische, milde Attis fordert die Taufe, die allerdings in strenger Observanz eine Bluttaufe sein kann – der Myste wird vom Blute eines geheiligten und geopferten Tieres überrieselt«, so Joseph Gregor. Attis starb am 23. März den Erlösertod, um am dritten Tage wieder aufzuerstehen. Diese Datierung hat das Christentum später ungefähr übernommen. Nach überaus langen, wissenschaftlichen Debatten ist man heute erfreulicherweise der Anschauung, daß diese augenfälligen Ähnlichkeiten keineswegs Werke des bösen Geistes sind, wie die Kirchenväter annahmen, und ebensowenig auf Imitationen durch das Christentum zurückgehen, sondern daß die religiöse Aussprache eines Volkes an gewissen Punkten zu den gleichen Anschauungen und Formen führen muß. Die Vereinigung mit dem Gott bleibt das höchste Ziel, wo immer ein Mysterium auftaucht. Die überaus musikalischen Phryger feierten ihre Muttergöttin unter freiem Himmel; und von dem ältesten Kybele-Heiligtum in Pessinus aus gelangte der Kybele-Kult Jahrhunderte später nach Griechenland und wurde am 5. April 205 v. Chr. auch in Rom offiziell eingeführt.

Der Kult der Großen Mutter war mit seinen gewaltigen Prozessionen, den Fackelbränden und seinen orgiastisch-ekstatischen Formen dem Dionysos-Kult zwar ähnlich, doch noch ursprünglicher und archaischer. Bei Englisch (Sittengeschichte Europas) findet sich über die später in Griechenland praktizierten Kybele-Feiern folgende Schilderung:

»An gewissen, genau festgesetzten Tagen strömt das Volk scharen-
weise dem Tempel zu, um andächtig den Mysterien beizuwohnen,
welche die Gallen (Kybele-Priester) und andere heilige Personen
begehen, wobei sie sich in die Arme schneiden und einander
wechselweise den Rücken abbleuen, während viele andere, um sie
her stehend, unter dem Spiel der Flöten und Wirbeln der Trommeln
mit großer Begeisterung heilige Lieder dazu anstimmen. Aber das
alles wird außerhalb des Tempels verrichtet, und solange sie diese
Exerzitien machen, dürfen sie nicht hineingehen.

An diesem Tage werden auch nicht selten neue Priester in die
Gemeinschaft aufgenommen. Während der Orgien teilt sich die
Ekstase der Beteiligten, vom Rhythmus der Musik noch mehr
angefacht, oftmals auch den Umstehenden mit, und mancher, nur
als Zuschauer gekommen, nimmt plötzlich selbst an dem Drama teil
und spielt sogar eine Hauptrolle dabei. So reißt sich ein junger Mann
plötzlich die Kleider vom Leibe, springt mitten unter die Gallen
hinein, ergreift eines von den kurzen Schwertern – die eigens dafür
bereitgehalten werden – und entmannt sich. Mit dem abgeschnitte-
nen Phallus in der Hand läuft er durch die Straßen der Stadt und
wirft diesen nach eigenem Gutdünken in ein Haus. Die Bewohner
des Hauses sind nun verpflichtet, den Mann medizinisch zu versorgen und ihn mit weiblicher Kleidung und Frauenschmuck zu
versehen.«

Eine besondere Rolle beim Kybele-Kult und dem ebenfalls von den
Thrakern stammenden Dionysos-Kult spielte die mystische Verehrung des männlichen Gliedes. »Der Phallus als Symbol männlicher
Geschlechtlichkeit und männlicher Potenz«, meint Carl von Bolen,
»wurde dabei zum Hauptgegenstand der kultischen Aufmerksamkeit, zum Ausdruck des Willens zur geschlechtlichen Vereinigung
und unter anderem auch zum Ausdruck der Fruchtbarkeit. Der
Frühling, als Jahreszeit der Erregung und der Sinnlichkeit, und der
Herbst, als Zeit der Ernte, des Einholens der Früchte, wurden zu
den Hauptperioden dieser sinnlichen Kulthandlungen. Hier
herrscht noch eine naive und unmittelbare Verbindung des Menschen mit der Natur. Aussaat und menschliche Befruchtung, Genuß
der Früchte und Sinnengenuß stehen noch in einem unmittelbaren

Zusammenhang. Der Mensch, selbst noch natürliches Wesen, hängt auch im Rahmen der Gesellschaft mit dem Boden und der Natur zusammen. Das Band, das Mensch und Natur gewissermaßen im historischen Schöpfungsakt verbindet, ist anfangs noch nicht mit der Schere gesellschaftlicher Konvention zerschnitten. Die naive Vergötterung der Fruchtbarkeit wandelte sich alsbald. Und schließlich wurde in Athen das Fest zu einem willkommenen Anlaß des ›kollektiven Seitensprungs‹, des Genusses aller an allen. Obgleich Kult und Tradition hier noch ein heiliges Element waren, kann man doch erkennen, daß das Toben der Leidenschaften schon Selbstzweck geworden war. Was früher noch natürliche sexuelle Zucht gewesen sein mochte, in merkwürdigen, geschichtlich verständlichen Formen, wurde alsbald geplante und raffinierte Unzucht.« Die Phryger und mit ihnen die meisten thrakischen Stämme bewahrten sich ihre sexuelle Unbefangenheit noch viele Jahrhunderte hindurch. Herodot erzählt, daß den thrakischen Mädchen volle Freiheit im Umgang mit Männern gestattet war, während die Frauen – als Eigentum des Mannes – streng bewacht wurden.

Wie unbefangen die Thraker der geschlechtlichen Vereinigung gegenüberstanden, zeigt eine Münze aus dem 5. Jahrhundert v. Chr., die im bulgarischen Strumatal gefunden wurde. Auf ihr wird sehr naturalistisch ein Koitus dargestellt: Der nackte Mann kniet mit seinem rechten Bein auf dem Boden. Auf seinem linken Schenkel sitzt ein mit einem durchsichtigen Chiton bekleidetes Mädchen und hält die Hüften des Mannes mit ihren Beinen umfangen. Ihr Oberkörper ist zurückgeneigt, ihre Arme, die sie leicht nach hinten zurückfallen läßt, zeigen Entspannung. Im Gegensatz zu jenen des Mannes – seine Armmuskeln sind stark gespannt –, der das Mädchen mit den Händen an den Kniekehlen umfaßt und es kraftvoll an sich heranzieht.

Das ist eben keine Perversion, die hier hundert-, wenn nicht tausendfach auf thrakischen Münzen dargestellt wurde, sondern die sehr natürliche Darstellung einer sehr natürlichen Angelegenheit, die – wie es scheint – mit viel Kultur vollzogen wurde.

Die Hauptstadt des großphrygischen Reiches war Gordion am Sangarius, westlich von Ankara. In einem der dortigen Grabhügel, dem sogenannten »Grab des Midas«, wurde auf einem Bett das Skelett eines etwa sechzigjährigen Mannes gefunden, über dem Reste von zwanzig Woll- und Leinendecken lagen. Außerdem waren dem geräumigen Grab prachtvoll gearbeitete Möbel, Bronzekessel und Fibeln sowie außergewöhnlich formschöne Töpferwaren beigegeben. Sie sollten dem Toten das Leben im Jenseits angenehmer machen. Interessant sind auch die Terrakottaplatten mit bemalten Reliefs, auf denen Krieger und Tiere dargestellt sind. Einer der Krieger, der auf einer Friesplatte aus Parzali aus dem 6. Jahrhundert v. Chr. abgebildet ist, trägt den typisch »phrygischen Helm«, wie er auch bei anderen thrakischen Stämmen – vor allem aber bei den jenseits der Donau lebenden Dakern – getragen wurde. Die europäische Gemeinsamkeit ist kaum zu übersehen.

Um 670 v. Chr. werden die Phryger Opfer des Kimmerier-Einfalls, eines Reitervolkes aus den Gebieten nördlich des Schwarzen Meeres. An der Zerstörung ihres Reiches waren aber auch die aus Europa eindringenden thrakischen Thyner und Bithyner beteiligt. Die phrygische Bevölkerung verschmilzt allmählich mit jener der Eroberervölker.

Myser und Muschki

Nicht weniger interessant ist auch die Herkunft eines anderen kleinasiatischen Volkes vor der Gründung des Perserreiches. Es sind dies die Myser, die schon vor dem Ansturm der Nord- und Seevölker durch die Illyrer aus ihrer angestammten Heimat im Norden des heutigen Bulgariens nach Kleinasien abgedrängt wurden. Der bulgarische Gelehrte Christo M. Danov fixiert die erste mysische Wanderung um die Mitte des 2. Jahrtausends v. Chr.: Ausgangspunkt waren dabei das nordwestliche Randgebiet des heutigen Bulgariens und vielleicht auch die Gegenden Transdanubiens, die den heutigen südwestrumänischen Ländern entsprechen. Die Wanderung der Myser vollzog sich nicht auf einmal, sondern in einzelnen Schüben. Sie kann aufgrund von antiken toponymischen Angaben ziemlich gut rekonstruiert werden. Die Myser wanderten von der Donau über die östlichen Balkanpässe zum Schwarzen Meer und von dort an der Küste entlang zum Thrakischen Bosporus. Nach Überquerung der Meerenge siedelten die Myser zunächst an der Südküste des Schwarzen Meeres, um sich später in einem größeren Landstrich zwischen Troja, dem hellespontischen Phrygien, Großphrygien und Lydien niederzulassen. Dieses Gebiet behielt während der gesamten Antike den Namen Mysien. Bei Homer werden die Myser bereits 858 v. Chr. als Verbündete Trojas erwähnt, doch ihre wesentlich frühere Anwesenheit in Kleinasien geht aus einem ägyptischen Dokument aus der Zeit Ramses II. (1317 bis 1251 v. Chr.) hervor, in dem sie als Verbündete der Hethiter bezeichnet werden. Neuerdings vertreten einige Forscher die Meinung, daß die Myser mit dem kleinasiatischen Volk der Muschki in direkte Verbindung zu bringen sind, ja daß beide Völker sogar identisch waren. Der Name Muschki taucht erstmals um 1200 v. Chr. auf und ist vier Jahrhunderte lang immer wieder in den Schriftquellen zur Geschichte Kleinasiens zu finden. Nach diesen Quellen lebten die Muschki in einem Gebiet, das nicht weit entfernt war von den Siedlungsgebieten der phrygischen und mysischen Stämme im Osten Kleinasiens.

Über den ethnischen Ursprung der Muschki gibt es jedoch noch große Meinungsverschiedenheiten und also auch verschiedene Theorien. Nach einer von ihnen sind die Muschki autochthonen kleinasiatischen Ursprungs gewesen. Die Muschki sollen demnach von den Phrygern unterworfen worden sein und gemeinsam mit diesen an den Feldzügen nach Osten gegen Assyrer und Hethiter teilgenommen haben; der Name der unterworfenen Muschki sei auch den neuen Eindringlingen gegeben worden, wie zum Beispiel in den byzantinischen Quellen die Bulgaren nicht selten als Mösier bezeichnet worden seien.

Stärkere Verbreitung in der Wissenschaft fand jedoch die schon Ende des vorigen Jahrhunderts aufgestellte Hypothese von der Identität des Königs der Muschkis, Mita, mit dem phrygischen Herrscher Midas. Die Identität der Könige wurde auch auf die beiden Völker übertragen. Diese Auffassung war aber stark erschüttert, als sich herausstellte, daß der Name Mita auch in der hethitischen Anthrotoponomie vorkommt. Seither gewinnt die Theorie von der Identität der Muschki mit den thrakischen Mysern immer mehr an Glaubwürdigkeit. Unterstützt wird diese Ansicht noch durch gründliche Sprachanalysen, die einen engen ethymologischen Zusammenhang zwischen dem Stammesnamen der Muschki und dem der Myser ergeben haben. Die dritte und letzte große Migrationswelle thrakischer Stämme nach Kleinasien erfolgte gegen Ende des 8. und zu Beginn des 7. Jahrhunderts v. Chr. Christo Danov ist der Ansicht, daß unter diesen Nachzüglern die thrakischen Bithyner eine Hauptrolle spielten. Der erste Siedlungsraum der Bithyner in Kleinasien, wohin sie aus dem mittleren Strymongebiet übersiedelten, war das Kerngebiet des späteren bithynischen Königreiches und der römischen Provinz Bithynien.

Wer zählt die Völker, nennt die Namen

Nach der »Großen Wanderung« um 1200 v. Chr. und den sich daraus ergebenden ethnischen Verschiebungen im Balkanraum, der Ägäis und am Schwarzen Meer beziehen die thrakischen Stämme ihre historischen Siedlungsräume. Das Absinken der materiellen Kulturstufe, die bei allen Stämmen und Völkern während dieser Epoche zu beobachten ist, ist nicht Ausdruck eines sozial-ökonomischen Verfalls, sondern der Ausdruck einer Unruhe unter den Völkern, wie sie fast immer zu Beginn eines neuen Zeitalters erfolgt. Der Übergang zur Staatsbildung hatte beispielsweise auch bei den Mongolen und den Arabern ähnliche Erscheinungen zur Folge. »Das Thrakervolk ist nach den Indern das größte auf Erden. Wenn es nur einen Herrscher hätte und einig wäre, wäre es unbesiegbar und meiner Meinung nach weitaus das mächtigste Volk auf Erden. Aber das ist bei ihm undenkbar und unmöglich, daß es jemals dazu kommt; deshalb sind die Thraker schwach. In jeder Landschaft haben sie einen besonderen Namen, doch überall ähnliche Sitten mit Ausnahme der Geten, der Trauser und der nördlich von den Krestonen wohnenden Stämme«, schreibt Herodot. Nicht zu Unrecht, und doch nicht ganz zu Recht, denn die thrakische Aufsplitterung in Dutzende von Völkern, Stämmen und Sippen hatte bei den

Germanen eine nördliche Entsprechung. Aber von dieser wußte der Historiker aus dem kleinasiatischem Halikarnassos noch nichts. Für ihn lagen schon die Länder nördlich der Donau in unerreichbaren Fernen: »Die Thraker sagen, daß jenseits des Istros Bienen hausen, ihretwegen sei es unmöglich, weiter vorzudringen.« Auch hielt er das Land im Norden wegen der Kälte für unbewohnt. Dieses Beispiel macht deutlich, wie schwierig es heute ist, weit zurückliegende Siedlungsräume von Völkern und Stämmen genau zu lokalisieren. Die Angaben der antiken Autoren waren oftmals nicht nur ungenau, sondern mitunter auch widersprüchlich. So berichtet beispielsweise Strabon einmal von den Synthiern und ein andermal von den Saii, die auf der Insel Lemnos leben sollten. Später kam man darauf, daß es sich hierbei um ein und denselben Stamm der Synthier handelte, von denen ein Teil als die Saii auf die Insel übersiedelten, während der Rest an der thrakischen Küste verblieb. Erst mit Hilfe der vergleichenden Sprachforschung und der Archäologie konnten einige der großen thrakischen Siedlungsräume ziemlich genau abgesteckt werden.

Etwa ein Dutzend der mehr als hundert nachgewiesenen Stämme, die auch von den historischen Geschichtsschreibern und Geographen erwähnt werden, haben eine dominierende Rolle bei der Entwicklung Südosteuropas gespielt. Da sind zunächst die Odrysen zu nennen, die am Mittellauf der Mariza, an der Arda sowie in den Rhodopen siedelten. Sie lebten östlich vom Gebiet der thrakischen Bergvölker, deren bedeutendste Vertreter die in den nördlichen Rhodopen, dem Pirin- und Rilagebirge ansässigen Bessen waren. Bessen und Odrysen waren Todfeinde. Die Odrysen, denen es als einzigem thrakischem Stamm gelungen war, zahlreiche Stämme zu unterwerfen und ein Reich zu bilden, konnten die Bessen bis zur römischen Herrschaft nicht besiegen. Zu den ausgesprochenen Bergstämmen zählten auch die Satren, Diern und Diobessen. Typisch für diese Stämme war ihre Tapferkeit, die ebenso berühmt war wie ihre Grausamkeit sowie ihr Wille zur Unabhängigkeit. Und es war sicherlich kein Zufall, daß die fanatischen Bessen und Satren die eifrigsten Verfechter des Dionysos-Kultes waren. Vor allem den Bessen kam wegen ihrer priesterlichen Funktionen im Dionysos-orakel – das jenem von Delphi ebenbürtig war – eine besondere Bedeutung innerhalb der geistigen Entwicklung Thrakiens und der griechisch-makedonischen Geschichte zu. In jüngster Zeit wird von einigen Forschern die Meinung vertreten, daß es sich bei den Bessen nicht um einen Stamm, sondern um eine Priesterkaste gehandelt hat, die über mehrere Stämme herrschte und deren expansiver Charakter nach dem Süden bis zum griechischen Olymp immer deutlicher in Erscheinung trat. Die Bessen waren es übrigens auch, die als letzte der thrakischen Stämme nach einem furchtbaren Abwehrkampf unter römische Herrschaft fielen.

Am Unterlauf der Struma – heute wieder ein wichtiger Verbindungsweg zwischen dem westlichen Bulgarien und Griechenland – und an der Küste der nördlichen Ägäis siedelten die edonisch-mygdonischen Stämme. Ebenfalls am Mittellauf der Struma – etwa in der Gegend des heutigen Kjustendil – lebten die Maider, aus deren Reihen zur römischen Zeit eine der großen historischen Persönlichkeiten des Altertums hervorging: der Sklavenbefreier Spartacus. Zwischen dem Balkan und der Donau saßen die Mösier, sozusagen die Überreste der während des 2. Jahrtausends v. Chr. nach Kleinasien gezogenen Myser. Das große Volk der Triballer lebte zunächst am Oberlauf der Morawa (Jugoslawien) und wich dann später unter keltischem und illyrischem Druck nach dem Südosten in das Gebiet des heutigen Sofia aus, wo sie sich mit der Restbevölkerung des ebenfalls nach Kleinasien ausgewanderten Stammes der Treren vermischten. Beiderseits der unteren Donau (Istros) siedelten die Geten, die Herodot als den »tapfersten und gerechtesten Stamm der Thraker« bezeichnet. Die Geten sind aber auch in der heutigen rumänischen Dobrudscha und in Bessarabien nachweisbar, wo sie in sehr engen Beziehungen zu den nichtthrakischen, jedoch ebenfalls indogermanischen Skythen lebten.

Innerhalb und außerhalb des Karpatenbogens finden wir die Daker, deren ethnische Herkunft noch nicht restlos geklärt ist. Allgemein wird angenommen, daß die Daker – ihrer Sprache, Kultur und Zivilisation nach – ein mit den Thrakern eng verwandtes Volk waren. Manche Forscher sprechen sogar von einer Identität zwischen Dakern und Geten bzw. davon, daß die Daker Überbleibsel der vorthrakischen Urbevölkerung im Karpaten-Donau-Raum waren, aus denen erst später die historischen thrakischen Stämme entstanden. Sicher ist, daß die Geten und Daker in einer engen Symbiose lebten. Die von rumänischen Gelehrten verwendete Bezeichnung »geto-dakisch« für die im Gebiet des heutigen Rumäniens lebende Bevölkerung dürfte wahrscheinlich der Realität am nächsten kommen. Daker und Geten hatten den Unsterblichkeitsglauben gemeinsam.

Nördlich von den Dakern, an den Nordhängen der Ostkarpaten und schon in das Gebiet der Bukowina übergehend, lebten die Agathyrsen, wahrscheinlich ein thrakisch-skythisches Mischvolk, von dem Herodot berichtet, daß sie sehr weichlich seien und viel Goldschmuck trügen. »Sie leben in Frauengemeinschaften, damit alle untereinander verwandt und verschwägert sind und kein Neid und keine Zwietracht bei ihnen aufkommen kann. In den übrigen Bräuchen haben sie sich den Thrakern angeschlossen.« Und doch unterschied sich ihre Aristokratie von den überwiegend blonden Thrakern in einem Punkt sehr wesentlich: Die Vornehmen trugen ihre Haare blau gefärbt.

Die archäologischen Spuren der Daker und der Agathyrsen führen bis zum Pruth im Osten und bis zur Theiß im Westen. Die getischen Stämme wurden im 6. u. 5. Jahrhundert v. Chr. in der Dobrudscha von den Skythen etwas zurückgedrängt, die hier südlich des Mündungsgebietes der Donau einen Staat errichteten, den die griechischen Historiker als »Klein-Skythien« bezeichneten. Schwierig ist die ethnologische Grenze zwischen Thrakern und Illyrern auf dem Gebiet des heutigen Jugoslawiens abzugrenzen. Sie dürfte etwa entlang der Linie Morava–Vardar verlaufen sein, wobei es sicherlich in jeder Richtung Überschneidungen gegeben hat. In frühgeschichtlicher Zeit wurde die Westgrenze des »thrakischen Raumes« durch die Paionen und Dardaner bestimmt, die das Gebiet zwischen dem Vardar- und Strumatal besiedelten, also den heutigen bulgarisch-makedonischen Grenzraum. Freilich, mit absoluter Sicherheit ist die ethnische Zugehörigkeit der Paionen heute kaum nachweisbar. Ziemlich sicher hingegen weiß man, daß die Paionen nicht, wie dies noch vor einigen Jahrzehnten angenommen wurde, die Nachfahren der vorgriechischen Pelasger oder Miniyern waren. Heute neigt man eher zur Annahme, daß die Paionen ein illyrischer Stamm waren, der schon in der Frühzeit enge Beziehungen zur Ägäis und zu Kleinasien hatte. Doch wird auch die Möglichkeit, daß sie weder Illyrer noch Thraker, sondern ein autochthoner Stamm waren, aus dem schließlich die Makedonier hervorgingen, nicht gänzlich ausgeschlossen. Unbeschadet der verschiedenen Hypothesen über die Zugehörigkeit der Paionen bleibt die Tatsache bestehen, daß sie an der Nahtstelle zwischen Illyrern und Thrakern gelebt haben und daß ihre ethnische Zugehörigkeit auch schon im Altertum umstritten war. Das scheint das Schicksal dieses Raumes zu sein, an dessen diffuser und instabiler Grenzsituation sich bis in unsere Zeit nichts geändert hat. Das Gebiet zwischen Struma und Vardar ist Grenzraum geblieben, mit einer einzigen »stabilen« Komponente: Über die Herkunft der Menschen, die hier leben – beispielsweise die Makedonier oder Bulgaren –, gehen auch heute wie vor dreitausend Jahren die Meinungen auseinander.

Die thrakische Zugehörigkeit der Dardaner hingegen ist unbestritten; sie sind mit den trojanischen Dardanern Kleinasiens verwandt, die von hier aus schon im 2. Jahrtausend v. Chr. ausgewandert sind. Auch die zwischen den Dardanern und Triballern siedelnden Eneter hatten ein kleinasiatisches Brudervolk, die Paphlagonier. Und die im adriatischen Raum und in Makedonien lebenden Bryger dürfen »als Restkräfte der nach Kleinasien abgewanderten Phryger gewertet werden« (Wiesner). Eindeutig thrakisch waren auch die an der Westgrenze ansässigen Trerer und Tilataier. Ihr Siedlungsgebiet reichte von Sofia über Dragoman bis ins enge Durchbruchstal der jugoslawischen Nišava. Diese wildromantische Gebirgslandschaft, die über Jahrtausende abseits der Verkehrswege lag, wurde erst in unserer Zeit im Zuge des Ausbaues der Europastraße Niš–Sofia auch für den Fremden erschlossen.

Die thrakische Ausstrahlung reichte auch weit hinein nach Griechenland. Der griechische Olymp war ein thrakischer Götterberg, und die Nordküste der Ägäis war von der Vardarmündung bis zu den Dardanellen von thrakischen Stämmen besiedelt. Hier lebten die thrakischen Mygdonen, Krestonen und die wegen ihrer engen

Beziehungen zu den Griechen zweisprachigen Bisalten. Die Halbinsel Chalkidike war thrakisch, und deren mittlere Landzunge
führte noch bis zur Römerzeit die Bezeichnung Sinthonia, was auf
die thrakischen Synthier zurückzuführen ist. Östlich vom Gebiet
der Bisalten siedelten die Edonen, die den Zugang zu den Gold- und
Silberminen des Pangaion-Gebirges kontrollierten. Ein Teil der
Edonen siedelte auch auf der Insel Thasos, die im Altertum ihres
Gold- und Waldreichtums wegen ebenfalls von großer wirtschaftlicher und militärischer Bedeutung war. Wein von Thasos wurde von
den Thrakern schon zur »homerschen Epoche« in versiegelten
Tongefäßen bis nach Troja exportiert. Als thrakisches Inselvolk
werden im Altertum auch die Synthier auf Lemnos bezeichnet. Die
Inseln Samothrake, Naxos, Imbros und Kos waren ebenfalls von
thrakischen Stämmen besiedelt.
Zwischen der Mesta- und der Marizamündung lebten die Bistonen
und Kikonen. Beide Stämme waren eng miteinander verwandt. Hier
beging ein König der Bisalten während der Perserkriege eine
Greueltat. Als seine sechs Söhne wider seinen Willen am Feldzug
Xerxes' gegen die Griechen teilnahmen, ließ er ihnen nach ihrer
Rückkehr zur Strafe für ihren Ungehorsam die Augen ausstechen.
Östlich des Gebietes der Bistonen siedelten die Paiten und Apsynthier und auf der Halbinsel Chersones die von den Bithynern und
Thynern abstammenden Dolonker, deren erster König Miltiades
griechischer Abstammung war. Miltiades der Jüngere war jedoch
bereits mit einer thrakischen Prinzessin verheiratet.

Hellenen, Skythen, Perser und Makedonier

Im 8. Jahrhundert v. Chr. wird die griechische Welt, die sich damals über das griechische Festland südlich von Saloniki, die ägäischen Inseln und einen schmalen Küstenstreifen entlang Kleinasiens erstreckte, von einer starken ökonomischen, sozialen und politischen Krise erfaßt. Die Ursachen der wirtschaftlichen Krise lagen in der unterschiedlichen Entwicklung der Produktionskräfte, die naturgemäß zu einer weitgehenden Differenzierung innerhalb der griechischen Bevölkerung führte. Ursprünglich waren die Griechen überwiegend Bauern, die ihre landwirtschaftlichen Kenntnisse zum Großteil von den bereits seßhaft gewordenen Thrakern übernommen hatten. Bei den alten Griechen galt die Landarbeit als eine den freien Mann, ja noch den Halbgott ehrende Beschäftigung. Hesiod besang den Landbau schon um 900 v. Chr. und gab in Gedichten Anweisungen für eine erfolgreiche Landarbeit. Xenophones preist die Landwirtschaft, »weil sie das Haus mit Gütern füllt, den Leib des Arbeitenden zur Ertragung aller Mühen stärkt und kräftigt, für den Kriegsdienst in bezug auf Lauf, Wurf und Sprung selbst vorbereitet, Gerechtigkeit und Menschenfreundlichkeit lehrt, ja die Mütter aller Künste ist«. Die Vorschriften, die Xenophones hinsichtlich der Bebauung der Felder gibt, beweisen, daß man bereits gewisse landwirtschaftliche Gesetzmäßigkeiten erkannt hatte. So wußten die Griechen von den Thrakern, daß man nicht überall alles anbauen kann, sondern daß man sich nach der Beschaffenheit des Bodens richten muß. An eine Verbesserung der Ertragfähigkeit des Bodens durch Düngung dachten die Menschen jedoch noch nicht; doch finden sich in den Anweisungen zur richtigen Behandlung des Weinstocks – und dem Weinbau kam in Griechenland wie in Thrakien eine große wirtschaftliche Bedeutung zu –, des Feigenbaums und des Olivenbaums schon die Ansätze einer planmäßigen Düngung und Veredelung sowie einer sorgsamen Pflege durch künstliche Bewässerung. Die zahlreichen Gemüsearten und Kräuter, die in den Berichten aus dieser Zeit erwähnt werden, deuten zudem auf eine hochentwickelte Gartenkultur hin. Die Viehzucht war kein Teil der Landwirtschaft, wenngleich sie von Xenophones als eine »dem Landbau verwandte Kunst« bezeichnet wird. Jagd und Vogelfang ergänzten die Ernährung. Bienenzucht war, im

Gegensatz zu den Thrakern, bei den Griechen nur in wenigen Gegenden üblich. Grund und Boden gehörten dem freien Mann. Da besonders in den Städten und den stadtnahen Gebieten die landwirtschaftliche Nutzfläche nicht mehr erweitert werden konnte, andererseits aber die Bevölkerung stetig anwuchs, mußten die Leute nach neuen Erwerbsquellen suchen; sie fanden sie im Handwerk und im Handel. Aber auch hier blieb die Krise unausweichlich. Sie wurzelte in der sozial-ökonomischen Struktur dieser Zeit; denn entgegen den wohlwollenden Mahnungen der Philosophen, durch landwirtschaftliche Arbeit ein freier Mensch zu werden, hielten sich die meisten Griechen an den bequemeren Weg: Sie ließen andere für sich arbeiten. Durch diese Entwicklung entstand ein Sklavenhalterstaat, bei dem die Masse der unfreien Bevölkerung für eine Minderheit der Freien produzierte. Diese Entwicklung führte, wie wir heute sagen würden, zu einer Überproduktion, die nicht mehr abgesetzt werden konnte. Die Reichen hatten, was sie brauchten, und die Armen besaßen kein Geld, sich jene »Konsumgüter« anzuschaffen, die den Wohlhabenden selbstverständlich waren. Aber auch unter den wohlhabenden Griechen kam es allmählich zu einer starken sozialen Differenzierung. Wer ein größeres Grundstück sein eigen nannte, wer mehr Sklaven beschäftigen konnte, der konnte auch mehr produzieren – und war so auch reicher als der andere. Und er paarte seinen Reichtum mit der Macht, damit diese ihm seinen Wohlstand sicherte. Die Superreichen trachteten nach einem politischen Monopol und drückten damit auch die weniger reichen Bürger wirtschaftlich an die Wand.

»Wie Frösche am Teich«

Das Ergebnis dieser Entwicklung führte zu einer folgenreichen Erscheinung im ägäischen Raum, zur Kolonisation. Anfänglich verlief diese spontan. Wer zu Hause wirtschaftlich nicht mehr mithalten konnte, suchte in der Fremde sein Glück. Später wurde die Kolonisation von den großen Städten organisiert und trug dazu bei, daß sich Griechenland in ein blühendes Land des Gewerbes und Handels verwandelte. Kolonisten besetzten allmählich die Mittelmeer-, Ägäis- und Schwarzmeerküste und »blasen sich auf wie Frösche am Teich«, wie es bei einem Schriftsteller der Antike heißt. Doch an der sozialen Struktur änderte die Kolonisation nichts. Die »schwachen« Freien versuchten – diesmal ohne drückende Konkurrenz –, den Reichen daheim nachzueifern: Sie produzierten mit fremder Hilfe und hatten nun die Chance, ihre Produkte auf dem immer größer werdenden Markt auch unterzubringen. Der großen griechischen Kolonisation, die im 8. Jahrhundert v. Chr. ihren Höhepunkt erreichte, war schon vierhundert Jahre vorher die Besiedlung der kleinasiatischen Küste durch achäische und ionische Kolonisten vorausgegangen. Die Achäer hatten sich auf den Inseln Lesbos und Tenedos sowie an der Nordwestküste Kleinasiens niedergelassen, wo sie an der mysischen Küste – nach dem Zusammenbruch des Hethiterreiches – zwölf kleine Städte gründeten und sich fortan Äoler nannten. Etwas später hatten die Ionier, aus Attika und von Euböa kommend, die Kykladeninseln besetzt und von dort die lydische und karische Küste Kleinasiens, wo sie in den fruchtbaren Landstrichen südlich von Äolis ebenfalls zwölf Städte erbauten, deren wichtigste Milet war. Unter den kleinasiatischen Griechen erlangten die Ionier bald eine führende Stelle und trieben Wirtschaft und Kultur zu hoher Blüte. Milet kolonisierte zwischen dem 7. und 5. Jahrhundert v. Chr. vor allem die Küsten des Marmarameeres und des Schwarzen Meeres. An die 80 Städte und Niederlassungen sollen damals entstanden sein. Milet wurde 494 v. Chr. von den Persern zerstört und vermochte sich in der Folge nicht mehr zu erholen.

Die große griechische Kolonisation dieser Zeit verlief in drei Richtungen: im Westen bis nach Italien, Sizilien, zur Adria sowie zur heutigen französischen Küste bis nach Spanien; im Nordosten zur thrakischen Küste, nach Thrakien, zum Marmara- und Schwarzen Meer sowie zu den Inseln der nördlichen Ägäis; und im Süden bis zur afrikanischen Küste einschließlich Kyrene und Naukratis. Die griechischen Kolonien waren völlig unabhängige Stadtstaaten. Ihre Beziehungen zu den Mutterstädten (Metropolis) waren zumeist ökonomischer und religiöser Natur. Die neuen Pflanzstädte waren in erster Linie Ackerkolonien, die vor allem Getreide, Vieh,

Gewürze, aber auch Fische, Salz, Bauholz, Bergbauerzeugnisse, Papyrus (wie etwa aus dem kleinasiatischen Pergamon) und Sklaven in den sich immer stärker entwickelnden gesamtgriechischen Handel einbrachten, während sie selbst vor allem Keramik, Werkzeuge, Waffen, Textilien, Wein und Öl importierten. Die Kolonisierung führte zu einer tiefgreifenden sozial-ökonomischen Veränderung in Griechenland selbst. In den Städten konzentrierte sich das Wirtschaftsleben. Das Handwerk blühte auf, dazu kam noch eine breite Schicht von Händlern, Schiffseignern und Geldwechslern, die den Handelsherren die notwendigen Kredite zur Verfügung stellten.

Die Notwendigkeit einer reibungslosen Verbindung zwischen den griechischen Metropolen und den Kolonien führte auch zum raschen Ausbau der griechischen Flotte.

»Wie Springer von einer Insel zur anderen« (G. Mihailov) begannen die Griechen die Kolonisierung Thrakiens. Im 8. Jahrhundert wurde die Halbinsel Chalkidike griechische Kolonie. Es waren vor allem kleine Siedlungen und Handelsniederlassungen, die hier gegründet wurden. Es wird erzählt, daß allein auf der chalkidischen Landzunge Sinthonia dreißig dieser griechischen »Städte« lagen. Die ersten Kolonisten der Chalkidike drangen später ins Landesinnere vor und siedelten sich schließlich im Gebiet des Olymps an, was für die Entwicklung der geistig-religiösen Welt der Hellenen von überragender Bedeutung war.

Im 7. Jahrhundert wird die Insel Thasos griechisch. Die thrakische Bevölkerung gerät samt und sonders in die Sklaverei. Von Thasos aus erfolgt die Gründung mehrerer Städte (so auch Abderas) an der gegenüberliegenden thrakischen Küste; doch von hier werden die Griechen von den Thrakern vertrieben und können erst hundert Jahre später endgültig Fuß fassen. Mit der Eroberung der Insel Samothrake bringen die Griechen die strategisch wichtige Marizamündung unter ihre Kontrolle. Dann richten sie ihr Augenmerk auf den Hellespont und den Bosporus.

Zug um Zug werden die thrakischen Küstensiedlungen erobert, zerstört und an ihrer Stelle griechische Städte errichtet. Charakteristisch für die Kolonisation der thrakischen Küsten ist der erbitterte

Kampf der griechischen Metropolen untereinander um die neuen
Einflußsphären. So stoßen bereits im 7. Jahrhundert, also vor den
Athenern, die schnellen Ruderboote der kleinasiatischen Mileser
durch den Bosporus und errichten nördlich der heutigen Hafenstadt
Constanta ihren ersten Stützpunkt am Schwarzen Meer: Histria.
Dann folgen Tomis, das heutige Constanta, und Odessos (Varna).
Erst hundert Jahre später erwächst Milet am »getischen Strand« eine
erste Konkurrenz: die dorische Handelsstadt Megara gründet auf
einer kleinen Insel Mesembria, das heutige Nessebär. Einige Kilometer südlich von Mesembria – in unmittelbarer Nähe von Pomorie,
wo auch heute noch riesige Salzgewinnungsanlagen das Land-
schaftsbild beherrschen – haben auch schon die Thraker Salz aus
dem Wasser des Schwarzen Meeres gewonnen. Und um dieses Salz
geht es Megara. Doch ebenso stark ist Athen an der Salzgewinnung
interessiert. So entsteht an der Bucht von Burgas das heutige
Sozopol (Apollonia), das bald zur großen Rivalin von Mesembria
wird. Wegen der Salzgewinnung kommt es in der Folge zu einer
bewaffneten Auseinandersetzung zwischen den beiden Städten, die
ihre Fortsetzung in einem regelrechten Wirtschaftskrieg zwischen
Athen und Megara findet. 432 v. Chr. verhängt Athen eine Import-
sperre für die megarischen Waren innerhalb des Seebundes und
schafft damit einen der Gründe für den Ausbruch des Peloponnesischen Krieges, der das Ende der griechischen Vorherrschaft in der
Ägäis einleitet. Zur selben Zeit wie Sozopol wurden auch Chalatis,
das heutige rumänische Mangalia, und Dionysopolis (Baltschik),
nördlich von Varna, gegründet.
Von dem Glanz und dem Reichtum der griechischen Kolonistenstädte an der bulgarischen und rumänischen Schwarzmeerküste ist
wenig übriggeblieben – Istros in der Dobrudscha und Nessebar
nördlich der bulgarischen Hafenstadt Burgas ausgenommen. Jahrhundertelang verblieb der Küstenstreifen nach dem Abzug der
Römer im Schatten der historischen Entwicklung im Balkanraum.
Aus den reichen Handelsstädten wurden arme Fischerdörfer und
kleine Hafenstädte ohne wirtschaftliche Bedeutung. 500 Jahre
Türkenherrschaft taten ein übriges, um die hellenistische Vergangenheit der westlichen Schwarzmeerküste in Vergessenheit geraten

zu lassen. Die Verbindungen zum Binnenland oder gar nach Bukarest oder Sofia waren schlecht. Und man hat noch vor einigen Jahrzehnten in Burgas behauptet, daß die Einwohner dieser Hafenstadt eher nach London oder Hamburg kämen als in ihre rund 500 Kilometer landeinwärts gelegene Hauptstadt Sofia.

Noch vor dreißig Jahren waren die meisten bulgarischen Schwarzmeerorte nur mit Schiffen erreichbar. Erst Ende der fünfziger Jahre unseres Jahrhunderts wurden die menschenleeren Küstengebiete für den Fremdenverkehr entdeckt. Durch die unberührte, paradiesische Landschaft wurden Autostraßen gebaut. Hotelstädte wurden errichtet. An den weiten Sandstränden genießen sonnenhungrige Touristen aus allen Teilen Europas ihren Urlaub. Und nur die wenigsten wissen, daß sie sich hier auf uraltem historischem Boden befinden, der schon in der Frühzeit zum anatolisch-ägäischen Kulturbereich und damit zur geistigen Wiege Europas gehörte. Nur hie und da, wenn durch Bauarbeiten neue archäologische Funde freigelegt werden – wie etwa der Goldschatz von Varna oder der über zweitausend Quadratmeter große römische Mosaikboden von Tomis, dem heutigen Constanța –, setzen diese der »geschichtslosen Gegend« historische Schlaglichter auf, die eine Kultur erhellen, die damals jener des übrigen Europa gut tausend Jahre voraus war.

Die griechische Kolonisation war auch im thrakischen Raum kein friedlicher Prozeß, der – vergleichbar mit der Christianisierung – die Barbaren mit den Segnungen der griechischen Kultur bekanntgemacht hätte. Die Kolonisation war kein humaner Akt, sondern ein kriegerischer. In der Regel kamen die Kolonisten als Landräuber zu den thrakischen Küsten. Die Gegnerschaft zwischen Thrakern und Griechen reicht schon in die frühgriechische Zeit zurück, das heißt bis zu den mythologisch verbrämten ersten Kolonisationsversuchen wie etwa dem Argonautenzug. Die legendäre Gründung von Tomis fällt in diese Zeit, auch das Bündnis der Thraker mit Troja gegen die Griechen. Als die zweite große Welle der Kolonisation im 7. und 6. Jahrhundert v. Chr. einsetzte, war der Widerstand unterschiedlich stark. Am »getischen Strand« des Schwarzen Meeres gab es für die Mileser kaum noch größere Schwierigkeiten; sie hatten ihre Okkupation durch langjährige Handelsbeziehungen klug vorbereitet. Anders im Süden, wo es an der ägäischen Küste in der Auseinandersetzung um das gold- und silberhaltige thrakische Gebirge zu jahrzehntelangen Kämpfen kam. Die Symbiose zwischen Thrakern und Griechen entstand erst später.

Die griechischen Kolonien im thrakischen Raum entstanden auch nicht auf ödem Land, sondern in der Regel auf alten thrakischen Siedlungen. Odessos (Varna), Mesembria (Nessebăr), Byzanthion (Byzanz), Selimbria (Silivri) u. a. sind thrakische Namen. Wahrscheinlich ist auch der von Homer in der Odyssee beschriebene Überfall auf die Stadt der thrakischen Kikonen nur als ein Synonym für die Kämpfe der griechischen Kolonisten gegen die Thraker zu werten: »Fort von Ilion« (Troja) »trieb mich der Wind zur Stadt Kikonen, Ismaros. Diese zerstörten wir und erschlugen die Männer. Frauen und reichliche Schätze erbeuteten wir und verteilten alles.« Doch die Kikonen gaben sich nicht geschlagen; die Bevölkerung zog sich in die Bergwelt der Rhodopen zurück, um die Griechen gemeinsam mit einem anderen Stamm, vermutlich den Sapaiern, anzugreifen und außer Landes zu werfen. Bekümmert notiert der Grieche: »Doch die Kikonen, die uns entkommen, boten inzwischen ihre Landsleute auf, die weiter im Innern wohnten, stärker an Zahl und tapferer; trefflich verstanden vom Wagen sie zu kämpfen, auch, wo es not tat, zu Fuß. Diese rückten, so zahlreich wie die Blätter und Blüten im Frühling, gegen uns vor in der Frühe. Da traf des Kroniden Verhängnis uns vom Unglück Geschlagene; furchtbar mußten wir büßen. Neben den schnellen Schiffen stellten zum Kampf sich die Gegner, suchten einander mit ihren ehernen Lanzen zu treffen ... Als die Sonne zur Stunde des Stiergespannes sich neigte, nötigten die Kikonen siegreich die Griechen zum Rückzug.« Der Angriff der Griechen auf die Kikonen galt sicherlich nicht nur deren Städten und Siedlungen, sondern war auch gegen das an Erz reiche Hinterland gerichtet. Denn mit Thrakien hatten die Griechen ein neues Eldorado entdeckt. Ein Land, das sich seiner feurigen Pferde ebenso rühmte wie seiner unzähligen Schafe und seines großkörnigen Getreides. Ein Land, dessen Goldadern im Pangaion-Gebirge so stark waren, daß pures Gold in Klumpen abgebaut werden konnte, und dessen Wein so stark war, daß die Flammen

hoch auflodern, wenn ein Tropfen davon ins Feuer fiel (A. Fol).
Doch allmählich ergab sich zwischen den griechischen Stadtbewoh-
nern und den thrakischen Landedelleuten ein politischer und wirtschaftlicher Modus vivendi: Man brauchte einander. Aus der ökonomischen Gegenseitigkeit erwuchs auch die kulturelle Verflech-
tung. Dabei war es nicht so, daß etwa die Städte der Griechen
einseitig den Ton angaben. Oft war es auch umgekehrt: Starke
thrakische Stammesfürsten zwangen die griechischen Kolonisten
zur regelmäßigen Steuerabgabe, die noch durch »freiwillige« Geschenke erhöht werden mußte. Die Steuern waren durch Verträge
geregelt. So gibt es ein steinernes Dokument aus dem Jahre 357 v.
Chr., das die Steuerleistungen der Athener an die thrakischen
Odrysenkönige Kotys, Berasad, Amadok und Kersobleptes regelt.
Auch Byzantion war noch im 2. Jahrhundert v. Chr. den Thrakern
tributpflichtig, obwohl es mehrmals versucht hatte, sich von diesen
Leistungen freizukämpfen. Für die griechischen Kolonisten hatten
diese Tribut- und Steuerleistungen an die thrakischen Stammesfürsten den Vorteil, daß sie unter deren Schutz standen und nicht
willkürlichen Plünderungen der recht zahlreichen Räuberhorden
ausgesetzt waren.

Gutes Geschäft mit Sklaven

Eine Garantie dafür, daß griechische Kolonisten und thrakische
Stammesfürsten und Häuptlinge miteinander ins Gespräch und ins
Geschäft kamen, war der Sklavenhandel. Die griechischen Mutter-
städte wie auch die Kolonien hatten einen großen Bedarf an Sklaven.
Sie bezogen sie hauptsächlich aus den thrakischen Provinzen. Für
die Thraker waren die Sklaven Geld, für die Griechen hingegen eine
begehrte Handelsware: Thrakische Sklaven waren ihrer guten Ar-
beitsleistung wegen allgemein geschätzt und standen hoch im Kurs.
Sie wurden wie Investitionsgüter importiert und exportiert.
Xenophones berichtet, daß der Odrysenkönig Seuthes II. bei einem
Raubzug gegen die Bithyner im Jahre 400 v. Chr. etwa tausend
Gefangene machte, die er samt und sonders als Sklaven an die
Griechen verkaufte. Und weil Seuthes damit seine Schuld bei den

griechischen Geschäftspartnern nicht abdecken konnte, ließ er einfach in der Umgebung seiner Residenz 120 Burschen und Mädchen aus dem eigenen Stamm einfangen und verwendete sie zur Begleichung seiner Restschuld. Bekannt ist auch, daß die Thraker ihre eigenen Kinder an Geldes Statt in Zahlung gaben. Diese wurden nicht nur nach dem griechischen Festland, sondern auch in den Kolonistenstädten entlang der Schwarzmeerküste an örtliche Interessenten verkauft. Allein in den beiden Städten Apollonia (Sozopol) und Mesembria haben etwa tausend Sklaven gelebt. Meist handelte es sich bei den Kolonistensklaven um junge Mädchen, die von den Griechen anerkennend als »thrakische Stuten« bezeichnet wurden. In Nessebăr fand man kürzlich eine Inschrift, die eine »freie« Thrakerin erwähnt. Wahrscheinlich handelte es sich dabei um eine jener Sklavinnen, die durch Heirat mit einem Griechen »frei« geworden war.

Die Stellung der Frau war damals bei den Griechen und Thrakern gleichermaßen schlecht. Sie waren praktisch rechtlos. Kinder aus Mischehen zwischen Griechen und Thrakern erhielten ihre Volkszugehörigkeit nach dem Vater. Aber es gab auch umgekehrte Fälle. Als man Menesteius, den Sohn des Hippokrates – der um 460 v. Chr. auf der Insel Kos geborene »Vater der Medizin« führte seinen Stammbaum auf den thrakischen Heilgott Asklepion zurück –, einmal fragte, wen er mehr verehre, seinen Vater oder seine Mutter, entschied er sich für seine Mutter. Auf die Frage, weshalb er diese dem berühmten Vater vorziehe, sagte er: »Mein Vater hat mich gezeugt, doch meine Mutter ist – Athenerin!«

Mischehen zwischen Griechen und Thrakern waren zur Zeit der Kolonisation keine Seltenheit. Auch der berühmte Odrysenkönig Sitalkes (er spielte im Peloponnesischen Krieg als Verbündeter Athens eine große Rolle) war mit einer Griechin aus Abdera verheiratet. In den griechischen Kolonien lebten Griechen und Thraker jedoch selten zusammen. In manchen Städten gab es zwar eigene thrakische Viertel, doch handelte es sich bei deren Bewohnern hauptsächlich um ehemalige Sklaven, die jedoch der griechischen Bevölkerung gleichgestellt waren. Die thrakische Aristokratie hingegen mied die Griechenstädte; sie zeigte wenig Lust, sich hier

anzusiedeln. Sie befürchtete, durch die urbanen Formen des Zusammenlebens ihre Privilegien und ihre Identität zu verlieren. Außerdem hätte ihnen eine enge Bindung mit den Griechen auch ihr gutes Geschäft mit den Steuern verdorben. Der thrakische Einfluß in den griechischen Städten der Schwarzmeerküste war unterschiedlich groß. Er wurde besonders in Varna (Odessos) und Mesembria (Nessebăr) stark, nachdem diese beiden Städte bei der Verteidigung gegen die Kelten thrakische Hilfe in Anspruch nehmen mußten. Auf Grund der Wirtschaftsbeziehungen zwischen den Thrakern und Griechen kam es auch zu einer engeren Verbindung zwischen den Religionen der beiden Völker. Im Grunde genommen waren beide in religiösen Fragen überaus tolerant. Griechische Götter wurden zu dieser Zeit ebenso von den Thrakern übernommen wie umgekehrt, so daß zahlreiche thrakische Götter Eingang in die griechische Glaubenswelt fanden. Und beide Religionen wurden in den griechischen Kolonien noch stark von der kleinasiatischen Glaubens- und Götterwelt beeinflußt und überlagert. Dieser Prozeß war zur Zeit der hellenistischen Epoche besonders intensiv.
Dennoch blieb das Verhältnis zwischen Thrakern und Griechen in den Kolonien immer distanziert; keiner traute dem anderen ganz über den Weg. Zu einer starken thrakischen Beeinflussung der alten Griechensiedlungen kam es erst später, zur Zeit der Römer. Wie überhaupt die Affinität zwischen Römern und Thrakern viel stärker war als zwischen den thrakischen Barbaren und den Trägern griechischer Kultur. Es lag in dieser Distanziertheit sicherlich auch ein Ausdruck falscher griechischer Überheblichkeit. »Es ist ja nicht so, daß man die griechische Kultur als etwas Homogenes und Einzigartiges auffassen darf. Wie jede Kultur hatte auch die griechische ihr eigenes Erbe, und ihr Einfluß auf die Nachbarkulturen beruhte auf der Basis der Gegenseitigkeit«, meint Georgi Mihailov. Und er fährt fort: »Es gibt keine kulturelle Einbahnstraße.« Da die pontischen Städte zumeist von Milet aus gegründet worden waren, war auch der kleinasiatische Einfluß größer als auf dem griechischen Festland. Dies wirkte sich auf Wirtschaft und Kultur nachdrücklich aus. Dieser Einfluß wurde später durch den Einfall der Perser im 5. Jahrhundert v. Chr. noch verstärkt und blieb über die ganze Epoche

des klassischen Altertums erhalten – auch dann, als sich die Perser wieder auf die Ostseite der Meerengen zurückgezogen hatten.

Eine fast schicksalhafte Bedeutung für die weitere Entwicklung der thrakischen Stämme hatte jedoch der Einfluß der griechischen Sprache, die den Thrakern durch die Kolonisten vermittelt wurde. In den Kolonien wurde in der Regel jener griechische Dialekt gesprochen, den die Kolonisten aus ihren Mutterstädten mitgebracht hatten. Und die Thraker lernten diese Dialekte. Doch es war dies keine einheitliche Sprache, und auch die thrakischen Stammesfürsten konnten sich nur in jenem Griechisch verständigen, das sie im direkten Kontakt mit den jeweiligen Kolonistenstädten erlernt hatten. Von Seuthes II., der um 400 v. Chr. lebte, wird berichtet, daß er nicht Griechisch sprach, obwohl er sehr enge Beziehungen zu Griechenland hatte. Er konnte sich mit seinen griechischen Gästen, so auch mit Xenophones, nur mittels eines Dolmetschers verständigen. In diesem Fall war es ein Mundschenk, von dem man annimmt, daß er ein Grieche war.

Doch der griechische Einfluß berührte nicht das Volk, sondern nur die Aristokratie. Sie übernahm die griechische Kultur, bediente sich der griechischen Schrift, und in diplomatischen Urkunden wurde auch die griechische Sprache als Amtssprache verwendet.

Die Goldadern von Pangaion

Ein besonderer Schwerpunkt der griechischen Kolonisation im thrakischen Raum lag im unteren Strymontal und im Gebiet des Pangaion-Gebirges. Die hier vorgelagerte Insel Thasos und das Pangaion-Gebirge waren für die Griechen wegen ihres Wald- und Goldreichtums wichtig. Auch heute noch sind die südlichen Rhodopen auf Grund ihres großen Wald- und Erzreichtums die Schatzkammer Bulgariens. Das Holz dieser dichten, urwaldähnlichen Wälder wurde bis ins Mittelalter für den Schiffsbau verwendet, und aus dem Holz der Rhodopenbäume wurden – allerdings viel später – auch die berühmten Stradivari-Geigen gebaut. Um den Besitz der thrakischen Gold- und Silberminen wurde über hundert Jahre lang gekämpft. Erstmals hatten die Griechen schon im 6. Jahrhundert v.

Chr. die Bergwerke im Pangaion-Gebirge in ihren Besitz gebracht; doch dürfte es sich dabei um keine Eroberung des gesamten Gebietes gehandelt haben, eher um Schürfrechte, die die thrakischen Edonen dem athenischen Tyrannen Peisistratos zugestanden hatten. Immerhin konnte Peisistratos während seiner Verbannung, die er im Pangaion-Gebirge verbrachte, mit dem Gold und Silber der Minen ein Söldnerheer aufstellen, das ihm die Rückkehr nach Athen ermöglichte. Das thrakische Erz hatte damals maßgeblich zum glanzvollen kulturellen Aufstieg und Wohlstand Athens beigetragen. Peisistratos ließ die ersten Münzen mit den Bildern Athenes und der Eule prägen, die dann typisch für Athen wurde. Da mit Peisistratos auch Zehntausende thrakischer Söldner nach Attika gekommen waren, verstärkte sich ebenfalls der geistig-religiöse Einfluß Thrakiens in Athen, der unter anderem auch zur Einführung des thrakischen Bendida-Kultes geführt hat.

Zum entscheidenden Kampf um das Pangaion-Gebirge kam es aber erst nach den Perser-Kriegen, als die Thraker sich wieder in den Besitz der Gold- und Silberminen setzen konnten. Mit der Einnahme des strategisch wichtigen Gebietes der »Neun Wege« im unteren Strumatal und der an dieser Stelle erfolgten Gründung von Amphipolis durch den athenischen Feldherrn Hagnon im Jahre 467 v. Chr. klärte sich die Situation endgültig.

Mit dem Besitz dieses wichtigen Kreuzungspunktes sicherten sich die Athener nun abermals ihren Anteil an dem Gold- und Silberschatz des Pangaion-Gebirges.

Gold und Silber wurden im Strumatal, im Pangaion-Gebirge und auf Thasos in großen Mengen gefunden. In guten Jahren belief sich der Ertrag der Bergwerke von Thasos auf 300 und der der festländischen Minen auf 80 Talente. Einer der Pächter dieser Minen war auch der griechische Feldherr und Historiker Thukydides. Er gehörte zu den einflußreichsten Persönlichkeiten dieser Gegend. Seine Verbindungen zu den Thrakern waren ausgezeichnet. Vor dem Kampf mit den Edonen sollte er im Auftrag der athenischen Partei zwischen Griechen und Thrakern vermitteln. Als die Verhandlungen scheiterten, betrauten sie Thukydides mit der Aufgabe, die Strumamündung mit den Städten Amphipolis und Eion gegen die aufständischen Edonen zu verteidigen. Thukydides konnte nur noch den Hafen Eion retten, Amphipolis war bereits in die Hände der Thraker gefallen. Für diesen »Mißerfolg« wurde er für 20 Jahre in die Verbannung geschickt. Thukydides hielt sich hernach meist in Thrakien auf, wo in Skapte Hyle noch im vergangenen Jahrhundert jene Platane gezeigt wurde, in deren Schatten er sein umfangreiches Geschichtswerk über den Peloponnesischen Krieg geschrieben haben soll. Thukydides wurde hier 396 v. Chr. ermordet.

Eine richtige Goldgräberstadt war die östlich vom Pangaion-Gebirge gelegene Stadt Philippi. Aristoteles berichtet, »daß im makedonischen Pieria die Pierianer in unmittelbarer Nähe des Pangaion-Gebirges siedelten, wo Gold gesät, Goldbäume gezogen und Gold geerntet wird«. Auch die Silberminen von Disairon im Kruscha-Gebirge waren, ehe sie unter Alexander I. in makedonische Hände fielen, thrakisch wie der sagenhafte Reichtum des ebenso sagenhaften Midas, der im Gebiet des thrakischen Bermon-Gebirges gelebt haben soll.

Das alles sind Legenden, die aus der Realität geboren wurden. Die silbernen Münzen der makedonischen und thrakischen Könige sowie vieler griechischer Städte beweisen, wie intensiv die Ausbeutung der Minen war. Im Rahmen der archäologischen Forschungsarbeiten der jüngsten Zeit wurde in Bulgarien eine Anzahl dieser thrakisch-griechischen Bergwerke entdeckt. Die Abbautechnik war überaus primitiv: Der Abbau erfolgte durch Schacht und Stollen, indem man das Gestein so abbaute, daß stets ein Mittelpfeiler stehen blieb. So entstand eine Unzahl kleiner Höhlen. Die Erze enthielten Silber, durchsetzt von Blei; Kupfer und Gold kam fast im reinen Zustand vor. Man verstand es damals noch nicht, das Erz im Schmelzverfahren auszuscheiden. Die Einkünfte aus diesen Bergwerken waren von der Menge der Sklaven, die dafür eingesetzt wurden, abhängig.

Quer durch Europa

»Ich will eine Brücke über den Hellespont schlagen und mein Heer durch Europa nach Griechenland führen, um die Athener zu strafen für alles Unrecht, das sie den Persern und meinem Vater angetan.« Mit diesen Worten verkündete der Perserkönig Xerxes nach der Niederwerfung Ägyptens einem außerordentlichen Rat der persischen Großen seinen Entschluß, Griechenland zu besetzen und zu annektieren. Artabanos, ein Onkel des Königs und Mitglied des Rates, warnte Xerxes vor diesem Feldzug: »Ich habe schon deinem Vater, meinem Bruder Dareios, abgeraten, gegen die Skythen zu ziehen, die nirgends auf der Welt eine Stadt bewohnen. Er aber hoffte die Wanderskythen zu unterwerfen und folgte meinem Rat nicht, sondern zog in den Kampf und kehrte unter Verlust vieler tapferer Krieger aus seinem Heere heim. Du aber, König, willst gegen Männer zu Felde ziehen, die, wie ich höre, zu Wasser und zu Lande in gleicher Weise die Tüchtigsten sind. Was wir dabei befürchten müssen, ist dies: Du sagst, du willst eine Brücke über den Hellespont schlagen und dein Heer quer durch Europa nach Griechenland führen. Nun es ist schon vorgekommen, daß einer zu Wasser oder zu Landen geschlagen wurde oder auch gar auf beiden Kriegsschauplätzen zugleich; sie sollen nämlich tapfere Männer sein. Wenn sie sich auf die Schiffe werfen und nach einem Sieg zur See zum Hellespont segeln und die Brücke abbrechen, dann, König, gibt es ein Unglück.«
Der Rat Artabanos' blieb ungehört. Xerxes rüstete zum Krieg und ließ über den Hellespont zwei Brücken erbauen. Herodot schildert den Bau so: »Sie stellten Fünfzigruderer und Dreiruderer zusammen: als Grundlage nach der Seite des Schwarzen Meeres hin 360, nach der anderen Seite 340, jene dem Pontos entgegen in schräger Richtung, diese in der Strömung des Hellepontos, um die Spannung der Tragtaue zu erhalten. Sie ließen aber eine offene Durchfahrt zwischen den Fünfzigruderern und den Dreiruderern an drei Stellen, damit der Weg zum und aus dem Pontos für kleine Fahrzeuge nach Belieben frei bleibe. Danach spannten sie Taue vom Land aus mit Hilfe hölzerner Winden straff; doch sie befestigten nicht jedes

Tau gesondert, sondern banden immer zwei Taue aus weißem
Flachs für jede Brücke und vier aus Byblos zusammen. Sie hatten die
gleiche Stärke und sahen schön aus; aber natürlich waren die
flächsernen im Verhältnis schwerer, denn davon wog eine Elle ein
Talent. Als nun die Schiffsbrücke geschlagen war, zersägten sie
Baumstämme, machten sie ebenso breit wie die Brücke und legten
sie gut geordnet über die gespannten Tragseile. Als sie diese
nebeneinander gesetzt hatten, verbanden sie sie noch untereinander.
Danach holten sie Bretter herbei und legten auch diese Hölzer in
guter Ordnung hin. Dann schafften sie Erde hinauf. Als sie diese
festgestampft hatten, errichteten sie auf beiden Seiten ein Geländer,
damit das Zugvieh (und die Pferde) nicht scheuten, wenn sie von
oben das Meer sahen.«

Auf diesen beiden Brücken setzte das riesige Heer des Perserkönigs
Xerxes nach Europa über, um hier zu vollenden, was sein Vater
Dareios vor ihm unrühmlich und unvollendet hinterlassen hatte: die
Unterwerfung Griechenlands. Interessant ist die Aussage Xerxes',
wonach er »quer durch Europa« nach Griechenland marschieren
werde. Europa, das war für ihn (und mit ihm für viele andere im
klassischen Altertum) nicht etwa Griechenland, sondern Südthraki-
en einschließlich des heutigen Südbulgarien. Die Stoßrichtung des
Haupt- und Landheeres ging entlang der thrakischen Küste zunächst in Richtung Chalkidike und von dort über Thessalien in
Richtung Süden nach Athen. Die Operationen des Landheeres
wurden von der Flotte, die an der Küste entlang segelte, abge-
schirmt. Insgesamt waren, nach Herodot, 4,2 Millionen Menschen
unterwegs, um Athen zu Fall zu bringen. Der Heerhaufen soll so
gewaltig gewesen sein, daß selbst kleine Flüsse nicht mehr ausreichten, Menschen und Tiere mit Wasser zu versorgen. Wahrscheinlich
ist die Zahl von 4,2 Millionen Soldaten und Troßangehörigen zu
hoch gegriffen. Moderne kriegswissenschaftliche Berechnungen
haben ergeben, daß in diesem Fall die ersten persischen Kolonnen
vor den Thermopylen angekommen wären, wenn die letzten gerade
aus Susa jenseits des Tigris hätten ausmarschieren können. Dennoch
muß der Heerbann des Perserkönigs noch immer beachtlich gewesen sein und noch beachtlicher das Völkergemisch, aus dem sich

dieser zusammensetzte: Neben den Persern marschierten Meder, Assyrer, Baktrer, Saken (Skythen), Inder, Kaspier, Araber, Libyer, Syrer, Phryger, Lyder, Thraker.

Über die kleinasiatischen Thraker, die mit Xerxes nach Europa marschierten, berichtet Herodot: »Die Thraker zogen ins Feld mit Fuchsbälgen auf dem Kopf und Leibröcken am Körper. Darüber trugen sie bunte Mantelumhänge, um die Füße und Beine Stiefel aus Hirschleder, außerdem Wurfspieße, leichte Schilde und kleine Dolche. Sie hießen seit ihrem Übergang nach Asien Bithynier; vorher nannten sie sich, wie sie selbst sagen, Strymonier, weil sie am Strymon (Struma) wohnten. Sie waren aber, wie sie erzählten, von den Uekrern und Mysern aus ihren alten Wohnsitzen vertrieben worden.«

Die wie die Germanen, Kelten und Skythen großgewachsenen Thraker waren verschiedentlich bewaffnet. Sie hatten drei ausgeprägte Waffengattungen: die Hopliden (Schwerbewaffnete), die Peltasten (Leichtbewaffnete) und die Reiter. Die Taktik und die Bewaffnung der thrakischen Peltasten wurden im 4. Jahrhundert v. Chr. auch von den Griechen übernommen.

Die typisch thrakische Waffe der Hopliden war die elf Ellen lange Lanze, die sowohl zum Stoß wie zum Wurf benützt wurde. Der Schaft bestand aus schwerem Eschenholz, und die Spitze war aus Eisen. Das breite mykenische Schwert der Hopliden wurde im dritten vorchristlichen Jahrhundert durch das keltische Eisenschwert abgelöst, das die Thraker an einem Gürtel über der Schulter trugen. Die Helme hatten verschiedene Formen, und zur Abwehr benutzten die Hopliden große Holzschilde.

Die Aristokraten fuhren – ehe sie Reiter wurden – mit Streitwagen in den Kampf. Sie trugen schwere Rüstungen aus Leder und Metallplatten. Manchmal waren diese auch ganz aus Metall und mit kunstvollen Gold- und Silberschmiedearbeiten verziert. In der späteren Eisenzeit wurden auch Kettenpanzer getragen.

Gefürchteter als die schwerfälligen Hopliden waren die thrakischen Peltasten, deren Schild »Peltast« ihnen den Namen gab. Sie stellten das leichte Fußvolk und waren mit Lederschild, langem Degen, Wurfspeeren und auch mit Handspießen ausgerüstet. Plutarch bezeichnet sie »als schlanke Männer mit weißglänzenden Schilden und dunklen, fußlangen Chitons«.

Der »Peltast« wurde am langen Riemen über der linken Schulter getragen. Diese Riemen gingen durch zwei Querstäbe im Schildinnern, wodurch der Schild mit der Hand und dem Unterarm gehalten und gut bewegt werden konnte. Die Schilde waren mit kunstvollen Applikationen versehen, manchmal auch mit magischen Zeichen, die dem Feind Angst und Schrecken einjagen sollten. Später entstanden daraus die ersten Schildwappen.

Besonders beeindruckend war die Speerbewaffnung der thrakischen Peltasten. Die Thraker trugen stets zwei Speere mit sich, die sie blitzschnell hintereinander abschossen – und durch lange lederne Fangriemen wieder zurückholen konnten, wenn sie ihr Ziel verfehlten. Diese Art der Waffentechnik war bei den Thrakern schon im 6. Jahrhundert v. Chr. bekannt.

In der Reserve, die durch ihre ungewöhnliche Beweglichkeit und Bewaffnung meist auch die Entscheidung herbeiführte, standen die thrakischen Reiter. Sie benützten eine Waffe, die in Mitteleuropa mit dem Einbruch der Hunnen erst tausend Jahre später bekannt wurde, den sogenannten Reflexbogen. Dieser Bogen zeichnete sich durch eine große Durchschlagskraft und Treffsicherheit aus, die durch die dreiflügeligen, gut geschmiedeten eisernen Pfeilspitzen noch erhöht wurde. Die Reiter trugen ihre Pfeile in einem Köcher auf dem Rücken; sie verwendeten auch Pfeilspitzen mit Schlangen- und Pflanzengift, die den Getroffenen augenblicklich töteten.

Was die Taktik ihres Kampfes betraf, so zogen die Thraker Nachtmärsche mit überraschenden Überfällen im Morgengrauen vor. Hopliden und Peltasten marschierten in getrennten Kolonnen und trafen sich erst knapp vor dem gemeinsamen Angriff (manchmal passierte es dann aber auch, daß sich die getrennt marschierenden Truppen gegenseitig angriffen).

Im Heerzug des Xerxes waren alle thrakischen Waffengattungen vertreten. Hatte sich Dareios noch verleiten lassen, die nördlich des Gebietes der thrakischen Stämme lebenden Skythen anzugreifen – ohne Erfolg, weil dieses halbe Nomadenvolk wie eine Geisterarmee operierte und sich seine Truppen nie zu einer Entscheidungsschlacht stellten –, so belastete Xerxes diesmal die offene Nordflanke nicht. Die Skythen waren jetzt zu schwach, um ihn zu gefährden. Zum Teil schlossen sich ihm thrakische Stämme an in der Hoffnung auf reiche Beute in den griechischen Städten, zum anderen blieben sie neutral; und nur wenige standen Xerxes als Verbündete der Griechen im Kampf gegenüber.

Im ersten Perserkrieg hatte Dareios entlang der thrakischen Küste die griechischen Kolonien erobert und sie zu Stützpunkten ausgebaut. Nach seinem Rückzug fielen die Pflanzstädte zum Teil wieder in griechische Hände, und die persischen Statthalter wurden vertrieben.

Diesmal hielt sich der Perserkönig nicht mit der Eroberung der einzelnen griechischen Kolonistenstädte auf. Wo sie – sozusagen im Vorübergehen – nicht genommen werden konnten, umging er sie. Xerxes wollte bis in das Herz Griechenlands, bis nach Athen, vorstoßen. Alle Völker auf diesem Wege mußten sich seinem Zug anschließen. Bei den Thrakern waren es die Paiter, Kikonen, Sapaier, Dersaier und Edonen. Die Küstenstämme mußten dem Perserkönig auch ihre Schiffe zur Verfügung stellen.

Nur die Satren, die in den Südrhodopen lebten, schlossen sich Xerxes nicht an. Sie galten wie die ihnen verwandten Bessen als ein besonders tapferes und mutiges Volk. In Eilmärschen durchquerte Xerxes auf einer eigens dafür angelegten Heeresstraße das thrakische Küstenland. Erst am Strymon legte er eine Marschpause ein. Seine Magier opferten dem Fluß, den sie wie die Thraker für heilig hielten, einige weiße Pferde. Vor dem Übergang über den Hellespont hingegen hatte Xerxes das unruhige Meer durch Geißelhiebe bestrafen und ein Paar Fußschellen zur Bändigung des Wassers versenken lassen.

Am Kreuzungspunkt der »Neun Wege«, wo die Griechen später Amphipolis gründeten, opferten sie neun Knaben und neun Mädchen der mit ihnen verbündeten thrakischen Edonen. Sie begruben sie, ihrer Sitte gemäß, lebendig.

Doch auch die Menschenopfer verhalfen Xerxes nicht zum Sieg. In einem großartigen Abwehrkampf, der seinen dramatischen Höhepunkt in der Schlacht an den Thermopylen fand, besiegten die

Griechen schließlich die Perser. Und Xerxes hatte sich, um einer unrühmlichen Niederlage zu entgehen, noch vorher rechtzeitig abgesetzt; sein Feldherr Mardonios blieb zur Rückendeckung zurück. Die Reste des persischen Heeres schlugen sich, nachdem ihr König in Sicherheit war, auf dem schnellsten Weg durch Südthrakien bis nach Byzanz durch. Bei diesem Rückzug erlitten die Perser durch ständige thrakische Angriffe schwere Verluste. Manche Historiker sind der Meinung, daß die »schweren Aufstandsbewegungen der Thrakerstämme die persische Niederlage bei Salamis« (Wiesner) ausgelöst haben.

Nur Eion am Strymon und Doriskos an der Hebrusmündung konnten sich halten. Besonderen Ruhm genoß im persischen Heer der Kommandant von Eion, Boges, der gemeinsam mit edonischen Bogenschützen von hier aus den Zugang zum Pangaion-Gebirge unter Kontrolle hielt. Sein Gegenspieler war der Philaide Kimon, der Sohn des Miltiades. Seine Mutter war die Tochter des Thrakerkönigs Oloros. Kimon, so wird behauptet, sei die »attische Geschwätzigkeit« seines Vaters fremd gewesen.

Innerhalb von zehn Jahren machte er nach dem Persereinfall die Ägäis zu einem athenischen Gewässer. Kimon gewann 466 v. Chr. die Doppelschlacht von Eurymedon und den Feldzug gegen Thasos (462 v. Chr.). Er wurde hoch geehrt und war mit den Thrakern eng verbunden. Die Athener hatten dem Kommandanten von Eion angeboten, ihn unter ehrenden Umständen abziehen und nach Persien heimkehren zu lassen. Boges lehnte das Angebot ab. Daraufhin ließ Kimon den Strumafluß zurückstauen, bis das Wasser die Mauern Eions zum Einsturz brachte. Boges ließ einen großen Scheiterhaufen errichten, tötete seine Frauen, Kinder und Sklaven und übergab die Leichen den Flammen. Alles Gold und alles Silber der Stadt streute er von den berstenden Mauern herab in den Fluß. Dann tötete er sich selbst. Boges hatte das Gold gehortet, das während des ersten Perserkrieges im Pangaion-Gebirge gewonnen worden war.

In diese Zeit fällt auch die erste politische Organisation Thrakiens. Zu den bedeutendsten thrakischen Stämmen, die sich früh zu einem Gemeinwesen zusammenschlossen, gehören in erster Linie die

Odrysen. Sie sind am mittleren und unteren Lauf der Mariza wie auch an deren Nebenflüssen ansässig. Auf der thrakischen Chersones wird das Herrschergeschlecht der Dolonken zur Zentralmacht – auch für die umliegenden Stämme. Aber auch in Südwestthrakien erwächst bei den Deronen und Bisalten eine königliche Gewalt. Die Edonen, die am Unterlauf und im Mündungsgebiet der Struma leben, gehen trotz ihres Bündnisses mit den Persern aus der Niederlage gestärkt und selbstbewußt hervor. Sie verwehren den Athenern den Zugang zu den Silber- und Goldminen des Pangaion-Gebirges. Die Athener, die hier in der Ebene des Strumatales bereits an die zehntausend attische Bauern angesiedelt hatten, um das Edonerland auch ethnisch zu unterwandern, werden bei Drasbeskos 465/64 v. Chr. blutig geschlagen. Solcherart im Ansehen gestiegen, werden Edoner wie auch die Odrysen später gefragte Verbündete für die Rivalen im Peloponnesischen Krieg.

Skythen, Nachbarn im Norden

In der thrakischen Gold- und Silberschmiedekunst der hellenistischen Zeit überraschen die mannigfaltigen Tiermotive, die zweifellos kleinasiatischer Herkunft sind. Der Schmuck aus dieser Zeit ist außerordentlich sorgfältig gearbeitet, und die Feinheit seines Filigrans ist bemerkenswert. Tiermotive und Filigran waren aber für die alten Thraker atypisch; in den Anfängen der thrakischen Kunst gaben klare, schlichte und einfache Linien und Formen – ähnlich wie bei der minioischen Kunst – den ästhetischen Ton an. Die Filigranarbeit war in Thrakien etwas ganz Neues. Auf den ersten Blick erinnern die Tiermotive an eine künstlerische Aussage, wie sie auch den in Südrußland gefundenen Gegenständen eigen war. Diese Ähnlichkeit legt den Schluß nahe, daß hier ein unmittelbarer skythischer Einfluß auf die thrakische Kunst vorherrschte, zumal heute einwandfrei belegt ist, daß zwischen Skythen und Thrakern eine über Jahrhunderte hinaus reichende enge Nachbarschaft bestand, die nicht erst durch den Krieg des Perserkönigs Dareios gegen die Skythen zustande gekommen war.
Die einseitige Integration skythischer Elemente in die thrakische

Kunst hätte aber ein Kulturgefälle zwischen den beiden Völkern voraussetzen müssen. Ein solches hat aber nicht bestanden. Bodenfunde in Rußland, Rumänien und Bulgarien haben einwandfrei den Nachweis erbracht, daß sich Thraker und Skythen auf einer gleich hohen Kulturstufe befunden haben; beide Völker hatten auch eine gleich hoch entwickelte Landwirtschaft und Viehzucht, und sie hatten auch das gleich hohe sozial-ökonomische Niveau. Es gab kein Gefälle zwischen Thrakern und Skythen, und die geistig-kulturelle Beeinflussung beruhte auf Gegenseitigkeit. Man hat inzwischen nachgewiesen, daß gewisse Tiermotive kleinasiatischer Herkunft zuerst von den Thrakern verwendet wurden, ehe sie Eingang in die skythische Kunst fanden. Aber ebenso gibt es umgekehrte Fälle (etwa bei der in Kleinasien üblich gewesenen Stilisierung der Porträts), die ihren Weg über die Skythen zu den Thrakern gefunden haben. Die archäologischen Spuren dieser wechselseitigen kulturellen Beeinflussung führen rund um das Schwarze Meer. Sie markieren einen gemeinsamen Kulturkreis aller Anrainervölker des Pontos Euxeinos, in dem Kulturströmungen und Drifte nach allen Richtungen möglich waren: vom Donauraum bis nach Kleinasien und von dort über den Kaukasus hinaus bis zum Kimmerischen Bosporus (heute die Straße von Kertsch) sowie in umgekehrter Richtung. Bei ihrer Beweisführung hinsichtlich der gemeinsamen kulturellen Entwicklung der indoeuropäischen Völker rund um das Schwarze Meer stehen die Archäologen an einem erfolgversprechenden Anfang: Schon die ersten Funde haben eindeutig bewiesen, daß die griechischen Pflanzstädte an den Küsten des Schwarzen Meeres nicht allein die Kultur dieses Raumes bestimmten, sondern daß diese schon seit urdenklicher Zeit ebenso stark, wenn nicht noch stärker von den Völkern des Schwarzmeerraumes mitbestimmt wurde. Es ist sicherlich auch kein Zufall, daß die Gold- und Silberschätze der thrakischen Kunst der frühen hellenistischen Epoche mehr pontisch-kleinasiatische als griechische Züge aufweisen. Die thrakische Kunst ist Teil eines Kulturkreises, dessen gewaltige Ausstrahlung erst durch die zahlreichen archäologischen Funde unserer Zeit meßbar geworden ist. In dieser Hinsicht werden uns die Archäologen – unterstützt durch die gewaltige Bautätigkeit, die im Zuge der Industrialisierung und Urbanisierung Südrußlands, Rumäniens, Bulgariens und zum Teil auch der Türkei Zufallsfunde begünstigt – sicherlich noch einige Überraschungen bescheren.

Die antike Welt lernte die Skythen zunächst weniger durch ihre Kunst als durch ihre kriegerischen Unternehmungen kennen, weil sie einmal die mit ihnen verwandten (iranischen) Kimmerier aus ihren Siedlungsräumen an der nördlichen Schwarzmeerküste vertrieben und damit die letzte Welle der »Großen Wanderung« auslösten. Ein Teil der Kimmerier drang daraufhin über den Kaukasus nach Kleinasien ein, wo sie um 690 v. Chr. das Phrygerreich zerstörten. Der Rest der Kimmerier wich unter dem Druck der Skythen in den Donauraum aus, durchquerte anschließend Thrakien und brach schließlich ebenfalls gewaltsam in Kleinasien ein, wo sich beide Gruppen wieder vereinigten. Vereint griffen sie die Lyder an. Sie wurden dabei von den thrakischen Treren und Edonen unterstützt, die sich ihnen angeschlossen hatten. Um 600 v. Chr. wurden die Kimmerier jedoch vom Lyderkönig Alyattes vernichtend geschlagen. Die Reste der Kimmerier, die es als Volk nie zu einer Staatsgründung gebracht hatten, wurden von den anderen kleinasiatischen Völkern assimiliert.

Zum anderen ließen die Skythen – darunter verstand man im Altertum alle am Schwarzen Meer, am Don, Dnjepr und an der Donau lebenden indoeuropäischen Stämme, von denen einige schon vor der griechischen Kolonisation seßhaft wurden – ihre Nachbarn im Süden aufhorchen, als sie dem sieggewohnten Perserkönig Dareios 514 v. Chr. Paroli boten und ihn durch die flexible Taktik ihrer berühmten Bogenschützen zum Rückzug zwangen.

Über die skythische Kampftechnik berichtet Herodot: »Das skythische Volk hat innerhalb des menschlichen Bereiches einen bedeutenden Vorteil entdeckt. Der große Vorteil besteht darin, daß ihnen niemand entrinnen kann, der gegen sie zieht, und daß keiner sie fassen kann, wenn sie sich nicht auffinden lassen wollen. Leute, die weder Städte noch Mauern gegründet haben, die ihre Wohnstätten mit sich führen und sämtlich Bogenschützen zu Pferde sind, die nicht vom Ackerbau, sondern von der Viehzucht lebe« (hier bezieht sich Herodot auf die nomadisierenden Stämme der Skythen, die nicht die Hauptlast des Krieges trugen) »und deren Heim auf den Wagen ruht – wie sollte ein solches Volk nicht unbezwingbar und schwer zu stellen sein.

Diese Kunst haben sie allerdings erfunden, weil ihr Gebiet dafür geeignet war und die Flüsse ebenfalls dazu halfen. Ihr Land ist nämlich grasreich und wohlbewässert, und Flüsse durchziehen es, die an der Zahl gar nicht viel ärmer sind als die Kanäle der Ägypter. Ich will nur die nennen, die Namen haben und vom Meer aus befahrbar sind: der Istros (Donau) mit fünf Mündungsarmen, dann der Tyras (Dnjestr), der Hypanis (Bug), der Borysthenes (Dnjepr) und der Tanais (Don).«

Wie die Thraker errichteten auch die Skythen ihren Göttern keine Tempel und Heiligtümer. Sie verehrten Histia, Zeus und Ge, aber auch Apollon, Aphrodite, Urania, Herakles und Ares. Ge ist bei den Skythen die Gemahlin des Zeus. Lediglich für Ares, den von den Thrakern übernommenen Kriegsgott, gab es in jedem Gau ein ungewöhnliches Heiligtum. Es bestand aus einem großen Haufen von Reisigbündeln, auf dem sich oben eine viereckige Plattform befand. Jährlich mußten die Skythen rund 150 Fuhren Reisig dazugeben, weil wegen der feuchten Witterung der Holzberg in sich zusammensank. Auf diesem Holzberg stand als Sinnbild des Ares ein altes, eisernes Schwert. Diesem Schwert brachten die Skythen Opfer in Form von Kleinvieh und Pferden dar. Zu Kriegszeiten wurden auch Menschen geopfert; von je hundert Kriegsgefangenen mußte jeweils einer sterben. Die für den Opfertod vorgesehenen Menschen wurden nicht mit Stricken langsam erdrosselt, wie dies bei den Tieren üblich war. Vielmehr wurde der Kopf des Opfers mit Wein übergossen und danach dem Unglücklichen über einem Gefäß mit einer einzigen, blitzschnellen Bewegung die Kehle durchge-schnitten. Das Blut wurde von den Priestern feierlich über das Schwert des Ares ausgegossen. Doch damit war das Blutopfer noch nicht vollendet. Während nämlich die Priester das Blut auf den Reisigberg brachten, wurde dem Toten die rechte Schulter mit dem rechten Arm vom Körper getrennt und hoch in die Luft geschleu-dert. Sie blieben dort liegen, wohin sie fielen, bis sie vermoderten. In der Nähe eines Ares-Heiligtums haben sowjetische Forscher unter einer Erdschicht mehrere hundert rechte Schultergelenk- und Armknochen freigelegt, die aus verschiedenen Epochen stammen.

Auch die Kriegssitten der Skythen waren der Zeit entsprechend grausam: Jeder Skythe trank vom Blut seines ersten erlegten Feindes. Die Köpfe ihrer getöteten Feinde brachten die Krieger ihrem König. Nur wer einen Kopf ablieferte, hatte auch einen Anteil an der Beute. Die Köpfe wurden danach skalpiert, die Kopfhaut mit den Haaren gegerbt und, wenn sie weich genug geknetet war, als Handtuch benutzt. »Der Reiter«, so berichtet Herodot, »knüpft die Haut an die Zügel seines Reitpferdes und prahlt damit. Wer nämlich die meisten Handtücher aus Menschenhaut aufweist, gilt als der Tapferste. Viele von ihnen machen aus den abgezogenen Häuten sogar Kleider, indem sie diese wie die Hirtenkleider aus Ziegenfellen zusammennähen. Manche ziehen auch die Haut von der rechten Hand ihrer getöteten Feinde samt den Fingernägeln ab und fertigen daraus Überzüge für ihre Köcher an. Tatsächlich war die Menschenhaut fest und glänzend, vor allen Häuten fast am glänzendsten in ihrer weißen Farbe.«

Aus den Schädeln ihrer grimmigsten Feinde ließen die Skythen Trinkschalen anfertigen. »Alles unterhalb der Augenhöhlen wird abgesägt und der Schädel gereinigt. Ein Armer spannt dann nur außen Rindsleder herum und verwendet ihn so; der Reiche aber läßt zum Lederüberzug hinzu das Innere des Schädels vergolden und trinkt daraus«, berichtet Herodot. In dieser Form wurden auch die Schädel von Verwandten, die sie im Streit erschlagen hatten, präpariert und verwendet. Der Brauch, aus den Schädeln der erschlagenen Feinde Trinkgefäße zu machen, war in Bulgarien noch bis in das frühe Mittelalter üblich. Er war von den aus dem südrussischen Raum stammenden Urbulgaren, einem Turkstamm, der später slawisiert wurde, in die neue Heimat mitgebracht worden.

Die skythischen Stämme lebten in den großen Stromniederungen und den Steppen Südrußlands. Charakteristisch für die Steppenbewohner war, daß sie auch Tierknochen als Brennstoff verwendeten; und typisch für die Flußskythen war, daß ihre Wahrsager aus wahllos hingeworfenen Weidenruten Schuld und Sühne zu deuten suchten.

Wahrsager zu sein war bei den Skythen mitunter ein gefährlicher Beruf. Vor allem, wenn die Wahrsager an das Krankenbett des Königs gerufen wurden. Die Skythen sahen in jeder Krankheit eine Strafe der Götter. Ihrer Ansicht nach mußte dabei der Erkrankte selbst gar nicht schuldig geworden sein; es genügte das »Vergehen« eines Menschen aus seiner engeren Umgebung, um den Fluch der Götter herabzubeschwören. Die Aufgabe des Wahrsagers war es nun, festzustellen, wo die Ursachen der Erkrankung des Königs lagen. Sie hatten den Menschen zu offenbaren, worin die Verletzung des Sittengesetzes lag, die nunmehr als Strafe die Krankheit des Königs ausgelöst hatte. Diese Art der »Diagnostik« gab es auch bei den Völkern Mesopotamiens und bei den alten Griechen. So sinniert Achilles anläßlich des Ausbruches der Pest vor Troja: »Laßt uns mit irgendeinem Wahrsager Rücksprache halten, damit er uns sagen möge, aus welchem Grund Phöbos Apollon uns so sehr zürnt.« Bei einer schweren Erkrankung des Königs standen die skythischen Wahrsager unter zweifachem Druck: Da der König selbst an seinem Leiden nicht schuldig sein durfte, mußten sie nach einem Schuldigen aus seiner unmittelbaren Umgebung suchen. Leugnete der Beschuldigte – und das tat selbstverständlich jeder –, verlangte die Sitte, daß nach den ersten drei Wahrsagern nun ihrer sechs ans Krankenbett des Königs gerufen wurden. Erklärten auch sie übereinstimmend den »Sünder« aufgrund des Orakelspruches für schuldig, dann wurde dem Mann sofort an Ort und Stelle der Kopf abgeschlagen. Sprach jedoch die Mehrheit der neu hinzugezogenen Wahrsager den Beschuldigten frei, verfielen die ersten drei dem Henker. Sie wurden, nach Herodot, in folgender Weise umgebracht: »Ein Wagen wird mit Reisig beladen und mit Ochsen bespannt. Die Skythen fesseln die Wahrsager, binden ihnen die Arme auf den Rücken zusammen, stopfen einen Knebel in den Mund – damit sie ihre Henker nicht mehr verfluchen können – und stecken sie mitten ins Reisig. Dann zünden sie das Astwerk an, machen die Tiere scheu und jagen sie los. Viele Ochsen verbrennen mit den Wahrsagern, die als falsche Propheten bezeichnet werden. Der König läßt von denen, die er zu töten befiehlt, auch nicht die Söhne übrig. Alle männliche Nachkommenschaft wird umgebracht; den Frauen hingegen geschieht kein Leid.«

Starb der König dennoch, so wurden alle Wahrsager, die sich an der Lösung des Orakelspruches versucht hatten, in gleicher Weise umgebracht.

Die Beerdigung des Königs glich mit ihrem streng vorgeschriebenen Ritual jener der thrakischen Könige und Stammesfürsten der vorhellenischen Zeit. Die großen Hügelgräber der Skythenkönige befanden sich an einer Stelle am Oberlauf des Dnjepr, wo sie nur von kleineren Ruderbooten erreicht werden konnten. Doch bevor die Skythen ihren König der Erde übergaben, stellten sie seinen mit Bienenwachs einbalsamierten Körper – der Bauch war vorher geöffnet, gereinigt und mit gestoßenem Safran und Räucherwerk, Eppich- und Dillsamen gefüllt und wieder zugenäht worden – den einzelnen Stämmen zur Schau. Bei diesen mit der Aufbahrung verbundenen ekstatischen Totenfeiern kam es zu argen Selbstverstümmelungen. Manche Krieger schnitten sich ein Stück ihrer Ohren ab, andere verletzten sich Stirn und Nase, schnitten eine Kerbe rund um ihren Oberarm oder stießen sich Pfeile durch die linke Hand. So zugerichtet, begleiteten sie ihren toten König bis zum nächsten Stamm, wo sich dieselbe Prozedur wiederholte. Erst nachdem der König solcherart von allen seinen Stämmen Abschied genommen hatte, wurde er von den Gaufürsten zu den Königsgräbern gebracht, wo er in einer großen Erdgrube auf Laub gebettet wurde. Aus den Lanzen seiner getreuesten Krieger wurde mit Hilfe von Weidengeflecht ein Dach errichtet. Dann »erwürgen sie eine der Nebenfrauen des Königs, ebenso den Mundschenk, den Koch, den Stallmeister, die Diener und die Nachrichtenbringer (seines Todes), seine Pferde, ferner die Erstlinge allen anderen Viehs«, die ihm ohne Ausnahme ins Jenseits mitgegeben werden. Auch goldene Schalen werden dem Grab beigegeben, nicht jedoch Silber und Eisen. Über der letzten Ruhestätte des Königs wird ein hoher Erdhügel aufgetürmt.

Doch damit ist der Bestattungsritus der Skythen beim Begräbnis ihres Königs noch nicht zu Ende. Herodot vermittelt uns das sehr detailreiche Bild einer gespenstischen Szene, die ein Jahr nach dem Tod des Königs vollzogen wird: »Ein Jahr später tun sie wiederum folgendes: Sie nehmen die besten der übriggebliebenen Diener des

Königs. Es sind dies eingeborene Skythen. Jeder, den der König beruft, wird sein Diener. Sklaven gibt es bei ihnen nicht. Von diesen Dienern erdrosseln sie fünfzig, ebenso auch fünfzig der schönsten Pferde; sie nehmen die Eingeweide heraus, reinigen die Bauchhöhle, füllen sie mit Spreu und nähen sie wieder zu. Dann wird die Hälfte eines Radreifens auf zwei Stangen befestigt, mit der Rundung nach unten, und die andere Hälfte des Rades an zwei anderen Stangen. Auf diese Weise errichten sie hundert Gestelle. Auf je zwei davon wird nun ein Pferd gehoben, nachdem durch seinen Leib der Länge nach bis zum Halse eine dicke Stange getrieben wurde. So tragen die vorderen Räder die Schultern der Pferde, die hinteren halten den Bauch an den Hinterbeinen hoch. Vorder- und Hinterschenkel schweben in der Luft. Sie legen den Pferden auch Zügel und Zaumzeug an, ziehen den Zaum nach vorn und binden ihn an einen Pflock. Die fünfzig erwürgten jungen Männer aber verteilen sie dann auf die Pferde; und zwar setzen sie sie so darauf: wenn sie die Leichen senkrecht längs des Rückgrats mit einer Stange bis zum Nacken durchbohrt haben, dann ragt unten ein Stück von diesem Holz hervor, das sie in einem Bohrloch an jener Stange befestigen, die durch das Pferd geht. Solche Reiter stellen sie im Kreis um das Grab auf, und dann ziehen sie wieder ab.« Die toten Reiter halten ihrem König Wacht.

Bei den Skythen waren nach den Begräbniszeremonien ganz besondere rituelle Reinigungen vorgeschrieben. Sie mußten sich die Köpfe einsalben, sie danach wieder waschen und anschließend ihren Körper in einem Dampfbad reinigen. Dieses bestand aus einem Filzzelt – ähnlich den Zelten der heutigen Balkanzigeuner –, in dem sich ein kleines Wasserbecken befand, in das »glühende« Steine geworfen wurden.

Doch das »Dampfbad« unter dem luftdichten Filzzelt diente nicht nur den körperlichen Reinigungen, es vertrieb auch Schmerz und Kummer. Erstaunt notiert Herodot:»Sie streuen auch Hanf auf die heißen Steine. Diese fangen an zu rauchen und erzeugen einen so starken Dampf, daß wohl kein griechisches Schwitzbad dieses Dampfbad übertrifft. Die Skythen freuen sich über dieses Dampfbad und heulen vor Lust.«

Was Herodot nicht wissen konnte, war dies: Die Fröhlichkeit und die Lust der Skythen entsprangen nicht dem Dampf des Wassers, sondern dem Rauch des Hanfs, also dem Haschisch. Das Bad im Wasser kannten die Skythen nicht. Ihre Frauen reinigten sich mit »kosmetischen Packungen«, die sie aus zerriebenem Zypressen-, Zeder- und Weihrauchholz und etwas Wasser herstellten. Mit diesem dickflüssigen Brei bestrichen sie ihren ganzen Körper und das Gesicht. Dies verlieh ihnen einerseits einen betörenden Wohlgeruch, andererseits waren sie, wenn sie am nächsten Tag die Schicht abschabten, frisch und sauber.

Das Reich der Odrysen

Das Fiasko der persischen Großmachtpolitik veränderte auch die politische Szene im Balkanraum. Die Perser zogen sich zu Beginn des 5. Jahrhunderts v. Chr. nach Kleinasien zurück, und die Griechen des Festlandes hatten alle Hände voll zu tun, die Wunden des Kriegs zu heilen, ihre zerstörten Städte wieder aufzubauen und die durch die persischen Eroberungszüge ausgepowerte und lahmgelegte Wirtschaft wieder in Gang zu bringen. Doch in dem Bemühen um einen raschen Wiederaufbau lagen auch schon die Wurzeln des Kampfes um die Vorherrschaft innerhalb Griechenlands – die Bündnisbereitschaft und die Einigkeit der zahllosen griechischen Stämme und Stadtstaaten dauerten ja in der Regel nicht viel länger, als der Druck von außen anhielt –, der mit dem Peloponnesischen Krieg den Untergang der politischen Selbständigkeit Griechenlands einleitete. Aber nicht nur im griechischen Mutterland hatte der Perserkrieg die politische Landschaft verändert, auch in Thrakien und Illyrien – hier vor allem in Makedonien – war durch den Abzug der Perser und die Machteinbuße der griechischen Kolonisten und der Griechen ein Vakuum entstanden, von dessen Sog sich sowohl die Thraker wie auch die Makedonier nicht ungern anziehen ließen.

Es besteht heute kaum noch ein Zweifel, daß die Odrysen und Bessen auch schon zur Zeit der persischen Oberherrschaft eine staatliche Ordnung besaßen. Doch der große Aufschwung und die

Festigung des Odrysenreiches beginnt erst mit König Teres, also nach 440 v. Chr. Er ist der erste, historisch faßbare Herrscher der Thraker gewesen. Er vereinigte zunächst die zahlreichen Unterstämme der Odrysen, die zwischen dem Hebros (Mariza) und dem Schwarzen Meer lebten. Die unmittelbare Verwaltung des Reiches erfolgte durch Stammesfürsten – in ihrer Macht etwa den Indianerhäuptlingen Nordamerikas vergleichbar. Verschiedene Forscher vermuten, daß bei den Odrysen unter Teres ein Gefolgswesen wie bei den Germanen existiert hat. Die finanzielle Basis für seinen Staat verschaffte sich Teres durch freiwillige Geschenke der reichen Thraker, die ihrem König eine gottähnliche Verehrung entgegenbrachten. Sie opferten ihm Gold und Silber wie den anderen Göttern und Orakelheiligtümern. Die mythologische Abstammung des Thrakerkönigs wurde auf Tereus, den Sohn des Ares und den grausamen Schwager der »gesangsliebenden« Philomela, zurückgeführt. Die scheußlich-grausame Geschichte der Philomela in der griechischen Sage ist bekannt: Sie war die Tochter des athenischen Königs Pandion und Schwägerin des Tereus, einst König im Gebiet Phokyda in der Nähe der Stadt Megara. Als Tereus, der mit Philomelas Schwester Prokne verheiratet war, seine Schwägerin nach Athen bringen sollte, vergewaltigte er sie und riß ihr, damit sie ihn nicht verraten konnte, die Zunge aus. Dennoch kam die Wahrheit an den Tag: Philomela verriet ihrer Schwester diese schändliche Tat durch ein Strickmuster. Beide rächten sich an Tereus mit der für die griechische Mythologie selbstverständlichen Unmenschlichkeit. Sie töteten seinen Sohn Itys, den dieser mit Prokne gezeugt hatte – mit anderen Worten, die Mutter opferte ihren eigenen Sohn, um ihre und ihrer Schwester Ehre zu rächen –, und setzten das Fleisch des Knaben Tereus als Mahlzeit vor. Als Zeus diese Schmach erkannte, verwandelte er Philomela in eine Schwalbe, Prokne in eine Nachtigall und machte Tereus zum Habicht, der sie ewig jagte.

Daß sich Fürsten und Könige Götternamen zulegten, um ihre göttliche Herkunft zu beweisen, war in der damaligen Zeit nichts Außergewöhnliches.

Teres, der erste Thrakerkönig, war der Vater des Sitalkes, jenes Odrysenherrschers, unter dessen Regentschaft der größte Teil Thrakiens vereinigt wurde. Die Stämme zwischen dem Balkangebirge und der Donau, vor allem die Geten, leisteten Sitalkes freiwillig Heeresfolge. Auch die Gebirgsstämme der Rhodopen und ein Teil der Päonen – bis zum Strymon (Struma) – gerieten unter seine Botmäßigkeit. Nur die Bessen bewahrten ihre Unabhängigkeit, doch stellten sie, nach Bedarf und Laune, dem Odrysenkönig ihre Krieger gegen Bezahlung in klingender Münze zur Verfügung.

Das Odrysenreich erstreckte sich unter Teres und Sitalkes vom Westufer des Schwarzen Meeres bis zur Donau und von dort bis zum Isker-Durchbruch nördlich von Sofia. Die Westgrenze verlief ein wenig ungenau, weil hier auch die unabhängigen Trerer und Myser lebten. Nach Süden hin reichte die Herrschaft der Odrysenkönige über das Rhodopen- und Piringebirge bis zur ägäischen Küste; Abdera lag im odrysischen Machtbereich. Der Osten des Reiches, das heutige bulgarisch-türkische Grenzgebiet, war von den Odrysen selbst stark besiedelt. Die Odrysenkönige nannten sich nach dieser ersten Vereinigung »Könige von Thrakien«. Das Odrysenreich umfaßte 100 000 bis 130 000 Quadratkilometer und war so groß wie das heutige Bulgarien. Die Gesamtbevölkerung dürfte etwa 700 000 Einwohner betragen haben.

Sitalkes (er regierte etwa von 431 bis 424 v. Chr.) war nicht nur ein hervorragender Feldherr, sondern ein ebenso gerissener Finanzmann, dem immer wieder neue Methoden einfielen, um die Staatskasse zu füllen. Da er für sein Volk Gott und König in einer Person war, gelang es ihm meisterhaft, durch Opfergaben Gold in fast unvorstellbarem Ausmaß zu erlangen und zu horten. Besonders hoch waren die Steuern, die er den griechischen Städten an der Schwarzmeerküste und der thrakischen Küste der Ägäis auferlegte. Zu diesen Steuern kamen seitens der griechischen Bevölkerung noch mehr oder weniger freiwillige Spenden und Geschenke aus Gold und Silber hinzu, aber auch kostbare Gewebe, Leinen und Haushaltsgeräte. Geschenke dieser Art mußten jedoch nicht nur dem König und seinen Vasallen entrichtet werden; einen ebenso reichen Obolus erwarteten auch die übrigen Gefolgsleute Sitalkes'.

Thukydides, der diese Praktiken mancher thrakischer Fürsten selbst erlebt hatte, notiert, daß die Thraker in ihrem Lande »die persische Sitte umgekehrt« haben, das heißt, »daß sie lieber nehmen als geben«.

Was war nun persische Sitte? Herodot berichtet über die tragische Begegnung des Perserkönigs Xerxes mit dem Lyder Pythios, einem Verwandten des sprichwörtlich reichen Lyderkönigs Krösus: In Sades hielt sich der Lyder Pythios auf. Er bewirtete das ganze Heer des Königs und Xerxes selbst mit größter Freizügigkeit und erklärte sich bereit, Geld für den Krieg zur Verfügung zu stellen. Als Pythios von Geld sprach – die Geldwirtschaft in Lydien war von König Krösus eingeführt worden –, fragte Xerxes die anwesenden Perser, wer dieser Pythios sei und wieviel Geld er besitze. Sie antworteten: »Er ist nach dir der reichste Mensch, den wir kennen.«

Xerxes fragte Pythios nun selbst, wieviel Geld er besitze. Der sagte: »König, ich habe nicht die Absicht, dir mein Vermögen zu verheimlichen, und ich will mich auch nicht so stellen, als wüßte ich es nicht. Ich verfüge über 2000 Talente Silber und 3 993 000 Goldstateren des Dareios. Das schenke ich dir, ich selbst habe noch genug zum Leben von meinen Sklaven und Landgütern.«

Xerxes dankte für dieses großzügige Angebot – das er aber nicht annahm – und schenkte Pythios, dem Gastfreund aus Lydien, 7000 Goldstateren, damit dieser seinen Schatz auf runde vier Millionen Goldstateren aufrunden konnte. »Behalte, was du selbst erworben hast«, sagte Xerxes, »und bleibe immer bei deiner Gesinnung. Wenn du so handelst, wirst du weder jetzt noch in der Zukunft etwas zu bereuen haben.«

Weder Xerxes noch sein »Gastfreund aus Lydien« wußten damals, daß ihrer ersten Begegnung schon bald eine zweite, sehr tragische folgen würde. Ein paar Wochen später, als Xerxes die Überquerung des Hellespont vorbereitete, kam Pythios zu ihm: »Herr, ich bitte dich, mir einen Wunsch zu erfüllen, der dir leicht zu gewähren, mir aber sehr wichtig ist.« Xerxes glaubte, Pythios würde eher alles andere erbitten als das, was er dann tatsächlich zu hören bekam. Deshalb sagte er ihm, er würde ihm seine Bitte gewähren. Daraufhin bat der Lyder den König, daß er den ältesten Sohn Pythios' vom

Kriegsdienst befreie: »Die anderen vier magst du mitnehmen. Mögest du wieder heimkehren, nachdem du dein Ziel erreicht hast.« Darauf der Perserkönig zornig: »Du bist mein Sklave, der mir eigentlich mit seinem ganzen Hause und seinem Weibe folgen müßte. Jetzt sollst du wissen, daß des Menschen Geist in seinen Ohren wohnt: Hört er Gutes, so macht er den Leib heiter; erfährt er aber das Gegenteil, so braust er auf. Was das betrifft, daß du Gutes tatest, so wirst du dich nicht rühmen können, den König an Wohltaten übertroffen zu haben. Da du aber unverschämt geworden bist, sollst du die Strafe erhalten, zwar nicht die, die du verdienst, sondern weniger, als du verdient hast. Denn dich und deine vier Söhne rettet die Gastfreundschaft. Doch mit dem Leben des einen, an dem du am meisten hängst, sollst du büßen.« Nach diesem Bescheid gab er den Henkern sofort den Auftrag, den ältesten zu suchen, ihn in der Mitte durchzutrennen und die beiden Hälften links und rechts an die Straße zu legen; dazwischen sollte das ganze Heer durchziehen.

Wie ganz anders waren da die Sitten im Reich der Odrysen. Da war ohne Geschenke und »Bakschisch« gar nichts auszurichten. Und so ist es auch zu verstehen, daß in antiken Quellen das Odrysenreich des Sitalkes und seiner Nachfolger »von allen europäischen Ländern, welche zwischen dem Ionischen Meerbusen (Adria) und dem Pontos Euxeinos (Schwarzes Meer) liegen, dieses an Geldeinkünften und sonstigem Reichtum als das mächtigste« bezeichnet wird. Vierhundert Talente in Gold und Silber kassierten die Odrysenherrscher Jahr für Jahr von den griechischen Kolonisten. Das machte immerhin (wenn wir eine Gold-Silber-Relation von eins zu zehn annehmen) zehneinhalb Tonnen Silber oder eine Tonne und fünfzig Kilogramm Gold. In späteren Jahren stiegen die Steuereinnahmen der Odrysenkönige auf eintausend Talente pro Jahr. Das waren etwa zweieinhalb Tonnen Gold. So hoch belief sich auch das jährliche Steuereinkommen Athens vor Ausbruch des Peloponnesischen Bruderkrieges. Wenn wir, wie Mihailov zudem bemerkt, dazu noch berücksichtigen, daß in der Antike der Wert des Goldes und des Silbers wesentlich höher lag als in unserer Zeit, so bekommt das Jahreseinkommen der Odrysenherrscher eine noch größere Dimension.

Sitalkes brauchte viel Geld, denn er rüstete zum Krieg – und der war auch in der Antike nicht billig. Die Waffen kosteten viel Geld, und der Sold der Krieger war nicht gering. Sie wurden mit sogenannten Kysiken entlohnt, das waren kleine Metallplättchen aus Gold und Silber (ein Drittel Gold und zwei Drittel Silber), wogen 16 Gramm und hatten den Gegenwert von etwa 16 Goldfranken. Ein Feldherr erhielt vier Kysiken – und konnte damit nicht nur seinen Unterhalt, sondern auch den seiner Diener bezahlen.

Kampf um die Vormacht

Außenpolitisch stellte sich für Teres und noch mehr für Sitalkes die Frage – nachdem die mehr oder weniger gewaltsame Einverleibung der übrigen thrakischen Stämme in ihr Reich vollzogen war –, in welcher Richtung sie ihre Expansion fortsetzen sollten. Es boten sich zwei Möglichkeiten an: erstens nach Südosten, wo die Griechen bereits Ende des 6. Jahrhunderts durch Miltiades I. die thrakische Herrschaft auf der Halbinsel Chersones abgelöst und damit die Dardanellen unter ihre Kontrolle gebracht hatten. Ein Neffe des ersten griechischen Herrschers auf der thrakischen Halbinsel Chersones, Miltiades II., schlug 490 v. Chr. die Perser bei Marathon und festigte damit erneut den griechischen Anspruch auf die Chersones.
Die zweite, realistischere Möglichkeit lag in einem Vorstoß in Richtung Südwesten, ins Herz der Balkanhalbinsel, nach Makedonien, dessen Herrscher sich zu dieser Zeit ebenfalls mit den Vorbereitungen seiner Machtausweitung auf Kosten Griechenlands und Thrakiens beschäftigten.
Gegen Norden war der Weg durch die Skythen versperrt, deren Drang nach Süden Sitalkes durch die Heirat einer seiner Töchter mit König Ariapet geschickt gestoppt hatte. Die Südflanke hatte sich der Thrakerkönig durch ein Bündnis mit Athen freigehalten.
Sitalkes entschied sich für den schwächsten Gegner, für Makedonien. Er wich damit einer direkten Konfrontation mit Miltiades II. aus, die ihn unweigerlich auch mit Athen in Konflikt gebracht hätte. Damit war eine politische Entscheidung von vielleicht weltweiter Bedeutung gefallen. Im Winter 429 v. Chr. suchte Sitalkes mit

Zustimmung der Athener die Entscheidung gegen Makedonien und gleichzeitig eine militärische Befriedung der unruhig gewordenen Chalkidier. Die große Halbinsel Chalkidike im Norden der Ägäis war durch die Nachbarschaft mit den Thrakern, den Makedoniern und den verfeindeten Griechen einer der neuralgischsten Punkte dieser Zeit. Hier lag auch die strategische Schlüsselstellung für den Kampf um die Vormacht in der Ägäis und auf der Balkanhalbinsel. Das alles muß aber auch in unmittelbarem Zusammenhang mit dem Peloponnesischen Krieg gesehen werden, der praktisch von der Halbinsel Chalkidike aus seinen Anfang genommen hatte – und für den Thraker wie Makedonier von Athen und Sparta als Bundesgenossen umworben wurden.

Sitalkes wurde ein Opfer dieser politischen Konstellation. Obwohl die Athener ihn zunächst zu dem Feldzug gegen Makedonien animiert und ihm ihre Flottenunterstützung zugesagt hatten, ließen sie ihn im entscheidenden Augenblick im Stich und begnügten sich damit, »ihm Gesandte mit Geschenken« zu schicken. Es gab für die Athener, die die militärische Kraftprobe zwischen Sitalkes und Perdikkas genau verfolgten, sehr stichhaltige Gründe für den Bündnisbruch. Sie hatten erkannt, daß von den beiden Anwärtern auf die Vorherrschaft im thrakisch-makedonischen Raum die Thraker nicht nur militärisch die Stärkeren waren, sondern auch über mehr Geld und größere wirtschaftliche Ressourcen verfügten. Athen hielt das Odrysenreich für gefährlicher als das makedonische. Das war eine politische Fehleinschätzung, die erst den Aufstieg Makedoniens zur griechischen Führungsmacht ermöglichte, die letztlich zum verhängnisvollen Strohfeuer einer griechischen Renaissance unter Alexander dem Großen führte.

Thrakien, so überlegten die Athener nicht zu Unrecht, würde nach einem Sieg über die Makedonier und Chalkidier zum mächtigsten Reich auf der Balkanhalbinsel und somit zum unmittelbaren Gegner Athens werden. Hinzu kam die Befürchtung der Athener, daß sich auch die Spartaner mit Sitalkes verbünden könnten, um so an das für sie lebensnotwendige Schiffsholz der thrakischen Wälder heranzukommen.

Der Feldzug des Sitalkes gegen Makedonien macht den hohen Stand der staatlichen Organisation des Odrysenreiches deutlich, das nach persischem Vorbild aufgebaut war. An diesem Feldzug nahmen fast alle thrakischen Stämme teil. Auch die getischen Stämme nördlich der Donau, deren Bogenschützen wie die Skythen bewaffnet waren, folgten Sitalkes gegen Makedonien. Manche der thrakischen Stämme zogen als Söldner mit, andere als Verbündete. Insgesamt umfaßte die Heerschar Sitalkes' nach antiken Angaben etwa 150 000 Mann. Davon war etwa ein Drittel Reiter, der Rest Fußvolk. Die Reiter wurden überwiegend von den Odrysen und Geten gestellt. Vom Fußvolk waren die aus den dichten Wäldern der Rhodopen kommenden bessischen und satrischen Schwertträger die gefürchtetsten. Doch nicht alle Krieger des Sitalkes waren mit eisernen Waffen wie Schwertern, Lanzen, Speeren oder mit Bogen und Pfeilen ausgerüstet. Der »übrige gemischte Haufen« wirkte eher durch seine Masse als durch seine Bewaffnung furchteinflößend. Das Gros der Leute war mit großen, primitiven Holzknüppeln oder eisenbeschlagenen Holzkeulen ausgerüstet.

In einer Rede, die Thukydides den spartanischen Feldherrn Brasidas halten läßt, werden die Vorzüge und Schwächen der thrakischen Krieger aus griechischer Sicht geschildert: »Wer noch nicht mit ihnen gekämpft hat, der bildet sich die fürchterlichsten Dinge ein. Es ist wahr, der Anblick ihrer zahlreichen Krieger ist fürchterlich; das Geschrei, das sie erheben, ist unerträglich, und das Schwenken der Waffen in der Luft hat etwas Drohendes. Allein, sobald sie mit einem Feinde, der sich dadurch nicht einschüchtern läßt, wirklich zum Treffen kommen, sehen die Dinge ganz anders aus. Die Barbaren fechten nicht in Reihen und Gliedern. Es ist für sie auch keine Schande, sobald sie ins Gedränge geraten, ihren Platz zu verlassen und zu fliehen. Angriff und Flucht machen ihnen die gleiche Ehre; ihre Tapferkeit hat folglich nichts, wodurch sie sich unterscheiden kann, und bei einer so willkürlichen Art zu fechten hat jedermann allemal Gelegenheit, sich mit Ehren aus dem Händel zu ziehen.«

Ordnung muß sein. Der Spartaner Brasidas kann die flexible Kampfführung der Thraker nicht verstehen. Strategie und Taktik werden bei ihm vom Intellekt bestimmt, wie auch die Verpflichtung

des Kämpfenden, bis zum Untergang auszuharren, ethisch verankert ist. Von den Thermopylen bis Stalingrad hat sich da nicht viel
geändert. Dem spartanischen Feldherrn sind Intention und Instinkt
fremd, weil sie für ihn jenseits rationaler Faßbarkeit liegen. Und so
kann er auch die Taktik des »geplanten, ehrenhaften Rückzuges«
nicht begreifen (so, wie ihn übrigens auch die Amerikaner in
Vietnam nicht begriffen haben). Seinen Kriegern, die offensichtlich
durch das wilde Gebaren und die drohende Gestik der Thraker
geschockt waren, versucht Brasidas psychologisch Mut zu machen
und räumt ihnen sogar einen geordneten Rückzug ein, wenn er sagt:
»Und erst im Kampf wird augenscheinlich, daß alles, was euch
anfangs so fürchterlich bei ihnen vorkam, nur für das Auge und das
Ohr bestimmt war. Wenn ihr standhaltet und euch, wenn es
notwendig sein sollte, auch geordnet zurückzieht, dann kann euch
nichts passieren. Und ihr werdet erkennen, daß sie nur versucht
haben, euch durch leere Drohungen und fürchterliches Gebaren
Angst einzujagen.«
Die Makedonier hatten wenig Chancen, sich erfolgreich gegen den
furchterregenden Heerbann des thrakischen Königs zur Wehr zu
setzen. Sie wichen dem Gegner aus, zogen sich in ihre Burgen und
befestigten Siedlungen zurück und ließen sich nicht auf einen
offenen Kampf mit Sitalkes ein. Ihre Taktik hatte Erfolg; der
thrakische Angriff stieß ins Leere und lief sich allmählich tot. Wenn
es nichts zu plündern gab, verloren viele Thraker die Lust zum
Kampf.
Diese Ermüdungserscheinungen nützte der Makedonierkönig Perdikkas für geheime Verhandlungen mit den Thrakern. Sein Verbindungsmann zum thrakischen König war dessen Neffe Seuthes, der
später der Nachfolger des Sitalkes wurde. Ihm hatte Perdikkas seine
Schwester Stratonika – die Fürsten und Könige dieser Zeit hatten für
diesen Fall immer einige hochgeborene Köder bereit – und auch eine
große Mitgift versprochen. Seuthes bewegte seinen Onkel zur
Umkehr und zum Abschluß eines Waffenstillstandes mit Perdikkas.
Nach dreißig Tagen zog sich Sitalkes aus Makedonien zurück. Bei
dieser Gelegenheit verwüstete er aus Rache für den Abfall der
Athener die Halbinsel Chalkidike. Sitalkes starb fünf Jahre später

während eines Feldzuges gegen die aufständischen Triballer im Norden des heutigen Bulgarien. Wahrscheinlich wurde er ermordet. Daß sein Neffe Seuthes hinter diesem Anschlag steckte, kann nur vermutet werden. Historisch belegt ist lediglich, daß Seuthes die Macht übernahm und daß auch Perdikkas sein Versprechen einhielt: Er gab dem Thrakerkönig seine Schwester zur Frau. Doch Seuthes I. war ein schwacher König; nach seiner Regentschaft zerfiel das Reich in mehrere unabhängige Fürstentümer. Makedonien bekam eine Atempause und nützte sie.

Ein Mord kam wie bestellt

Im Kampf um das Erbe Griechenlands führte der Zufall in Form eines Meuchelmords Regie. In Makedonien herrscht noch immer Perdikkas III., während in Thrakien nach Thronstreitigkeiten der ebenso gewalttätige wie kunstsinnige Odrysenkönig Kotys I. (383 bis 360 v. Chr.), ein Sohn Seuthes II., die Macht an sich gerissen und das Reich wieder vereint hat. Er setzt die Politik Teres', Sitalkes' und Seuthes' I. fort und stellt den Staat auf eine solide materielle und finanzielle Basis. Sein Heer zählt zu einem der stärksten der Balkanhalbinsel. Seine Außenpolitik richtet sich zunächst nicht gegen Makedonien, sondern zielt in Richtung Südosten. Kotys will die griechischen Städte auf der Halbinsel Chersones und damit auch den Zugang zum Schwarzen Meer kontrollieren und gerät damit in einen Interessenkonflikt mit Athen. Obwohl eine Tochter Kotys' mit dem griechischen Söldnerführer Iphikrates – er revolutionierte durch den Einsatz von Leichtbewaffneten (Peltasten), die mit ihren langen und eleganten Degen und Stoßlanzen den schwerfälligen spartanischen Hopliten (Schwerbewaffneten) weit überlegen waren, die bisherige Kampftechnik – verheiratet ist, kommt es immer wieder zu schweren Zusammenstößen zwischen Thrakern und Griechen. Als es Kotys schließlich gelingt, die Halbinsel Chersones wieder unter thrakische Kontrolle zu bringen (und somit auch die Meerenge der Dardanellen), entschließt sich Athen zum politischen Mord. Kotys fällt 360 v. Chr. einem Komplott zum Opfer: Er wird in seiner Residenz ermordet. Die Mörder erhalten in Athen das

Bürgerrecht. Der Mord an Kotys I. verändert nicht nur den Lauf der Geschichte Südosteuropas, er ist auch von weltweiter historischer Bedeutung. Nach seinem Tod wird das Odrysenreich auf Betreiben Athens zwischen seinen Söhnen Kersobleptes, Amadakos und Berisad aufgeteilt.

Ein Jahr später stirbt König Perdikkas von Makedonien. Nach einigen Thronstreitigkeiten kommt der in Theben (als Geisel) erzogene Philipp II. (359 bis 336 v. Chr.) an die Macht. Er strafft die Zentralmacht in seinem Königreich, während in Thrakien die Söhne Kotys', dem alten thrakischen Erbübel folgend, sich gegenseitig ihre Herrschaftsgebiete streitig machen.

Philipp, der in Theben das Heer des Epameindos studiert hatte, baute nach seiner Rückkehr die später berühmt gewordene und gefürchtete acht- bis vierundzwanziggliedrige makedonische Phalanx auf. Diese militärische Formation – sie glich einer personifizierten überdimensionalen Kriegsmaschine – wurde von schwerbewaffneten, zu dichtgeschlossenen Reihen zusammengefügten Fußsoldaten, den sogenannten Hopliden, gebildet. Der Abstand zwischen den einzelnen Gliedern betrug während des Marsches zwei Meter, im Angriff einen Meter. Wurde die Phalanx angegriffen, verdichteten sich die Zwischenräume zum jeweiligen Vordermann auf einen halben Meter; die Krieger bildeten einen lanzenstarrenden Wall, den sie durch ihre Schilde noch verstärkten. Die makedonische Phalanx war etwa einen Kilometer breit und umfaßte 16 000 bis 18 000 Mann. Frontal war dieser waffenstarrende Block kaum anzugreifen. Verwundbar waren nur die Flanken, die durch Reiterverbände abgesichert wurden.

Diese Kriegstechnik war eine der Voraussetzungen für den militärischen Erfolg Philipps II.

Illyrer, Paionen und Thraker waren dem schlagkräftigen Heer Philipps nicht gewachsen. Die Illyrer schlug er 358 v. Chr. vernichtend, ein Jahr später eroberte er – angeblich für Athen – Amphipolis an der unteren Struma und baute die Stadt zur Militärbasis für seine weiteren Feldzüge gegen Thrakien aus. Nun lagen die thrakischen Gold- und Silberbergwerke im Pangaion-Gebirge in greifbarer Nähe, und es war allen Beteiligten klar, daß es nur noch eine Frage der Zeit sein konnte, bis Philipp auch gegen Thrakien vorrücken würde. Ein Versuch Athens, Philipp durch einen Krieg zu stoppen, um selbst in den Besitz des thrakischen Goldes und Silbers zu gelangen, schlug fehl. Philipp war nicht nur ein hervorragender Feldherr, er war ein ebenso großer Politiker: Die Kriegserklärung der Athener gab ihm die Möglichkeit, sich in die innergriechischen Auseinandersetzungen direkt einzuschalten. Er wurde Mitglied des chalkidischen Städtebundes – und eroberte in dessen Auftrag Potidaia und brach damit den attischen Einfluß auf der Chalkidike.

Thrakische Uneinigkeit und ein schwacher König der Odrysen gaben Philipp Gelegenheit, sich auch in die inneren Angelegenheiten Thrakiens einzumischen. »Eine günstige Gelegenheit, aus dem gesicherten Gebiet über den Strymon hinaus nach Osten vorzustoßen, bot sich Philipp, als ihn die thasische Kolonie Krenides am goldreichen Pangaion-Gebirge um Hilfe rief. Der König führte der Stadt makedonische Siedler zu, befestigte sie und nannte sie ›Philippoi‹: auf thrakischem Raum wurde erstmals in der griechischen Geschichte eine Neugründung nach einem Menschen benannt. Vergeblich waren die Gegenmaßnahmen des Thrakerkönigs Ketriporis, zu dessen Herrschaftsbereich Krenides gehörte. Das im Jahr 356 v. Chr. zwischen ihm, dem Painonenkönig Lykeios, dem Illyrer Grabos und Athen abgeschlossene Bündnis kam nicht mehr zur Wirkung« (Wiesner).

Von den Erträgen der thrakischen Goldbergwerke ließ Philipp eine große Flotte bauen. Der Gewinn brachte vermutlich mehr als tausend Talente im Jahr, und die von Philipp geprägten Münzen überflügeln allmählich den persischen Dareikos.

Die weitere Entwicklung im thrakischen Raum zeigt die überragende politische Konzeption Philipps, der Politik und Waffengewalt gleichermaßen dosiert und flexibel einzusetzen verstand. Geschickt nützt er die Uneinigkeit der thrakischen Stämme, verbündet sich einmal mit dem einen König, danach mit dessen Gegner und legt so allmählich ein Netz von Verflechtungen und Verpflichtungen über Thrakien, so daß dieses sich kaum noch wehren kann, als Philipp mit militärischer Gewalt beendet, was er politisch klug vorbereitet hat: die Unterwerfung Thrakiens. Schon 346 v. Chr. hatte er den thrakischen König Kersobleptes zum Anschluß an Makedonien gezwungen, dessen Sohn als Geisel an den makedonischen Königshof gebracht und damit seinen Hauptgegner ausgeschaltet. Philipp erreicht noch im gleichen Jahr die Sperrmauern zum Schutz der thrakischen Halbinsel Chersones, die schon unter Miltiades I. von Paktye bis Kardia gegen die Einfälle der Apsynthier errichtet worden waren.

Die endgültige Bereinigung der »thrakischen Frage« begann 342 v. Chr. mit einem neuerlichen Feldzug gegen den Odrysenkönig. Philipp setzte Kersobleptes ab und machte sich selbst zum König der Odrysen. »Das Land zwischen Nestos und dem Schwarzen Meer wurde als ›thrakische Strategie‹ eingerichtet, in der ein vom König ernannter Stratege als Statthalter waltete. Die dadurch verbundenen Abgaben steigerten beträchtlich den bereits durch das Bergwerksgebiet erzielten Gewinn. Die Neuordnung konnte in vielem an die Einkommensorganisation und Heeresverpflichtung anschließen, wie sie bereits im Odrysenreich vorgebildet war; auch das Vorbild der persischen Satrapie im Thrakerland dürfte mitgewirkt haben, ohne daß jedoch das neugewonnene Gebiet persönlicher Besitz der Makedonenkönige wurde« (Wiesner).

In mehreren Feldzügen sichert nun Philipp seine Positionen im Landesinnern. Er macht Philippopolis, das heutige Plovdiv, zum Hauptstützpunkt Innerthrakiens. Dann baut er Kabyle an der Tundža (in der Nähe des heutigen Jambol, südlich des Balkans) zu einer wehrhaften Festung inmitten des Odrysenreiches aus. Als Nachfolger der Odrysenkönige meldet Philipp auch seine Ansprüche auf das Land der Geten an. Doch dabei verläßt er sich mehr auf eine politische als auf eine militärische Absicherung. Er kommt als Freund, nicht als Feind und dokumentiert dies, indem er die Tochter des Getenkönigs Kothelas zur Frau nimmt. Im Jahr 340 v. Chr. erreicht Philipp die Schwarzmeerküste. Über Mesembria (Nessebăr) zieht er nach Odessos (Varna), wo ihn weißgekleidete Getenpriester mit Harfenspiel empfangen, um ihn durch Bittgesänge an die Götter um Schonung der Stadt zu bitten. Philipp schont Odessos, erneuert seinen Freundschaftsvertrag mit den Geten und erreicht damit eine Absicherung gegen Norden, aus dem ihm durch

Skythen und Kelten Gefahr droht, der er in diesem Stadium seiner Machtentfaltung noch nicht begegnen kann. So schiebt er die kriegstüchtigen Geten als Sperriegel zwischen die Donau und den Balkan. 339 v. Chr. gelingt es Philipp, die Skythen zu schlagen. Anschließend muß er in Thrakien, im Gebiet der Triballer, eine entscheidende Niederlage in Kauf nehmen. Die Triballer, die auch dem Odrysenreich gegenüber ihre Unabhängigkeit bewahrt hatten, jagen dem Makedonier bei seinem Rückzug über den Balkan die reiche Kriegsbeute ab. Bei diesen Kämpfen wird Philipp schwer verwundet.

So uneinig sich die thrakischen Stämme in ihrer politischen Struktur auch zeigten, so einig waren sie sich in ihrem Abwehrwillen gegen Philipp. Doch auch dabei fehlte es ihnen an einer echten Koordination. Jeder schlug los, wann und wo es ihm gerade paßte. So griffen die Maider, die im Westen des heutigen Bulgariens lebten, ohne Absicherung durch andere Stämme den damals knapp siebzehnjährigen Alexander an, den sein Vater Philipp II. zur Sicherung Thrakiens zurückgelassen hatte. Alexander schlug die Maider vernichtend und errichtete nach dem Vorbild seines Vaters einen »festen Platz«, den er Alexandropolis nannte.

Die Erfolge im Norden der Balkanhalbinsel zwangen die Stadtstaaten Griechenlands zur Anerkennung der makedonischen Führungsrolle. Ein Bündnisvertrag der griechischen Staaten aus dem Jahr 338 v. Chr., nach dem die Mitglieder der Symmachie (des Bündnisses) dieselben Freunde und Feinde haben mußten, erklärte Philipp bereits zum Freund der Hellenen. Ein Jahr später wurde ihm von der Bundesversammlung in Korinth die Führung der hellenistischen Land- und Seestreitkräfte übertragen. Ein Teil der griechischen Politiker sah in Philipp den »starken Mann«, der fähig war, der griechischen Kleinstaaterei ein Ende zu bereiten, und der auch bereit war, durch einen Krieg gegen Persien die beginnende sozial-ökonomische Krise in Griechenland abzufangen.

Die Gegner Philipps – allen voran Demosthenes, dessen geharnischte, ätzend scharfe Reden gegen Philipp, die sogenannten »Philippischen Reden«, auch heute noch lesenswert sind – sahen in dem temperamentvollen Barbarenfürsten einen Todfeind der demokratischen Freiheiten und der Unabhängigkeit Griechenlands. Ihre Feindschaft war aber auch sehr pragmatischer Natur: Sie sollte verhindern, daß Philipp ihnen den einträglichen Schwarzmeerhandel aus der Hand nahm.

Mit geschickter Diplomatie, doppelzüngiger Politik, Bestechung, wo es nottat, und nicht zuletzt durch seinen Sieg bei Chaironeia im Jahre 338 v. Chr. hatte Philipp den Beschluß von Korinth erzwungen, bei dem auch der »Rachefeldzug« gegen Persien beschlossen wurde.

Doch Philipp kam nicht mehr dazu, das persische Abenteuer selbst in Angriff zu nehmen. Noch während der Kriegsvorbereitungen wurde er im Jahre 336 v. Chr. in seiner Residenzstadt Pella ermordet. Just in dem Augenblick, in dem eine athenische Gesandtschaft an seinem Hofe weilte, um ihm zu versichern, daß jede Konspiration gegen ihn von Athen auf das schärfste geahndet werden würde. Demosthenes feierte im Festkleid und mit dem Lorbeerkranz im Haar den Mord als Sieg der Demokratie, denn »der Gimpel, der jetzt in Pella spazierenginge, könnte Athen völlig kalt lassen«. Daran, daß dieser »Gimpel«, nämlich Alexander, in den dreizehn Jahren seiner Herrschaft zum größten Eroberer der Antike werden sollte, hatte auch der große Redner Demosthenes nicht gedacht.

»Assuan« im Rosental

Plovdiv ist eine der ältesten Städte der Balkanhalbinsel. Drei Merkmale bestimmen ihr Gesicht: die bis zu 50 Meter hohen Syenithügel mit den dazwischen liegenden Stadtteilen, der große, breite Fluß namens Mariza und die fruchtbare thrakische Ebene, die die alte Handelsstadt wie ein gewaltiger Garten umgibt. Plovdiv liegt 150 Kilometer südöstlich von Sofia.

Die ältesten Einwohner dieser Hügellandschaft waren die Thraker. Philipp von Makedonien eroberte die Stadt und war von »ihrer Schönheit« so entzückt, daß er ihr seinen eigenen Namen verlieh: Also hieß sie bis ins 17. Jahrhundert n. Chr. Philippopolis (türkisch: Filibe). Philipp ließ die Stadt stark befestigen.

Die wehrhaften Anlagen, die zusammen mit den steil aufragenden Felshügeln die Stadt praktisch uneinnehmbar machten, dienten jedoch nicht so sehr dem Schutz vor einem von weither vordringenden Feind wie etwa den Kelten oder Skythen, sondern der Sicherheit der Makedonier vor den Angriffen umliegender thrakischer Stämme. Das war nämlich typisch für die makedonische Eroberung Thrakiens: Nur die Städte und »festen Plätze«, die Handelsniederlassungen und strategisch wichtigen Punkte waren von den Makedoniern besetzt, das Umland war dagegen frei. Manche Stämme – wie die Bessen und Satren – waren nicht einmal formell der Oberherrschaft Philipps unterworfen. Vor ihren Raubzügen mußten die Besatzungen der makedonischen Städte besonders auf der Hut sein.

Zu einem zweiten Merkmal der weitmaschigen makedonischen Besetzung gehörte auch, daß sich die thrakischen Stammesfürsten mit dem König der Makedonier arrangierten: manchmal als Verbündete, manchmal als Tributpflichtige oder als Söldnerführer, in jedem Fall aber so, daß sie in ihrem Stammesgebiet souverän über ihre Untertanen herrschen konnten.

Typisch dafür ist das Reich des Odrysenkönigs Seuthes III., das sich, grob gesprochen, rund um den mittleren Balkan erstreckte. Das Zentrum dieses Staates lag im weltberühmten Rosental, also zwischen dem Balkan und dem Sredna Gora (Mittelgebirge), kaum vierzig Kilometer nördlich von Plovdiv. Und es gehört zu den weiteren Merkwürdigkeiten hinsichtlich der Beziehungen zwischen Thrakern und Makedoniern, daß es Seuthes III. möglich war, ein paar Reitstunden vom administrativen, militärischen und wirtschaftlichen Zentrum der »Thrakischen Strategie Makedoniens« entfernt eine königliche Residenzstadt aufzubauen, die Plovdiv durchaus ebenbürtig war. Das Land zwischen Nestos und dem Schwarzen Meer wurde zwar von einem vom König ernannten Strategen verwaltet, doch gelang es diesem nicht, in dem Gebiet beiderseits des Hämosgebirges (also des Balkans) eine wirksame Kontrolle auszuüben.

Die Archäologen hatten thrakische Städte, den antiken Quellen zufolge, schon seit geraumer Zeit im Raum Rosental und längs des

Tundžaflusses vermutet, doch war es ihnen nie gelungen, diese auch zu orten – bis ihnen der Zufall zu Hilfe kam. Diesmal durch den Bau eines Staudammes, der die Elektrifizierung Bulgariens nach dem Zweiten Weltkrieg einleiten sollte. Mit den Aushubarbeiten wurde im Frühjahr 1948 begonnen. Dabei stießen die Arbeiter auf eine zwei Meter dicke Befestigungsmauer. Die Bauarbeiten wurden gestoppt, und gemeinsam mit den Archäologen wurde ein Plan ausgearbeitet, der ein Nebeneinander der Bau- und der Grabungsarbeiten ermöglichte. Die Überflutung des Tales war für 1953 vorgesehen.

Die Arbeit der Archäologen war jedoch nicht nur vom Zeitdruck bestimmt, sondern auch von der Ungewißheit, trotz der Fülle des Materials nicht zu wissen, um welche Stadt es sich bei dieser südlich des Schipkapasses gelegenen Siedlung wirklich handelte. Die Stadt war mit ihren planmäßig angelegten Straßen, Bezirken, Wohn- und öffentlichen Bauten, Tempeln und Kultstätten, also ihrer Anlage nach den griechischen Pflanzstädten ähnlich, doch bezüglich Details und Ausführung zu verschieden, um als griechische Gründung zu gelten. War es nun jene geheimnisumwitterte Stadt des Odrysenkönigs Seuthes, oder war es das thrakische Kabyle, das unter Philipp II. einen großen wirtschaftlichen Aufschwung erlebte? Erst 1953, sozusagen in letzter Minute, nachdem man bereits mit dem Rückstau der Tundža begonnen hatte, erhielten die Archäologen Gewißheit: Sie fanden innerhalb der Königsburg eine 63 Zentimeter hohe Marmorplatte, die das Geheimnis der Stadt lüftete. In griechischer Sprache stand hier zu lesen, daß zwischen den thrakischen Städten Seuthopolis und Kabyle ein Bündnis geschlossen worden war. »Dieser Eid«, so lautet der für die Archäologen wichtigste Teil der Inschrift, »soll als Inschrift auf Marmorplatten nach Kabyle bei Phosporiona und in die Agora (Marktplatz) zum Altar des Apollon wie auch nach Seuthopolis in den Tempel der Großen Götter und in die Agora von Dionysos gebracht werden.«
Da die Marmorplatte in einem Dionysosheiligtum gefunden worden war, hatten die Archäologen nun die endgültige Gewißheit, tatsächlich das legendäre Seuthopolis entdeckt zu haben. Die Schwesterstadt Kabyle wurde inzwischen von den Archäologen in

der Nähe des südbulgarischen Städtchens Jambol lokalisiert; mit den Ausgrabungsarbeiten wurde 1975 begonnen. Mit dem Bau von Seuthopolis wurde, den Münzenfunden nach zu schließen, schon zur Zeit Philipps II. begonnen, die Stadt erreichte unter Alexander ihre Blütezeit und wurde bereits während (oder unmittelbar nach) der Herrschaft des Lysimachos (355 bis 281 v. Chr.) zerstört. Ihren Namen erhielt die Stadt nach dem Odrysenkönig Seuthes III. Auf den von ihm geprägten Münzen finden wir in Form der Abbildung seiner Person das älteste Originalporträt eines Thrakers. Die Münze zeigt einen schönen Kopf mit einer geschwungenen Nase und großen Augen. Der König wird mit einem Kinnbart und langen Haaren dargestellt. Auf der Rückseite der Münze ist ein Reiter mit ungepflegtem Bart und struppigen Haaren zu sehen. Das ist typisch für eine gewisse Art der thrakischen Selbstdarstellung auf Reliefs, Münzen oder durch Skulpturen: Sie sollen den Beschauer erschrekken und ihn das Fürchten lehren. So sahen die Thraker in ihrer Kriegsadjustierung aus. In der Regel trugen die Freien ihre Haare lang. Manche Männer wirbelten ihre Haare jedoch am Scheitel zu einem Busch auf, andere trugen sie als Knoten an der rechten Kopfseite.

Seuthopolis war fast hundert Jahre lang die Residenz eines fast unabhängigen odrysischen Reiches, das de jure zur »Thrakischen Strategie« der makedonischen Könige gehörte. Spuren eines Großbrandes und zahlreiche Steinkugeln, die mit Kriegsmaschinen – bei einer Reichweite von 300 bis 400 Metern – in die Stadt geschleudert worden waren, beweisen deren gewaltsame Zerstörung. Wer ihre Zerstörer waren, ist ungewiß. Auch das Datum der Zerstörung ist nicht bekannt. Die Trümmerstadt blieb für lange Zeit unbesiedelt; erst im 12. und 13. Jahrhundert n. Chr. entstand ein neuer Marktflecken, der jedoch kurze Zeit später abermals, diesmal durch die Türken, gebrandschatzt wurde. Die Mauern der Stadt versanken unter der Erde.

Stadt und doch nicht Stadt

Seuthopolis, das in seiner städtebaulichen Konzeption zwar den griechischen Vorstellungen entsprach, kann jedoch mit griechischen Städten nicht verglichen werden. Es hatte eine ganz andere sozialpolitische Funktion.

Darin liegt die große Bedeutung der Entdeckung Seuthopolis' für die historische Wissenschaft. Sie ist die bisher einzige thrakische Stadt, die wissenschaftlich erforscht wurde, und sie hat die staatlichen Organisationsformen des Odrysenreiches deutlich erkennen lassen: Seuthopolis war keine urbane Stadt, keine städtische Siedlung; hier gab es auch keine den griechischen Polis entsprechenden politischen Strukturen wie Bürgerversammlungen, Geschworenengerichte und andere demokratische Einrichtungen.

Im Grunde genommen war Seuthopolis nichts anderes als eine stark befestigte königliche Residenz mit zahlreichen Aristokratenhäusern. Die »Hauptstadt« des Odrysenreiches war auch kein administratives Zentrum des Königs mit Verwaltungsapparat und militärischen Kommandos. Es war eine Stadt ohne städtische Funktion; eine Ansiedlung von »Sklavenhaltern«, die von hier aus ihren Grund und Boden bearbeiten ließen. Im Odrysenreich herrschte das Prinzip des Großgrundbesitzes, der wie im Perserreich ausschließlich der Aristokratie und dem König vorbehalten war. Die Landarbeit wurde von Leibeigenen getan, deren soziale Stellung noch unter jener der Sklaven lag. Sie hatten nicht die geringsten Rechte. Aber auch die Handwerker und Bediensteten, die in armseligen Lehmhütten vor den Mauern der Stadt wohnten, waren nicht frei; sie waren für die Herrschenden lediglich eine Art lebendes Inventar. Auf dieser Basis der totalen Abhängigkeit konnte sich keine soziale Differenzierung der städtischen Bevölkerung entwickeln, die durch ihren Antagonismus zur Belebung des städtischen Lebens mit einer eigenen geistigen Kultur hätte beitragen können. Seuthopolis blieb steril und hatte keine Chance, sich selbst zu erneuern wie das makedonische Philippopolis, das im Laufe der Jahrhunderte mehrmals zerstört und doch immer wieder von seiner Bevölkerung aufgebaut wurde. Es gibt noch heute dort kaum ein Haus, das nicht auf den Grundmauern vergangener Häuser steht.

Eine unter mehreren Städten

Seuthopolis lag an einer schönen und strategisch günstigen Stelle am linken Ufer der Tundža, etwa acht Kilometer westlich von Kasanläk. Die Stadt war an drei Seiten vom Fluß umgeben und hatte eine Gesamtfläche von mehr als fünf Hektar. Die bis zu zwei Meter dicken Stadtmauern folgten dem Fluß und waren an den Ecken mit starken Türmen bewehrt; die Landseite im Nordosten war zusätzlich durch Zwischentürme abgesichert, die das Haupttor flankierten.

Bulgarische Forscher nehmen an, daß Seuthopolis um einen Königspalast, eine sogenannte Tyrsis, die unabhängig von der Stadt errichtet worden war, entstanden ist. Dieser königliche Hof bestand aus einem länglichen, rechteckigen Gebäude mit einem großen Saal, der mehr als die Hälfte des Gesamtkomplexes beanspruchte. An den Längsseiten des Bauwerkes fanden die Archäologen dorische Kolonnaden und Kapitelle, so daß man annimmt, daß sich hier ein Perestyl befunden hat, durch den man in die Vorhalle des Festsaales, aber auch in andere Räume, die offenbar als Wohnräume dienten, gelangte. Ein prachtvolles Aussehen muß dem zweigeschossigen Palast die reichhaltige hellenistische Innenarchitektur gegeben haben, deren Reste man überall gefunden hat, so an den Ruinen des 18 mal 12 Meter großen Saales, der einst mit großartigen Wandmalereien in pompäischem Rot, herrlichen Bordüren aus buntem Marmor und einem schwarzem Marmorsockel geschmückt war. Die Farben waren mit Bienenwachs vermischt, was den Flächen den Eindruck von »Tiefe« und herbem Glanz verlieh. In der Mitte dieses Saales fanden die Forscher ein etwa zehn bis zwölf Zentimeter hohes, aus Tonerde gearbeitetes Podium, dessen Seiten und Oberfläche mit zahlreichen Kreisornamenten, geometrischen Zeichen und Figuren, aber auch Pflanzen- und Schlangenmotiven verziert waren. Wahrscheinlich handelt es sich dabei um eine Opferstätte.

Die Häuser außerhalb der Palastmauern waren sehr geräumig und zu großen Vierteln gruppiert, die von geraden, drei bis vier Meter breiten Straßen unterteilt waren. Die Straßen waren mit Schotter bedeckt und die Häuser durchschnittlich 300 bis 350 Quadratmeter groß. Jedes Wohnhaus hatte einen eigenen Hof, auf den auch die Fenster hinausgingen. Manche der Häuser waren zweigeschossig, wobei der untere Teil aus ungebrannten Ziegeln, die auf Steinfundamenten ruhten, und der obere aus Holz bestand. Die meisten dieser Häuser hatten auch einen Holzbalkon, wie er heute noch bei den meisten bulgarischen Klöstern üblich ist. Alle Häuser besaßen einen eigenen Brunnen und einen Anschluß an den Kanal, der in der Mitte der Straße verlief.

Seuthopolis hatte auch eine Agora, und das war, wie die Forscher glauben, bei thrakischen Städten keine Seltenheit. Allerdings hatte dieser Versammlungsplatz wesentlich andere Funktionen als in den griechischen Städten. Er diente nicht demokratischen Versammlungen, sondern dem willkürlichen Vergnügen des Herrschers und seiner führenden Männer.

Der bulgarische Gelehrte Ivan Venedikov glaubt, daß Seuthopolis von einem einzigen Herrscher in einem Zuge erbaut wurde. Die Stadt wurde nach denselben Prinzipien gebaut wie Olynthos in Makedonien oder das im 5. Jahrhundert wiederaufgebaute Milet in Kleinasien.

Ob die übrigen thrakischen Städte in der gleichen Art gebaut wurden, konnte bisher nicht nachgewiesen werden. »Wir wissen nichts über die Anlage von Kabyle beim heutigen Jambol«, sagt Venedikov, »das schon vor der Eroberung Thrakiens durch die Makedonier als Stadt erwähnt wird und zur Zeit Seuthes' von einem gewissen Sparadok beherrscht wurde.

Wir wissen nichts über die Anlage des thrakischen Kypsela an der Mariza-Mündung, das manche sogar für die Hauptstadt der odrysischen Könige halten. Noch weniger ist über Helys, die Stadt eines anderen thrakischen Zeitgenossen des Seuthes III., des Getenkönigs Dromichaites, bekannt, von der wir nicht einmal sagen können, wo sie gelegen war.«

Eines ist aber nach Meinung des bulgarischen Professors offensichtlich: Seuthes war nicht der erste thrakische Herrscher, um dessen Palast sich die Häuser der Reichen und Vornehmen gruppierten. Seuthopolis wurde deshalb so angelegt, weil auch die übrigen thrakischen Könige ihre Städte so bauten. An der Wende vom 4.

zum 3. Jahrhundert begannen die thrakischen Städte sich zu eigenartigen Stadtkönigtümern zu entwickeln, die stark an die alte mykenische Welt erinnern. Die einzige Institution war das Königtum, weshalb auch die Kunst nicht für einen weiten Kreis von Menschen bestimmt war, sondern sich wie im achäischen Griechenland in der Sphäre des Hofes und der ihn umgebenden Klasse der Reichen hielt. Diese Situation, die in Griechenland zur Zeit Homers bestand, herrschte noch in Thrakien vor, als es an seiner Küste schon seit langem die griechische Stadt mit ihrer gut entwickelten Wirtschaft, ihren Handwerkern und Kunsthandwerkern gab. Die Einfuhr aus dem Ausland oder aus den griechischen Kolonien wirkte sich hemmend auf die sich allmählich in Thrakien entwickelnden Städte aus. Seuthopolis bestand nur kurze Zeit. Deshalb sind weder am Grundriß des Palastes noch am Plan der Stadt jene komplizierten Details, die eine lange Entwicklung hervorbringt, festzustellen. Außerdem war es die Residenz eines Kleinkönigs, der sich nicht mit den mächtigen und reichen Herrschern der älteren Zeit wie Teres, Sitalkes oder Seuthes I. oder sogar mit Kotys messen konnte. Seuthopolis war jedoch keine vom Handel isolierte Stadt. Es bestanden sehr rege Handelsbeziehungen vor allem mit der griechischen Insel Thasos, die zu den größten Wein- und Öllieferanten Seuthes' III. zählte. Auch Bronze- und Silbergefäße griechischer Herkunft, Goldschmuck und Terrakotten sprechen vom intensiven Import aus den Städten der thrakischen Küste. Die Gutsbesitzer von Seuthopolis exportierten ihrerseits vor allem Getreide nach Griechenland. Der Warenverkehr mit den griechischen Städten im Süden wurde über die Flüsse Tundža und Mariza abgewickelt. Die Verbindungen mit den pontischen Griechenstädten waren, obwohl sie räumlich näher lagen, aufgrund der ungünstigen Wegverhältnisse geringer.

Der wirtschaftliche Aufstieg der Aristokratie von Seuthopolis, der sich im Reichtum und Wohlstand seiner Bewohner bemerkbar machte, war jedoch keine isolierte Erscheinung, sondern muß im Zusammenhang mit der gesamtwirtschaftlichen Entwicklung des makedonischen Reiches gesehen werden. Philipp und Alexander bereiteten einen Eroberungskrieg von gigantischem Ausmaß vor, durch den sie die Wirtschaftskrise im eigenen Land zu überwinden hofften. Sie strebten nach dem Reichtum und den Ressourcen fremder Völker, mit denen sie den Wohlstand im eigenen Land sichern und anheben wollten. Ihr Beispiel machte tausend Jahre später bei der Errichtung der europäischen Kolonialreiche Schule – und die Politik Alexanders, die eigenen wirtschaftlichen Schwierigkeiten auf dem Rücken unterworfener und abhängiger Völker auszutragen, kann geradezu als ein Schulbeispiel imperialistischer Politik gewertet werden.

Mit dem Gold und Silber der eroberten thrakischen Bergwerke bereiteten Philipp und Alexander den Krieg vor; die gesamte Wirtschaft kam in Bewegung. Geld wurde in Unmengen in Umlauf gebracht; man weiß heute aufgrund zahlreicher Bodenfunde, daß Thrakien das Zentrum der Münzprägungen vom Typ »Philipp II.« war – und daß auch Seuthes III. durch eigene Münzprägungen von diesen Kriegsvorbereitungen profitierte.

Wirbelwind Alexander

Wie ein Wirbelwind stob Alexander der Große, nachdem er, knapp zwanzigjährig, 336 v. Chr. von der Bundesversammlung der Griechen als rechtmäßiger Nachfolger seines Vaters Philipp von Makedonien bestätigt worden war, über Balkangebirge und Donau. In einem mit kühl kalkulierter Grausamkeit geführten Blitzkrieg schüchterte er die aufmuckenden thrakischen Stämme der Triballer und Geten derart ein, daß selbst die Kelten aus entfernten Gebieten es für ratsam hielten, dem »großen Alexander« Gesandtschaften zu schicken. Macht und Wille zur Erzwingung der bedingungslosen Unterordnung unter seine Führung hatte Alexander schon bei seiner Thronbesteigung bewiesen, bei der er sich all seiner wirklichen und vermeintlichen Gegner durch ein rücksichtsloses Blutbad entledigte.

Philipp von Makedonien war vom Hauptmann seiner Leibgarde, Pausanias, in Aegä bei der Hochzeit seiner Tochter Kleopatra mit Alexander von Epeiros ermordet worden. Man vermutete lange Zeit, daß ausschließlich Athen – in der Hoffnung, der »Gimpel«

Alexander würde ein schwacher Nachfolger seine Vaters werden –
seine Hände im Spiel hatte. Heute wissen wir, daß es für diesen
Königsmord auch noch andere, ebenso schwerwiegende Motive
gegeben hat. Da war die von Philipp verstoßene, leidenschaftliche
Mutter Alexanders, Olympia, die genügend Gründe hatte, ihren
durch unzählige Liebesaffären bekannten Mann zu hassen. Aber
auch Alexander kann als Drahtzieher des Mordes nicht völlig
ausgeschlossen werden.
Sein Vater hatte nämlich die Absicht, die blutjunge Tochter seines
Heerführers Attalos zu heiraten; und Alexander mußte befürchten,
daß Nachkommen aus dieser Ehe seine Thronrechte gefährdeten.
Wer nun wirklich die Hand des Mörders gelenkt hat, ist bis heute
nicht restlos aufgeklärt. Während einer Strafexpedition in Thrakien
erreichte Alexander die Nachricht, daß sich Theben und Athen,
ermutigt durch ein Gerücht von seinem Tod und persischen Hilfs-
geldern, von neuem erhoben hätten, um die makedonische Oberherrschaft abzuschütteln. In Eilmärschen kehrte Alexander nach
Griechenland zurück. Nach vierzehn Tagen stand er vor Theben
und zerstörte die Stadt bis auf die Grundmauern. Lediglich die
Göttertempel und das Haus des berühmten Dichters Pindar blieben
verschont. – Interessant ist, daß Alexander gegenüber Athen abermals nachsichtig war (vielleicht deshalb, weil er sich, als Schüler des
Aristoteles, in seinen jungen Jahren Athen mehr als allen anderen
griechischen Städten auch geistig verbunden fühlte). Von da an
blieben jedenfalls die Griechen Alexander unterworfen, auch während seines Zuges nach Asien; nur die Spartaner, die ihn nie
anerkannt hatten, griffen gegen seinen Statthalter Antipater zu den
Waffen und lieferten unter ihrem König Agis II. den Makedoniern
bei Megalopolis im Jahre 330 v. Chr. eine erbitterte Schlacht, bei der
Agis den Tod fand. Damit war auch die Macht der Spartaner
gebrochen.
Im Frühling des Jahres 334 v. Chr. zog Alexander mit einem Heer,
das aus 30 000 Mann Fußvolk und 5000 Reitern bestand, und
Proviant für nicht mehr als 30 Tage mitführte gegen Persien, das
durch Strittigkeiten unter den einzelnen Satrapen kaum einen
ernsten Widerstand entgegensetzen konnte. Nachdem er den

Hellespont überquert hatte, sicherte sich Alexander durch die Einnahme von Sardes, Ephesos, Milet und Halikarnassos eine erste Operationsbasis. Von hier aus besetzte er während des Winters die Südküste Kleinasiens. Im Frühjahr des nächsten Jahres zog er in Richtung Vorderasien, rückte bis nach Gordion vor – wo er, der Legende nach, den berühmten gordischen Knoten, von dessen Lösung ein Orakel die Herrschaft über Asien abhängig machte, mit seinem Schwerte zerhieb. Alexander wendete sich dann nach Süden, wo es an der kilikinischen Küste bei Issos zu einer gewaltigen Schlacht mit dem Perserkönig Dareios kam. Das im engen Tal des Pinaros zusammengepferchte Heer des Perserkönigs wurde von Alexander völlig aufgerieben. Ein Friedensangebot des Dareios, der ihm Persien bis zum Euphrat anbot, lehnte der Makedonier ab. Alexander durchquerte nun Syrien, das sich ihm unterwarf. Nur die Seestadt Tyros leistete einen siebenmonatigen Widerstand. Dann fiel auch sie und wurde gänzlich zerstört. Jerusalem hingegen unterwarf sich bereitwillig und anschließend, aus Haß gegen die Perserherrschaft, das ganze Ägypten, dem Alexander wie ein Befreier erschien. Alexander respektierte die uralten Sitten und unternahm von Memphis aus einen Zug durch die Wüste nach der Oase Siwah zum Tempel des Ammon, als dessen Sohn ihn hier die Priester begrüßten. An der westlichen Nilmündung hatte er schon vor diesem Feldzug Alexandria gegründet, das nunmehr anstelle des zerstörten Tyros zum wichtigsten Seehafen des Mittelmeers und zum glanzvollen Mittelpunkt des großen Reiches werden sollte.

Nach der Eroberung des Orients ging im Wesen Alexanders eine merkliche Veränderung vor. Er war gegen jedermann mißtrauisch und witterte auch unter seinen getreuen Freunden Verrat und Abfall. Nicht ganz zu Unrecht, wie wir heute wissen – wenngleich Alexander selbst die Ursache der Verbitterung und der Opposition unter seinen makedonischen Freunden war. In diesen Kreisen warf man dem jungen Feldherrn vor, seinem ursprünglichen Ziel – den Orient mit der griechischen Kultur zu verbinden – untreu geworden zu sein und nur noch die persischen Sitten und Gebräuche nachzuahmen. Es kann nicht geleugnet werden: Alexander war der Anziehungskraft des Orients schon erlegen, bevor er die Besiegten mit

griechischem Geist und griechischer Kultur vertraut gemacht hatte.
»Wißt ihr nicht, daß der Sieg nur dann vollendet ist, wenn man nicht
dasselbe tut, wie es die Besiegten getan haben«, sagte er zu seinen
Feldherrn und stieg selbst nach dem Sieg über Dareios »nicht ohne
kindliche Freude in das Bad, das sich im Zelt des Geschlagenen
befand, angenehm erstaunt über die Fülle von Krügen, Becken und
Dosen, alle von Gold, alle auf das Kunstvollste gearbeitet, von
aromatischen Düften lieblich erfüllt. So imponieren ihm auch die
Ruhebetten, Tische und Tafelgegenstände, und es dauert nicht
lange, so tafelt der Eroberer, genau wie es der Besiegte getan, mit
denselben raffinierten Details einer feinen alten üppigen Kultur, mit
demselben göttlichen Pomp des unumschränkten Gebieters. Als
neue Begleiter ziehen gezähmte Löwen im Gefolge Alexanders mit,
wohl geeignet, die Gäste inmitten der Mahlzeit zu erschrecken« (A.
von Gleichen-Russwurm).

Alexander legte die medische Tracht an, wählte als Kopfbedeckung
jedoch die kleine rote makedonische Kappe, die von einer weißen
medischen Stirnbinde umschlungen war. Seine Erlasse unterzeich-
nete er für Griechenland als Oberster Schutzherr, für Asien aber als
König. »Er verlangte aber auch, wie einst der Großkönig, die
Proskynese (Fußfall) und tat sich damit nichts Gutes«, wie Joseph
Gregor treffend schreibt, »denn nicht zuletzt hatten die Griechen in
den großen Perserkriegen gekämpft, weil ihnen der Gedanke, vor
einem Menschen, und stünde er noch so hoch, zu knien, unerträglich war. Es war ein Axiom des europäischen Gedankens, gegen das
er sich verging.« Alexander hatte Angst vor Verschwörungen; und
einer solchen wurde auch einer seiner getreuesten Offiziere, Philatos, bezichtigt. Vor dem angetretenen Heer hielt Alexander über ihn
Gericht. Es existiert ein Protokoll darüber, das nicht nur Auskunft
gibt, wie dürftig die menschlichen Gefühle Alexanders inzwischen
geworden waren, sondern auch einen entscheidenden Einblick
verleiht, wie sehr sich die herrschenden Kreise Makedoniens von der
Sprache ihres eigenen Volkes entfernt hatten. Hier der Dialog:
Alexander: »Makedonier werden deine Richter sein. Ich frage dich
vor ihnen, ob du in deiner Muttersprache reden möchtest?«
Philatos: »Außer den Makedoniern gibt es hier zu viele Leute, die,

so glaube ich, leichter meine Worte verstehen werden, wenn ich
dieselbe Sprache benütze, in der du jetzt gesprochen hast.«
Alexander: »Seht ihr, wie Philatos sich seiner Muttersprache
schämt; es ist ihm unangenehm, in dieser Sprache zu sprechen. Soll
er sprechen, wie es ihm gefällt. Aber vergeßt nicht, daß er sich
genauso von unseren Sitten und Bräuchen entfernt hat wie von
unserer Sprache.«
Philatos: »Er macht mir den Vorwurf, daß ich es verachte, seine
Muttersprache zu sprechen, daß ich mich von den makedonischen
Sitten abwende, warum sollte ich dann nach der Macht greifen,
wenn ich das alles verachte? Unsere Muttersprache ist schon seit
längerer Zeit durch den Kontakt mit fremden Völkern in Vergessenheit geraten. Sieger wie Besiegte müssen die fremde Sprache lernen.«
Alexander und Philatos sprachen Griechisch miteinander. Das war
die fremde Sprache – und das ist ein Beweis mehr dafür, daß die
Makedonier ein eigenes Volk mit einer eigenen Sprache und eben
nicht griechischen Ursprungs waren, wie manche griechische Gelehrte anzunehmen geneigt sind, so etwa Ap. Daskalakis, der glaubt,
daß »das Wunder der Hellenisierung der antiken Welt, die durch die
Nachfolger der Makedonier vom Mittelmeer bis nach Indien erfolgt, nicht hätte erfolgen können, wären die Makedonier ethnisch
keine Griechen gewesen und hätten sie nicht Griechisch
gesprochen.«
So wie Alexander zunächst versucht hatte, sich der höheren griechischen Kultur anzupassen, so versuchte er nach seinem Sieg über die
Perser, deren luxuriöses Leben und deren theokratisches System für
seine Person zu übernehmen. Hatte der Perserkönig seine Audien-
zen unter Platanenbäumen abgehalten, die mit Silber verkleidet
waren, so empfing Alexander seine Gäste nun in einem Zelt, das von
fünfzig schön gearbeiteten goldenen Stangen getragen war; die
Decke glänzte von Gold und Edelsteinen wie ein bestirnter Himmel, und riesengroße Gardesoldaten, in Purpur und Pantherfelle
gekleidet, hielten Wache.
Der Eroberer ruhte auf einem goldenen Bett, oft als mythischer
Gott gekleidet, manchmal als Herakles mit Keule und Löwenfell,
dann als ägyptischer Zeus mit hohem, gehörntem Kopfputz – oder

als Hermes mit Helm, Flügelstab und Federzierat an den Sohlen. Es ist nicht verwunderlich, daß, antiken Berichten zufolge, Kassander, einer der späteren Diadochen, beim Anblick dieser Maskerade in schallendes Gelächter ausbrach. Wutentbrannt packte ihn Alexander und schleuderte ihn gegen die Wand.

Ungestüm war der Makedonier auch, wenn er betrunken war. Und Alexander trank oft und viel. Bei einem dieser Gelage geriet er in Streit mit seinem Freund Kleitos, der ihm einst in der Schlacht von Granikos das Leben gerettet hatte. Als sich Kleitos dagegen verwahrte, Götter und Heroen mit einem lebenden Fürsten zu vergleichen, auch wenn »dessen Taten noch so groß und bewundernswert« seien, geriet Alexander in Zorn. Einige Freunde versuchten Kleitos aus dem Raum zu drängen, doch dieser schlüpfte durch eine andere Tür wieder in den Saal, stellte sich vor Alexander auf und zitierte Euripides: »Oh, welche schlimme Sitte herrscht in Griechenland!« Darauf durchbohrte ihn Alexander mit einer Lanze. Plutarch berichtet darüber: »Kleitos fiel zugleich zu Boden und gab nach einigen wenigen harten Seufzern den Geist auf. Augenblicklich legte sich des Königs Zorn, er kam völlig wieder zu sich selbst. Da er aber seine Freunde um sich her alle in tiefem Stillschweigen sah, weil sie ein Schauer über diese Tat befallen hatte, zog er den Speer aus dem toten Körper und würde ihn gegen sich selbst gekehrt haben, wenn ihm die Wache nicht die Hände gehalten und ihm mit Gewalt in sein Gemach gebracht hätte.«

Wie unbeherrscht und kulturlos Alexander im Grunde genommen war, beweist auch sein Verhalten in Persepolis, wo er den Palast Dareios I., ein Wunderwerk der Architektur, bis auf die Grundmauern zerstören ließ. »Und er hat es erdulden müssen«, resümiert Joseph Gregor die Taten Alexanders, »schon von seinen Zeitgenossen als der wahre Barbar, im Gegensatz zu den Persern, bezeichnet zu werden.«

Mißtrauisch, wie er gegen alle seine Verbündeten war, hatte Alexander auch im Rahmen seiner thrakischen Strategie 1500 Reiter und 12 000 Mann Fußvolk im Land zurückgelassen, doch alle Versuche thrakischer Stammesfürsten, die Abwesenheit Alexanders im Sinne einer Wiederherstellung des Odrysenreiches zu nutzen, schlugen fehl.

Im Jahre 331 v. Chr. bricht Alexander nach Persien auf, überquert Euphrat und Tigris und besiegt Dareios am 31. Oktober 331 n. Chr. abermals; diesmal vernichtend. Dareios wird auf der Flucht von einem baktrischen Satrapen ermordet – und die Großen Persiens huldigen Alexander als ihrem legalen Herrscher. Vier Jahre später bricht Alexander mit einem 120 000 Mann starken Heer zur Unterwerfung Indiens auf und erreicht im Frühjahr 326 v. Chr. den Indus. Doch am Hyphasis weigert sich sein Heer, weiter den Ganges aufwärts zu marschieren. Alexander kehrt durch die Wüste Gedrosien (im heutigen Afghanistan) nach Kamarin zurück, wo er von seiner Flotte am Persischen Meerbusen erwartet wird.

In Babylon, das Alexander zur Hauptstadt seines Weltreiches machen will, versucht er, Sieger und Besiegte zu vereinen. Er heiratet die Tochter des Dareios und gibt über eintausend Makedoniern Perserinnen zur Frau.

Über diese Hochzeit berichtet A. v. Gleichen-Russwurm folgendermaßen: »Der König war der Freundschaft innig zugeneigt, und dem Wunsch, zu glänzen, ist vielfach auch der Wunsch, zu erfreuen, beigemischt. Er rüstet gleichzeitig mit der eigenen Hochzeit die Hochzeit einer großen Anzahl von Freunden und lädt zu diesem Riesenfest alle, die je zu ihm gastfreundlich gewesen, sämtliche Fremde und Gesandte und sein geschlossenes Heer. Alle Kulturvölker der antiken Welt nahmen durch einzelne Vertreter als Gäste bei Alexanders Vermählungsfest teil. Ein mächtiges Weltreich sollte sich bei Saitenspiel und Tanz, bei Trunk und Tafel als fest gegründet erweisen. Die Ehen, meist zwischen Makedoniern und asiatischen Fürstentöchtern geschlossen, schienen friedlich und herrlich die große Vermählung der europäischen Kraft mit Asiens Reichtum kundzutun. Wenn die griechische Tuba rief, daß der König trank, schallte ihr der Jubel aller Nationen entgegen.«

Doch als der König der Makedonier versucht, auch das Heer mit persischen Verbänden aufzufrischen, meutern die Veteranen. Es kommt zu einem offenen Aufruhr, den Alexander nur mit Mühe abwehren kann. Müde und verärgert über die immer stärker werdende Vergötterung Alexanders, verlassen Zehntausende alte Soldaten die Armee und kehren in ihre Heimat zurück.

Unerwartet stirbt Alexander im 33. Lebensjahr am 8. Juni 323 v. Chr. in Babylon; vermutlich an den Folgen eines Malariaanfalls. Von hier wird sein Leichnam, von thrakischen Ärzten in einem Honigbad konserviert, bei glühender Hitze über tausend Kilometer hinweg nach Alexandria gebracht, wo er angeblich auch beigesetzt wird. Sein Grab ist jedoch bis heute noch nicht gefunden worden. Nach seinem Tod zerfiel das Reich. Da Alexander keinen regierungsfähigen Nachfolger hinterließ, entbrannte sofort ein heftiger Streit um seine Nachfolge. Seine Statthalter rissen die Macht in ihren Verwaltungsbezirken an sich und erklärten diese als unabhängig. So entstanden die Reiche der Diadochen. In Thrakien hat Alexander III., den die Geschichte den Großen nennt, keine nennenswerten Spuren hinterlassen. Das Land geriet unter die Herrschaft des Diadochen Lysimachos (355 bis 281 v. Chr.), der ein entschiedener Gegner einer königlichen Zentralgewalt war. Er nannte sich »König von Thrakien« und verhalf damit auch dem Prinzip hellenistischer Partikularstaaterei zu weiterer Anerkennung.

Hellenistisches Thrakien

Alexander hat kein Weltreich, sondern eine Welt in Aufruhr und
geistigem Aufbruch hinterlassen. Doch gerade darin liegt die welthi-
storische Bedeutung des großen Eroberers. Das mit Gewalt geschaffene Großreich zerfiel mit dem Tod seines Gründers, doch die
kulturelle und ökonomische Symbiose zwischen Asien und Europa,
die Alexander – vielleicht gar nicht so bewußt, wie es uns die
idealisierenden Alexander-Romane schon seit dem frühesten Mittelalter glauben machen wollen – durch die kriegerische Konfrontation eingeleitet hatte, blieb. Sie überdauerte die Diadochenkämpfe,
bei denen im besten Catch-as-catch-can-Stil Statthalter, Könige,
Unterkönige, Stammesfürsten und griechische Stadtstaaten um das
politische Erbe Alexanders stritten, und führte schließlich zu einer
kulturellen und wirtschaftlichen Blütezeit, die manche Historiker in
bezug auf Hellas als das »silberne Zeitalter« Griechenlands bezeichnen.
Doch dieses Zeitalter, das, grob gesehen, von der Begründung des
Alexanderreiches (336 v. Chr.) bis zur Eroberung Ägyptens durch
die Römer (31/30 v. Chr.) dauerte, betraf nicht Griechenland allein.
Das weltweite universalgeschichtliche Phänomen dieser Epoche
erfaßte nicht nur das griechische Festland, sondern auch Thrakien,
Italien sowie den Orient – und seine Einflüsse reichten bis zum
Schwarzen Meer und bis nach Indien und China. Dieses Entwicklung wirkte geschichtsbestimmend noch bis in die byzantinische
Zeit hinein.
Diese historische Epoche, die bei den Nachfolgestaaten des Alexanderreiches zu tiefgreifenden Veränderungen der wirtschaftlichen,
gesellschaftlichen und kulturellen Verhältnisse führte, bezeichnet
die Wissenschaft seit dem vergangenen Jahrhundert als hellenistisch. Nur in Frankreich und England wird der Terminus Hellenismus (im Sinne von hellenistisch) fast ausschließlich für die Kultur-
epoche verwendet.
Der Hellenismus erreichte zur Diadochenzeit deshalb einen besonderen Höhepunkt, weil jeder der Nachfolger Alexanders sich
bemühte, in seinem Machtbereich dem großen Vorbild nachzueifern. Griechisch erzogen wie er, förderte sie großzügig Kunst und
Wissenschaft und gründete nach alexandrinischem Vorbild zahlrei-

che Städte. Großartige Kunstwerke entstanden: berühmte Plastiken wie die der Nike von Samothrake oder die Venus von Milo sowie das 49 Meter hohe Grabmal des Mausolos von Karien und der Zeusaltar von Pergamon.

»Es beginnt eine griechische Kolonisation«, meint U. Karstadt, »die die alte Kolonialperiode weit hinter sich läßt. In Ägypten wird Memphis eine halbgriechische Stadt. An der syrischen Küste wohnen Griechen in allen Handelszentren. Jeder Fürst ruft griechische Söldner, Offiziere, Ingenieure und Fachleute auf allen Gebieten; so entstehen überall griechische Zellen.«

Es war aber nicht der griechische Geist allein, der dem Hellenismus sein Gepräge gab. Der Hellenismus war keine politische, panhellenische Einigungsbewegung, sondern der Ausdruck einer Mischkultur von überragender wirtschaftlicher Bedeutung. »Das ganze Gebiet des Hellenismus«, konstatierte A. v. Gleichen-Russwurm treffend, »Griechenland selbst, die kleinasiatische Küste, Syrien mit der schönen Hauptstadt Antiochia, Ägypten, Sizilien, ehe seine Kultur von Rom zerstört wurde, das allmählich aufblühende Byzanz und dessen Nebenbuhlerin, das mächtige, in allem Venedig ähnliche Rhodos, alles das bildet ein großes Handels- und Industriegebiet, von höchst kosmopolitischem Geist beseelt und durchdrungen vom griechischen Sprachgebrauch, von griechischen Erziehungs- und Geselligkeitssitten.«

Gefördert wurde die geistige und kulturelle Kommunikation der hellenistischen Staaten durch den immer stärker werdenden Handelsverkehr, der nicht nur die Städte des Mittel- und Schwarzen Meeres durch regelmäßige Schiffahrtslinien miteinander verband, sondern auch die Häfen Arabiens, Indiens und die Küsten der Nord- und Ostsee erreichte.

Thrakien war ein Teil dieser hellenistischen Welt. Daß seine Präsenz in der Geschichte des klassischen Altertums kaum Erwähnung findet, hat einen ganz simplen Grund: Die Historiker wußten nichts von diesem Land, das in seinen politischen und sozial-ökonomischen Strukturen erst vom 5. Jahrhundert v. Chr. an faßbar geworden war; der sichere archäologische Beweis stand jedoch noch aus.

Manche Historiker des ausgehenden 19. Jahrunderts wie Tomaschek und auch Mommsen ahnten die Zusammenhänge, doch
mußten auch sie sich mit jener Hoffnung begnügen, die Karl
Kassner noch 1916 zu der Bemerkung veranlaßte: »Über die ältesten
Zeiten auf der Balkanhalbinsel, wenigstens soweit Griechenland
außer Betracht bleibt, wissen wir so gut wie nichts, da schriftliche
Nachrichten völlig fehlen und auch wohl nie vorhanden waren . . .
Aber Höhlenwohnungen, Steindenkmäler, Steinzeichnungen und
wohl auch ein Teil der Tumuli (bulgarisch: mogili) deuten auf den
vorgeschichtlichen Mensch hin; doch dürften letztere meist aus
altslawischer Zeit stammen. Die Tumuli sind regelmäßig gestaltete
Hügel von Kegelform, die eine Kreisfläche von zehn, zwanzig und
mehr Metern bedecken und gewöhnlich einige Meter, bisweilen
auch zehn Meter und darüber hoch sind; ihrer gibt es auf der
Balkanhalbinsel viele Hunderte. Bald stehen sie einzeln, bald zu
zweien oder mehreren zusammen. Da Ausgrabungen nur spärliche
oder gar keine Ausbeute lieferten, wohl weil sie schon früher
durchwühlt und beraubt wurden, so gehen die Meinungen über
ihren Zweck auseinander; vermutlich hatten sie nicht einen Zweck
ausschließlich, sondern teils waren es Grabstätten von Führern –
und zwar wurden bei den vorbulgarischen Slawen« (sic! Anmer-
kung des Verfassers) »über den Leichenverbrennungsstätten solche
Hügel aufgeführt –, teils Wegemarken usw.«
Wie sich die Zeiten ändern. Heute ist das hellenistische Thrakien für
die Archäologen kein unbekanntes Land mehr, denn die Stätten der
Toten, die seit zwanzig Jahren systematisch erschlossen werden,
liefern uns heute schon viele und konkrete Einblicke in das Leben
der Thraker zur damaligen Zeit, allerdings mit einer Einschränkung:
Die Grabstätten widerspiegeln mit ihrer oft sehr kostbaren Ausstat-
tung nur die Welt der thrakischen Aristokratie und des Rittertums.
Das einfache Volk wurde nicht in Hügelgräbern bestattet.

»Meisterwerke der Goldschmiedekunst«

Als wahre archäologische Fundgruben erweisen sich die rund
fünfzig Hügelgräber in der Nähe des Dorfes Duvanli bei Plovdiv,

die seit einigen Jahren systematisch freigelegt werden und die immer wieder für neue Überraschungen sorgen. So verdanken wir einer silbernen Phiale (kultische Spendeschale) aus dem Basov-Hügel bei Duvanli (Ende des 5. Jahrhunderts v. Chr.) und deren vergoldeten Gravuren eine bis ins kleinste Detail gehende Schilderung eines thrakischen Pferderennens. Jeder Wagen ist mit vier Pferden bespannt, deren Geschirr detailliert wiedergegeben ist. Die Wagenlenker sind mit langen Chitonen bekleidet, nur einer trägt einen Mantel. Die Krieger tragen volle Rüstungen: Helm, Panzer, Beinschienen und Schild. Zwei tragen chalkidische Helme mit Wangenklappen, einer einen thrakischen Helm (pilos) und der vierte einen korinthischen. Drei der runden Schilde sind mit je einer Figur verziert – einem Pferd, einem Löwen und einem Kentauren (B. Filow).

Ein silberner Kantharos vom Goljamata Mogila (Großer Hügel) bei Duvanli aus der Mitte des 5. Jahrhunderts v. Chr. führt uns in die Welt der dionysischen Mysterien. Der etwa 25 Zentimeter hohe und über ein Kilogramm schwere Kantharos mit zwei hohen Henkeln, deren Enden am Boden angelötet sind, ist ein Meisterstück thrakischer Gravurtechnik. Am Mündungsrand ist auf jedem Henkel ein silberner Silenskopf mit Efeukranz aufgelötet. Auf beiden Seiten des Gefäßes ist je eine Gruppe mit zwei gravierten und vergoldeten Figuren, die sich vom silbernen Hintergrund abheben, dargestellt. Der Boden unter ihren Füßen ist konventionell durch einen vergoldeten Streifen symbolisch angedeutet: auf der einen Seite Dionysos mit einer Bacchantin, die ihm ein Reh darbringt, auf dessen Fell sogar die Sommerflecken eingezeichnet sind; und auf der anderen ein Satyr mit Rehfell und eine tanzende Bacchantin, beide mit Thyrsosstab. Die vergoldete Umrißzeichnung wird hier durch graviertes Detail ergänzt, ähnlich wie auf den schwarzfigurigen Vasen (B. Filow).

In die kultische Welt der hellenistischen Thraker führen einige schon seit Jahrhunderten verschüttete und eingeebnete Hügelgräber, die 1965 bei Erdarbeiten in Vraza (Nordwestbulgarien) entdeckt wurden.

Von großer wissenschaftlicher Bedeutung ist ein Grab, in dem die

Überreste eines Mannes und einer etwa neunzehnjährigen Frau gefunden wurden. Der Mann, ein angesehener Thraker aus dem Stamm der Triballer, ist mit reichen Beigaben bestattet worden: silberne Kannen und Opferschalen, Bronzegefäße, Waffen und Rüstung. Von der glanzvollen silbernen Rüstung fanden die Archäologen jedoch nur noch eine Beinschiene. Sie übertrifft in ihrer künstlerischen Ausführung noch diejenigen von Agighiol (Dobrudscha, Rumänien), die bis zum Fund von Vraza als Unikate gegolten hatten. Wie bei den getischen Beinschienen ist auch bei der triballischen auf dem Knie ein orientalischer Frauenkopf dargestellt, der an die Stelle der Löwen-, Gorgonen- oder Götterhäupter bei den griechischen Schienen getreten ist. Die Stirn des Frauenkopfes schmückt ein Kranz aus Efeublättern, deren Adern durch Paare von parallelen Strichen wiedergegeben sind. In die Augen sind die Pupillen, die wahrscheinlich mit Glaspaste ausgelegt waren, präzise eingetieft. Auf der rechten Wange befinden sich breite vergoldete Streifen; auch Haar und Kranz bestehen aus einer Goldauflage. Das Seitenhaar hängt in großen Locken herab und geht auf beiden Seiten in Löwenfiguren über, die um den Hals liegen. Die Löwen sind im Profil mit vier sichtbaren Pfoten, großem Kopf und aufgezerrtem Fang wiedergegeben. Die Mähne ist stilisiert und zu flammenförmigen Büscheln geformt. Unter den Löwen kriechen zwei Schlangen aus Schneckenhäusern. Die Schlangen haben Löwenhäupter mit den für die orientalische Kunst typischen Falten um Nase und Augen. Die großen Büschel der Mähnen gehen allmählich in Schuppen über, deren gerundete Enden zum Kopf hin – also der Bewegungsrichtung entgegengesetzt – liegen, damit sich die Schlange in das Schneckenhaus zurückziehen kann. Auf dem unteren Teil der Beinschiene befinden sich Schlangen mit Löwengreifköpfen, deren Mähnenansatz, wie in der orientalischen Kunst, ein Halbkreis darstellt. Eine dieser Schlangen wird von einem Adler mit großen Krallen angegriffen (Ivan Venedikov).

Als ein wahres Meisterwerk hellenistischer Goldschmiedekunst erwies sich jedoch der Goldschmuck, der bei dem Frauenskelett gefunden wurde. Auf dem Schädel der jungen Frau lag ein Kranz aus purem Gold. Alle 160 Blätter des aus zwei Ölzweigen bestehenden

Kranzes sowie die 28 Früchte wurden aus zwei Goldbarren, für jeden einzelnen Zweig also je ein Barren, in diesem Stück herausgearbeitet. Sie besitzen keine Lötstellen und wiegen insgesamt 250 Gramm. Ein ähnlicher Kranz, der aus derselben Zeit stammt, wurde auch in einem anderen Hügelgrab (bei Rozovec in Südbulgarien) gefunden.

Großartig in ihrer feinen Filigrantechnik sind auch die Ohrgehänge der Toten, die in Form, Sujet und Verarbeitung ihresgleichen bisher in Bulgarien nicht gefunden haben. Die Ohrgehänge bestehen aus zwei Teilen; den oberen bildet eine Scheibe mit phantastischen Rosetten, Spiralen und einem Perlstab. Von diesem hängt der untere, mit Golddraht befestigte Teil herab. Er ist halbmondförmig und ebenfalls mit Perlen und Spiralen verziert. Vom unteren Rand einer Rosettenreihe hängen an langen Kettchen Eicheln herab. Im sichelförmigen Ausschnitt des Unterteils wird eine Sirene dargestellt (I. Venedikov).

Auf dem Skelett und in seiner unmittelbaren Umgebung wurden viele durchlöcherte Goldplättchen, Rosetten und Knöpfe gefunden – zweifellos ein Beweis dafür, daß die Kleidung der »thrakischen Prinzessin« reichlich mit Gold verziert war. Eine Glasperlenkette komplettierte ihren Schmuck, zu dem auch Nadeln aus reinem Gold und ein Bronzespiegel gehörten.

Eine andere Grabstätte von Vraza hatte nur symbolische Bedeutung; anstelle des Kopfes des Verstorbenen lag ein goldenes Diadem, die Augen waren mit Edelsteinen markiert und der Mund durch sieben Goldkörner dargestellt.

Fürstengemach in der Unterwelt

Das Grabmal von Kasanläk im weltberühmten bulgarischen Rosental gehört nicht nur zu den bedeutendsten kulturhistorischen Sehenswürdigkeiten Bulgariens, sondern es erhellt wie kein anderes Denkmal auf dem Balkan Kunst und Geist im hellenistischen Thrakien. Das Grabmal wurde 1944 zufällig entdeckt. Bei Aushubarbeiten für einen Luftschutzstollen stießen die Soldaten einer Fliegereinheit in dem kleinen, mit Bäumen bewachsenen Hügel auf

einen mit grobbehauenen Steinen vermauerten Zugang. Sie legten
den Eingang frei und gelangten in einen engen, niederen Gang, an
dessen Ende ihnen eine umgestürzte Granitplatte den Weg ver-
sperrte.

Im Halbdunkel des Dromos (langgezogener Korridor) entdeckten
sie einen zweiten Zugang zu einem kreisförmigen Raum, dessen
Wände mit Malereien bedeckt waren. Mehr fanden sie nicht; auch
nicht die Überreste der Toten, die sie vermutet hatten. Der Hügel
war heute bei der Bevölkerung allgemein als Totenhügel bekannt, in
dem angeblich im 18. Jahrhundert ein türkischer Pascha begraben
worden ist.

Die Soldaten ahnten nicht, daß sie damit ein Kleinod thrakischer
Kunst aus der hellenistischen Epoche entdeckt hatten. Sie machten
sich keine Gedanken darüber. Damals war Krieg, und die Russen
rückten bereits gegen Bulgarien vor. Es war kaum anzunehmen, daß
sich zu dieser Zeit jemand finden würde, die Fundstelle abzusichern.
Die Menschen hatten im letzten Kriegsjahr andere Sorgen. Zudem
bestand die Gefahr, daß das provisorisch als Luftschutzbunker
verwendete Grabmal durch Fliegerangriffe zu Schaden kommen
könnte. Doch es kam anders. T. Tschorbadschijski, der Direktor des
kleinen Museums der Stadt Kasanläk, die während des Befreiungs-
kampfes der Bulgaren gegen die Türkenherrschaft im Jahre 1877/78
bei der heldenhaften Verteidigung des Schipkapasses eine bedeutende Rolle gespielt hatte, hörte von dem Fund und veranlaßte die
ersten notdürftigen Sicherungsarbeiten. Zudem gelang es ihm, das
Militärkommando zur Räumung des Grabmals zu bewegen. T.
Tschorbadschijski ließ den Hügel völlig abtragen und begann sofort
mit der gründlichen Säuberung des Grabmals und mit der ersten
provisorischen Konservierung der Wandgemälde. Dabei unterlief
ihm ungewollt ein schwerer Fehler. Durch die Abtragung der drei
Meter dicken, schützenden Erdschicht wurden nämlich die Wandmalereien erst recht gefährdet, weil sie nun nach jahrtausendelanger
natürlicher Konservierung plötzlich gewaltigen Temperatur-
schwankungen und dem schädigenden Einfluß des Tageslichts
ausgesetzt waren. Das führte in der Folge zu einer Auskristallisie-
rung von Salzen an der Oberfläche und zu einer Verminderung der

Farbqualität. All das erforderte rasche Maßnahmen. Man errichtete unmittelbar nach Kriegsende ein notdürftiges Schutzgebäude, das das Grabmal vor den ärgsten Wetterunbilden bewahren sollte. Dann begannen die ersten Untersuchungen des Materials und der Struktur des Denkmals. Danach wurden die Ursachen der fortschreitenden Zerstörungen analysiert, und 1960 entstand ein neues Schutzgebäude für das Grabmal.

Eine eigene Klimaanlage regelt seither Temperatur und Luftfeuchtigkeit. Dennoch ist die Gefahr, daß es zu einem weiteren Verfall der Farben kommt, noch immer nicht gebannt. Bulgarische und internationale Konservierungsspezialisten sind seit Jahren bemüht, dieses einmalige historische Dokument der Nachwelt zu erhalten. Da ein Massenbesuch des Grabmals zu weiteren Schädigungen der Wandmalereien geführt hätte, wurde 1974 unweit des Originals eine naturgetreue, komplette Kopie errichtet. Das Grabmal selbst verbleibt somit wieder im Dunklen.

Das Grabmal von Kasanläk besteht aus einem viereckigen Vorraum (in dem damals zwei Pferde bestattet worden waren), einem kleinen Dromos und einer nicht sehr geräumigen Grabkammer. Man nimmt an, daß das Grabmal bereits im Altertum mehrmals geplündert wurde. Obwohl das Bauwerk aus Ziegelsteinen errichtet wurde, gibt es keine echte, sondern nur eine künstliche bienenkorbähnliche Kuppel. In der Grabkammer waren vermutlich eine Frau und ein Mann bestattet.

»Das Einzigartige an diesem Monument sind jedoch, nach Meinung der Gelehrten, weder seine Architektur noch die dort gefundenen Grabbeigaben, sondern seine Wandmalereien. Zu Beginn des 3. Jahrhunderts v. Chr. war diese Kunst sowohl in Griechenland wie auch in Kleinasien weit verbreitet. Wandgemälde dekorierten damals nicht nur Paläste und Burgen, sondern auch die Grabkammern der Aristokratie. In Italien sind es die Gräber der Etrusker, die es erlauben, auf die dort verbreitete Wandmalerei zu schließen. Auf der Balkanhalbinsel ist das Grabmal von Kasanläk das einzige intakt gebliebene Denkmal dieses Genres aus der hellenistischen Zeit. Die Wandmalerei im Korridor gibt die Begegnung zweier Armeen wieder, die jedoch nicht kämpfen. Es ist ganz deutlich, daß der

Künstler hier wahrscheinlich ein Ereignis von großer politischer Bedeutung verewigte, an welchem der im Grabmal ruhende Aristokrat teilgenommen hat. In der runden Grabhalle stehen im Mittelpunkt des unteren großen Frieses eine männliche und eine weibliche Gestalt: Der Mann sitzt vor einem mit Obst beladenen Tisch und neben ihm auf einem Thronsessel seine Frau. Beide tragen auf dem Kopf einen Blumenkranz. Der Mann hält in seiner Hand einen Pokal. Die Falten der Kleider und der Thron sind genau so dargestellt, wie wir sie auch auf den griechischen Grabsteinen aus dieser Zeit finden« (I. Venedikov).

Obwohl das Grabmal durchaus griechisch anmutet, ist es in seiner architektonischen Grundkonzeption thrakisch geblieben, und es ist interessant – und beweist einmal mehr die engen Beziehungen zwischen Thrakien und Kleinasien –, daß die Malereien dieselbe Aussage haben wie in den großen persischen Hügelgräbern: die Verherrlichung des Verstorbenen durch eine lange Prozession hintereinanderstehender Personen. All das ist zwar nach der künstlerischen Auffassung der Griechen dargestellt, doch bleibt das Grabmal seinem Geist nach ein »östliches« Werk.
Das ist kein Zufall, sondern eher symptomatisch für die geistig-kulturelle Orientierung im hellenistischen Thrakien: Sie verlief nicht so sehr in Richtung Süden, zum griechischen Festland hin, sondern lag vielmehr in der Verbindung zu den Griechen Kleinasiens begründet, die durch ihren unmittelbaren Kontakt mit den orientalischen Völkern der Mentalität der Thraker ähnlich waren.
Auf diese europäisch-anatolische Verbindung, wie sie in Thrakien schon seit urdenklichen Zeiten bestand, verweist auch die Tatsache, daß es nirgendwo im Balkanraum und in der Ägäis so viele Grabhügel gibt wie in Bulgarien. Die Grabhügelfunde unterstreichen die starke ethnische und kulturelle Gemeinsamkeit der Thraker mit den Völkern Kleinasiens und des Schwarzen Meeres. Hügelgräber sind in Rumänien ebenso selten wie im heutigen Griechenland.
Bis jetzt wurden in Bulgarien an die fünfzehntausend Hügelgräber registriert. Wahrscheinlich waren es früher noch mehr. Viele wur-

den jedoch in den vergangenen Jahrhunderten durch Grabräuber und Schatzsucher geplündert und zerstört. Wie systematisch manche Grabräuber dabei vorgingen, konnten die Archäologen an einem Sarkophag in einem Hügelgrab aus der Römerzeit nachweisen. Der festverschlossene Sarkophag wies an einer Seite ein kreisrundes Loch auf, über dessen Bedeutung sich die Wissenschaftler zunächst keine Vorstellung machen konnten. Es war zu klein, um einen Menschen durchschlüpfen zu lassen, und für einen schnellen räuberischen Handgriff ins Innere wiederum zu groß. Da das Skelett und die Grabbeigaben unberührt geblieben waren, kamen die Archäologen nach genauen Untersuchungen zu dem Schluß, daß die rätselhafte Öffnung einer sehr eindeutigen Sache gedient hatte: Der Dieb steckte den Kopf in den Sarkophag, und als er sah, daß hier nichts zu holen war, ließ er das Grabmal unberührt.

Bei den thrakischen Grabstätten handelt es sich um sogenannte Gewölbegräber, die zumeist aus Steinen aufgebaut und hernach mit Erdreich überschüttet wurden. Nur die Grabmäler von Kasanläk und von Seuthopolis sind aus gebrannten Ziegeln errichtet. Ihre Vorläufer waren die Dolmengräber der frühen Hallstattzeit, die in Bulgarien etwa im 12. Jahrhundert v. Chr. errichtet wurden. Die Grabkammern der hellenistischen Epoche waren in der Regel rund; wo sie es nicht sind, hat das jedoch keine besondere Bedeutung: Der jeweilige örtliche Baumeister war einfach nicht in der Lage gewesen, ein kompliziertes kreisrundes Gewölbe zu bauen.

Zur eigentlichen Grabstätte führen langgezogene Korridore, von denen aus man auch in Nebenräume – in denen oft Tiere beigesetzt wurden – gelangt. In ihrer Anlage sind die Hügelgräber, die von den Thrakern schon vom 8. Jahrhundert v. Chr. an verwendet wurden, je nach Größe, Verwendung des Materials, Architektur der Kuppeln und Ausstattung verschieden. Im 4. bis 3. Jahrhundert v. Chr. zeigt sich auch eine deutliche Tendenz zur Vereinfachung: Der Grabhügel besteht nur noch aus einer runden Grabkammer mit einem Sarkophag gegenüber dem Eingang. Manche Grabkammern bestehen auch nur aus doppelten Holzwänden, deren Zwischenräume mit Schotter aufgefüllt worden sind. Sie sind heute schwer zu finden bzw. zu erforschen, weil sie kaum noch architektonische Spuren hinterlassen haben. Wenn das Holz vermodert war, stürzte die Konstruktion ein – und im Laufe der Jahrtausende wurde das von Menschenhand geschaffene Grabmal wieder zu einem Stück Natur.

Das Fürstengrab von Mezek

Das größte Hügelgrab, das bisher in der östlichen Hälfte der Balkanhalbinsel entdeckt wurde, ist das Grabmal Mal tepe bei Mezek in der Nähe der südbulgarischen Stadt Haskovo. Die Grabstätte ist 30 Meter lang, elf Meter hoch, und der Dromos, der die Grabstätte durch einen kleineren und größeren Vorraum mit der Außenwelt verbindet, ist über 20 Meter lang, 1,55 Meter breit und 2,60 Meter hoch. Der Eingang zum Grab war mit einem großen Steinblock verschlossen und das Gewölbe des Dromos stiegenförmig aus Steinen aufgeschichtet. Der Durchmesser des Grabhügels beträgt 90 Meter. Dieser gewaltige Erdhügel, der über dem Steingewölbe des Grabmals und des Korridors aufgeschüttet wurde, ist von einer fünf Meter hohen Steinmauer aus grobbehauenen Steinblökken eingesäumt. Das Grabmal Mal tepe wurde im 4. Jahrhundert v. Chr. erbaut und erinnert stark an mykenische Grabstätten, die rund tausend Jahre vorher in Griechenland und Kleinasien errichtet wurden.
Obwohl sich die Wissenschaft schon seit der Entdeckung des Grabmals Anfang der sechziger Jahre recht intensiv mit dem Grabmal beschäftigt, ist der Grabhügel noch immer voll ungelöster Rätsel. Mal tepe schien völlig unberührt, als die Archäologen mit ihren Ausgrabungen begannen; als sie jedoch das Grabinnere erreichten, mußten sie zu ihrer nicht geringen Überraschung feststellen, daß vermutlich schon zweitausend Jahre vor ihnen fremde Hände am Werk gewesen waren. Die einzelnen Bestattungsteile lagen nicht mehr an ihrem angestammten Platz, und in der innersten Grabkammer fehlten die Gebeine des Toten. Nur sein eisernes, mit einer großartigen silbergeschmiedeten Pektorale (Brustschild) verziertes Panzerhemd war noch vorhanden sowie die Überreste eines mit goldenen Knöpfen und Zierplatten geschmückten Pferdegeschirrs, das an den von den thrakischen Adelsgeschlechtern von

alters her gepflegten, glanzvollen ritterlichen Stil erinnert, wie er uns erstmals in Homers Bericht über den thrakischen Helden Rhesos begegnet.

Da von den vielen kostbaren Grabbeigaben, angefangen bei den wunderschönen attischen Vasen und prachtvollen Gold- und Silbergefäßen bis zu den vornehmen Einrichtungsgegenständen dieses unterirdischen Totengemachs wie Lampen, Leuchtern und Stühlen, nichts fehlte, ist eine Grabplünderung auszuschließen. »Manche Wissenschafter«, bemerkt Ivan Venedikov, »begründen die veränderte Lage der Funde mit Ausbesserungsarbeiten, die in späteren Jahren vorgenommen wurden. Weshalb diese notwendig geworden waren, ist jedoch nicht ersichtlich; die Renovierungsarbeiten erstreckten sich allerdings auf den gesamten Fußboden des Grabmals. Nur zehn Zentimeter über dem ersten Pflaster, das weder entfernt noch beschädigt war, ist ein neuer Steinboden gelegt worden, der auch den Dromos bedeckte, jedoch aus bedeutend größeren, nachlässig und grober bearbeiteten Platten bestand. Die Steinplatte, die ehemals den Dromos verschloß, ist bereits in den Boden eingelassen.«

Nach diesen Arbeiten wurden die Grabbeigaben wie auch zwei Urnen, die in einem Nebenraum aufgestellt waren, wieder in die Grabkammern gebracht, nicht aber die Gebeine jenes Toten, für den diese großartige Grabstätte errichtet worden war. Alle Arbeiten müssen in großer Eile erfolgt sein. Die Archäologen fanden einige Grabbeigaben im Erdreich außerhalb des vermauerten Eingangs, die offensichtlich vergessen wurden, darunter einen bronzenen Leuchter, dessen Schaft mit der 22 Zentimeter großen Statuette eines tanzenden Satyrs geschmückt ist.

Noch geheimnisvoller wurde für die bulgarischen Archäologen die Situation, als sie nach dem Abheben des zweiten Bodenbelages in den beiden Vorräumen je ein Frauengrab fanden, besser gesagt, das Provisorium eines Grabes. »Neben den verbrannten Knochen«, erinnert sich Professor Venedikov, »lagen dort kunstvoller Goldschmuck und andere kleinere Gegenstände, und zwar in einer weniger als zehn Zentimeter messenden Erdschicht zwischen den beiden Böden.« Es scheint, daß die beiden Frauen von ihrer Familie aus Angst vor feindlichen Plünderungen in einem Geheimgrab beigesetzt wurden. Ob bei dieser Gelegenheit die sterblichen Überreste des Mannes ebenfalls entfernt wurden, um sie vor einer Schändung durch den Feind zu schützen, oder ob dieser überhaupt nur symbolisch begraben wurde, wird wohl für immer ein Geheimnis bleiben. Die bulgarischen Archäologen nehmen an, daß die Grabstätte während der Zeit Philipps II. von Makedonien von einem thrakischen Stammesfürsten errichtet wurde. Es wird nicht ausgeschlossen, daß in Mal tepe Amatokos, der letzte freie Odrysenherrscher, oder sein Nachfolger Teres, der zur Regierungszeit Alexanders des Großen starb, begraben wurde.

Begräbnisse ohne Tränen

Der Begräbniskult der Thraker war schon zur Zeit Homers stark ausgeprägt. Archäologische Funde und die Berichte antiker Autoren bestätigen, daß die Thraker ihre Toten zur hellenistischen Zeit mit einem außerordentlichen Aufwand an Zeremonien und künstlerischen Grabbeigaben bestattet haben. Ihr Totenritual war heiter und gelöst; sie weinten dem Verstorbenen keine Träne nach.
Über das Grabzeremoniell der Reichen wissen wir durch Herodot Bescheid. Der Verstorbene wurde drei Tage lang aufgebahrt; dann verbrannte man ihn oder übergab den Leichnam unverbrannt der Erde. Unabhängig davon, ob die Bestattung durch Beisetzung oder Verbrennung erfolgte, wurden die sterblichen Überreste der Reichen in Grabkammern, die unterirdischen Gemächern ähnlich waren, beigesetzt. Über den Grabkammern wurden Erdhügel errichtet. Danach veranstaltete man Wettkämpfe, bei denen die höchsten Preise für die Einzelsieger ausgesetzt waren.
Die Heiterkeit, mit der die Thraker ihre Toten bestatteten, führt Herodot auf ihre religiöse Vorstellung zurück, nach der der Tote nach den Übeln des Erdenlebens in der Unterwelt einer ewigen Glückseligkeit entgegensieht. Er berichtet über die thrakischen Trausen: »Um den Neugeborenen sitzen die Verwandten und klagen, wie viele Leiden er in seinem Leben ertragen müsse; dabei zählen sie alle menschlichen Plagen auf. Den Verstorbenen aber

begraben sie unter Scherz und Freuden und zählen dabei auf, wie vielen Übeln er entronnen ist und jetzt in aller Seligkeit lebt.« Über die geistig-religiösen Ursachen der eher heiteren als düsteren Begräbnisbräuche gehen die Meinungen der Gelehrten auseinander. Der Wiener Historiker Tomaschek wertete die Sitte, sich über den Tod zu freuen, als ein »Zeugnis für die niedrige geistige und ökonomische Stellung der Trausen«, während der bekannte bulgarische Thrakologe Kazarov die sonderbaren thrakischen Begräbniszeremonien auf den thrakischen Glauben zurückführt, daß der Tote nach der Erlösung von irdischer Mühsal ein glücklicheres Leben bei den Göttern führen werde. Der deutsche Althistoriker Joseph Wiesner, dem das große Verdienst zukommt, die Thraker ins Bewußtsein der modernen europäischen Altertumsforschung gebracht zu haben, meint, daß bei den Trausen der Unsterblichkeitsglaube mit einer auffallenden Diesseitsverachtung verbunden war, so daß sie den Tod nicht fürchteten, sondern als Voraussetzung für das Eingehen in ein glückliches Dasein betrachteten. In diesem Zusammenhang müssen auch die bis in die thrakische Spätzeit nachweisbaren Überlieferungen von der Todesverachtung der thrakischen Stämme im blutigen Kampf gesehen werden.

Ob man nun der einen oder der anderen Überlegung folgt, Tatsache ist, daß die thrakischen Begräbnisriten eine Besonderheit im hellenistischen Zeitalter darstellten. Sie signalisieren bereits eine geistige Auffassung, die später zum Glauben an die Unsterblichkeit der menschlichen Seele führte. Mag man früher an ein ewiges Leben nach dem Tod in einer Form gedacht haben, wie es sich die Griechen und andere Völker in einer Unterwelt vorstellten – und daß die trinkfreudigen Thraker sich vom Aufenthalt in der Unterwelt eine ewige Trunkenheit erhofften, darf nicht verwundern –, so kristallisierte sich allmählich vor allem bei den Geten dennoch eine ganz andere Auffassung heraus: Der Leib wurde für den Thraker sterblich, seine Seele unsterblich. Und so war für sie der Tod so selbstverständlich wie die Geburt.

Nach dem Begräbnis, bei dem auch Tiere geopfert wurden, gab es große Trinkgelage, die nicht selten zur völligen Trunkenheit aller Teilnehmer führten. Xenophon berichtet, daß die Odrysen nach

einer Schlacht ihre Toten gemeinsam bestatteten, »hernach viel
Wein tranken« und große Pferderennen veranstalteten. Auch Pferde
wurden bei Begräbnissen geopfert; doch nicht in der Vielzahl, wie es
bei den Skythen der Fall war.

»Der archäologische Befund zeigt deutlich den Unterschied zwischen dem skythischen Pferdenomadismus und dem ritterlichen
Adel der Thraker, dessen Überlieferung in die Frühzeit
zurückreicht.« (J. Wiesner).

Bei den Thrakern existierte auch der uralte Brauch, dem Verstorbenen dessen Lieblingsfrau zu opfern, damit diese ihn in die Unterwelt
begleiten konnte. »Jeder Mann besitzt viele Frauen. Wenn nun einer
von ihnen stirbt, kommt es unter den Frauen zu großem Streit. Auch
die Freunde des Toten beteiligen sich eifrig daran, festzustellen,
welche Frau wohl der Verstorbene am meisten geliebt habe. Welcher nun der Ehrenpreis zuerkannt ist, die wird unter dem Feierge-
leite von Männern und Frauen am Grabe von ihren nächsten
Angehörigen umgebracht und dann mit dem Gatten zusammen
begraben. Die anderen Frauen sind sehr unglücklich, denn das ist für
sie die größte Schande« (Herodot).

Nun, so arg dürfte es mit der Schande nicht gewesen sein, wenn wir
anderen antiken Berichten Glauben schenken, wonach es beispielsweise zum Begräbniskult der Odrysen gehörte, daß die Männer der
Sippe den Toten nicht nur durch ihre Anwesenheit beim Totenmahl
oder durch ihre Teilnahme an den Pferderennen ehrten, sondern
auch durch einen anderen, recht seltsamen Brauch: Sie kamen voll
bewaffnet und mit Geschenken beladen an das Totenfeuer und
erklärten, daß sie mit ihrem toten Gebieter kämpfen oder sich mit
seinem Geist friedlich über die Zukunft der zurückgebliebenen
Frauen verständigen wollten. Durch diese Zeremonie erhielten die
jungen Witwen meist schon unmittelbar nach dem Begräbnis einen
neuen Mann. Dieselbe Sitte ist auch für die Geten bezeugt.

Über den angeblich freiwillig erduldeten und herbeigesehnten Tod
jener Frauen, die als Lieblingsfrauen ihren verstorbenen Männern in
den Tod gefolgt sein sollen, fehlen bis jetzt schlüssige archäologische Beweise. Dennoch dürfen wir annehmen, daß diese Art der
Menschenopfer – die Witwenverbrennung in Indien reicht bis in

unsere Zeit – allgemein üblich war. Allerdings dürfte der Mord an der Lieblingsfrau nicht so reibungslos erfolgt und auch nicht so freudig angenommen worden sein, wie dies Herodot seinen griechischen Lesern idealisierend erzählt. Es gibt authentische Berichte über die Tötung der Witwen bei skythischen, sarmatischen und frühslawischen Stämmen, die sehr anschaulich schildern, mit welcher Gewalt und Brutalität dieses Menschenopfer an den sich oft verzweifelt wehrenden Frauen von deren nächsten Angehörigen mit einem kurzen, zweischneidigen Messer nach Harakiri-Art vollzogen wurde. Manche Wissenschaftler sind jedoch der Meinung, daß die thrakischen Witwen vor ihrem Opfertod durch besondere Gifte, die »den Tod wünschenswert wie einen Traum« werden ließen, fügsam gemacht wurden.

Am Anfang waren die Götter

»Die Thraker«, so sagt Herodot, »verehren nur diese Götter: Ares, Dionysos und Artemis.« Aber er macht schon im nächsten Satz eine bemerkenswerte Unterscheidung zwischen der thrakischen Aristokratie und dem Volk, wenn er feststellt: »Ihre Könige aber verehren abweichend von den anderen Bürgern am meisten von den Göttern den Hermes und schwören nur bei ihm; sie behaupten, von Hermes abzustammen.«

Reduziert man diese Aussage des »Vaters der Geschichte« auf ihren praktischen Kern, dann bedeutet sie nicht nur eine Trennung des Glaubens der Herrschenden von den Beherrschten, sondern auch eine funktionelle Aufteilung der beiden sozialen Schichten innerhalb der Gesellschaftsordnung der Thraker. Ares, der Gott des Krieges, ist der Hauptgott des Volkes, gefolgt von Dionysos, dem Gott der Sinnenfreuden, und Artemis (hinter der sich die Fruchtbarkeitsgöttin Bendida verbirgt). Alle drei Götter sind Synonyme für die Mentalität der Thraker: kriegerisch, sinnenfreudig und fruchtbar. Das galt für das Volk wie für die Könige. Doch die Könige stellten Hermes, den vielseitigsten und vielleicht auch unverbindlichsten Gott, über die anderen Götter. Er war ihr Schwur- und Geschlechtergott. Und das unterschied sie von den anderen Völkern. Und aus dieser Unterscheidung erwuchs bereits ein Teil ihrer Macht.

Über die frühe thrakische Religion gibt es so gut wie keine schriftlichen Quellen. Was man über die Religion der Thraker weiß, entstammt den Berichten griechischer und römischer Autoren und – zunehmend stärker – aus den Ergebnissen der archäologischen Forschung. Die Archäologie läßt uns die Spuren der thrakischen Glaubens- und Götterwelt bis in die Frühzeit zurückverfolgen. Ein Beispiel: Allgemein wurde angenommen, daß bei den Thrakern – wie bei Kelten, Illyrern, Griechen, Skythen und Makedoniern – Menschenopfer üblich waren. Doch fehlte bis vor einigen Jahren die exakte archäologische Bestätigung. Jetzt gibt es sie mehrfach. Um nur eine zu nennen: In der Nähe der Stadt Istros wurden einige Hügelgräber erforscht, in deren Grabkammern sich Überreste einer großen Feuerstätte fanden, die durch einen Graben abgegrenzt war. In diesem Graben fanden die Archäologen menschliche Skelette in einer absolut ungewöhnlichen Bestattungsstellung. Aber auch die Knochenüberreste von vier Pferden wurden gefunden. In einem anderen Erdhügel fand man in dem Graben um die Feuerstätte zwei Skelette, die den Eindruck hinterließen, daß sie mehr hineingeworfen als bestattet worden waren. Im dritten Hügel befand sich ein Feuerherd ohne Abgrenzungsgraben, dafür entdeckten die Archäologen zwei Gruben mit 35 menschlichen Skeletten. Die Feuerstelle war mit Keramik verkleidet. Unter den Skeletten befanden sich auch Knochen von Pferden und Eseln.

Da bei diesen Skeletten weder Spuren von Kleidung noch Totenschmuck noch Überreste von Pferdegeschirr gefunden wurden, ist klar, daß es sich bei diesen Hügeln um keine Begräbnisstätten, sondern um Kultplätze handelt, auf denen Menschen den Göttern zum Opfer gebracht wurden. Dieser Brauch war im getisch-skythischen Grenzraum (in der heutigen bulgarischen Dobrudscha) weit verbreitet.

Wir wissen heute nicht mehr, wer wem in den Hügelkammern von Istros geopfert wurde. Doch wir wissen, daß der Ursprung der Menschenopfer in direktem Zusammenhang mit der thrakischen Aresverehrung stand, die die Mentalität der Thraker bis zur Römerzeit geprägt hat. Seit der frühen Eisenzeit wird Ares von den Thrakern in Form eines aufgestellten Schwertes dargestellt. Typisch für die Verehrung des thrakischen Kriegsgottes sind auch die noch aus der Frühzeit stammenden Schwerttänze, wie sie Xenophon im 4. Jahrhundert v. Chr. beschreibt: »Zuerst standen die Thraker auf und begannen nach dem Takt der Flöte zu tanzen, wobei sie mit Leichtigkeit hohe Sprünge machten und ihre Schwerter schwangen; zuletzt hieben sie aufeinander ein, so daß jedermann glaubte, sie träfen einander; der Getroffene sank zum Schein nieder.« Doch nicht immer gingen diese Schwerttänze so friedlich aus. In der Hitze des Gefechtes erschlugen sich die thrakischen Krieger oft gegenseitig oder verletzten sich – zum Gaudium der Umstehenden – bei Mutsprüngen über ein aufgestelltes Schwert tödlich. Auch der Bruder Philipps II. von Makedonien wurde bei einem Schwerttanz getötet.

Wie bei allen primitiven Völkern lag auch im Kult der Protothraker eine gewissen Pietät und Verehrung jener Kräfte begründet, die sie in irgendeiner Form mit der umgebenden Natur verbanden. Die Verehrung von Höhlen, von besonders geformten Felsen, Flüssen und Quellen, Gebirgen und Wäldern deutet auf einen Glauben aus uralter Zeit hin. Diese Stätten, so folgert der bulgarische Historiker Mihailov, haben bei den Thrakern schon in der Bronzezeit die Physiognomie von Göttern angenommen. Bei den Primitivreligionen besteht bekanntlich das Prinzip: Ich gebe dir, damit du mir gibst. Die Gottheit mußte etwas bekommen oder man mußte ihr etwas versprechen, um ihr Wohlwollen und ihren Schutz zu erlangen. Aus dieser Überlegung heraus wurden ihr auch Opfer dargebracht, deren wertvollstes eben der Mensch war. Diese Geschenke, Opfer und Widmungen waren unterschiedlichen Charakters. Wir können jedoch nur jene nachweisen, die aus dauerhaftem Material geschaffen wurden, also aus Ton, Metall oder Stein. Dabei finden wir ganz konkrete Hinweise auf die Wünsche oder den Grund des Dankes etwa: »Für die Gesundheit« oder »Dank für die Rettung«. Es sind dies Votivtafeln, wie wir sie heute noch allerorts in den katholischen Wallfahrtskirchen oder bei anderen Religionen finden. Wenn man von der Religion der Thraker spricht, von ihren religiösen Kulten, dann muß man natürlich zwischen jenen Thrakern unterscheiden, die etwa zu Homers Zeiten und vorher gelebt haben, und jenen der hellenistisch-römischen Zeit. Tausend Jahre – und das sind nur die historisch belegbaren tausend Jahre vor Christi Geburt – in der Geschichte eines Volkes bringen natürlich eine Veränderung, eine Verfeinerung und eine Vertiefung seiner religiösen Anschauungen mit sich. Eine gewaltige Umschichtung im religiösen Denken erfolgte etwa zwischen dem 5. und 3. Jahrhundert v. Chr. Was vorher war, verliert sich übergangslos in der thrakischen Mythologie, die eine sehr starke Verbindung zur griechischen Mythologie hatte – wobei man hier selbstverständlich nicht von einer Übernahme der griechischen Götter durch die Thraker sprechen kann. Der Vorgang war vielschichtiger und komplizierter. Beide Völker hatten ihre eigenen Götter, die durch die späteren Kontakte ausgetauscht, also auswechselbar wurden. Da die Thraker jedoch über keine Schrift verfügten, wurden ihre Götter in den ersten antiken Quellen als griechische angenommen. Wir wissen aber heute, daß einige Götter der Griechen thrakischen Ursprungs sind.

Es ist bekannt, daß jeder einzelne thrakische Mythos zum Teil mit der griechischen Mythologie identisch ist, so daß sich natürlich die Frage erhebt, ob es sich dabei um thrakische Elemente, die von den Griechen übernommen wurden, handelt oder um einen rein griechischen Mythos.

Alexander Fol, der Direktor des Thrakologischen Instituts in Sofia, der sich besonders mit der politischen Geschichte und der Diaspora der Thraker beschäftigt, vermutet die gemeinsame Wurzel der thrakischen und griechischen Mythologie in der minoischen Kultur, deren Entdeckung auch das Ende eines »griechischen Wunders« mit sich brachte, einer Welt, die »wie mit einem Zauberstab erschaffen« schien. Durch die Entdeckung der minoischen Kultur wurden wir nach Professor Fol zu Augenzeugen einer tiefgreifenden kulturellen Tradition in der Mythologie, in der Religion, der Folklore und der Literatur im ägäischen Raum. Und (so Fol) »wir müssen feststellen, daß die griechische Mythologie der klassischen Epoche mykenische Wurzeln hat. Es ist nicht ausgeschlossen, daß die Namen, die

Genealogien und Mythen der klassischen Zeit ein Werk des mykenischen Adels waren.«

Die gleichen Überlegungen sprechen auch für den mykenischen Ursprung der thrakischen Mythologie, die ja ein untrennbarer Teil der griechischen ist. Die thrakischen Mythen sind »lokale Hypostasen griechischer Kulte, die im mykenischen Polytheismus« zu suchen sind.

So ist beispielsweise die griechische Göttin Artemis keine andere als die thrakische Göttin Bendida. Sehr interessant ist in diesem Zusammenhang die Entwicklung des Bendida-Kultes in Südwest-Thrakien. Anfangs war Bendida eine Göttin-Mutter, die die Menschen, die Tier- und Pflanzenwelt geschaffen hat. Ihr hatte sich die gesamte Natur unterworfen, und sie war es auch, die alle ernährte. Zur Zeit der Völkerwanderungen der frühen Eisenzeit gelangte der thrakische Bendida-Kult nach der Insel Lemnos, wo Bendida allmählich zur großen griechischen Göttin wurde.

Der Kult der Bendida, der vor allem mit den vielen thrakischen Sklaven nach Griechenland einsickerte, wurde in Athen in der zweiten Hälfte des 5. Jahrhunderts offiziell anerkannt. Das ist die Zeit gewesen, in der Athen bemüht war, mit dem thrakischen König Sitalkes ins Gespräch zu kommen, um ihm im Peloponnesischen Krieg zum Verbündeten zu haben. Bendida wurde aber auch in Ägypten verehrt, und es gab dort sogar einen Tempel für die thrakische Göttin. In Thrakien gab es an der unteren Mariza einige Städte mit heiligen Stätten. Strabon spricht von einem orgiastischen Kult mit Blutopfern und nächtlichen Fackelritten auf Pferden. Platon erwähnt den Kult ebenfalls, fügt aber hinzu, daß er den Griechen fremd war und daß die Feste vor allem dem Vergnügen des niederen Volkes dienten. Im 3. und 2. Jahrhundert v. Chr. wurde Bendida nicht mehr als Staatsgöttin verehrt, sondern war nur noch eine unter den vielen Göttinnen des einfachen Volkes und der Sklaven.

Bei der Verehrung der Bendida in frühklassischer Zeit lassen sich zwei elementare Unterschiede in der griechischen und thrakischen Götterverehrung feststellen: Während die Griechen ihrer Göttin Bendida, die später als Artemis weiterlebte, Tempel errichteten, feierten die Thraker ihre Bendidionen unter freiem Himmel, meist in der Nähe von Grotten und Quellen. Bendida wird in Thrakien auch mit den Nymphen in Zusammenhang gebracht, die auch bei anderen thrakischen Göttern eine besondere Rolle spielten, so beispielsweise bei Dionysos. Die thrakischen Nymphen werden in der Regel nackt dargestellt; sie leben in Nymphäen, das sind Stellen, wo es Heilquellen gegeben hat bzw. heute noch gibt. Es gibt ein großartiges Steinrelief, auf dem drei Nymphen dargestellt wurden, die »in seltener Harmonie sich vereinigen, dargestellt wie in einem melodischen Rhythmus, mit tanzenden Händen und Köpfen, Schönheit der nackten Körper; vollkommen und harmonisch. Die thrakischen Nymphen sind keine Engel, die Götter begleiten, sie sind irdisch und erdverbunden« (Mara Zontschewa).

Bendida wird überdies in Verbindung mit Asklepios (Äskulap), dem Gott der Heilkunst, gebracht. Doch auch zu anderen Göttern und Göttinnen bestehen Verbindungen, die jedoch nicht klar abzugrenzen sind. Als Bendida wird sie in antiken Quellen erstmals im 6. Jahrhundert v. Chr. erwähnt. Der Monat Bendidos bei den bithynischen Thrakern spricht jedoch von einem noch bedeutend älteren Kult. Herodot berichtet, daß thrakische Frauen ihrer »Königin Artemis« Opfergaben aus Weizenstroh dargebracht hätten.

Bildlich ist Bendida auf zweierlei Weise dargestellt. Einmal reitet sie mit dem Bogen in der Hand und nach einem Pfeil greifend, geleitet von einem Hirsch oder einem Hund, einem Wildschwein nach. Die Ähnlichkeit mit Diana, die Jahrhunderte später als Frauen- und Fruchtbarkeitsgöttin, aber auch als Schutzpatronin der Jagd und der Sklaven von den Römern verehrt wurde, ist unverkennbar. Auf einem anderen Relief hat die Reiterin Bendida ebenfalls ihr Gesicht nach hinten gerichtet, doch trägt sie dabei in der linken Hand eine Fackel und in der rechten einen Hasen. Außerdem ist Bendida stehend, mit hohen thrakischen Rehlederstiefeln sowie mit Bogen und Köcher auf Votivtafeln abgebildet.

Bendida ist Mondgöttin und Lichtbringerin in einer Person. Im 3. und 2. Jahrhundert v. Chr. wird sie auch als Kriegsgöttin im langen Chiton, mit Speer und kleinem Schild dargestellt und verehrt.

Im Gebiet von Ardina in den bulgarischen Rhodopen gibt es steil aufragende Felsen, von denen einige bis zu 40 Meter hoch sind, die offensichtlich schon um das Jahr 1000 v. Chr. Mittelpunkt eines großen thrakischen Heiligtums waren. Zahlreiche Nischen und Höhlen lassen vermuten, daß sich hier eine Bendida-Kultstätte befunden hat.

Eine der größten Kultstätten Bendidas wurde vor einigen Jahren im »archäologischen Mekka« Bulgariens, in Duvanli bei Plovdiv, entdeckt. In einer Sandsteinwand des Kukowa-Hügels wurden an die hundert wabenförmig angelegte kleine Höhlen freigelegt, die einen Durchmesser von ein bis zweieinhalb Metern und eine Höhe von ein bis zwei Metern haben. In vielen dieser Kulthöhlen fanden die Forscher Asche, kleine Kohlenstücke, zerbrochene Tongefäße und vereinzelt menschliche und tierische Knochen. Auf einem Opfertisch wurde das Skelett eines Schweines gefunden. Wahrscheinlich wurden Bendida hier in früherer Zeit – die ersten Funde stammen aus dem 2. Jahrtausend vor Chr. – auch noch Menschen geopfert. Später, in der hellenistisch-römischen Zeit, wurden nur noch Tieropfer dargebracht.

Über die Zeremonien bei der Opferung eines Schweines wissen wir aufgrund antiker Berichte ziemlich genau Bescheid: Das Opfertier wurde feierlich mit Musik eingeholt, gereinigt und nach einem uralten Ritus geschlachtet, indem man es zunächst mit einem Schlag auf den Hinterkopf betäubte und ihm dann mit einem Opfermesser die Kehle durchschnitt. Das Blut wurde in Opfergefäßen aufgefangen. Danach wurde das Schwein kunstgerecht tranchiert, und die Schenkel wurden im Opferfeuer verbrannt. Den Fettdampf und den Geruch des verbrannten Fleisches soll Bendida nach Auffassung der Thraker besonders geliebt haben. In die Flammen der Opferfeuer wurde auch schwerer Wein geschüttet, so daß diese infolge des hohen Alkoholgehaltes hoch aufloderten. Die Innereien und das übrige Fleisch des Schweines wurden separat gebraten, und nachdem alle Teilnehmer von Herz, Leber und Niere »kommuniziert« hatten, wurde der Rest gemeinsam zu Brot und Wein verzehrt. Dazu spielte die Musik. Es gab allerdings auch feuerlose Opfer für Bendida. So brachte man der Göttin Zuckerwerk und Früchte, auf kleine Bäume gebunden, dar; sozusagen ein frühgeschichtlicher Vorgriff auf den deutschen Weihnachtsbaum.

Sarmizegetusa – das große, ringförmige Sanktuarium

Das kleine Sanktuarium

Bronzehelm aus Brjastovec, Bezirk Burgas. Er entstand etwa im 2. Jahrhundert
n. Chr. und hat eine Höhe von 19,7 cm.

Das Grabmal von Kasanlāk (3. Jahrhundert n. Chr.)

Szene auf der Trajanssäule

Panzer mit Helm, beides aus Bronze. Der Helm entstand Ende des 6. Jahrhunderts v. Chr., der Panzer etwa 450 v. Chr.

Phalera aus dem Silberschatz von Galitsche (2.–1. Jahrhundert v. Chr.)

Silberne Fiale und Applikationen aus Mezek (5.–4. Jahrhundert v. Chr.)

Detail der Beinschiene aus dem Nogilanhügel in Vraca

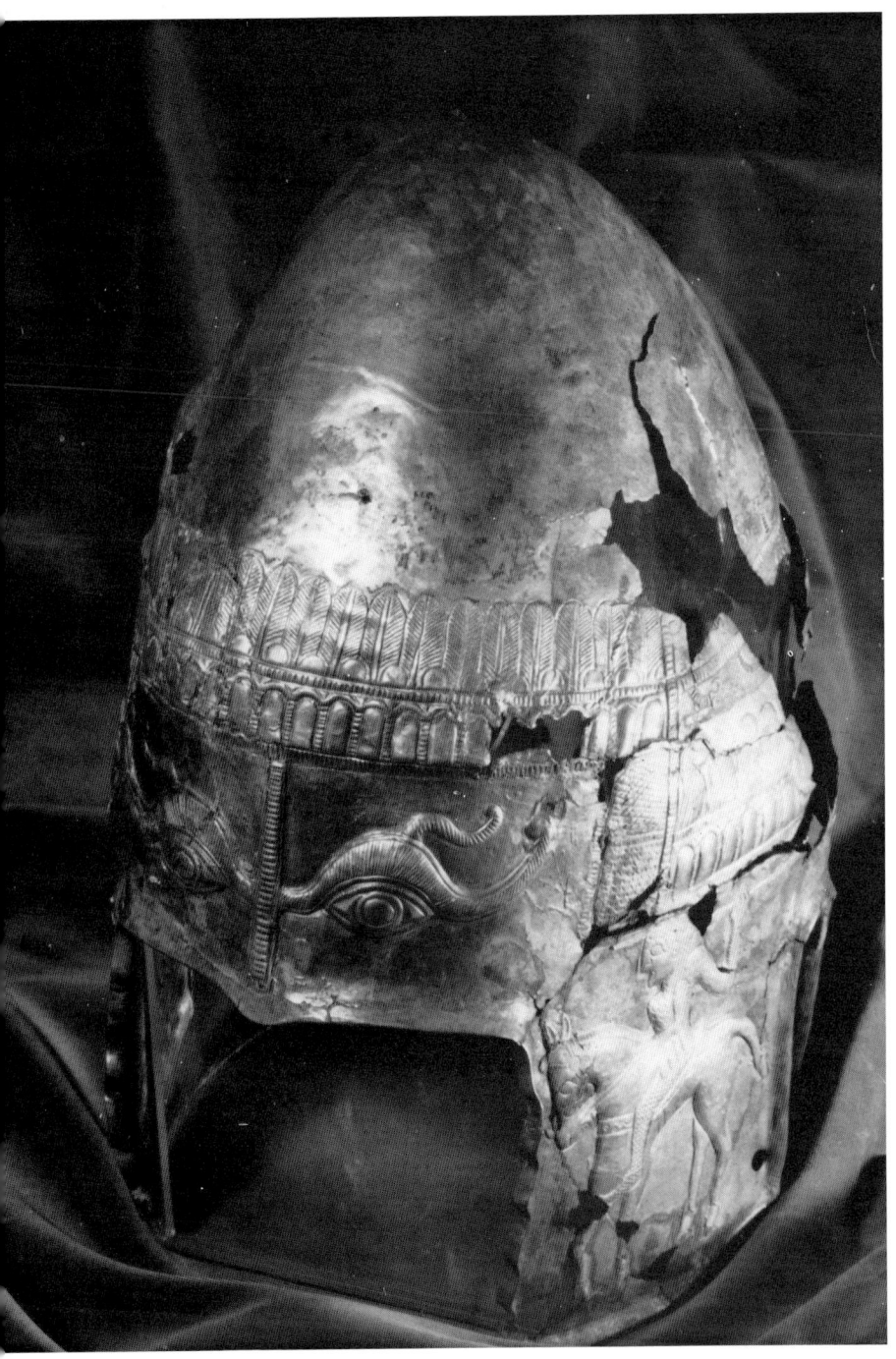

Helm aus dem Schatz von Agighiol

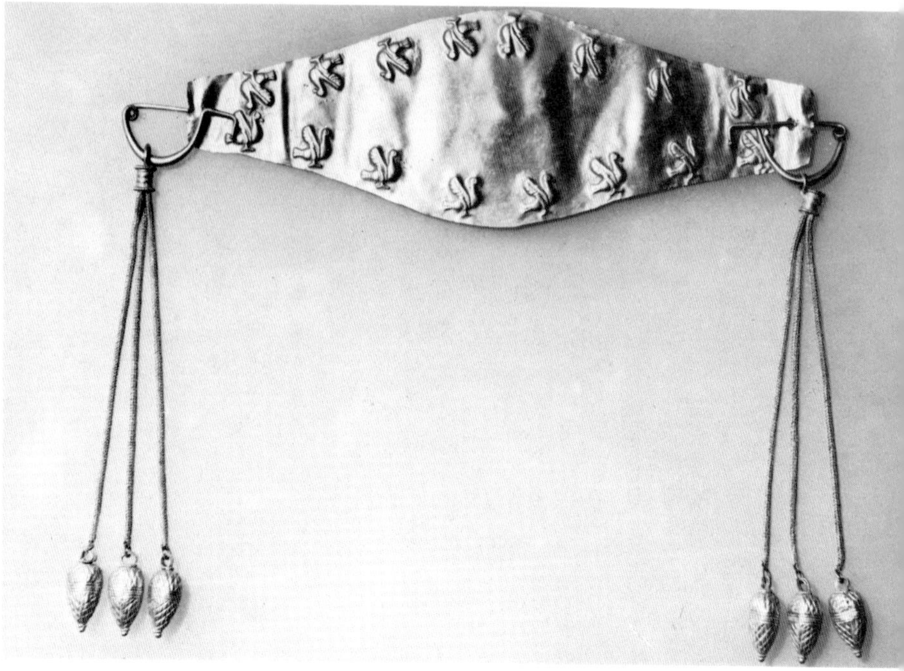

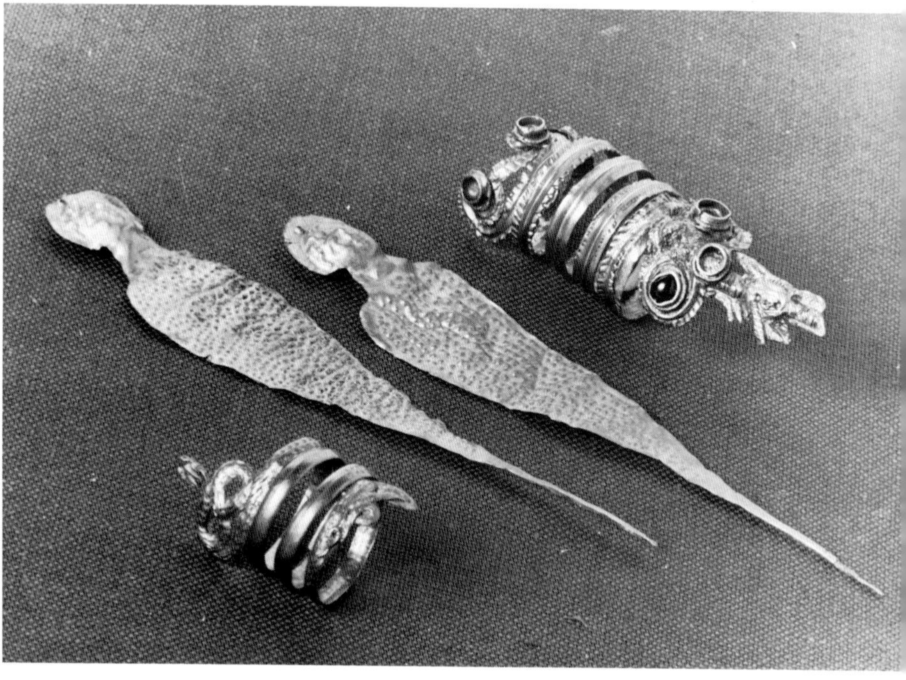

Pektorale aus Mušovica, Bezirk Plovdiv (6. Jahrhundert v. Chr.)

Goldschmuck aus Nessebar (4. Jahrhundert v. Chr.)

Ohrringpaar aus Vraca; Gold; Länge 7,3 cm

Bronzene Hirschstatuette aus dem 7. Jahrhundert v. Chr.

Rhyton in Form eines Dammhirschkopfes aus dem Goldschatz von Panagjurište

Silberschatz aus Galitsche (2.–1. Jahrhundert v. Chr.)

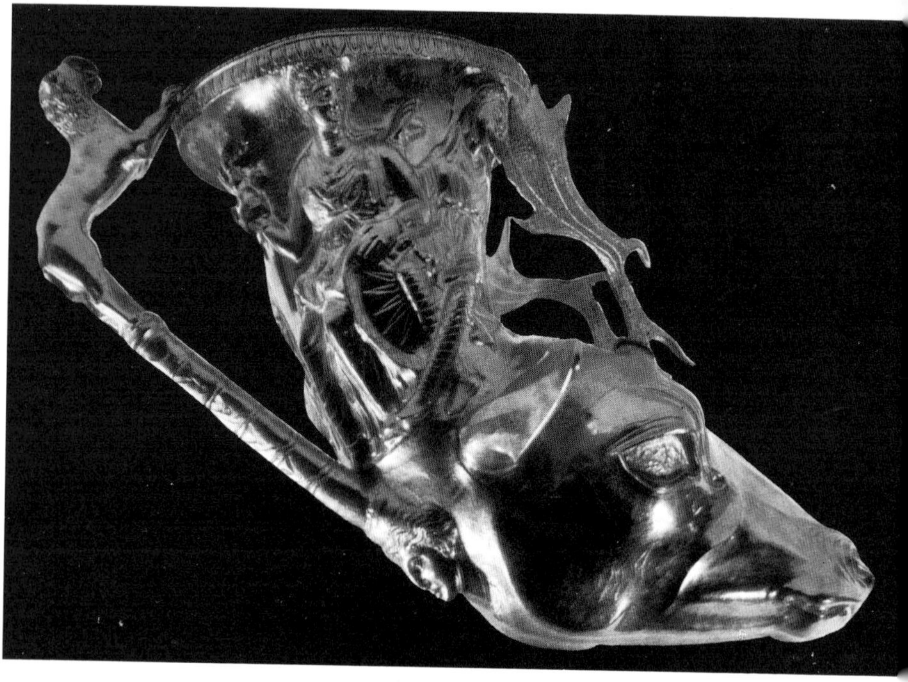

Goldener Trinkbecher aus dem Schatz von Panagjurište

Ring aus Ezerevo (5. Jahrhundert v. Chr.)

Phalera aus dem Schatz von Letnic; Mitte 4. Jahrhundert v. Chr.; vergoldet;
Höhe 5 cm

Goldkreuz aus Vraca (4. Jahrhundert v. Chr.)

Der Goldschatz von Panagjurište: Trinkgefäß in Form eines Zweihenkelkruges

Apollo lebte in Thrakien

Den antiken Bildhauern und Künstlern galt Apollo (griechisch: Apollon) als Ideal der männlichen Schönheit. Ihm wurden großartige Tempel und Kultstätten gewidmet – in Korinth, in Delphi, in Didima bei Milet, auf der Insel Delos und an vielen anderen Orten. Eine der großartigen Bronzestatuen des Gottes stand in Apollonia, dem heutigen Sozopol am Schwarzen Meer. Sie war 13,20 Meter groß, rund 13 Tonnen schwer und ein Werk des berühmten antiken Bildhauers Kalamis aus dem 5. Jahrhundert v. Chr. Später wurde die Statue von den Römern geraubt; ihre Spuren verlieren sich irgendwo in der Ewigen Stadt.

Doch Apollo »lebte« schon Jahrtausende vorher in Thrakien. Ein Kultwagenmodell aus dem 2. Jahrtausend v. Chr., das im Banat bei Dupljaja gefunden wurde, weist seine Spur: ein Dreirad aus Ton, das von Vögeln gezogen wird und auf dem eine menschliche Figur steht. Ist es der hyperboreische Apollon, der auf einem von Schwänen gezogenen Wagen jeden Herbst von der Griecheninsel Delos über Land, Wasser und Lüfte nach dem Norden, in das Reich des Gottes Boreas (Nordwind) zog, um erst im Frühling wieder zurückzukehren? Eine Beziehung des im Kultwagenmodell von Dupljaja veranschaulichten Bildgedankens zu den Überlieferungen vom hyperboreischen Apollon, so meint Joseph Wiesner, wird durch zusätzliche Überlegungen bestätigt: »Bereits erwähnt wurde der altertümliche Kultweg für die Opfergaben der Hyperboreer an den Apollon auf Delos, der in das Zeitalter vor Gründung der griechischen Schwarzmeerkolonien zurückreicht. Da er durch den donauländisch-balkanischen Raum bis an die Adria führte, berührte er das Verbreitungsgebiet von Völkerschaften, die durch die epische Überlieferung als Bundesgenossen der Troer bezeugt werden. Es handelt sich um Thraker und Paionen, deren Frauen ihre Weihegeschenke an die königliche Artemis (Bendida) in Weizenhalme zu hüllen pflegten, also ebenso, wie die Hyperboreer ihre Gaben an den delischen Apollo, den göttlichen Bruder der Artemis, behandelten. Angesichts der engen hochbronzezeitlichen Beziehungen zwischen den donauländisch-balkanischen Fundgruppen und dem ägäischen

Raum können wir jene völkischen Kräfte bereits für das 2. Jahrtausend v. Chr. ausgeprägt annehmen; wir werden demnach in die Zeit gewiesen, der auch der Kultwagen von Dupljaja angehört. Dazu fügt sich das Zeugnis der mykenischen Linear-B-Schrift, wonach der Kult der Artemis und des als Paiaon bezeichneten Apollo für den frühgriechischen Bereich gesichert ist; es sind die Gottheiten, die noch in geschichtlicher Zeit von hoher Bedeutung für die thrakische Religion sind.«

Doch die Spuren Apollos führen auch noch auf einem anderen Wissenschaftsweg ins Land der Hyperboreer. Die Legende der Hyperboreer – ihr Name wird vom griechischen »Jenseits des Nordwindes Wohnende« oder dem thrakischen »Hinter den Bergen (Bora) Lebende« abgeleitet – ist bekannt: Sie sind ein sagenhaftes Volk im »äußersten Norden des Erdkreises«, der bei Herodot noch etwa im Gebiet der ungarischen Tiefebene und im heutigen Siebenbürgen vermutet wurde, das nach griechischer Auffassung in ewiger Glückseligkeit lebte. Bei diesem Volk hielt sich Apollo von Delos, der griechischen Mythologie zufolge, im Winter auf.

Die Wissenschaft hat nun, wie bei vielen anderen griechischen Mythen, auch hier einen sehr realen historischen Kern entdeckt. Bulgarische Linguisten haben nachgewiesen, daß Apollo der Stammvater des mythologischen Stammes der Polenis war – der ihm auch seinen Namen gab – und daß diese Polenis, die an der mittleren Donau und wahrscheinlich auch an der nördlichen Theiß und am Mureş (Rumänien) lebten, mit den Hyperboreern identisch waren. Von hier aus, so vermutet Georgi Mihailov, hat sich der Apollokult über Thrakien bis nach Kleinasien und Griechenland ausgebreitet, um im 7. Jahrhundert v. Chr. durch die Kolonisierung der thrakischen Küste noch verstärkt zu werden.

Wir wissen auch, daß der Apollokult den Thrakern schon vor der griechischen Kolonisation bekannt war. Ein Grieche zeugt dafür: Homer. Er berichtet nämlich, daß sich in Maronia an der thrakischen Küste schon zur Zeit des Trojanischen Krieges ein Apolloheiligtum – kein Tempel, sondern, der thrakischen Sitte gemäß, ein gewaltiger Eichenhain – befunden habe. Dieses Heiligtum wurde von dem Priester Maron verwaltet, der mit seiner Familie als einer

der wenigen das furchtbare Gemetzel der Griechen bei der Eroberung der Stadt überlebte. Odysseus berichtet darüber im Rahmen
seines Abenteuers mit dem Kyklopen Polyphem: »Zwölf der
Tüchtigsten wählte ich mir und begab mich landeinwärts, hatten den
ziegenledernen Schlauch dabei mit dem dunklen, köstlichen Wein,
den Maron mir gab, der Sohn des Euanthes, der, als Priester
Apollons, zum Schutze Ismaros wirkte; hatten wir ihn doch
verschont, samt dem Weib und dem Kinde, in frommer Ehrfurcht;
er wohnte nämlich im heiligen Haine Apollons. Dafür beschenkte er
uns mit wertvollen, prächtigen Gaben, sieben Talenten von Gold in
ganz vorzüglicher Arbeit, einen Mischkrug dazu von Silber; zu
diesen schöpfte er zwölf Krüge mir voll mit dem reinen, lieblichen
Weine, ein Getränk für Götter.«
Der Hinweis Homers auf die vorzüglichen Goldschmiedearbeiten,
die der thrakische Priester dem griechischen Räuberhelden notge-
drungen verehrte, macht auch die antiken Berichte, wonach die
griechischen Kolonisten samt und sonders nur auf kulturell zurück-
gebliebene thrakische Völker und Stämme gestoßen sind, ein wenig
unglaubwürdig. Man darf hier nicht generalisieren; die Entwicklung
der einzelnen thrakischen Stämme war recht unterschiedlich. Manche sind tatsächlich auf einer sehr niedrigen Kulturstufe stehengeblieben. So gab es nach Aristoteles einen Stamm, der nicht einmal bis
vier zählen konnte. Und Theophrast berichtet, daß die Thoer, die
das Athosgebirge auf der Halbinsel Chalkidike bewohnten, so
gottlos waren, daß sie zur Strafe von einem Erdbeben vernichtet
wurden. Gottlos war in der damaligen Zeit ein Synonym für
kulturell zurückgeblieben. Die Mehrzahl der thrakischen Stämme
aber – und in dieser Hinsicht widerlegen die archäologischen Funde
der letzten Zeit die griechischen Berichte eindeutig – stand in ihrer
Kultur den Griechen kaum nach. Und heute weiß man auch, daß
beispielweise die Gründung der Stadt Apollonia (Sozopol) nicht
dem griechischen, sondern dem thrakischen Apollo gegolten hat,
dessen Wohlwollen man sich an Ort und Stelle sichern wollte. Für
die Thraker war Apollo ein Gott der Vegetation und des Hirtenle-
bens – unter anderem schützte er die für sie lebenswichtigen
Weizenfelder vor Feldmäusen. Als Gott des Lichtes galt er ihnen

auch als Heilender, der jedoch mit seinen Sonnenpfeilen auch Epidemien, Schmerz und Tod auslösen konnte. Musik, Tanz, Weissagung und Ekstase verbanden sich in seinem Kult zu einem Instrumentarium für Diagnosen und Therapien, die wir heute der psychosomatischen Pathologie zuordnen würden und die bei den Thrakern mit Dionysos, Orpheus und Zamolxis ihren Höhepunkt erreichten.

Ein griechischer Gott thrakischer Herkunft

Dionysos (die Römer nannten ihn Bacchus) galt bei den Griechen als Gott der Vegetation und des Weines. Die mythologischen Daten sind bekannt: Dionysos war ein Sohn des Zeus und dessen Geliebter Semele, die von der rachesüchtigen und eifersüchtigen Hera, der Gattin des Zeus, während der Schwangerschaft getötet wurde. Zeus trug daraufhin die Frühgeburt in seinem Schenkel aus. Das sicherte dem Knaben göttliche Unsterblichkeit. Von Nymphen aufgezogen, die später seine ersten Verehrerinnen wurden, vermählte sich Dionysos auf Naxos mit Ariadne. Bei seinem Bestreben, sich auch in Griechenland durchzusetzen, stieß Dionysos, der in vielerlei Gestalt überall in Wald und Flur gegenwärtig war, auf den energischen Widerstand der griechischen Oberschicht, die Frauen ausgenommen. Doch Dionysos verfolgte und bestrafte seine Gegner grausam. So trieb er den König der thrakischen Edonen, Lykurgos, in Wahnsinn und Tod. Auch Pentheus, der König von Theben, widersetzte sich dem neuen Gott und verbot den Frauen die Teilnahme am Bacchanal. Sein Ende war schrecklich. Dionysos lockte den König in den Wald, wo dieser von rasenden Mänaden buchstäblich in Stücke zerrissen wurde. Höhepunkt der Tragödie: Eine der Mänaden, die Mutter des Pentheus, erkannte schließlich den blutenden Kopf des Getöteten als jenen ihres eigenen Sohnes wieder. Soweit die Legende.
Dionysos galt jedoch auch als Gott der Lebenskraft, der Natur, der Heiterkeit und der Lebensfreude. Seine zumeist weiblichen Anhänger, Mänaden oder Bacchantinnen genannt, feierten Dionysos in orgiastisch-ekstatischer Verzückung. Bei ihren nächtlichen kulti-

schen Umzügen waren die Teilnehmerinnen mit langen, den indischen Sari ähnlichen, bunten Gewändern bekleidet oder trugen lediglich das Fell eines Rehkitzes bzw. eines Fuchses. Im ekstatischen Rauschzustand ergriffen die Bacchantinnen Hirsche, Rehböcke und Hirschkühe, zerrissen sie in taumelnder Wut und tranken ihr Blut. Bei ihren nächtlichen Prozessionen führten die Mänaden große Nachbildungen des männlichen Gliedes als Symbol der Urkräfte des mächtigen Gottes mit sich.

Man nimmt an, daß der Dionysos-Kult bei den kleinasiatischen thrakischen Phrygern entstanden ist. Die Linguisten haben nachgewiesen, daß auch der Name des Gottes thrakischer Herkunft ist: Dio bedeutet im Phrygischen Zeus, und Nysos ist gleichbedeutend mit Jüngling. Dionysos ist demnach ein Jüngling des Zeus, ein Sohn des Zeus. Und wenn in der griechischen Mythologie davon die Rede ist, daß Dionysos den »Nymphen von Nysa« zur Pflege übergeben wurde, dann dürfte dieser Ort ebenfalls im thrakischen Raum gelegen haben, denn der Name ist die weibliche Entsprechung des thrakischen Wortes für »Jüngling«: Nysos.

Von Kleinasien aus dürfte der Kult zu den europäischen Thrakern gekommen sein, wo er vor allem in den dichten und dunklen Wäldern der Rhodopen und entlang der thrakischen Küste der Ägäis weit verbreitet war. Erst im 8. Jahrhundert v. Chr. drang der Dionysos-Kult allmählich auch nach Griechenland ein. Das war eine Zeit, in der sich auch die wirtschaftliche Basis so verändert hatte, daß viele Griechen zur Auswanderung, zur Kolonisation gezwungen waren, was zwangsläufig zur sozialen Veränderung und damit auch zur Veränderung der griechischen Glaubenswelt führte. Die olympischen Götter waren für diese veränderte Gesellschaft unbrauchbar geworden; sie entsprachen, so würde man heute sagen, nicht mehr dem Zeitgeist. Sie waren den Menschen und deren Bedürfnissen fremd geworden, und somit ist es eigentlich kein Wunder, daß der zutiefst menschenbezogene Dionysos-Kult in Griechenland vor allem beim einfachen Volk Fuß fassen konnte.

Feuer, Lichtorakel und Ekstase bestimmten den dionysischen Kult: Flammen und Blut symbolisierten Dionysos. Bei den Bisalten beispielsweise gab die Größe der Feuerzeichen Aufschluß über das

Ergebnis der zu erwartenden Ernte. Loderten die Feuer hoch auf, war eine gute Ernte zu erwarten, blieben sie klein, mußte eine Mißernte befürchtet werden. Das Wesentliche der Ekstase war der Glaube, so zu einer Reinigung von Seele und Körper zu gelangen. Bei den Makedoniern bot der neue Kult Philipp und Alexander die Möglichkeit, erneut ihre »göttliche« Abstammung zu beweisen, um dadurch eine gottähnliche Verehrung erzwingen zu können. In der Tragödie »Bacchantinnen« von Euripides (um 480 bis 406 v. Chr.), deren Handlung zur Zeit Philipps II. spielt, werden die bacchantischen Spiele ausführlich beschrieben. Auch wird darauf hingewiesen, daß selbst die Mutter Alexanders, Olympia, dem großen Kreis der Bacchantinnen angehört hat. Euripides hatte diese Information aus erster Quelle, da er lange Zeit in der makedonischen Hauptstadt Pella lebte.

Wie tief der Dionysos-Kult am makedonischen Königshof verankert war, darüber berichtet auch Plutarch. Anspielend auf die Tatsache, daß sich die Bacchantinnen mit dressierten Schlangen bekränzten in der Annahme, daß in diesen Dionysos anwesend sei, schreibt der griechische Schriftsteller, daß Philipp seine Frau einmal mit einer ausgestreckten Schlange im Bett liegen sah. Er vermutete nicht Dionysos, sondern Zeus selbst in der Gestalt der Schlange – und hielt sich fortan diskret von seiner Frau zurück. Er respektierte den Mächtigeren. – Man sagt, Philipp sei diese »Entdeckung« nicht ungelegen gekommen; sein Verhältnis zu Olympia war zu diesem Zeitpunkt nicht mehr das beste. Er schlief schon lange nicht mehr mit ihr, aus Angst, sie würde ihn vergiften. Das Schlangenverhältnis der Königin blieb auch ihrem Sohn Alexander nicht verborgen – und hat wahrscheinlich wesentlich dazu beigetragen, daß dieser allmählich selbst an seine göttliche Herkunft zu glauben begann. Nach der Eroberung Ägyptens bestätigten ihm die Priester des Ammon-Tempels, daß er ein Sohn des Zeus und damit auch ein »Stiefbruder« des Dionysos sei.

Dionysos als politischer Ratgeber

Nicht so sehr der Kult als solcher, sondern vielmehr die Orakelsprü-
che des Dionysos dienten der Politik der makedonischen Könige,
vor allem Philipp II. und Alexander dem Großen. Sie folgten dabei
dem griechischen Beispiel, wo die großen Orakelstätten von Delphi,
Olympia und von Delos durch ihre politischen Weissagungen einen
bedeutenden Einfluß auf die griechische Geschichte ausgeübt hatten. In den Jahren vor dem Peloponnesischen Krieg, also im 5.
Jahrhundert v. Chr., war vor allem das Orakel von Delphi sozusagen zur höchsten göttlichen Instanz geworden, bei welcher sich
sämtliche hellenistischen Staaten und auch das »barbarische« Ausland – und dazu zählte damals auch Makedonien – Rat vor wichtigen
politischen und dynastischen Entscheidungen holten. Nun ist anzunehmen, daß die Orakelstätten, bei denen in geheimnisvoller Weise
durch den Mund einer Priesterin Apollos Rat kundgetan wurde,
nicht zu so hohem Ansehen gekommen wären, hätten nicht ihre
Priester über eine große politische Sachkenntnis verfügt. Sie waren
es ja, die die verlangte politische oder militärische Lagebeurteilung
gaben. Sie waren Ratgeber, die gegen Bezahlung – sprich Geschenke
– arbeiteten. Durch ihren politischen Einfluß waren die Orakelprie-
ster von Delphi die heimlichen Herrscher Griechenlands. In ihrer
Rechts- und Wahrheitsfindung waren sie jedoch nicht immer
objektiv.
»Den hellenischen Völkern«, meint Wachsmuth, »erschien die
Gemeinschaftlichkeit des Orakels durchaus nicht als etwas, das auf
Eintracht zurückwirken müsse, in ihren Anfragen drückt sich selten
etwas anderes als Egoismus aus; die Aussprüche des Orakels waren
durch die Unklarheit des Ausdrucks verschieden zu interpretieren . . . Dem Orakel von Olympia gereicht es zum Lobe, daß
es über den Krieg der Hellenen gegen Hellenen (Peloponnesischer
Krieg) keinen Spruch tat; das delphische Orakel hingegen bewies
nicht nur immerfort seine Willfährigkeit, sondern durch die trügeri-
sche Hülle der Zweideutigkeiten auch, daß es nur auf seinen Vorteil
bedacht war, auf seine Sicherstellung und auf Erfolg um jeden Preis,
und verriet sichtbar eindeutige Gunst, wenn diese – mit Gold

bezahlt wurde.« Nicht umsonst war der Goldreichtum der Orakelstätten von legendärem Ausmaß.

Während des Peloponnesischen Krieges war das Orakel von Delphi mehr der dorischen Partei zugewandt, während jenes von Olympia mehr den Anliegen der Athener gewogen war. Der große athenische Staatsmann Perikles (um 495 bis 429 v. Chr.), über dessen Herrschaftsstil Thukydides einmal sagte, er sei dem Namen nach demokratisch, in »Wirklichkeit aber die Herrschaft des ersten Mannes«, war deshalb auch bestrebt, die Macht des Orakels von Delphi durch ein apollinisches Orakel auf der Insel Delos einzudämmen.

Auch der Makedonenkönig Perdikkas II. (440 bis 313 v. Chr.), der während des Peloponnesischen Krieges eine geschickte Schaukelpolitik zwischen Athen und Sparta betrieb, wußte um die politische Bedeutung des griechischen Apollo-Orakels, und ihm war auch klar, daß er von diesem nichts Gutes zu erwarten hatte. So schuf er sich bei den thrakischen Bessen ein eigenes Orakel, das Dionysos geweiht war. Über die Bessen und Satren sagt Herodot, daß sie in hohen, mit Wäldern aller Art und Schnee bedeckten Gebirgen lebten. Und er vermerkt: »Ihnen gehört auch die berühmte Orakelstätte des Dionysos. Sie liegt ganz oben in den Bergen, und die Bessen, ein Stamm der Satren, dienen als ausdeutende Priester in diesem Heiligtum. Eine Oberpriesterin verkündet wie in Delphi die Sprüche. Im übrigen gibt es da nichts Besonderes.«

Für Herodot gab es wohl in der Tat nichts Besonderes zu entdecken, wohl aber für die Makedonier, die hier eine konkrete Möglichkeit sahen, ihre imperialistische Politik auf einen göttlichen Auftrag oder göttlichen Ratschluß auszurichten. Die Vermutung eines geheimen Bündnisses zwischen den Bessen und den Makedoniern ist nicht unwahrscheinlich, wenn man an die politische Situation in den thrakischen Ländern denkt. Zu dieser Zeit meldeten die Odrysen ihren Führungsanspruch gegenüber den anderen thrakischen Stämmen an. Sie unterwarfen die meisten; nur die Bessen und Satren blieben frei – und sie fehlten auch, als Sitalkes mit seinem Riesenheer gegen Makedonien zog. Es ist durchaus möglich, daß der schlaue Perdikkas schon damals die Bessen – Gold stinkt nicht! – zu seinen geheimen Verbündeten gemacht hat. Als dann später unter Philipp die Gold- und Silberminen des Pangaion-Gebirges in makedonische Hände fielen, mag der Segen der Geschenke für das Dionysos-Orakel noch größer geworden sein.

Wo diese legendäre Orakelstätte genau lag, wissen wir nicht. Sie wird in den südlichen Rhodopen vermutet. Doch man weiß, daß sie existierte und daß gerade dort das Weltreich Alexanders vorausgesagt wurde: Beim Opferguß schlugen die Flammen über das Tempeldach hinaus. Das galt als heiliges Zeichen für die überragende Bedeutung Alexanders; und daß die Bessen ihm dabei viel Erfolg wünschten, war klar: Sie sahen in ihm nicht zu Unrecht den mächtigsten Verbündeten in ihrem Kampf gegen die odrysischen Todfeinde. Es ist interessant und sicherlich kein Zufall, daß die Bessen auch unter der Herrschaft Philipps und Alexanders ihre Unabhängigkeit und Freiheit bewahren konnten.

Die Orakelstätte des Dionysos war auch später, zur römischen Zeit, von großer politischer Brisanz. Als M. Licinius Crassus (115 bis 53 v. Chr.) die Bessen nach langen und grausamen Kämpfen als letzten der thrakischen Stämme südlich der Donau besiegte, vertrieb er sie von ihrem Heiligtum und stellte dieses unter den Schutz der Odrysen, die als erste die römische Führungsrolle im thrakischen Raum anerkannt hatten. Im Jahre 11 v. Chr. hatte Rom in den Ostalpengebieten Schwierigkeiten mit den Raudiskern und Panno-niern; diese Schwächung der Römer nützte der bessische Dionysos-Priester Vologaises, um gegen die romtreuen Odrysen zu marschieren, deren König Rhaskuporis von den Aufständischen erschlagen wurde. Doch der Kampf der Bessen gegen die Odrysen war kein Befreiungskrieg gegen die römische Herrschaft, sondern galt der Befreiung des Dionysos-Orakels. Der Aufstand wurde schließlich von den Römern niedergeschlagen.

Orpheus – Arzt und Sänger

Der mythologische Orpheus lebte in Thrakien, und wir dürfen annehmen, daß auch der historische Sänger und Arzt – er wirkte vermutlich in der Zeit zwischen 1500 und 1200 v. Chr. – thrakischer Abstammung war. Die thrakische Auffassung von Leben und Tod, vom Unsichtbaren und Endlosen erreichte in seiner Lehre einen ersten Höhepunkt.

Verweilen wir ein wenig im mythologischen Bereich. Orpheus, wie ihn die Welt kennt, war einer der berühmtesten Sänger der Griechen. Er war Sohn der Muse Kalliope, genannt die »Schönstimmige«, und des Flußgottes Oiagros. Manchmal wird allerdings auch Apollo als sein Vater genannt.

Geboren wurde Orpheus in Thrakien. Mit seiner Lyra, einem Geschenk Apollos, bezauberte er alle: Menschen und Tiere, ja selbst Flüsse, Seen und Gebirge macht er sich mit seiner Musik untertan. Orpheus reist viel und nimmt auch am Argonautenzug teil. Wieder heimgekehrt ins Gebiet der thrakischen Kikonen, die entlang der Nordküste der Ägäis zwischen Maronia und Apollonis lebten, heiratet er die überaus schöne Eurydike. Als seine Frau nach kurzer Ehe an einem Schlangenbiß stirbt, folgt Orpheus ihr in die Unterwelt und rührt durch den Zauber seiner Musik die Herrscher des Totenreiches. Eurydike wird ein zeitlicher Aufschub zugestanden, allerdings mit der Bedingung, daß der Sänger sich erst nach ihr umdrehen dürfe, wenn sie an das Tageslicht getreten sei. Fast schon in der Oberwelt, dreht sich Orpheus nach Eurydike um – und diese verschwindet nun für immer und unwiderruflich im Reich der Schatten.

Zum Frauenfeind geworden, zieht sich Orpheus mit seinen Jüngern zu kultischen Handlungen und wohl auch zu erotischen Spielen – die Homosexualität war in Thrakien weit verbreitet – auf einen Berghügel zurück, wo sie jeden Morgen weihevoll die aufgehende Sonne begrüßen. Immer mehr Verehrer strömen ihm zu, und sein Name wird bekannter als der des Dionysos. Darüber ist dieser erbost. Er berauscht die thrakischen Mänaden und hetzt sie auf Orpheus und seine Jünger. Als diese sich unbewaffnet im Tempel befinden, werden sie von den Bacchantinnen überwältigt und mit ihren eigenen Waffen getötet. Orpheus' Körper zerstückeln die Rasenden in kleine Teile. Seinen immer noch singenden Kopf werfen sie in die Mariza, deren Wasser das Haupt des Sängers bis zur Insel Lesbos tragen.

Nach dieser gräßlichen Tat erfaßte eine fürchterliche Pest-Epidemie das Land, und die Orakel verkündeten, daß dieser erst Einhalt geboten werden könnte, wenn das Haupt des Orpheus eine würdige letzte Ruhestätte gefunden habe. Fischer fanden den auf den Wellen des Meeres treibenden Kopf des Sängers. Sie bargen ihn, und thrakische Anhänger begruben ihn bei Olympia.

Heute ist ziemlich unbestritten, daß Orpheus eine historische Persönlichkeit war, die erst später in die hellenische und hellenistische Mythologie einging. Die einen halten ihn für einen Zeitgenossen, die anderen für einen Vorgänger Homers. Als Sänger verkörperte Orpheus die große Musikalität der Thraker, von der in den antiken Berichten immer wieder die Rede ist. Der Verlust seiner jungen und schönen Frau Eurydike führte zu einem Kult, der sich wesentlich von jenem des Dionysos unterschied, wenngleich auch seine Wurzeln in der Katharsis zu suchen sind.

Der bulgarische Gelehrte Nikola Šipkovenski sieht in Orpheus den »ersten Arzt der Weltgeschichte«, dessen Name aus dem Phönizischen stammt und soviel wie »der große Arzt« bedeuten soll. Orpheus war ein Universalgenie, das aus den geistigen Schätzen uralter Zivilisationen wie Ägypten, Phönizien und anderer kleinasiatischer Kulturvölker schöpfte, jedoch geläutert wurde durch das Leid und somit imstande war, eine eigene Philososphie, die Orphik, zu gründen.

Nach Šipkovenski führte Orpheus' Weltanschauung zur Lehre des Pythagoras, also zur Erkenntnis, das alles einen Anfang hat – der Gott ist. Orpheus' Schüler Musaios präzisierte den Grundgedanken so: »Alles wird aus einem geschaffen und kehrt in ihn zurück.« Im Weltall besteht eine Harmonie zwischen Kosmos und Leben. Pflanzen und Menschen unterliegen der gleichen Gesetzmäßigkeit wie der Lauf der Sonne und der Sterne. Die Harmonie alles Seienden läßt sich nach der Lehre der Orphik am besten in der Musik ausdrücken, die sogar Tiere und Menschen geistig miteinander verbinden kann.

Mit seiner Musik verstand es Orpheus, nicht nur die wildesten Tiere zu zähmen und alle Tiere mit den Menschen zu verbrüdern, sondern auch Kranke zu heilen und Tote – wie Eurydike – wieder zu beleben. Wenngleich es naturgemäß äußerst schwierig ist, zwischen dem legendären und historischen Orpheus zu unterscheiden, so kann man doch mit ziemlicher Sicherheit annehmen, daß die Orphik nicht von einem Gott, sondern von dem Menschen Orpheus geschaffen wurde. Davon zeugen auch die vielen Bilder auf uralten Vasen, die ihn als singenden und spielenden Heilenden darstellen. Und noch ein anderer Gedanke war es, der von den Thrakern begeistert aufgenommen wurde: der Glaube an die Wiedergeburt nach Tausenden von Jahren, bis man zur vollen Reife und Verschmelzung mit dem Schöpfer alles Seienden gelangt. Der letzte dieser Zyklen ist das ewige Leben im Elysium, einem am Westrand der Erde befindlichen Land der Seligen, ein paradiesisches Gefilde mit ewigem Frühling. Diese Auffassung hat übrigens später auch auf das Christentum einen großen Einfluß.

Schon Strabon war von der historischen Persönlichkeit des Orpheus überzeugt; er schildert ihn als einen Mann mit einer märchenhaften Stimme, deren Zauber sich niemand verschließen konnte. Orpheus verlangte von seinen Jüngern ein gemäßigtes Leben und stand damit im Gegensatz zum Dionysos-Kult. Die orphischen Riten verliefen ruhig, konzentriert und waren immer von viel Musik begleitet. Seine Anhänger waren weiß gekleidet und lebten vegetarisch – und viel später verwandelte sich der verklärte Ausdruck des Orpheus in jenes Christusbild vom guten Hirten, umgeben von wilden Tieren und frommen Lämmern. Auch die Christusdarstellung ohne Bart, wie man sie in Mittelasien findet, ist vom bartlosen Gesicht des Orpheus inspiriert worden.

Räuberische Krieger

Obwohl Dionysos-Kult und Orphik, die im Neoplatonismus auch eine philosophische Anerkennung fanden, einen nicht geringen Beitrag zur geistig-religiösen Entwicklung der Griechen leisteten, blieb ihre ethische Auswirkung auf die Masse der thrakischen Bevölkerung gering. Ihre Kulte sind auch weiterhin den primitiven Formen der Naturreligionen verhaftet. Sie galten der Fruchtbarkeit, dem Schlachtenglück, dem Schutze des Lebens und stellten keine sittlichen oder ethischen Normen im Leben der Thraker dar, noch viel weniger waren sie die Basis eines religiös-philosophischen Denkens.

Es gab keine allgemeingültigen Gebote. So blieben die Sitten der Thraker »barbarisch« und entsprachen damit den jeweiligen ökonomischen Bedingungen. Die Kulte waren zwar ein wichtiger Faktor in ihrem täglichen Leben, doch bestimmten nicht sie die geistige und materielle Kultur, die Struktur des Staates und der Gesellschaft, sondern diese bestimmte die Veränderung der Kulte. Dadurch kam es später zu einer religiösen Evolution, die allmählich zu einer höheren religiösen Auffassung führte, neue Ideen mit sich brachte und sich selbstverständlich auch in neuen, verfeinerten kultischen Handlungen ausdrückte. Es gab bei den Thrakern keine allgemeingültige Religion, die den Menschen die Begriffe von »Gut« und »Böse« vermittelt und ihnen ihre Verpflichtungen gegenüber der Familie und der Gesellschaft bewußt gemacht hätte. Die thrakische Aristokratie lebte so, wie es ihr paßte und wozu sie die Macht hatte. Da die Thraker auch keine eigene Schrift besaßen, fehlte eine notwendige Voraussetzung für die Einheitlichkeit der Kulte; und dies verhinderte somit die Bildung eines allgemeingültigen religiösen Dogmas. Eine solche Entwicklung begann erst unter dem Einfluß der griechischen Philosophen und war anfänglich an der thrakischen Küste, an der Propontis (Marmarameer) und am Schwarzen Meer verbreitet. Später tauchte der griechische Einfluß auch im Innern des Landes auf, nachdem Philipp II. von Makedonien Philippopolis gegründet hatte; doch auch hier beschränkte er sich auf die Städte. Auf dem Land und bei den breiten Volksmassen überwogen die alten Strukturen und Sitten bis zur Römerzeit.

Herodot berichtet, daß die Thraker die Feldarbeit als schimpflich ansahen, Krieg und Raub hingegen als eine ehrenvolle Beschäftigung. Die räuberischen Instinkte der Thraker werden auch von anderen antiken Autoren erwähnt. So erzählt Seuthes II. in seinem griechisch-thrakischen Exil dem Xenophones: »Mäsades war mein Vater; er herrschte über die Melanditen, Thynen und Tranipsen. Als die Macht der Odrysen in Verfall geriet, wurde mein Vater vertrieben und starb. Ich aber wurde als Waise beim jetzigen König Medokos erzogen. Als ich Jüngling wurde, war mir das Leben am fremden Tisch unerträglich, und ich bat daher bei der Tafel den König, mir soviel Soldaten als möglich zu geben, teils um diejenigen, die uns vertrieben haben, zu schädigen, teils um nicht länger von seinem Brot zu leben. Daraufhin gab er mir Leute und Pferde. Jetzt verschaffe ich mir meinen Lebensunterhalt mit diesen Leuten, indem ich mein väterliches Gebiet plündere.«

Mord und Totschlag waren nichts Besonderes. Der Krieg war wie die Jagd ein ständiger Zustand im Leben der Thraker, und er unterschied sich nur in den Dimensionen von einer anderen Lieblingsbeschäftigung der Thraker, dem Raub. Die Methoden waren in jedem Fall grausam. So riefen die Athener für ihre sizilianische Expedition während des Peloponnesischen Krieges, also etwa um 415 v. Chr., mehr als 1300 thrakische Schwertträger als Söldner ins Land, die jedoch erst nach dem Auslaufen der Flotte in Athen ankamen. Um sie loszuwerden, schickten die Athener sie nach Böotien, wo die Thraker die kleine Stadt Mykales überfielen und ein furchtbares Blutbad anrichteten. Thukydides berichtet folgendermaßen darüber: »Die Thraker nun, indem sie in Mykales eindrangen, verwüsteten die Heiligtümer und die Häuser und mordeten die Menschen, nicht das Alter verschonend, nicht die Jugend, sondern alles, was sich ihnen in den Weg stellte, töteten sie. Kinder und Weiber und gar auch die Zugtiere und was sie sonst nur an Lebendigem sahen. Denn das Volk der Thraker gehört zu den mordlustigsten unter allen Barbaren, wenn sie sich zu sicher fühlen. Da trat denn die entsetzliche Verwirrung vor die Augen und jedes Bild des Verderbens, und so fielen sie auch in eine Knabenschule ein, die größte im Ort, wo die Knaben eben eingetreten waren, und hieben sie alle nieder. So unerwartet und so entsetzlich war der Schlag, der die Stadt traf, daß er von keinem ähnlichen übertroffen wurde.«

Doch die Thraker kamen mit ihrer Beute nicht weit. Thebanische Reiter verfolgten die Räuber und trieben diese bis ans Meer, wo ihre Schiffe vor Anker lagen. »Und als die Thraker auf die Schiffe zu kommen suchten, töteten ihnen die Thebaner die meisten Leute, da jene des Schwimmens nicht kundig waren«, stellt Thukydides fest. Das Massaker von Mykales war jedoch für barbarische Völker nicht unbedingt typisch, sondern entsprang vielmehr dem allgemeinen Verfall der Moral während des Peloponnesischen Krieges, der ja auch bei den Griechen zu einer ebenso starken Verrohung der Sitten geführt hat. Die Massaker entsprangen auch der taktisch-politischen Überlegung, durch die Dezimierung der Bevölkerung oder durch die gnadenlose Ausrottung der Oberschicht sich den Rest des unterworfenen Volkes bedingungslos gefügig zu machen. Aber gerade diese kühl-intellektuelle Überlegung, die nicht barbarischer Spontaneität entsprang, deutet auf einen anderen Ursprung hin. Wir finden sie in der griechischen Philosophie in hundertfachen Varianten. Es steckt ein System dahinter, das sich leider bis in unsere Zeit mit erschreckender Deutlichkeit erhalten hat. Als klassisches Beispiel überliefert uns Herodot dafür folgende Anekdote: Periander, Tyrann von Korinth, ließ einen milesischen Philosophen um Rat fragen, wie er seine Herrschaft am besten festigen könne. Dieser führte den Abgesandten des Tyrannen zu einem Weizenfeld, hieb dort jene Ähren ab, die die anderen überragten, und trat sie in den Schmutz. Periander verstand den Rat des Philosophen: Er ließ in Korinth alle Bürger hinrichten, die die Masse geistig, politisch oder auch wirtschaftlich überragten. Von dem Spartaner Lysander (um 407 v. Chr.) ist bekannt, daß er nach den Siegen, die den Peloponnesischen Krieg beendeten, in Milet achthundert Mitglieder der gegnerischen Partei umbringen ließ. Umgekehrt wurden nach der Schlacht von Leuktra (371 v. Chr.), die das Ende der spartanischen Vorherrschaft bedeutete, alle spartafreundlichen Bürger hingerichtet (I. Schwidetzky). Der berühmte athenische Redner und Publizist Isokrates (436 bis 338 v. Chr.) berichtet sehr ausführlich über die Methoden, mit denen beispielsweise bei den wechselhaften Kämpfen zwischen der Stadt Argos und ihren Nachbarn die führenden Männer der unterlegenen Partei als Kriegsverbrecher beschuldigt und hingerichtet wurden.

Aber solche Fälle werden von den griechischen Autoren verständlicherweise nur selten zugegeben, meist werden sie verniedlicht dargestellt oder falsch interpretiert. Ein typisches Beispiel ist auch das Massaker von Mykales. Thukydides erwähnt zwar, daß die thrakischen Schwertträger von einem Mann namens Diithrephes angeführt wurden, verschweigt aber, daß dieser ein Grieche war, der sie nach Böotien gebracht hatte, damit diese sich den ihnen zugesagten Sold selbst – vom Feind – holen sollten.

Dennoch: Raub und Krieg waren nun einmal die beliebtesten Beschäftigungen der Thraker. Plutarch berichtet, daß der Begründer des Odrysenreiches, Teres, der ein Alter von 92 Jahren erreichte, behauptet hatte, daß »er sich wie ein Roßknecht vorkommt, wenn es keinen Krieg gibt«. Auf Grund dieser Einstellung ist es auch verständlich, daß sich seinem Sohn Sitalkes zahlreiche Stämme anschlossen, als dieser gegen den Makedonier Perdikkas zu Felde zog – nicht sosehr, um dessen politische Zielsetzung zu unterstützen, sondern um unter seinem Schutz – immerhin hatte der Odrysenkönig an die 150 000 Mann auf die Beine gebracht – möglichst risikolos plündern und rauben zu können. »Die Stämme um das Balkangebirge«, konstatiert Strabon, »sind alle Räuber. Und besonders die Bessen, die den größten Teil des Hämos einnehmen, die werden von den Räubern selbst noch als Räuber bezeichnet.«

Xenophon berichtet, daß an der Schwarzmeerküste selbst die Aufbringung von Strandgut nach Räubermanier organisiert war. Strandete ein griechisches Schiff, dann eilten die Thraker diesem nicht zu Hilfe, sondern warteten geduldig, bis es sank. Dann nahmen sie am Strand Aufstellung und grenzten mit Pfeilen jenen Claim ab, den jeder einzelne zum Aufbringen des Strandgutes in Anspruch nehmen durfte. Im Rahmen dieser Organisation des Strandraubes sollen sich viele Thraker beim Streit um die Beute selbst ums Leben gebracht haben.

Für die griechischen Städte an der Schwarzmeerküste war es ein großes Problem, ihre Versorgung und ihren Handel vor den räuberischen Thrakern zu schützen, für die der Raub die einfachste Methode des Überlebens war. Die Griechen suchten Schutz bei den thrakischen Königen und Stammesfürsten, denen sie Steuern zahlten und Geschenke machten. Diesen Obulus mußten sie aber auch an die Gefolgsleute des Königs entrichten, die von ihren kleinen Burgen aus die wichtigsten Verkehrswege kontrollierten. Die Bewohner von Mesembria zahlten alljährlich für diesen Schutz einen goldenen Kranz im Wert von 50 Stater (450 Gramm Gold). Für die

Aufbringung des Strandgutes ihrer gestrandeten Schiffe mußten die Bewohner der Stadt einen Teil der Ladung an den König abtreten. Die Räubereien entwickelten sich besonders stark zur Zeit der römischen Bedrohung. Damals traten die Thraker an, um für ihre Freiheit zu kämpfen, gewöhnten sich dann aber so an den permanenten Kriegszustand, daß sie auch ohne Bedrohung von außen wie die Desperados nach dem amerikanischen Bürgerkrieg auf eigene Faust und für die eigene Tasche weiterkämpften. Noch im Jahre 9 v. Chr. zeichnet Ovid ein düsteres Bild hinsichtlich der Unsicherheit in der Umgebung der Stadt Tomis (Constanţa): »Welch ein Unglück ist es, hier zu leben unter Bessen und Géten! Sie treiben sich um die Stadt herum, grausam, mit ihren mit Schaum bedeckten Pferden. Sie jagen mit Speeren und Pfeilen, die vergiftet sind. Der feindliche Barbar treibt den, den er auf den Feldern ergriffen hat, mit einer Kette um den Hals vor sich her. Viele gehen durch Giftpfeile zugrunde.« Die Pfeile waren mit einem Pflanzengift präpariert und wirkten in Sekundenschnelle tödlich. »Ihre Stimme«, so Ovid, »war roh und der Ausdruck ihres Gesichtes grausam, so als würde man Mars selbst begegnen. Niemals hat ihre Hand ihre Haare berührt oder ihre Bärte rasiert. Die rechte Hand führt schnell den Schlag und das Messer, das jeder Barbar an seiner Seite hängen hat.« Ovid bezweifelt, ob man diese verwegenen Gesellen überhaupt noch als Menschen bezeichnen sollte, die »wilder und grausamer als Wölfe waren«, die sich keinem Gesetz unterwarfen und nur die Macht des Stärkeren anerkannten.

Nun, so schlimm, wie Ovid sie schildert, waren die Verhältnisse bestimmt nicht überall. Wir wissen das aus zahlreichen anderen antiken Quellen. Ovid war schließlich ein Verbannter, und sein larmoyantes Verhalten war sicherlich auch von der Absicht diktiert, seine Verbannung vor Rom als unmenschlich hinzustellen.

Köpfe auf Spießen

Wenn während der fünfhundertjährigen Besetzung des heutigen Bulgariens durch die Türken bulgarische Freischärler gefangengenommen wurden, ließ man ihnen die Köpfe abschlagen, steckte diese auf Lanzen und stellte sie in den Dörfern als Abschreckung zur Schau. So barbarisch diese Sitte auch war, sie war nicht neu. Sie wurde schon tausend Jahre vorher von den Thrakern geübt. Wenn sie von Krieg und Kampf zurückkamen, führten sie auf ihren Lanzen die Köpfe ihrer besiegten Feinde mit – wie die Indianer die Skalpe oder die Skythen die abgezogene Rückenhaut ihrer Gegner. Aber auch hierbei besteht die Gefahr der Einseitigkeit. Wenn nämlich der römische Geschichtsschreiber Livius voll Entsetzen diese barbarischen Sitten beschreibt, so bedeutet dies nicht, daß sich nicht auch seine eigenen Landsleute derselben Methode befleißigten. Ein Blick auf die berühmte Trajansäule in Rom oder auf das Siegesmal von Adamklissi in der rumänischen Dobrudscha zeigt, daß auch den Römern diese Geste des totalen Triumphes über den Feind nicht fremd war. Bei den Szenen, die die Unterwerfung der Daker zeigen, fehlen keineswegs die Lanzenträger mit den aufgespießten Köpfen. Auch Decebals Haupt wurde im Triumphzug mitgeführt, wenngleich sich der Dakerkönig, eben um dieser Schmach zu entgehen, vor seiner Gefangennahme in sein Schwert gestürzt hatte. Sein ihm nachträglich abgeschlagener Kopf wurde von Trajan selbst den jubelnden Massen gezeigt. Dieser grausame Brauch wird auch von Plutarch erwähnt: »Ariston, der Anführer der Paioner, tötete einen Feind, zeigte Alexander von Makedonien dessen Kopf und sagte: Bei uns, König, wird so etwas mit einem goldenen Becher belohnt.«

Daß das Köpfen der Feinde auch noch zur Römerzeit üblich war, beweisen zwei archäologische Funde, die erst in jüngster Zeit gemacht wurden. Da ist zunächst eine Steinplatte zu nennen, die bei Assenovgrad im Bezirk Plovdiv gefunden wurde, deren Relief dem Betrachter unwillkürlich den Atem stocken läßt. In der Mitte der Platte ist eine Frauengestalt, mit einem Chiton bekleidet, zu sehen. In der rechten Hand hält sie ein langes Messer, das an ein thrakisches Schwert erinnert, in der anderen hält sie an den Haaren den Kopf einer enthaupteten Frau, aus dem noch Blut tropft. Zu beiden Seiten der Frauengestalt liegen noch weitere sieben Frauenköpfe. Wahrscheinlich handelt es sich hier um einen Ritualakt mit kriegerischem Charakter. Es ist bekannt, daß die Thraker nach der Rückkehr von

Kriegs- und Raubzügen ausgelassene Feste feierten, bei denen sich ihre Frauen sehr aktiv an der Mißhandlung und Ermordung von Kriegsgefangenen beteiligten. Die Darstellung auf einer Steinplatte läßt den Schluß zu, daß es sich hier nicht um eine einfache Frau, sondern vermutlich um eine Priesterin handelt; vielleicht auch um eine jener Priesterinnen, die dem gefürchteten Kriegsgott Ares Menschenopfer darbrachte. Das würde bedeuten, daß Ares (Mars) auch noch zur römischen Zeit Menschen geopfert wurden. Unweit von Plovdiv wurde ebenfalls eine Votivtafel aus der Römerzeit gefunden, die jener von Assenovgrad ähnlich ist. Auch auf ihr hält eine Frauengestalt in der rechten Hand ein Messer und in der anderen einen Kopf. Ob es sich dabei um einen Frauen- oder um einen Männerkopf handelt, kann nicht festgestellt werden.

Krieg und Raub waren bei allen Völkern der Frühzeit so selbstverständlich wie die Jagd. Es gab da keine Ausnahmen. Den Unterschied zwischen dem gesetzlichen und ungesetzlichen Raub erfanden die Menschen erst später. Den gesetzlichen nannten sie Krieg, Tribut, den Zehnten und schließlich die Steuer, ungesetzlich blieb der Raub nur, wenn er von dafür nicht privilegierten Personen durchgeführt wurde.

Die von den antiken Autoren immer wieder erwähnte und hervorgehobene Grausamkeit der Thraker muß auf die starke Verbreitung des Ares-Kultes zurückgeführt werden. Das wilde Gehabe der thrakischen Krieger diente der Einschüchterung des Feindes. Es sollte Angst einjagen, wie auch Ares durch sein furchterregendes Aussehen Angst eingejagt hat. Die Paionen im Vardartal wurden von den Griechen als »Furchtgesichtige« oder »Krummpfeilige« bezeichnet.

Der Ares-Kult ist in Thrakien eine ebenso bemerkenswerte wie interessante Erscheinung. Bekanntlich zählt Ares, der griechische Kriegsgott, zu den verhaßtesten und gefürchtetsten Göttern im griechischen Altertum. Die Griechen, nicht minder kriegerisch als ihre thrakischen Nachbarn, schätzten Ares so wenig, daß sie ihm nicht einmal einen Platz in ihrem Götterhimmel zuwiesen. Sie siedeln ihn irgendwo im kalten und für sie unwirtlichen Thrakien an.

In der Ilias kommt Ares aus Thrakien nach Troja, und nach den Berichten aus Homers Odyssee kehrt Ares nach seinem Abenteuer mit Aphrodite wieder in das rauhe Land der Thraker zurück. Für die alten Griechen war Ares der Stammvater besonders grausamer Thrakerstämme: doch diese kannten seinen Namen nicht. Daß die kriegerischen Thraker ebenfalls einen Kriegsgott brauchten, steht außer Zweifel. Wahrscheinlich hat Ares bei den verschiedenen thrakischen Stämmen auch verschiedene Namen gehabt. Bei den Krestonen gab es einen Gott Kandaon, der von den Griechen als »thrakischer Ares« bezeichnet wurde, und die Absinthier verehrten einen Gott Pleistor, dem noch im 5. Jahrhundert v. Chr. gefangene Gegner gnadenlos geopfert wurden. Für manche Forscher ist auch der legendäre thrakische König Lykurgos mit dem Kriegsgott Ares identisch.

Zahlreiche Wesenszüge des Gottes bestimmen bis in die Römerzeit hinein die Kampftaktik der thrakischen Krieger, wenngleich Ares bereits in der späthellenistischen Epoche menschliche Züge anzunehmen beginnt. Er wird zu einem in Träume versunkenen Mann. So begegnet er uns jedenfalls in den großartigen Plastiken des 4. Jahrhunderts v. Chr.

Land und Leute

Die thrakischen Stämme bildeten, wie schon erwähnt, keine einheitliche staatliche Organisation. Versuche in dieser Richtung hatten nur eine begrenzte Dauer und waren, wie das Beispiel des Odrysenreiches zeigt, meist an die Persönlichkeit des jeweiligen Herrschers gebunden. Auch in der makedonischen Zeit gelang es Philipp II. nicht, die thrakischen Stämme zu vereinen, und Lysimachos, dem nach dem Tod Alexanders Thrakien als Erbe zugefallen war, bemühte sich vergeblich, die Geten nördlich der Donau zu unterwerfen.

Es gab keine Staatsverwaltung und auch kein geordnetes Rechtswesen. Es gab keine geschriebenen Gesetze, sie wurden überliefert. Bei den Agathyrsen wurden die »Gesetze« in Liedform von einer Generation an die nächste weitergegeben. Aristoteles berichtet, daß sie ihre »Gesetze« sangen, um sie nicht zu vergessen. Das läßt eine alte Tradition vermuten. Die Todesstrafe war allgemein üblich, doch sie war nicht gesetzlich verankert; mit einer einzigen Ausnahme: Angehörige des eigenen Stammes durften nicht getötet werden. Die thrakischen Fürsten umgingen dieses Sittengesetz recht einfach: Sie übergaben die Verurteilten ihren Todfeinden, die das Urteil dann prompt und ganz »legal« vollstreckten. So geschehen im Jahre 359 v. Chr. mit dem odrysischen Adeligen Miltokythes und seinem Sohn, die an einer Verschwörung gegen ihren König Kersobleptes beteiligt waren. Miltokythes war ein Freund Athens – und durch List in die Hand des Söldnerhauptmanns Charidemos gefallen, der, selbst athenischer Bürger, im Dienst des Thrakerkönigs stand. Kersobleptes verurteilte Miltokythes zum Tode und lieferte ihn zusammen mit seinem Sohn den alten athenischen Feinden, den Bewohnern der Stadt Cardia aus, die mit den Gefangenen kurzen Prozeß machten. Sie fuhren die beiden mit dem Schiff aufs Meer hinaus, wo sie zunächst den Sohn vor den Augen des Vaters erstachen und diesen dann ertränkten.

Wie bei allen antiken Völkern gab es auch bei den Thrakern ein Asylrecht. Wer in eine Kultstätte entfliehen konnte, war gerettet. Er stand unter dem Schutz der Götter – und durfte auch später nicht mehr belangt werden.

Die Masse des Volkes befand sich in absoluter Abhängigkeit von ihrem König, den Stammesfürsten oder der Aristokratie. Die Königsgewalt war uneingeschränkt. Nach dem Tod des Königs ging die Königswürde auf dessen Söhne über oder – wenn solche nicht vorhanden waren – auf die Neffen, die Söhne des ältesten Bruders des Verstorbenen. Doch wurde diese Reihenfolge nicht immer eingehalten; oft bestimmte der Stärkere innerhalb der Sippe die Erbfolge, oder es übernahm ein Stammesfürst den Königstitel. So geschah es, als es einem Kotys – man kann heute nicht mehr feststellen, woher er kam – im Jahre 383 v. Chr. gelang, sich des odrysischen Thrones zu bemächtigen und eine neue Dynastie zu gründen.

Bei manchen thrakischen Stämmen besaß auch der Oberpriester des Hauptgottes königliche Gewalt. Man nimmt an, daß sich das

Königtum bei den Thrakern schon während des 2. Jahrtausends v. Chr. aus einer Priester- und Zauberkaste entwickelt hat. Bei den Bessen war der Dionysospriester Vologaises der Führer des Volkes im Krieg gegen die Römer, und bei den mösischen Kebreniern und Skaiboern waren die jeweiligen Oberpriester zugleich auch die Herrscher. Als die Skaiboer sich einmal gegenüber dem Priesterkönig Konsingas unbotmäßig zeigten, drohte dieser, er werde auf einer Leiter zum Himmel steigen und dort Hera vom Ungehorsam seiner Untertanen berichten. Das wirkte. Fortan gehorchten ihm die Leute widerspruchslos. Ihre Angst vor den Göttern war groß. Dennoch wäre es falsch, in diesem Zusammenhang schon von einer Gottesfurcht zu sprechen, wie sie den späteren Religionen eigen ist.

Die politisch-soziale Struktur in Thrakien sah bis zum Einbruch der Kelten im 3. Jahrhundert v. Chr. in etwa so aus: Das Land war dünn besiedelt, weite Gebiete – vor allem in den ausgedehnten Urwäldern – waren menschenleer. So etwa das an der Donau gelegene Mösien, wo erst viel später von den Römern an die 50 000 Daker, die aus den Gebieten nördlich der Donau evakuiert worden waren, angesiedelt wurden. Das Odrysenreich umfaßte etwa ein Territorium von hunderttausend bis hundertdreißigtausend Quadratkilometer; das entspricht etwa der Gesamtfläche des heutigen Bulgarien (110 000 Quadratkilometer). Die damalige Einwohnerzahl wird auf etwa sechshunderttausend geschätzt (in Bulgarien leben heute rund acht Millionen Menschen). Doch das Odrysenreich war nur ein Teil der von Thrakern bewohnten Gebiete. Dazu kamen noch die Siedlungsgebiete der Geten und Daker nördlich der Donau. Beide Völker sollen römischen Berichten zufolge immerhin ein Heer von 200 000 Mann gegen Cäsar mobilisiert haben. Diese Zahl der Wehrfähigen läßt auf insgesamt eine Million Menschen schließen.

Der rumänische Historiker Nicolae Iorga hält diese Schätzung für übertrieben. Er nimmt an, daß dabei auch die germanischen und sarmatischen Verbündeten der Daker mit einbezogen wurden. Iorga schätzt, daß das dakische Volk vor der römischen Eroberung kaum mehr als hunderttausend Menschen betrug. Für das römische Dakien, das als Grenzland von römischen Siedlern kolonisiert wurde, kann man nach den Berichten Felicianis bei einer Größe von rund hundertfünfzigtausend Quadratkilometern eine Million Einwohner voraussetzen. Zum Vergleich: Im heutigen Rumänien, dessen Territorium ungefähr dem dako-getischen Siedlungsraum entspricht, leben 20 Millionen Menschen auf 238 000 Quadratkilometern.

In Thrakien gab es bis zur römischen Epoche mit Ausnahme der griechischen Kolonien keine Städte im eigentlichen Sinne, sondern nur einige größere Siedlungen, die »Bria« genannt wurden. Mesembria, das heutige Nessebär, erinnert daran. Diese Siedlungen waren mitunter von großen Steinmauern umgeben; in der Regel entstanden sie um den Wohnsitz eines Adeligen oder Dynasten herum. Diese Wohnsitze waren anfangs einfache, primitive Türme, die allmählich zu kleinen Burganlagen ausgebaut wurden. Ihnen schlossen sich die Häuser der Reichen an; meist waren dies ebenerdige Steinbauten.

Auch Pfahldörfer waren keine Seltenheit. Herodot berichtet darüber: »Mitten im See stehen zusammengefügte Gerüste auf hohen Pfählen, und dahin führt vom Lande nur eine Brücke. Die Pfähle, auf denen die Gerüste ruhen, richteten in alten Zeiten die Bewohner insgeheim auf, nachher aber machten sie ein Gesetz, und nun geschieht es also so: für jede Frau, die einer heiratet, holt er drei Pfähle aus dem Gebirge und bringt sie unter; es nimmt sich aber ein jeder viele Frauen. Sie wohnen daselbst auf folgende Art: es hat ein jeder auf dem Gerüst eine Hütte, in der er lebt, und eine Falltür durch das Gerüst, die in den See hinunterführt. Die kleinen Kinder binden sie mit einem Seil an einem Fuß an aus Furcht, daß sie hinunterfallen. Ihren Pferden und dem Lastvieh geben sie Fische zum Futter. Von diesen ist eine so große Menge vorhanden, daß, wenn einer die Falltür öffnet und einen leeren Korb an einem Strick in den See hinunterläßt, er ihn nach kurzer Zeit voll Fische wieder hinaufzieht. Der Fische aber sind zwei Arten, die nennen sie Paprax und Tilon.« Der griechische Dramatiker Äschylos (526 bis 456 v. Chr.), der das Gebiet der unteren Struma bereiste, erwähnt verschiedene Pfahlbaudörfer und die mit Türmen befestigten Siedlungen in der Ebene.

Bei der Ausgrabung eines Tumulus (vorgeschichtliches Hügelgrab) in der Nähe von Schumen im nordöstlichen Bulgarien wurden die Überreste von Hütten entdeckt, die in der Stein-Kupfer-Zeit erbaut worden waren. Sie hatten einen rechteckigen Grundriß und waren etwa 3 bis 4 Meter lang. Ihre Wände bestanden aus Flechtwerk und waren mit einem Gemenge aus Lehm und Stroh dick beworfen. Im gleichen Hügel wurden auch einige kleine Tonmodelle von Häusern entdeckt. Jedes Modell zeigte eine andere Hausform; allen war jedoch gemeinsam, daß sie schiefe Seitenwände hatten. Der Eingang, oder besser gesagt der Einstieg, erfolgte vom Dach aus, das aus dicken Strohbündeln bestand. Manche Häuser hatten auch ein oder zwei Türöffnungen, aber keine Fenster. Sie glichen künstlichen Höhlen. Die Wände der Häuser waren rot bemalt und mit inkrustierten Ornamenten geschmückt.

Es gab aber auch unterirdische Häuser wie bei den Phrygern und Armeniern. Sie bestanden praktisch aus einer großen Grube, die mit Baumstämmen und Ästen abgedeckt war. Über dieses Dach wurde Erdreich geschüttet und nur ein kleiner Spalt als Eingang freigelassen. In Rumänien konnte man noch bis vor einigen Jahren in den entlegenen Winkeln der Moldau und der Walachei ähnliche Erdhäuser finden. Einige Modelle dieser Wohnhöhlen sind heute im Dorfmuseum von Bukarest zu sehen. Im Gebiete der Dobrudscha kennt man noch Troglodyten (antike Höhlenbewohner), die ebenfalls in unterirdischen Wohnungen lebten. Diese Wohnweise hat sich in Bulgarien bis in die neuere Zeit erhalten. F. Kanitz beschreibt solche Wohnungen, die er zu Beginn dieses Jahrhunderts noch in der Umgebung von Lom gefunden hat: »Sie sind zur Hälfte in der Erde eingegraben, mit auf schief gegeneinander gestellten Baumstämmen aus Erde gestampften Dächern und riesigen, aus Rohr geflochtenen Rauchfängen.« Die Phryger wiederum, die in der Ebene wohnten und wegen des Mangels an Wäldern das Bauholz entbehrten, wählten, wie O. Schrader berichtet, natürliche Hügel aus, durchstachen diese in der Mitte, legten Gänge an und erweiterten den so geschaffenen Raum, soweit es die Beschaffenheit des Bodens zuließ. Darüber verbanden sie Pfosten miteinander und stellten eine Art von Spitzkegeln her, die sie mit Rohr und Reisig bedeckten. So richteten sie über ihren Wohnungen große, aus der

Erde hervorragende Hügel auf. Durch diese Bauweise waren ihre Wohnungen im Winter warm und im Sommer kühl.

Manche Forscher vertreten daher auch die Meinung, daß nicht alle Tumuli, die in Bulgarien registriert wurden, ihre Entstehung dem Bau von Grabstätten verdanken, sondern ebenso den Lebenden als Wohnung gedient haben.

Eine wenn auch oberflächliche Beschreibung eines thrakischen Dorfes verdanken wir Xenophones. Er berichtet, daß die thrakischen Dörfer aus wenigen ebenerdigen Lehmhäusern bestanden. Jede Familie hatte eine eigene Hütte. Da diese von einem aus Holzflechtwerk bestehenden Zaun umgeben waren, der als Weidezaun für die Schafe diente, glichen sie eher jenen Schäferhütten, wie man sie in ähnlicher Form heute noch allerorts auf dem Balkan findet. Überreste von Holzhäusern, wie sie uns von den nördlich der Donau wohnenden Dakern durch die Darstellung auf der Trajansäule überliefert sind, wurden südlich der Donau nicht gefunden. Das schließt jedoch nicht aus, daß es sie hier nicht gegeben hat. Funde sind allerdings nicht zu erwarten; Holz überdauert in der Regel die Jahrtausende nicht. In der Bronzezeit erhielten die Häuser Giebel; sie wurden schöner, gediegener und auch größer. Das ist sicherlich auf die verbesserten technischen Möglichkeiten beim Hausbau durch das neue Material Bronze zurückzuführen. Doch haben von diesen Segnungen nur ganz wenige Thraker profitiert. Bronzegeräte und Werkzeuge waren für die Masse der Bevölkerung unerschwinglich. Sie lebten weiterhin so primitiv wie ihre neolithischen Vorfahren.

Bei den antiken Schriftstellern werden auch thrakische Städte erwähnt; doch konnten solche mit Ausnahme der Adelsstädte Seuthopolis und Kabyle bisher nicht gefunden werden. Alexander der Große eroberte eine getische Stadt am linken Ufer der Donau, und die Begegnung zwischen dem Getenkönig Dromichaites und dem gefangenen Diadochen Lysimachos soll in der Stadt Helis »in der Getenwüste zwischen Pruth und Dnjestr« stattgefunden haben. Auch diese konnten noch nicht lokalisiert werden. Wahrscheinlich dürfte es sich bei den zitierten »Städten« in Wirklichkeit um Burgen und Festungen gehandelt haben.

Tacitus erwähnt mehrere Burgen der Thraker, die sich auf hohen Bergrücken befunden haben und in denen sie bei Kriegsgefahr ihre Frauen und Kinder, aber auch das Vieh unterbrachten. Diese Anlagen, die seit einigen Jahren in Rumänien und Bulgarien wissenschaftlich erforscht werden, waren strategisch so günstig angelegt, daß Tacitus anerkennend vermerkt, »daß diese Burgen von den angrenzenden Anhöhen, die ebenfalls befestigt waren, gedeckt wurden, so daß Poppaeus Sabinus, um eine solche Festung einzuschließen, die Zirkumvallationslinien auf vier Meilen ausdehnen mußte«. Eine dieser großartigen Festungen, über die noch zu berichten sein wird, liegt in den südwestlichen Karpaten. Es ist Sarmizegetusa, die Residenz des Dakerkönigs Decebal.

Bauern und Hirten

Die Masse der thrakischen Bevölkerung bestand aus Bauern, die als Hörige im Dienst der thrakischen Aristokratie standen. Der Ackerbau war gut entwickelt. Nach griechischen Quellen ist den Thrakern die Einführung des Ackerbaus in Attika zuzuschreiben. Der Anbau von Kulturpflanzen wie Gerste, Korn und Weizen erfolgte schon in früher Zeit. Ein thrakischer Stamm an der mittleren Mariza wurde von den Griechen »Weizenbauer« genannt. Und in den thrakischen Tumuli wurden verkohlte Weizenkörner aus dieser Zeit entdeckt. Hirse war das Hauptnahrungsmittel. Weiße Bohnen allerdings, die heute fast ein Synonym für die Balkanküche sind, gab es bei den Thrakern noch nicht. Selbstverständlich auch nicht Kartoffeln und Tomaten, die erst viel später aus Amerika kamen.

Der Weizenanbau war weit verbreitet. Aus historischer Zeit gibt es eine Reihe von Hinweisen auf den thrakischen Weizen. Theophrast bemerkt, daß der »thrakische Weizen viele Schalen hat und spät keimt«, und Diodor berichtet, daß König Lysimachos – der im Herzen der thrakischen Ebene, im heutigen Plovdiv seine Residenz hatte – der von dem einäugigen Diadochen Antigonos belagerten Insel Rhodos 40 000 Scheffel Gerste und ebensoviel Weizen zuschickte. Die Weizenlieferungen wurden mit Schiffen von der Mariza bis zur Ägäis und von dort mit Schnellseglern nach Rhodos

gebracht. Bei der Vermählung des Iphikrates mit der Tochter des
thrakischen Königs Kotys, der zu den prachtliebendsten thrakischen Herrschern zählte, erhielt Iphikrates als Mitgift zwei Herden
Schimmel, eine Herde Ziegen, einen goldenen Schild, einen flachen
Trinkbecher, ein schneckenartiges Gefäß und einen Krug Schnee
sowie einen Keller Hirse und einen zwölf Ellen hohen Topf
Zwiebeln. Daß die Thraker gerne und reichlich Zwiebeln und
Knoblauch aßen, geht aus den Gemälden des Grabmals von Kasanläk hervor, wo sich unter den Speisen, die das Fürstenpaar ins
jenseitige Leben mitbekam, auch Zwiebeln und Knoblauch befanden.

Auch die Daker und Geten bauten Getreide an. Man erzählt, daß die
Soldaten Alexanders des Großen, als sie 335 v. Chr. die Donau
überquerten, um die Geten zu unterwerfen, sich durch Getreidefel-
der ihren Weg bahnen mußten, die so hoch waren, daß sie nur
mühsam mit seitwärts gehaltenen Lanzen vorankommen konnten.
Aus der Dobrudscha stammte vermutlich der Großteil des Getreides, das die Griechen von den pontischen Städten nach dem Festland
exportierten. Später wurde auch die Provinz Mösien, die zum Teil
das heutige Nordbulgarien umfaßte, als »Getreidespeicher« erwähnt, von dem aus Direktlieferungen bis nach Rom erfolgten.
Es ist nicht uninteressant, daß die Weizenanbaugebiete bis in unsere
Tage dieselben sind: der Bărăgan in Rumänien und Nordbulgarien
und die weiten Flächen der thrakischen Ebene bei Plovdiv. Den
thrakischen Roggen bezeichnet Galenus mit dem Wort »britza« –
ein Wort, das noch heute in Bulgarien für ein besonders weißes
Sommergetreide steht.

Im Strumatal und in Nordbulgarien gedieh auch die Wassernuß in
großen Mengen, deren Blätter für die Fütterung der Pferde verwendet wurde und aus deren Frucht die Thraker eine Art Fladenbrot
buken. Die Wassernuß wächst auch im heutigen Bulgarien; ihre
Kerne werden in manchen Gegenden geröstet gegessen. Im hohen
Niveau des thrakischen Gartenbaues liegt wahrscheinlich auch die
Wurzel der Gärtnerleidenschaft der heutigen Bulgaren begründet.
Es gibt kaum eine größere Stadt Mitteleuropas, an deren Peripherie
nicht bulgarische Gärtner leben, die mit ihren Erzeugnissen wesent-

lich zur Versorgung der Städte beitragen. Und ebenso bekannt ist, daß die bulgarischen Gärtner eine glückliche Hand bei der Ausübung ihres Berufes haben, die ihnen meist überdurchschnittliche Erträge sichert. Wenn heute das kommunistische Bulgarien mit seiner großflächigen Landwirtschaft zu den landwirtschaftlichen Avantgardisten im Ostblock zählt, so dürfen wir auch in dieser Entwicklung noch das uralte thrakische Erbe sehen. Der Bulgare ist wie seine Urahnen sehr eng mit dem Erdboden verwachsen.

Ein wichtiger Zweig der thrakischen Landwirtschaft war der Weinbau; er verlief in dieser Gegend sozusagen parallel zur Entwicklung des Menschen. Er läßt sich in Thrakien nicht nur an der Küste des Ägäischen Meeres, sondern auch in Innerthrakien, und zwar bis zur Hallstattzeit, nachweisen. Steingebilde, die vor einigen Jahren in Bulgarien gefunden wurden und die man zunächst für Opfersteine mit einer makabren Blutablaufrinne hielt, dienten, wie dann durch Zusatzfunde (Stein- und Mörtelformen) erhärtet wurde, einem weit angenehmeren Zweck: der Weinherstellung. Es waren Weinbottiche. Der Weintreber wurde in kleine Stein- oder Mörtelformen gegeben und von hier in Bottiche abgeleitet, die mit Stein oder Tonerde abgedeckt waren. Bezogen auf das heutige Bulgarien, lagen die thrakischen Weinbaugebiete im Balkan, im Sredna Gora (in dem sich das berühmte Rosental befindet), in den Tälern der Rhodopen, im Strandagebirge und an der Schwarzmeerküste. Umfangreiche Weinbaugebiete gab es auch an der thrakischen Küste der Ägäis. Archäologische Funde aus jüngster Zeit zeigen, daß sich die Weinherstellung in Bulgarien im Prinzip über Jahrtausende hinweg, klammern wir die industrielle Weinproduktion der Gegenwart einmal aus, nicht verändert hat. Selbst das Rebmesser ist in seiner Form gleich geblieben. Die Weintrauben wurden gelesen und entweder an Ort und Stelle in kleine, etwa 70 Kilogramm schwere und etwa 60 mal 30 Zentimeter große und 8 Zentimeter tiefe Behälter gegeben und dort mit der Hand zerquetscht und ausgedrückt. Der Most wurde in Stein- oder Tongefäße gegeben und im Keller zur Gärung gebracht. Bei einer größeren Produktion wurden die Weintrauben zu großen Felsbottichen in der Nähe der Weingärten gebracht und in diesen mit Händen und Füßen zur Maische verarbeitet. Manchmal geschah dies auch schon mit Hilfe einer primitiven Weinpresse, die aus einem rechteckigen Holzkorb bestand, in dem sich ein Leinensack befand. Mit einer Kurbel und einer großen Holzschraube wurde ein Holzdeckel nach unten gedrückt, und die Trauben wurden zerquetscht.

Der abfließende Most wurde in Bottichen und Tonfässern gesammelt, zur Gärung gebracht und nachher in Amphoren und Schläuchen aus Ziegenleder abgefüllt und gelagert. Im Süden Thrakiens, im Land der Bisalten und an der unteren Struma, wo Feigen und Oliven wuchsen, wurden die Weinpressen auch zur Herstellung von Feigenwein und Olivenöl verwendet. Weinbau gab es auch bei den Dakern nördlich der Donau. Wie alle Thraker tranken auch die Daker gern und viel. Die immer stärker werdende Trunksucht führte unter dem theokratischen Regime des Dakerkönigs Burebista zu einer Reformbewegung, die den Dakern den Weingenuß strikt untersagte. Um diesem Verbot gebührenden Nachdruck zu verleihen, ließ der König alle Weinstöcke zerstören. Wer Wein anbaute, wurde gehängt. Auch der Dionysos-Kult wurde verboten. Nach dem Tod Burebistas, der zur Zeit Cäsars regierte, verfielen die Reformen rasch. Die radikale Vernichtung der Weinstöcke in Dakien verleitete die römischen Historiker zur Annahme, daß der Weinbau in Dakien erst durch die Römer eingeführt wurde.

Die thrakischen Stämme in den Tälern der Mariza, Struma und Mesta sowie entlang der Schwarzmeerküste waren schon während des Trojanischen Krieges Weinexporteure. Homer schreibt, daß die Schiffe jeden Tag große Amphoren und andere Behälter voll thrakischen Weins nach Troja brachten.

Manche Autoren der Antike behaupten sogar, daß die Thraker die Weinrebe kultiviert haben. Die Thraker stellten starke und aromatische Weine her. Auf einer alten Münze aus der Schwarzmeerstadt Pomorie (Anchyalus) ist Hermes mit dem kleinen Dionysos (auf dem linken Arm) abgebildet. Mit der rechten Hand reicht ihm Hermes eine Weintraube. Das Kind streckt seine Hand nach der Frucht aus.

Auch auf anderen Münzen gibt es konkrete Hinweise auf einen intensiven Weinbau. Schon zu Beginn des 1. Jahrtausends v. Chr.

begannen die Thraker, große steinerne Weinkeller anzulegen. Eine große Anzahl dieser Felsenkeller ist bis heute im Bezirk Haskovo erhalten geblieben. Es sind in den Felsen eingehauene runde Vertiefungen mit einem Durchmesser von zwei Metern bei 60 Zentimeter Tiefe. An manchen Stellen sieht man noch die Spuren der Spundlöcher. Gelegentlich sind diese Weinbehälter durch kleine Kanäle miteinander verbunden, die eine Art Filterung des Rebensaftes ermöglichten, bevor man ihn in die großen Amphoren füllte.

Die Thraker verstanden es auch, Gerstenbier herzustellen. Dieses »Bier« ist allerdings mit dem unsrigen nicht zu vergleichen. Es war ein Fermentgetränk, wie es heute noch bei vielen östlichen Völkern – so in Rußland als Kwaß – getrunken wird. Das Gerstenbier wurde in großen Gefäßen zubereitet und war nicht gefiltert. Es konnte nur mit Rohrhalmen getrunken werden. Ohne Beimengung von Wasser, so berichtet Xenophon, war die Wirkung dieses Getränkes sehr stark. Die Paioner tranken außer dem starken Gerstenbier auch ein Hirsegetränk, das der heute noch in Bulgarien gern getrunkenen Bosa ähnelt.

Und noch ein anderes Getränk verdient unsere Aufmerksamkeit. Es wurde ebenfalls aus Gerste hergestellt, war jedoch kein Bier, allerdings – nach antiken Quellen – wesentlich stärker als der schwerste Wein. Manche Gelehrte vertreten die Meinung, daß es sich hierbei um eine erste Form von Whisky gehandelt hat.

Wenn Barbaren Feste feiern

Wie bei den meisten indoeuropäischen Völkern, so war auch bei den Thrakern die Trunksucht weit verbreitet. »Es ist in der ganzen Welt bekannt«, behauptet der römische Schriftsteller Aelian, »daß sie die gewaltigsten Trinker sind«, und er staunt über die thrakische Sitte, den Becher in einem Zug zu leeren, ohne die Lippen zu schließen. Plato wiederum ist entsetzt, daß die thrakischen Frauen den Wein ungemischt getrunken haben, was nach griechischer Auffassung der typische Ausdruck einer barbarischen Lebensweise war.

Getrunken haben alle; Könige, Fürsten und Aristokraten ebenso wie Priester und Wahrsager – und das einfache Volk. Es ist bekannt, daß die lygrischen Wahrsager erst durch übermäßigen Weingenuß in jenen Trancezustand gerieten, der sie befähigte, die Zukunft zu erkennen. In einer aus Thrakien stammenden Inschrift aus der römischen Zeit erscheint der Heilgott Asklepios als Schutzpatron einer Zechrunde, deren einzelne Namen in eine Steintafel eingemeißelt wurden. Diese Namen sind alle thrakisch. Daß die thrakischen Krieger sich vor der Schlacht mit Wein berauschten, ist erwiesen – und die vielfach dem Unsterblichkeitsglauben zugeschriebene Todesbereitschaft mag zu einem Großteil nur auf diesen Zustand zurückzuführen sein. Eine psychische Veränderung, die der Todesverachtung tatsächlich eine religiöse Basis zuerkennt, trat erst zur römischen Zeit in Erscheinung. Sie war bei den Dakern und Geten am stärksten entwickelt.

Die Thraker tranken nicht nur viel, sie feierten auch gerne ausschweifende Feste. Diese gab es nicht nur aus rituellen Anlässen, etwa zur Hochzeit oder bei einem Begräbnis, sondern auch dann, wenn es sich einfach zufällig so ergab. Einem solchen Zufallsfest verdanken wir eine der wenigen authentischen Schilderungen eines thrakischen Festmahles, und zwar durch den griechischen Historiker Xenophones, der als Söldnerführer die Rückkehr des vertriebenen Odrysenkönigs Seuthes II. unterstützte. Von diesem Gastmahl, das Seuthes für die griechischen Hauptleute veranstaltete – und das nicht in seiner Residenz, sondern auf einer Tyhris, einer kleinen Burg, irgendwo auf dem Lande stattfand – berichtet Xenophon: Die drei Griechen traten ein. »Zuerst umarmten sie sich und tranken einander nach thrakischer Sitte Wein aus hörnernen Bechern zu.« Nachdem die Form der Zusammenarbeit und der gemeinsamen militärischen Aktionen vereinbart worden war, lud Seuthes seine Verbündeten zu einem Mittagessen ein. Bei dieser Gelegenheit sprach ein Vertrauter des Seuthes, Heraklid von Maronia, mit Xenophon, um diesem gegenüber anzudeuten, daß es bei solchen Gelegenheiten üblich sei, dem König Geschenke zu machen. Bei dem dardanischen Söldnerführer Timasion, der ebenfalls zu den Gästen Seuthes' zählte und von dem Heraklid wußte, daß sich in seinem Gepäck Trinkgeschirre und Teppiche befanden, wurde er noch deutlicher: »Es ist ein eingeführter Brauch, daß die von

Seuthes eingeladenen Gäste ihm Geschenke machen. Wird Seuthes
hier mächtig, so ist er imstande, sowohl dich in deine Heimat
zurückzuführen als dich hier zum reichen Mann zu machen.«
Xenophon erzählt nicht, wo das Essen stattfand – aber offensichtlich hat es nicht im Freien stattgefunden. »Als nun die vornehmsten
der anwesenden Thraker, die Heerführer und die Hauptleute der
Griechen und einige Abgeordnete der Städte sich drinnen versam-
melt hatten, setzten sie sich im Kreise zur Mahlzeit. Hierauf brachte
man für alle Gäste dreibeinige Tische herein« (wahrscheinlich waren
dies Schemel oder Tischchen von der Art, wie sich noch heute in
Bulgarien und in Albanien im Gebrauch sind; Anmerk. d. Verf.),
»die mit Fleischstücken und großen gesäuerten Broten bedeckt
waren. Jedem Gast wurden nach Landessitte die Gerichte vorgelegt.
Seuthes machte damit den Anfang, indem er die bei ihm liegenden
Brote in Stücke brach und sie bald diesem, bald jenem Gaste zuwarf;
das gleiche tat er mit dem Fleisch und ließ nur soviel übrig, als er
selbst verzehren wollte. Die anderen machten es ebenso. Es wurden
Hörner mit Wein herumgereicht, und alle nahmen sie. Im weiteren
Verlauf des Festmahles trat ein Thraker mit einem weißen Pferd
herein, nahm ein volles Horn und sagte: ›Ich trinke dir zu, Seuthes,
und schenke dir dieses Pferd; auf ihm verfolge, wen du willst, du
wirst ihn einholen, und ziehst du dich zurück, so darf dir um die
Verfolgung nicht bange sein.‹ Ein anderer brachte einen jungen
Sklaven und machte diesen dem König ebenfalls mit einem Trink-
spruch zum Geschenk. Ein dritter brachte Seuthes Kleider für
dessen Gemahlin. Auch Timasion trank ihm zu und verehrte ihm
eine silberne Phiale und einen Teppich, zehn Minen an Wert.« Das
war ein wertvolles Geschenk; aus einem Talent Silber wurden in
Griechenland 6000 Drachmen geprägt, und ein Talent bestand aus
60 Minen.
Xenophon, der schon ein wenig zuviel getrunken hatte und selbst
nichts hatte, was er Seuthes hätte schenken können, begnügte sich
damit, dem König auf treue Freundschaft zuzutrinken: »Ich aber,
Seuthes, gebe dir mich als Geschenk und diese meine Freunde.«
Seuthes stand auf, trank mit Xenophon – und was von dem Wein
übrigblieb, haben sie sich der alten thrakischen Sitte gemäß über den

Kopf geschüttet. Dann kamen Musikanten mit Signalhörnern und Schlauchtrompeten (Dudelsack) und spielten zum Tanz auf. – Diese Beschreibung ist kulturgeschichtlich überaus interessant. Die Form der Darbringung der Geschenke erinnert an ein persisches Vorbild, so wie es auf einem Relief in der Apadana in Persepolis aus dem 6. Jahrhundert v. Chr. dargestellt ist. Damit aber wird eine recht eigenartige Erscheinung in der gesellschaftlichen Entwicklung der thrakischen Aristokratie deutlich – die starke Übernahme persischer sozial-ökonomischer Strukturen und nicht etwa jener der griechischen Sklavenhaltergesellschaft, mit der die Thraker wesentlich engere Beziehungen unterhielten.

Für die thrakische Aristokratie war das Volk das lebende Inventar ihrer großen Güter. Die Hörigen lebten wenn auch nicht in allen Fällen schlechter, so doch in jedem Fall ungeschützter als jeder Sklave in Griechenland. Diesen standen zumindest minimale, gesetzlich verbriefte Rechte zu. Es ist bekannt, daß die griechischen Sklaven – von Sparta abgesehen – bei weitem nicht so menschenunwürdig behandelt wurden wie etwa die römischen. Bei schweren Mißhandlungen konnten sie in ein Asyl flüchten und verlangen, an einen neuen Herrn verkauft zu werden. Der Herr durfte seinen Sklaven auch nicht töten; es sei denn, er erwischte diesen in flagranti beim Tête-à-tête mit seiner Herrin. Die meisten griechischen Sklaven dienten im Haus, arbeiteten als Handwerker auf Rechnung ihrer Herren oder wurden als »zinsenbringendes Kapital« zur Arbeit in den Bergwerken oder auf den landwirtschaftlichen Gütern vermietet. Staatssklaven hatten das Recht, sich über Beamte zu beschweren. Allgemein galt jedoch in den hellenischen Staaten das raffiniert-logische Wort des Aristoteles: »Die Sklaverei ist von Natur rechtmäßig, denn sie entspricht einem Naturgesetz, da ein großer Teil der Menschheit (die Barbaren) aus geborenen Sklaven besteht.«

Die Hörigen der thrakischen Fürsten hatten jedoch nicht einmal diese primitiven Rechte. Sie konnten jederzeit von ihrem König oder den Stammesfürsten als Sklaven verkauft werden. Der thrakische Bauer war praktisch vogelfrei.

Bei ihrer Hofhaltung versuchten die thrakischen Könige und Fürsten, den persischen Stil nachzuahmen; auch ihre wirtschaftliche

Auffassung entsprach dem persischen Vorbild. Von den Griechen hingegen übernahmen sie nur gewisse äußere Lebensformen, die Architektur, die Malerei – und in manchen Fällen auch deren Götterglauben. Zahlreiche griechische Handwerker standen im Dienst der thrakischen Vornehmen. Doch politisch führte dies keineswegs zur Übernahme griechischer Staats- und Gesellschaftsformen; nicht einmal in Richtung eines frühen Sklavenhalterstaates. Es fehlte einfach der wirtschaftliche Zwang. Die Thraker hatten alles, was sie zum Leben und zur Befriedigung ihrer kulturellen Bedürfnisse brauchten. Mehr interessierte sie nicht; die philosophischen Schulen Griechenlands kannten sie nicht einmal dem Namen nach. Die thrakische Aristokratie lebte glücklich. Und wahrscheinlich war durch diese paradiesisch-barbarische Lebensform auch der Untergang der thrakischen Stämme besiegelt. Ihre Herrscher blieben trotz unmittelbarer Nähe und enger Verbindung mit den Griechen geistig den rudimentären Formen des persischen Despotismus verhaftet, bis sie trotz heftiger, aber eben schon zu später Gegenwehr dem tödlichen politischen und ethnischen Assimilationsprozeß des Römischen Imperiums zum Opfer fielen. Doch davon später. –

Über ein anderes Gastmahl berichtet Diodor aus der Zeit Lysimachos. Der König der Thraker und ehemalige Offizier der Leibwache Alexanders des Großen, dem Thrakien bei der Aufteilung des Makedonischen Weltreiches zugefallen war, hatte Krieg gegen die Geten geführt und war von deren König Dromichaites gefangengenommen worden: »Als Dromichaites dann die Opfer vollbracht, lud er den gefangenen König mit seinen Freunden und die vornehmsten Thraker zum Mahle. Es waren zweierlei Tische gedeckt: Für Lysimachos und die Seinen waren die erbeuteten königlichen Teppiche, für Dromichaites und die Thraker gemeine Matten ausgebreitet; jenen wurden allerlei kostbare Speisen auf einem silbernen Tisch, diesen Gemüse und Fleisch, mäßig zubereitet, auf einer Tischplatte aus Holz vorgesetzt. Zuletzt wurden jenen in silbernen und goldenen, diesen in hölzernen und hörnernen Trinkgefäßen, wie es bei den Geten Sitte war, Wein gereicht. Darauf, nachdem man schon längere Zeit getrunken, füllte Dromichaites das größte Horn, wandte sich an Lysimachos mit der Anrede ›Vater‹ und fragte ihn, welches Mahl ihm eines Königs würdiger erschiene – das makedonische oder das thrakische. Und als Lysimachos antwortete, daß er das makedonische für würdiger hielte, sprach er: ›Warum also wolltest du, ein so glänzendes Leben und das ruhmreiche Königreich verlassend, zu uns Barbaren kommen, die wie wilde Tiere leben, und in ein rauhes, an Feldfrüchten armes Land? Warum führtest du wider die Natur dein Heer in diese Gegenden, in denen keiner unter freiem Himmel lange auszudauern vermag?‹ Als Lysimachos darauf entgegnete, daß er das alles nicht erwartet habe, versöhnten sich die beiden und schieden als Freunde.«

Nun wissen wir, daß die griechischen Historiker und Schriftsteller oft aus erzieherischen Gründen die »Barbaren« als geradlinige, einfache und im Grunde genommen ehrliche und anständige Menschen dargestellt haben, um sie den eigenen Völkern als Vorbild für eine heile, unverdorbene und noch nicht dekadente Kultur hinzustellen.

Selbstverständlich fehlte in den antiken Berichten auch nicht jene Überheblichkeit und Selbstgefälligkeit, mit der manche Reiseschriftsteller auch heutzutage noch das kulturelle Niveau anderer Völker unter die Lupe nehmen. So etwa, wenn Athenaios, der griechische Schriftsteller aus dem ägyptischen Naukratis, in seinem großartigen Sammelwerk »Deipnosophistai« über die Hochzeit des Schwiegersohns des Kotys berichtet: »Anaxandrides, in seiner Komödie Protisilaus das Hochzeitsmahl des Iphikrates verspottend, das er gab, als er sich mit der Tochter des thrakischen Königs Kotys vermählte, sagt: ›Und wenn ihr tut, was ich euch auftrage, werde ich euch einen Empfang mit einem blendenden Gelage geben, das in nichts dem des Iphikrates in Thrakien gleichen wird, auch wenn man sagt, daß es außerordentlich prächtig gewesen sei.‹ Da war die Agora« (Marktplatz) »mit Purpurteppichen ausgelegt, die bis zum Nordpol reichten, und an dem Gastmahl nahmen viele struppige Butteresser teil.« (Aus der Milch, vor allem der Schafsmilch, stellten die Thraker Quark, Butter und Käse her sowie eine dicke Milch, wahrscheinlich saure Milch oder Joghurt. Anm. d. Verf.) »Da gab es Kupferkessel, größer als ein Zimmer mit zwölf

Betten, und Kotys selbst packte mit an und trug die Suppe in einer goldenen Schüssel auf, und da er vom Wein in den Krateren« (griechisches Weinmischgefäß) »nippte, betrank er sich schneller als die, denen er einschenkte.«

Thrakische Kunstschätze

Im Wiener Museum für angewandte Kunst fand im Frühjahr des Jahres 1975 eine großartige Ausstellung statt, die vorher schon in Moskau und Paris wissenschaftlich für Furore gesorgt hatte: Über eintausend Exponate von unschätzbarem kunsthistorischem Wert wurden unter dem Titel »Thrakische Kunst und Kultur auf bulgarischem Boden« ausgestellt. Das Gold der Schmuck- und Kunstgegenstände allein wog 30 Kilogramm, und jene aus Silber kamen auf 50 Kilogramm. Mehr als hunderttausend Besucher waren fasziniert von den großartigen Goldschätzen, die hier gezeigt wurden.

Im Mittelpunkt der Ausstellung standen drei große Goldschätze, die als Marksteine der Entwicklung der thrakischen Kunst und Kultur zu werten sind.

Der sensationellste, der Goldschatz von Varna, hatte in Österreich Premiere. Er markiert mit seiner Entstehung im 4. Jahrtausend v. Chr. eine kulturelle Grenze, die man noch vor zwei oder drei Jahren für unmöglich gehalten hat. Die Technik der Bearbeitung der aus purem Gold angefertigten Armreifen, Ketten und Gürtel ist in Europa ohne Beispiel.

In die Zeit der großen Ägäischen Wanderung weist der Goldschatz von Valčitran, der vor einigen Jahren im Bezirk Pleven in Nordbulgarien gefunden wurde. Er stellt mit seinem Goldgewicht von 12,3 Kilogramm den bisher gewichtsmäßig umfangreichsten Goldfund Bulgariens dar.

Der dritte der thrakischen Goldschätze stammt aus dem 3. Jahrhundert v. Chr. Er besteht aus einem Trinkservice aus purem Gold, das in Panagjurište in der Umgebung von Plovdiv gefunden wurde.

Von besonderer Bedeutung für die Kulturhistoriker sind die Funde von Varna und Valčitran. Sie zeigen, daß die Welt der frühen Hochkulturen der Menschheit noch nicht geteilt und antagonistisch aufgespalten war. Sie beweisen eindeutig, daß die Ägäis, Kleinasien und das griechische Festland – also das heutige Bulgarien, Rumänien und die übrigen Anrainer des Schwarzen Meeres – aufgrund ihrer gleichmäßigen ökonomischen Einheit auch kulturell ein Ganzes bildeten. Die Differenzierungen zwischen den Völkern in diesem Raum entstanden erst später, und ihre Entwicklung zu reichen und armen Ländern führte zur Spaltung in Kulturvölker und Barbaren, wobei die Kulturvölker bestimmten, wer die »Barbaren« waren.

»Wir wissen beispielsweise«, berichtet Professor Venedikov, »daß in Kreta und Mykene die Doppelaxt in Form einer Hellebarde ein Symbol der Macht war. Im Orient war während des dritten, zweiten und Anfang des ersten Jahrtausends v. Chr. eine andere Axt als Zeichen der Priester- und Herrschergewalt üblich. Die eine Schneide dieser Axt ist durch Ornamente oder Tierfiguren ersetzt. Solche Beile waren lange Zeit in Vorderasien in Gebrauch und sind auch in Tempeln und Heiligtümern Assyriens anzutreffen; eine ähnliche Axt hält auf einem hethitischen Relief Gott Teschub in der Hand. Diese Herrschaftssymbole finden sich außerdem in den Gräbern in Luristan (Iran) aus der Zeit Ende des 2. Jahrtausends und aus den ersten drei Jahrhunderten des 1. Jahrtausends v. Chr.«

Sie wurden auch in Thrakien gefunden. Die Bronze-Kultäxte von Teteven und Karlukovo, beide aus dem 10. bis 8. Jahrhundert v. Chr., haben den archäologischen Nachweis jener gemeinsamen kulturellen Entwicklung erbracht, die in der griechischen Mythologie – vor allem in den Epen Homers – angedeutet wurde. Eine Kultaxt aus dem südbulgarischen Bezirk Stara Zagora ist mit vier Tierköpfen auf einem massiven Bronzenacken verziert, die einen Stierkopf, einen auf ihn einhackenden Vogelkopf, einen Hirsch- und einen Ziegenbockkopf darstellen. Der Nacken ist an einen langen eisernen Stab gelötet. Das beweist, daß diese Bronze-Axt nicht als Waffe gedacht war.

Der bulgarischen Archäologie stehen im Rahmen der Erforschung dieser Zusammenhänge zweifellos noch große Aufgaben und wahrscheinlich noch größere Überraschungen bevor. Allein im Laufe der letzten Jahre wurden in Bulgarien neun große Goldschätze gefunden, von denen einige im Hinblick auf ihr Alter und den angewand-

ten Stil als einzigartig in der Welt zu bezeichnen sind. So etwa der
Schatz von Chotnitza, dessen goldene Kette aus vierzig winzigen,
eineinhalb bis dreieinhalb Millimeter großen menschlichen Idolen
aus der Kupferzeit bisher ein Rätsel geblieben ist. Aus reinem
Kupfer bestehen auch die Kultäxte sowie Werkzeuge unbekannter
Art, Meißel und Ahlen, die in der Varnaer Nekropole gefunden
wurden. Das Material für die Herstellung dieser Gegenstände
wurde in den Kupfergruben in der Nähe der heutigen Bezirksstadt
Stara Zagora gewonnen. Dies zeugt nicht nur von dem Vorhandensein einer handwerklichen Produktion im 4. Jahrtausend v. Chr.,
sondern läßt außerdem den Schluß zu, daß auch der Warenaustausch zu dieser Zeit schon gut entwickelt gewesen sein muß.
Geheimnisvoll bleiben Herkunft und Verwendungszweck des
Goldschatzes von Valčitran, der aus dreizehn Gegenständen besteht, die aus mehr als zwölf Kilogramm Gold gehämmert wurden.
Da gibt es ein großes Gefäß mit zwei großen Henkeln und vier
Schöpfbecher (Kyathos) mit je einem großen Henkel, die in ihren
einfachen Formen der Keramik dieser Zeit entsprechen. Doch
einzigartig auf der Welt sind die übrigen acht Exponate des Fundes.
Sie bestehen aus einem dreiteiligen Gefäß und sieben deckelähnlichen Gegenständen. Das dreiteilige Gefäß hat einen Durchmesser
von rund 24 Zentimetern sowie eine Länge von etwa fünf Zentimetern und wiegt 1190 Gramm. Es besteht aus drei einzelnen aus Gold
getriebenen blattähnlichen Löffeln, die durch zwei leichtgeschweif-
te Elektronröhrchen so miteinander verbunden sind, daß die Flüs-
sigkeit von einem ins andere fließen kann. Jeder der drei »Behälter«
ist mit Kanneluren (parallellaufende Rillen) bedeckt. Der abgerun-
dete hintere Teil ist mit dem Stiel aus Elektron verbunden, der einen
Dreizack darstellt und pfeifenförmig endet. Die durchbrochenen
Ornamente des Stiels sind mit schwarzem Niello (Schwefelsilber)
ausgelegt.
Während sich an die Lösung des Geheimnisses dieses Gefäßes noch
niemand herangewagt hat, gibt es über die deckelähnlichen Gegenstände verschiedene Vermutungen.
Manche Forscher halten sie für überdimensionale Gürtelschließen,
andere für Sonnensymbole oder Schirme, die über Götterbilder

gehalten wurden. Die bulgarischen Gelehrten Venedikov und Gerassimov sind der Meinung, daß es sich um Deckel handelt, die für
noch sieben andere, nicht erhalten gebliebene Gefäße bestimmt
waren: »Wahrscheinlich wurden bei einem der Schicksalsschläge,
die im Leben der alten Thraker nicht selten waren, von dem ganzen
außerordentlich großen Schatz nur die leichteren Stücke, die ein
Mann bequem tragen konnte, vergraben. Wenn wir das annehmen,
dann unterscheidet sich dieser Schatz seinen Bestandteilen nach
stark von den übrigen thrakischen Schätzen aus späterer Zeit, die
gewöhnlich aus Tafelgeräten, d. h. Bechern, Kannen und Schalen
bestehen. Der Schatz von Valčitran gehört zu den seltensten Schätzen von Kultgeräten.
Die fünf Gefäße sind aus purem Gold, das dreiteilige Gefäß aus
Gold und Elektron, und die sieben Deckel haben unter dem
zwiebelförmigen Knauf eine solide Verstärkung aus Bronze. Der
Gebrauch dieser verschiedenen Metalle erforderte auch verschiedene Techniken der Bearbeitung: Das Gold wurde gehämmert, Bronze und Elektron wurden gegossen. In der Werkstatt haben also
Goldschmiede und Bronzegießer zusammengearbeitet. Besonders
die Goldschmiedearbeit zeigt eine vollendete Technik. Die Gefäße
weisen viel weniger Hammerspuren auf als die Silber- und Goldge-
fäße aus Mykene und lassen klar eine größere Meisterschaft
erkennen ...«
»Das Eigentümliche des Schatzes aber scheint die Verzierung der
Deckel mit einem dünnen Silberstreifen zu sein, der mit zwei in das
Silber und das Gold eingestochenen Pünktchenbordüren fest auf
dem Goldgrund aufliegt. Es wird vermutet, daß dieses Ornament
mit den weiß angelegten Ritzornamenten bronzezeitlicher thrakischer Keramik in Zusammenhang gebracht werden kann. Das
Einhämmern des Ornaments in den Goldgrund deutet man sogar als
einen Versuch, das Metall für die Aufnahme und das Halten der
Silberverzierung vorzubereiten. Die gesamte Verzierung dieses
Schatzes, also die Gravierung wie die getriebenen Kanneluren,
Perlen und das aufgelegte Silberornament sind technisch vollendet.
Eben dadurch unterscheidet sich der Schatz von Valčitran von allen
übrigen Funden Thrakiens und auch Griechenlands in der mykeni-
schen und sogar klassischen Zeit.«

Der Goldschatz von Panagjurište

Typisch für den Stil und die Art der Kunst in der hellenistischen
Epoche Thrakiens bis Anfang des 3. Jahrhunderts v. Chr. ist der
schon fast legendäre Goldschatz von Panagjurište, der im ehemali-
gen Siedlungsgebiet der Bessen ohne Schutzumhüllung in zwei
Meter Tiefe in einer Lehmschichte gefunden wurde. Manche For-
scher meinen, daß es sich hierbei um den eigenartigsten Satz von
Trinkgefäßen handelt, den je ein König besessen hat. Andere
hingegen, wie Joseph Wiesner, vertreten die Ansicht, daß die
Fundumstände »auf das im Bessengebiet mehrfach bis in die Spätzeit
bezeugte Kultritual, heilige Geräte und Bilder als Gabe an die
Gottheit unmittelbar dem Erdboden anzuvertrauen«, hinweisen.
Der Goldschatz besteht aus einer Trinkamphore, drei Rhyta in
Form von Tierköpfen, einem Rhyton in Form eines Ziegenbock-
protomes und weiteren drei, die Amazonenköpfe darstellen, sowie
einer goldenen Phiale – insgesamt 6100 Gramm Gold. Da den
beiden größten Gegenständen dieses Schatzes das Gewicht in
griechischen Ziffern – und zwar auf der Basis von Stateren, die nur in
der griechischen Kolonie Lampsakos am Südufer der Dardanellen
gebräuchlich waren – eingeprägt ist, kann man annehmen, daß das
gesamte Service aus dieser Stadt stammt.
Dennoch ist der Schatz von Panagjurište kein Exponat der griechischen Kunst. Vielleicht waren es griechische Goldschmiede, die ihn
anfertigten, vielleicht auch thrakische. Die ethnische Herkunft
seiner Schöpfer ist im Grunde genommen für die Beurteilung des
Kunstwerkes nicht so wichtig wie der Kulturkreis, dem es entstammt. Die Trinkgefäße von Panagjurište weisen zweifellos auf
einen starken persischen Einfluß hin; die Trinkhörner waren nicht
nur in Makedonien und Thrakien, sondern auch in Kleinasien ein
traditionelles Trinkgefäß. Auch die Themen und die Ausführung
der Reliefs erinnern an eine persische Tradition, vor allem an
achämenidische Elemente. Und dennoch kann man nicht sagen, daß
die Kunstgegenstände des Schatzes persischen Ursprungs waren,
daß sie dem persischen Kulturkreis zuzuordnen sind.
Die Einordnung ist komplizierter; und das nicht nur bei diesen,

sondern auch vielen anderen Kunstgegenständen, die aus dieser Zeit
stammen und die persische Stilelemente aufweisen. Sie sind nämlich
im Grunde genommen thrakisch, denn sie entsprechen den künstlerischen Auffassungen ihrer Auftraggeber. Und diese waren – von
den Geschenken abgesehen, die persische Herrscher beispielsweise
den Priesterkönigen der Bessen darbrachten, um diese im Kampf
gegen Griechenland als Verbündete zu gewinnen – thrakische
Stammesfürsten oder Könige. Die Auswahl, die sie trafen, zeugt von
ihrem Geschmack und belegt ihre geistig-kulturelle Zugehörigkeit.
Und diese ging in Richtung Kleinasien und in Richtung Persien. Es
ist nämlich eine bemerkenswerte, wenn auch nicht unverständliche
Tatsache, daß die griechischen Kolonien keinen bemerkenswerten
Einfluß auf die Kunst der Thraker bzw. der thrakischen Aristokratie
ausübten. Sicherlich, die archäologischen Museen in Sofia, Plovdiv,
Varna, Burgas und anderen Städten des Landes sind randvoll mit
Exponaten versorgt, die in Bulgarien gefunden wurden und die
zweifellos griechischer oder römischer Herkunft sind. Aber das sind
eben nur archäologische Relikte aus den griechischen Städten, die
manchmal durch Krieg und Raub auch in die entlegensten Winkel
des thrakischen Binnenlandes getragen wurden. Diese Fülle an
griechischen Kunstwerken hat die Wissenschaftler früher zu der
Annahme verführt, daß die thrakische Kunst identisch mit jener des
hellenistischen Griechenlands sei. Das war, wie inzwischen eine
Ausfilterung der Exponate auf ihren griechisch-römischen oder
thrakischen Ursprung hin ergeben hat, ein Trugschluß.
In Wirklichkeit sind nämlich jene Kunstgegenstände, die man
einwandfrei als thrakischen Besitz identifizieren konnte, im Grunde
genommen auch dem thrakischen Kulturkreis zuzuschreiben. Sie
sind deren vitalster Ausdruck. Wie es dazu kam, beschreibt Venedikov:
»Das Leben der thrakischen Aristokratie, die hauptsächlich von
Viehzucht und Ackerbau lebte, unterschied sich nämlich sehr
wesentlich von dem der Griechen in den Stadtstaaten, an deren
Spitze seehandeltreibende Großkaufleute standen, die ferne Länder
bereisten und in einer fortschrittlichen Gesellschaftsordnung lebten. Diese natürliche Kluft zwischen den Thrakern und der griechi-

schen Welt ließ ihnen die griechische Kunst und Kultur fremd
erscheinen. Sie kauften zwar in den griechischen Kolonien Schmuck
und schöne Haushaltsgeräte und auch die schöne, kunstvolle griechische Keramik. Doch sie brauchten weder prachtvolle Tempel für
ihre Götter noch große Theater und verewigten auch nicht den
Ruhm ihrer Toten auf Grabstelen, in Reliefs und auf Statuetten. Sie
bildeten ihre Götter nicht aus Stein nach, sondern verehrten sie in
der Regel auch noch in der hellenistischen Zeit in Kultstätten unter
freiem Himmel. Der Geist der griechischen Kultur blieb ihnen
letztlich unverständlich.

Ihre Lebensweise stand eben doch den vielen kleinasiatischen
Stämmen, die Ende des 6. Jahrhunderts von den Achämeniden
beherrscht wurden, um vieles näher. Denn diese hatten eines mit den
Thrakern gemeinsam: Sie waren dem Heimatboden fest verwurzelt.
Der große Gegensatz zwischen Persien und Griechenland bestand
eben darin, daß die Griechen eine Seefahrernation waren, während
die Perser ans Festland gebunden waren.«

Zur Zeit der Perserkriege traten die thrakischen Fürsten und Könige
erneut in engen Kontakt mit den Persern. Im südlichen Thrakien
standen die meisten Stämme unter persischer Herrschaft. Mehrere
Siedlungen im Marizatal verblieben über hundert Jahre in persischen Händen. Während dieser Zeit hielten die Perser zwischen dem
Marmarameer und der Halbinsel Chalkidike starke Truppenver-
bände stationiert. Die persischen Statthalter in den Städten der
thrakischen Küste lebten auf großem Fuß und entfalteten einen
ebenso großen Luxus.

Hinzu kam, daß die Thraker teils freiwillig, teils gezwungen an
beiden Perserzügen durch Griechenland teilnahmen. Herodot berichtet darüber: »Den bisher aufgezählten Streitkräften müssen
dann aber auch die noch hinzugegeben werden, die sich in Europa
dem Zuge anschlossen, die ich freilich nicht genau, sondern nur
schätzungsweise angeben kann. Die Griechen in Thrakien und von
den Thrakien gegenüberliegenden Inseln stellten hundertzwanzig
Schiffe, das bedeutete von den Schiffen vierundzwanzigtausend
Mann. Fußvolk stellten die Thraker, die Paioner, die Eorder, die
Bottiaier, das Volk auf Chalkidike, die Bryger, die Pierer, die

Makedonier, die Perrhaiber, die Eniener, die Doloper, die Magne-
ter, die Achaier und die thrakische Küstenbevölkerung; alle diese
Völker zusammen schätze ich auf dreißigtausend Mann.«
Das bedeutete, daß auch die thrakischen Heerführer – und sie
stammten ausschließlich aus den Kreisen der Aristokratie – in einem
ständigen Kontakt mit den Persern und den Vertretern der vielen
anderen östlichen Völker standen. Als sich dann die Perser hinter
den Bosporus und die Dardanellen zurückziehen mußten und eine
relativ friedliche Zeit anbrach, weil beide Kontrahenten zu schwach
waren, eine neue militärische Entscheidung zu suchen, kam es zu
engen Handelsbeziehungen zwischen den Thrakern und den Persern. Diese verliefen nicht direkt, sondern über die tüchtigen
Händler der griechischen Städte an den Küsten des Schwarzen
Meeres und der Propontis. Wichtiger Umschlaghafen am Schwarzen Meer war Apollonia (Sozopol).
In diese Zeit fielen auch die Gründung des Odrysenreiches sowie
eine gewisse Festigung der staatlichen Ordnung auch bei den
anderen großen Stämmen. Diese Ordnung wiederum war ebenfalls,
wie wir schon gesehen haben, der persischen ähnlich: Land und
Herrschaft befanden sich in der Hand der Aristokraten, die über
große Landgüter verfügten. Über ihnen standen, wie in Persien,
Priesterkönige mit uneingeschränkten Machtbefugnissen. Diese
Struktur war ebenso charakteristisch für die thrakische Aristokratie
wie ihre Vorliebe für die persische Kunst; sie war ihrer Mentalität
am adäquatesten. Nach Meinung von Professor Venedikov hat sich
diese Ordnung ohne Zweifel auch auf den Charakter der thrakischen Kunst und Kultur und besonders auf das Kunsthandwerk
ausgewirkt, das in erster Linie dem Luxusstreben der thrakischen
Aristokratie diente, deren Vorbild eben die persischen Könige und
Satrapen waren.
Der persische Einfluß auf den Goldschatz von Panagjurište ist nur
aus dieser Einstellung heraus zu verstehen. Das Kunsthandwerk,
von den Großgrundbesitzern und Herrschern abhängig, hatte dadurch meist nur höfischen Charakter. Sie waren es, die die Aufträge
an die Goldschmiede an der Propontis erteilten. Und nicht nur sie,
sondern auch die Perser schätzten die Arbeit der Goldschmiede der

griechischen Städte entlang der Küste des Marmarameeres. So entstand hier, wie Venedikow und Gerassimov nachgewiesen haben, zwischen Asien und Europa eine spezifische Kunstauffassung, die trotz allem Ausdruck zweier verschiedener Welten war, die sich gegenseitig beeinflußten. Wir wissen inzwischen aus zahlreichen Funden, daß gewisse Elemente der persischen Kunst von den Thrakern inspiriert waren und von diesen über die Goldschmiede der Propontis zu den Persern gelangt sind. So finden wir beispielsweise die Verbreitung der Pferdeprotome im 5. und der ersten Hälfte des 4. Jahrhunderts v. Chr. hundert Jahre später, d. h. zur Zeit der Seleukiden, in Persien wieder als Produkt der hellenistischen Kunst, die offenbar manche Formen aus Werkstätten entlehnte, die für Thrakien arbeiteten.

Äskulap stammt aus Thrakien

Die alten Thraker leisteten auch einen hervorragenden Beitrag zur Entwicklung der Medizin des klassischen Altertums. Die Anfänge der thrakischen Medizin, deren bahnbrechende Leistungen auch heute noch vom wohlverdienten Ruhm des Hippokrates und seiner Schule überschattet werden, reichen zurück bis zur Heilkunde der primitiven Urbevölkerung. Ein beredtes Zeugnis davon legen die Schädeltrepanationen in der späten Steinzeit ab, die – wenngleich unter mystischen Vorzeichen durchgeführt, um dem »bösen Geist« einen freien Ausgang zu gewähren – auch einen sehr rationalen Kern hatten: Das Gehirn sollte vom erhöhten Druck neoplastischen oder hämorrhagischen Ursprungs entlastet werden. In Bulgarien wurden Amulette aus dem Aenelithikum gefunden, die aus den Schädeln verstorbener Menschen gemeißelt waren. Zwar wendeten diese Amulette die realen Gefahren keineswegs unmittelbar ab, stellten aber eine Beruhigung und somit einen psychoprophylaktischen Schutz für den Träger dar. Die Amulette schützten ihn vor Krankheit, Not und Tod, und der Glaube daran half mit, die Angst zu überwinden.

»Freilich«, so folgert der bulgarische Wissenschaftler Nikola Šipkovenzki, »vermochten auch die Thraker ihre Existenz nicht allein

durch die Riten des Totemismus und durch Befolgung überlieferter
Tabus (entstanden durch unzählige Erfahrungswerte) zu bewahren.
Wie alle Lebewesen hatten sie sich zur Selbst- und Arterhaltung
einerseits den Naturbedingungen anzupassen, andererseits die unmittelbare Umgebung nach ihren Bedürfnissen umzuändern.«
Und so verbanden sie Magie und Erfahrung, um dem Kranken
zugleich auf psychischer und somatischer Basis zu helfen. Der
geheimnisvolle Zaubertrank erlöste zwar von Beklemmung, doch
Pflanzensäfte mußten letztlich die gestörten Funktionen des Körpers wiederherstellen.
Die Thraker kannten viele Heilpflanzen. Auch giftige – darunter
solche, die »den Tod leicht wie einen Traum« machen. Sie verwendeten Früchte, Beeren und Pflanzen nicht nur als Nahrung, sondern
prüften sie auch auf ihren Heilwert hin. Diese Entwicklung hatten
sie allerdings mit allen Völkern gemein, und sie soll hier nur der
Vollständigkeit halber erwähnt werden. Und wahrscheinlich haben
sie durch die Einnahme bestimmter Pflanzen in einer bestimmten
Reihenfolge, durch das Auflegen von Heilkräutern auf Wunden, ja
selbst durch chirurgische Eingriffe – das Einrenken luxierter Gelen-
ke ist an mehreren Skeletten nachgewiesen worden – die mystischen
Beschwörungsformeln ergänzt; und sie haben sicherlich auch schon
gewisse empirische Gesetzmäßigkeiten erkannt (N. Šipkovenzki).
Was die thrakische Medizin jedoch schon in der Bronzezeit von der
Heilkunst der anderen Völker unterschied, war der gezielte und
bewußte Einsatz von psychotherapeutischen Methoden, die sich bis
in unsere Tage erhalten haben: Theater und Musik, Poesie und
»schöne Gespräche«. Diese Methoden wurden individuell und
kollektiv angewendet. Noch mehr: Bei allen Kranken wurden sie in
sinnvoller Abgewogenheit mit somatischen Mitteln vereinigt. Die
karthasische Wirkung der Tragödie war den alten Thrakern durchaus bekannt.
Die Ärzte dieser Zeit waren Priester. Sie dienten jenen Gottheiten,
die vor ihrer mythologischen Vergöttlichung als historische Persönlichkeiten gewirkt hatten: Orpheus, Asklepios und Zamolxis.
Pedro Lain Entralgo vermerkt, daß die Heilkunde des orgiastischen
Dionysos-Kultes wie auch die Orpheus-Mystik – über die bereits an

anderer Stelle ausführlich berichtet wurde – in einem tiefen innerlichen Ruhen auf einem durch die Tradition gestützten Glaubensgrund wurzeln. Er bezeichnet sie als unphysiologische Heilkunde, deren Heilungen dem Enthusiasmus der »Gottesverzückung« verdankt wurden. Diese Verzückung gelangte in dem Dionysos dargebrachten Kult zum Durchbruch. Wohl hatten die dionysischen Feste nicht in erster Linie eine medizinische Intention: Ihnen wohnten jedoch, und zwar in nicht geringer Zahl, auch Menschen bei, die in der Hoffnung lebten, der orgiastische Ritus und der »heilige Wahnsinn«, der in den Teilnehmern solcher Feste ausbrach, würde ihre Leiden heilen. Das traf um so mehr zu, als ja die fanatische Propagierung der dionysischen Religiosität in Hellas dem griechischen Temperament etwas Neues vermittelte, das Rhode mit folgenden Worten beschreibt: »Eine gewisse krankhafte Tendenz ... sozusagen die Neigung, innerhalb der Wahrnehmungsfähigkeit und der Tätigkeit der Sinne, auf experimentellem Weg, Verstörungen zu bewirken; Verstörungen, die ebenso schnell und plötzlich verschwanden, wie sie gekommen waren.«

In dieser Geschichtsperiode, in der man das Wirken des Orpheus ansiedelt, fällt auch die Epoche des Asklepios. Bulgarische Gelehrte nehmen allgemein an, daß Asklepios ein altthrakischer Held war, der schließlich in den Rang eines Gottes der Heilkunde erhoben wurde. D. Detschew hat nachgewiesen, daß der Name Asklepios aus der Verbindung von zwei thrakischen Worten, nämlich den Wörtern »As« (Schlange) und »Klepi« (sich um einen Stock winden), entstanden ist. Der Äskulapstab aber ist seit Jahrtausenden das Symbol der Mediziner. Die Schlange wurde, nach Auffassung bulgarischer Wissenschaftler, nicht nur als Totemtier der Ärzte, sondern auch als Sinnbild der Weisheit verehrt. Erst später trat der Schlangengott als konkrete Person auf. Für die thrakische Herkunft Asklepios' spricht auch die Tracht seines Sohnes Telesphor, der immer mit einer thrakischen Kapuze (Gluga) und mit dem typischen thrakischen Überwurf abgebildet ist. Diese Kleidung wird auch heute noch von den Hirten im Balkangebirge und in den Rhodopen getragen.

Telesphor war in der Antike eine Art Schutzengel für Kinder, ein schützender Gott-Dämon. Er wird als ein kleiner Junge mit ärmellosem langem Überzieher und einer Kapuze dargestellt. Sein Name ist griechisch und bedeutet »Dieser, der ein Ende bringt, Vollkommenheit«; Linguisten haben nachgewiesen, daß auch die griechische Bezeichnung des Asklepios-Sohnes auf eine Übersetzung aus dem Thrakischen zurückgeht.

Im Sofioter Archäologischen Museum wird eine Terrakottafigur des Telesphor aus dem 2. Jahrhundert v. Chr. aufbewahrt. Der kleine Gott-Dämon wirkt ruhig, gelassen und strömt schon beim Anblick Sicherheit und Lebensfreude aus. Unter der Kapuze sind spiralenförmige Locken zu sehen, der Überzieher hat vorne Bänder anstatt Knöpfe. Telesphor ist auch auf einer großen Steinplatte (2,80 Meter lang, 1,08 Meter hoch und 3 Tonnen schwer) im Plovdiver Archäologischen Museum abgebildet, auf der die ganze gesundheitsspendende thrakisch-griechische Götterfamilie zu sehen ist.

Im Februar 1962 wurden bei Aushubarbeiten für den Bau eines Wohnblocks in der südwestbulgarischen Stadt Kjustendil (dem alten Pauthalium) Überreste eines römischen Gebäudes entdeckt. Da die Wissenschaftler hier mit Recht ein überaus interessantes und lang gesuchtes Bauwerk, nämlich das berühmte Asklepios-Heiligtum vermuteten, wurden die Bauarbeiten eingestellt und das vorgesehene Hochhaus an einer anderen Stelle errichtet. Da ein Teil der Anlage, die nach den Schätzungen der Archäologen eine Ausdehnung von dreitausend Quadratmetern hat, sich zum Teil unter einer schon bebauten Fläche befindet, mußte man sich mit den greifbaren Resten begnügen. Doch die waren noch interessant genug.

Man nimmt an, daß das Gebäude eine gewölbeartige Deckenkonstruktion hatte. Zwischen den einzelnen Räumen wurden Eingänge mit großen Granitschwellen gefunden. Das Gebäude war mit einer zentralen Heizungsanlage versehen, die unter dem Fußboden im Kellergeschoß angelegt war. Die Beheizung der Räume erfolgte durch die von einem speziell zu diesem Zweck gebauten Ofen ausgehende, unter dem Fußboden sowie zwischen den Wänden und deren Verkleidung hindurchgeführte Warmluft.

Der Konstruktion nach lagen der erschlossenen Heizungsanlage zwei Bauarten zugrunde. Die eine bestand aus kleinen Säulen mit

viereckigen oder runden Backsteinen und Rohren, die oben durch
größere Ziegelsteine und eine dicke Mörtelschicht verschlossen
waren; bei der anderen wurde das Boden- und Gewölbesystem
angewandt. Zur Beheizung der Räume befanden sich an den Wänden jeweils entsprechende gewölbte Öffnungen.

Die an den Mauern gefundenen zahlreichen architektonischen
Fragmente sprechen für eine reiche Außenverzierung des Gebäudes.
Fußboden und Wandverkleidung waren aus Marmor. An verschie-
denen Stellen gab es Pilaster mit schönen Kapitellen. In einigen
Räumen wurden Teile eines vielfarbigen Fußbodenmosaiks ent-
deckt.

Das Asklepion war eines der repräsentativsten Gebäude im antiken
Pauthalium. Der Ort war schon im Altertum wegen seiner warmen
Mineralquellen und seines milden Klimas berühmt. Das Asklepion
war ein riesiger Gebäudekomplex, der dem als Schutzherrn verehrten Gott der Medizin, Asklepios, gewidmet war. Die Baderäume,
die Tempel, das heilige Bad sowie die Säle für Erholung, Musik und
für Gymnastik lagen inmitten eines heiligen Waldes. Der Haupt-
tempel soll auf dem »Hissarlaka«, einem bewaldeten Hügel in der
Nähe der Stadt, gelegen haben. Kjustendil ist heute ebenfalls ein
bekannter Badeort und in letzter Zeit aufgrund der dort durchgeführten Honigkuren weltbekannt geworden.

Das Asklepios-Heiligtum von Kjustendil vereinigte alle Heilkräfte
der Natur (wie Mineralbäder, Bergluft, Wald und Feld mit den
entsprechenden Kräutern) mit den Errungenschaften der Kultur, zu
denen die Musik- und Poesietherapie ebenso gehörte wie Theater-
aufführungen und Volksfeste mit Gesang und Tanz. Die Asklepien
waren die ersten Naturheilbäder, in denen eine komplexe Therapie
verabreicht wurde. Der bulgarische Gelehrte Bakardziev, der sich
sehr eingehend mit den direkten Verbindungen zwischen den
Asklepien in Pauthalium und jenen in Epidauros (Griechenland)
und Balnea Puteolana (Italien) beschäftigte, kommt zu dem Schluß,
daß die thrakische »Psychotherapie« einerseits in der Tempelmedi-
zin Griechenlands, andererseits in den Mineralbädern der Römer
sowie in der Klostermedizin christlicher Religionen weiterlebte.
Seiner Ansicht nach bezieht sogar die Lehre des Hippokrates eine

ihrer Quellen aus der thrakischen Heilkunde: »Sie ist als eine abgewogene Synthese der thrakischen und der altgriechischen Medizin zu werten.«

Der Kult des Asklepios erreichte in der römischen Zeit seinen Höhepunkt. Er war schon wesentlich verfeinerter und in allen hellenistischen Ländern weit verbreitet. Eine Textstelle bei Pausanias beweist, wie es im Verlaufe von Jahrhunderten allmählich zu einer immer stärkeren Naturalisierung der Gottheit kam. Pausanias sagt: »Unweit von Ilitia existiert ein Heiligtum des Asklepios. Hier in diesem Heiligtum fand meine Auseinandersetzung mit einem Mann aus Sidon statt. Der erklärte, die Phöniker wüßten um die göttlichen Dinge besser Bescheid als die Griechen. Sie würden nämlich den Apollon als den Vater des Asklepios auffassen – und was dessen Mutter anginge, so meinten sie, sie wäre keine sterbliche Frau. Denn der Asklepios wäre die Luft, die für die Gesundheit der Menschen und alle Lebewesen unentbehrlich sei; und Apollon wäre die Sonne, und diese wäre wohl dessen am meisten würdig, daß sie ›der Vater des Asklepios‹ hieße; sie reguliere ja doch die Jahreszeiten, und sie sei das Wesen, das der Luft die Gesundheit schenke.«

Gott, König und Arzt

Neben Orpheus und Asklepios gab es bei den Thrakern auch noch andere berühmte Ärzte wie Abaris und Anachorsus, die die Kranken mit magischem Zauber heilten, sowie Darzos, der später in der Römerzeit als Symbol der Kraft, Gesundheit und Tapferkeit mit Herakles synkretisiert wurde. Die schriftlichen Quellen über diese »Wunderheiler« sind dürftig. Dafür wissen wir über einen anderen bedeutenden thrakischen Arzt, der in der Zeit zwischen 1500 und 1300 v. Chr. lebte, nämlich durch Platons »Charmides«, besser Bescheid.

Es handelt sich dabei um den legendären thrakischen König Zamolxis, der im 5. Jahrhundert v. Chr. bereits als Gott verehrt wurde und der den Geten den Unsterblichkeitsglauben verkündet hatte. Wie bereits erwähnt, hatten die Herrscher mancher thrakischer Stämme zugleich politische, religiöse und heilkundliche Funktionen. Das war nicht nur bei den Thrakern so. Das erste große Kräuterbuch der Menschheit, in dem mehr als tausend Heilpflanzen beschrieben sind und dessen Inhalt auch den frühen Thrakern bekannt war, hat der chinesische Kaiser Shennung geschrieben, der um 3000 v. Chr. lebte. Ein anderer chinesischer Kaiser, Hwang-Ti (2650 v. Chr.), schrieb das erste medizinische Lehrbuch, das später die Grundlage der medizinischen Literatur in China, Indien und Kleinasien war. Auch die Vergötterung erfolgreicher Mediziner war in der damaligen Zeit nicht selten.

Das Wirken Zamolxis' war zweifellos auch Hippokrates bekannt, der ein Zeitgenosse des Sokrates war – der den getischen Königsgott auch im Rahmen der Wiedergabe eines Dialoges von Platon erwähnt. Sokrates äußert sich gegenüber einem thrakischen Arzt, der einer der Nachfoger des Zamolxis war, in folgender Weise: Die griechischen Äskulap-Diener – Sokrates spielte dabei zweifellos auf die Hippokratiker an – dächten, das Auge wäre nicht zu heilen, wenn man nicht den ganzen Körper heile. Der Thraker erwiderte, die griechischen Ärzte hätten im allgemeinen recht, »jedoch Zamolxis, unser König, der ein Gott ist, sagt es so: genau in der Art, wie man an das Heilen der Augen nicht herangehen kann ohne die Heilung des Kopfes und an die Heilung des Kopfes nicht ohne Heilung des ganzen Körpers, kann man auch die Heilung des Körpers nicht durchführen ohne die Heilung der Seele; und hier mag nun die Ursache dafür liegen, daß innerhalb des Griechenvolkes der größte Teil der Krankheiten nicht mit Erfolg von den Ärzten bekämpft wird; denn diese verkennen tatsächlich samt und sonders jenes Ganze, auf das all ihr Augenmerk sich zu richten hat; jenes Ganze, das, wenn es in einem schlechten Zustand ist, auch jedes Wohlbefinden eines seiner Teile unmöglich macht. Denn alles Gute und Schlechte, das es für den Körper gibt – so lautet Zamolxis' Ausspruch –, hat aus der Seele seine Herkunft, und es hat ihren Ursprung in ihr, so wie die Augen im Kopf ihren Ursprung haben. So muß denn sie, die Seele, an erster Stelle und mit der äußersten Sorgfalt behandelt werden, wenn man will, daß sich der Kopf und der ganze Körper wohl befinden sollen. Was nun die Seele betrifft: sie muß man, das laß dir sagen, guter Freund, vermittels gewisser Besprechungen, der Epodai, behandeln.«

Diese Worte des thrakischen Arztes sind, wie wir heute wissen, wegweisend für die Entwicklung einer medizinischen Fachrichtung gewesen, die erst in unserem Jahrhundert zur vollen Entfaltung gelangt ist, der Psychotherapie. Ohne diese Überlegung kann man auch den folgenden Gedanken nicht richtig verstehen:

»Jedoch die Seele, mein Freund, muß man vermittels gewisser Besprechungen behandeln; und diese Besprechungen sind die schönen Gespräche. Werden nämlich solche Gespräche geführt, so erwacht in der Seele die Heiterkeit, die Sophrosyne: und wenn diese einmal erwacht und wenn sie gegenwärtig ist, dann läßt sich leicht die Genesung für den Kopf wie auch für den übrigen Körper durchführen.«

Der Thraker belehrt Sokrates sowohl in der Anwendung der heilenden Medikamente des Pharmakon als auch in bezug auf die Besprechungen, die Epodai. Dabei weist er ihn auf folgendes hin: »Es darf dir aber niemand einreden, daß du mit dieser Medizin seinen Kopf heilen könntest, es sei denn, der zu Heilende hätte dir zuvor seine Seele offenbart: und dies zu dem Zwecke, daß sie durch das Mittel der Besprechungen den Heilbehandlungen zugänglich werde. Denn in den gegenwärtigen Zeiten ist es unter den Menschen verbreiteter Irrtum, daß man ein Ärztetum für möglich hält, das nur in getrennter Weise für eine dieser beiden Sachen, für die Beruhigung der Seele oder für die Gesundung des Leibes, wirkt.«

Die thrakische Konzeption einer psychosomatischen Heilkunde, die sowohl den Körper als auch die Psyche erfaßt, hat ihre Aktualität bis heute nicht verloren.

Dazu sagt der bulgarische Psychiater Nikola Šipkovenzki: »Aus der Einsicht in die seelisch-körperliche Einheit des Menschen haben auch die thrakischen Ärzte die untrennbare Einheit von somatischer und psychischer Behandlung abgeleitet.« Kategorisch verbot der thrakische Arzt, jemandem – und war er noch so reich, so vornehm oder so schön (wie Charmides es war) – das Heilmittel ohne den Heilspruch zu reichen und umgekehrt. »Denn«, so der Thraker zu Sokrates, »darin liegt eben jetzt der Fehler bei den Menschen, daß einige versuchen, abgesondert, für jedes von beiden Ärzte zu sein.« Dieser Grundfehler haftete nicht nur den hellenischen Heilkundigen an, sondern wirkt nach Meinung bulgarischer Gelehrter bis in die gegenwärtige Medizin hinein: Einerseits versuchen physiologisch eingestellte, organo-lokalistisch denkende Ärzte ausschließlich auf somatischem Wege ihre Kranken zu heilen, andererseits versuchen die Psychoanalytiker und andere Psychotherapeuten durch jahrelange Analysen die Patienten in ihre Dogmen einzuzwängen, um sie angeblich von ihren »Komplexen« zu befreien. Wie weitsichtig sind hingegen die thrakischen Ärzte gewesen, die immer zugleich auf Seele und Körper einzuwirken versuchten. Als Basis für ihre ganzheitliche Auffassung vom Menschen ist weiter der Umstand anzuführen, daß sie besondere Ärzte für den Leib und für die Seele nicht zuließen: Im Gegenteil, sie bestanden darauf, daß der wahre Arzt bei jedem Kranken zugleich somato- und psychotherapeutische Methoden vereinigte.

Die psychische Beeinflussung, die Zamolxis seinen Schülern und Nachfolgern empfahl, darf jedoch nicht mit den Zaubersprüchen primitiver Völker verwechselt werden. Wäre dies so, dann wäre die Lehre des Zamolxis nichts Neues. Die Medizinmänner primitivster Stämme verbinden ja die körperliche Behandlung, welcher Art sie auch sein sollte, immer mit Beschwörungen. Dabei verabreichen sie meistens Kräutergetränke und Organsäfte seltener Tiere – wie sie auch in unserer zivilisierten Welt von Scharlatanen sehr lukrativ verkauft werden. Aber auch bei den hochzivilisierten Ägyptern waren Heilkuren immer von Zaubersprüchen und Beschwörungen begleitet. Ihre Wirkung erwuchs aus indirekter Suggestion auf den Patienten. Wenn nun die Lehre Zamolxis' ebenso darin bestanden hätte, das Einnehmen von Heilkräutern mit Zaubersprüchen zu suggerieren, wäre kein neuer Schritt in der Heilkunde verwirklicht worden.

Nun besitzen wir aber, nach Šipkovenzki, in den Erörterungen des Sokrates einen unzweideutigen Beweis dafür, daß sich die psychotherapeutische Wirkung keineswegs in der Suggestion erschöpfte, sondern von den »schönen Reden« ausging, die man, wie Kazarov es tat, besser als »gute Gespräche« übersetzt. Darin liegt nämlich ein fundamentaler Unterschied: »Schöne Reden« könnten auch bloße Beschwörungsformeln sein. Übrigens sind sämtliche Dialoge

Sokrates' eben »gute Gespräche« zwischen ihm und seinen Freunden und Gegnern. Die Richtigkeit dieser Auffassung wird auch deutlich, wenn man bedenkt, daß die durch Reden dieser Art entstandene Besonnenheit – Kazarov verwendet den Terminus »Weisheit« – aus den Seelen kommt. »Wenn einmal die Seele sich Weisheit aneignet«, sagt Sokrates, »so vermag sie leicht dem Kopfe und dem übrigen Körper Gesundheit zu geben.« Jeder wird einsehen, daß durch Suggestionen, magische Beschwörungen und Zaubersprüche allein der Seele weder Weisheit noch Besonnenheit gegeben werden kann. Dagegen wirken die »schönen Reden«, noch besser die »guten Gespräche« der thrakischen Ärzte im Geiste einer befreienden Psychotherapie.

Suggestionen und magische Beschwörungen sind zwar auch in der thrakischen Heilkunde angewendet worden, doch Zamolxis wagt den entscheidenden Sprung darüber hinaus zu den »guten Gesprächen«, die den Kranken mit Weisheit erfüllen.

Demnach sind die Urquellen der europäischen Medizin nicht zu Unrecht in Thrakien zu suchen. Die großen thrakischen Ärzte haben wenn nicht ein ganzes Jahrtausend, so wenigstens einige Jahrhunderte vor Hippokrates (460 bis 377 v. Chr.) gewirkt. »Die Lehre des Hippokrates«, so meint Professor Šipkovenzki, »verlagerte die Erkenntnis vom ›Gesunden und Ungesunden‹ zwar auf eine höhere Ebene, gelangte jedoch nicht zur zamolxischen Erfassung der seelisch-leiblichen Einheit des Menschen und der daraus abgeleiteten Notwendigkeit, bei allen Kranken somatische und psychische Heilverfahren in sinnvoller Abgewogenheit anzuwenden. Somit blieb in dieser Hinsicht die thrakische Heilkunst unübertroffen, obgleich in der Geschichte der Menschheit die memorale Physiologie und Pathologie der Griechen als die erste wissenschaftlich begründete Lehre vom Gesundsein (Eukrasie) und Kranksein (Dyskrasie) allgemein anerkannt worden ist.«

Das keltische Intermezzo

Die militärische, politische und zum Teil auch wirtschaftliche Krise, die die hellenistische Welt nach dem Tod Alexanders des Großen und dem Zerfall des makedonischen Weltreiches erfaßte, verschonte auch die Balkanhalbinsel nicht. Das Reich Alexanders zerfiel wieder in seine ursprünglichen Strukturen. Mehr noch – da es zu dieser Zeit keine Vormacht gab, die in militärischer oder politischer Hinsicht hätte gestaltend eingreifen können –, es kam selbst in den Kernräumen des Alexanderreiches, in Griechenland, Makedonien und Thrakien, zu einer fast unübersichtlichen Aufsplitterung und zu einem heillosen Gegeneinander der Völker und Stämme. Es trat eine Entwicklung ein, deren analoge Entsprechung man im 19. Jahrhundert nach fünfhundertjähriger Türkenherrschaft in diesem Raum als »Balkanisierung« bezeichnete. Zwischen der Adria und dem Schwarzen Meer sowie von der Donau bis zum Peloponnes entstand ein gefährliches Vakuum, das starke und aufstrebende Völker förmlich zu einer Inbesitznahme aufforderte. Rom war zu diesem Zeitpunkt noch nicht gefestigt. Blieben also die Kelten, die bereits Anfang des 4. Jahrhunderts v. Chr. den Nordwesten der Balkanhalbinsel, das heutige Siebenbürgen sowie große Teile der Moldau und der Bukowina bis zum Donaudelta besetzt hatten. Von hier aus begannen in der 2. Hälfte des 4. Jahrhunderts v. Chr. die ersten keltischen Wanderungen und Einfälle in den thrakisch-makedonischen Raum.

Schon zur Zeit des Alexander-Zuges gegen die thrakischen Triballer im Jahre 335 v. Chr. hat es Verbindungen mit Kelten aus dem bosnischen Raum gegeben. Ihr Zentrum lag zusammen mit dem Reich der Skordisker im Donau-Save-Raum. Von dort begannen sie ihre Raubzüge gegen die Makedonier und Thraker. Diese Einfälle setzten eine Reihe von thrakischen Stämmen in Bewegung. Die Kelten waren Träger der Eisenkultur; ihre Waffen waren jenen ihrer Gegner weit überlegen. Ein antiker Augenzeuge berichtet im 3. Jahrhundert v. Chr. von der Kampftechnik der Skordisker, die als besonders kriegerisch und grausam galten: »Auf jeden Reiter kamen zwei Diener, die ebenfalls Reiter waren und auch Reservepferde hatten. Wenn die Schlacht begann, blieben die Diener hinter der Schlachtlinie zurück und waren von großem Nutzen für die keltischen Reiter. Wenn der Reiter oder das Pferd fielen, brachte der Sklave sofort ein neues Pferd, oder er trat an die Stelle des gefallenen Reiters. Wenn das Schicksal auch diesen Ersatzmann erwischte, dann gab es noch einen zweiten Sklaven, der für seinen Herrn einspringen mußte. Wurde ein keltischer Reiter verwundet, dann wurde er von einem seiner Diener aus dem Gefecht gebracht, während der andere für ihn weiterkämpfte.«

Doch die große Kelten-Welle erfolgt erst im 3. Jahrhundert v. Chr. Im Jahre 279 v. Chr. setzen einige skordische Vortrupps über den Oberlauf der Struma und durchqueren vermutlich den Sofioter Kessel und das untere Strumatal und gelangen von dort entlang der Thrakischen Küste zum Hellespont und zum Bosperus. Ein Jahr später greift das Gros der Kelten an. Ihr Angriff, aus dem Gebiet der Morava und Save vorgetragen, verläuft in drei Stoßrichtungen: gegen die Triballer und die anderen Thraker im Osten, gegen Makedonien und Griechenland im Süden und gegen die Illyrer im Westen. Makedonien wird schrecklich verwüstet, und die keltischen Angriffsspitzen dringen bis nach Thessalien vor, wo sie noch im gleichen Jahr Delphi plündern. Die Kelten kümmern sich nicht um eine politische und wirtschaftliche Stabilisierung in den von ihnen überfallenen Ländern. Das bereitet ihrem Einfall in Makedonien im Jahre 277 v. Chr. ein unrühmliches Ende: Sie werden in der Nähe von Lysimachia von Antigonos Gonatas vernichtend geschlagen. Ein Teil bleibt in Makedonien, wo sie sich um das Permion-Gebirge ansiedeln, ein anderer wird in Südostthrakien ansässig – etwa im Gebiet des heutigen östlichen Bulgarien, der Weißmeerküste und der europäischen Türkei – wo sie kurzfristig ein eigenes Reich gründen. Die Hauptstadt dieses Reiches ist Tyle, das in vielen antiken Berichten ausführlich erwähnt und beschrieben wird, dessen Lage aber bisher noch nicht fixiert werden konnte. Dieses Reich erstreckt sich vom Marmarameer bis zur Mariza-Ebene, von der unteren Tundža bis über Odryn hinaus (das heutige Edirne). Seine Macht wächst von Tag zu Tag und stellt eine ernsthafte Bedrohung für die reichste Stadt in diesem Gebiet, für Byzantion, dar. Nach den ersten Einfällen der Kelten kaufen sich die Byzantiner durch Tribute frei, indem sie den Kelten drei-, fünf- und einmal zehntausend goldene Stateren geben. Ein Stater besteht aus 8,60 Gramm Gold. Das bedeutet, daß die Byzantiner für ihre Unabhängigkeit zunächst einmal 26, dann 43 und schließlich 86 Kilogramm Gold zahlen müssen. Schließlich werden sie gezwungen, den Kelten, die von König Kauaros (Kavar) regiert werden, jährlich achtzig Talente Tribut zu entrichten. Das sind immerhin 2080 Kilogramm Silber oder 208 Kilogramm Gold, umgerechnet etwa 445 000 Goldfranken (Michailov).

Eine Gruppe von etwa 20 000 Mann, die auch an den Raubzügen und der Verwüstung von Delphi beteiligt waren, setzten später nach Kleinasien über und siedelten sich in ehemals phrygischen Gebieten an. Später nahmen sie den Namen Galater an. Sie wurden dann von den dort lebenden Völkern assimiliert. – Nach einer Herrschaft von etwa einem halben Jahrhundert erheben sich die thrakischen Stämme und vernichten um 212 v. Chr. das Reich der Kelten. Ihre Hauptstadt wird zerstört. Die Männer werden getötet oder als Sklaven verkauft, Frauen und Kinder von den thrakischen Stämmen aufgenommen. Ein kleiner Teil der Kelten kann sich noch bis ins 2. Jahrhundert v. Chr. hinein im Landesinnern halten.

Die Anwesenheit der Kelten in Thrakien war nur von kurzer Dauer und hat keinen nachhaltigen Einfluß auf die thrakische Bevölkerung, auf Kultur und Kunst ausgeübt. Die Kelten spielten während ihrer Herrschaft südlich der Donau auch keine echte politische Rolle. Sie lebten zunächst mehr oder minder friedlich mit den umwohnenden Stämmen zusammen, wurden dann von ihnen unterworfen und gingen allmählich in der ethnischen Substanz der Thraker unter. Die Kelten hatten, wie Mommsen einmal sagt, zwar alle europäischen Staaten ins Wanken gebracht, doch selbst keinen einzigen dauerhaften gegründet.

Auch nicht auf dem Gebiet des heutigen Rumänien, wo die Kelten eine viel längere und intensivere Oberherrschaft über die dort lebende dako-getische Bevölkerung ausgeübt haben. Sie waren in diesen Raum von Süddeutschland aus über die slowakischen Karpaten eingedrungen und von dort weitergezogen nach der Bukowina und nach Bessarabien (bis zum Donaudelta). Diese Entwicklung war nicht so kriegerisch wie bei der südlichen Expansion. Es war oft mehr ein Einsickern, das zu einem friedlichen Nebeneinander zwischen der bodenständigen Bevölkerung und den Neulingen geführt hat. Die politische Bedeutung dieser Begegnung, die letztlich einen wesentlichen Faktor für die spätere Romanisierung dieses Raumes darstellt, wurde erst in unserem Jahrhundert erkannt. Als erster hat diesen Gedanken der rumänische Historiker V. Pârvan ausgesprochen und dafür wenig Dank geerntet und erst späte Anerkennung gefunden. Pârvan war als historischer Denker seiner Zeit voraus; seine Hypothese, nur durch Zufallsfunde abgesichert, war, da der überzeugende archäologische Beweis fehlte, leicht anzugreifen. Heute weiß man, daß Pârvan, der nach dem Zweiten Weltkrieg in Rumänien verfemt war und dessen Meinung in den Geschichtsbüchern nicht einmal erwähnt werden durfte, recht hatte. Die keltische Komponente im dako-getischen Raum war nicht nur stärker, als man bisher angenommen hatte, sie fiel auch genau auf jenen Zeitraum, den Pârvan schon in den dreißiger Jahren unseres Jahrhunderts vermutet hatte, nämlich auf das 4. Jahrhundert v. Chr.

Pârvan hatte nachgewiesen, daß Alexander der Große, nachdem er 335 v. Chr. die Donau überschritten und die muntenische Tiefebene besetzt hatte, auch von einer keltischen Abordnung, die sich gemeinsam mit den Vertretern anderer benachbarter »Barbarenstämme« zur Huldigung eingefunden hatte, begrüßt wurde. Damit war erstmals der Nachweis erbracht, daß die Kelten sich zu dieser Zeit schon im siebenbürgisch-muntenischen Raum befunden hatten. Der rumänische Gelehrte versuchte nun, diese These auch durch archäologische Belege abzusichern. Doch das Ergebnis war recht dürftig; Rumänien, das in den zwanziger Jahren wie die meisten europäischen Staaten noch schwer unter den Folgen des Ersten Weltkrieges zu leiden hatte, vermochte kaum finanzielle Mittel für die archäologische Forschung aufzubringen. Pârvan, besessen von dem Gedanken, die keltisch-dakischen und getischen Beziehungen in ein neues, das heißt richtiges und realistisches Licht zu rücken, opferte Geld und Freizeit, um auf eigene Kosten Ausgrabungsarbeiten vornehmen zu können. So konnte er allmählich seine Hypothese durch einige keltische Fibeln, Teile eines

Streitwagens und Schwertfragmente abstützen. Auch ein keltisches Grab wurde entdeckt, das aus der Zeit zwischen dem 5. und dem 4. Jahrhundert v. Chr. stammte. Da Kelten und Dako-Geten eine ähnliche Bestattungsform hatten oder, genauer gesagt, da die Kelten die Verbrennungsbestattung von den Dako-Geten übernommen hatten, war eine exakte Bestimmung nicht mehr möglich. Doch Pârvan konnte aufgrund dieser spärlichen Funde trotzdem den Weg und das Siedlungsgebiet der Kelten markieren. Sie waren bereits im 5. Jahrhundert v. Chr. in das Gebiet der slowakischen Karpaten, der Morava und der oberen Theiß eingedrungen. Von hier führte sie ihr Weg weit nach Osten, bis in die oberen Täler des Mures, des Olt und bis ins Prahova-Tal. Einen wichtigen Markstein für diese Fixierung bildete für Pârvan der Fund eines Streitwagens in einem Grabmal von Prejmer (Tartlau) bei Braşov (Kronstadt). Auch bei Alba Julia wurden Grabbeigaben entdeckt, die auf das 5. Jahrhundert v. Chr. hinweisen. Das geistig-kulturelle und ökonomische Zentrum der in diesem Raum lebenden Kelten vermutete Pârvan an den galizischen Abhängen der Ostkarpaten sowie am Dnjestr, wo sie ihre Städte Carrodunum, Maetonium, Vibantavarium und Eractum gegründet hatten. Galizien, die Moldau und ein Teil der Ukraine (bis nach Olbia) wurden allmählich von den ständig nachrückenden Kelten besetzt. Die Kelten hatten bei ihrem Vorstoß nach Osten die germanischen Bastarner und Skiri vor sich hergetrieben, die sich später ebenfalls am Dnjestr, an der Moldau und an der Donaumündung niederließen, wo sie die Städte Arrubium, Novidium und Aliobrix gründeten.

Mit den Kelten kam das Eisen

Zeitweise haben die Wissenschaftler angenommen, daß der Jahrhunderte dauernde keltische Einfluß im Gebiet des heutigen Rumänien zu einer »Keltisierung« der dako-getischen Bevölkerung geführt hat. Dann bestritt man den Einfluß überhaupt oder versuchte ihn zu bagatellisieren. Für beide Überlegungen gab es gewichtige Gründe: sporadische, aber sehr dichte Bodenfunde wie etwa das keltische Gräberfeld von Apahida bei Cluj-Napoca (Klausenburg) und andere zahlreiche Bodenfunde aus dem 3. bis 1. Jahrhundert v. Chr. Die Dichte der Funde bestätigte die Meinung der einen Seite, ihr sporadisches Vorhandensein schien den Vertretern der anderen Auffassung recht zu geben.

Pârvan sah die Dinge anders: Er vermutete ein Nebeneinander der beiden ethnischen Gruppen. Mit den Kelten kam auch das Eisen nach Siebenbürgen, dessen Berge – vor allem die Westkarpaten – an Eisenerz überaus ergiebig waren. Aber das bedeutet nicht, daß die Eisenzeit auch für die dako-getische Bevölkerung sozusagen über Nacht eingetreten ist. Die alten Formen bestanden weiter, und Pârvan glaubt, daß die Eisenzeit für die einheimische Bevölkerung mehr eine »Holzzeit« gewesen ist. Doch kann man keine einheitliche Unterscheidung zwischen den eisenverarbeitenden und -verwendenden Kelten und den holzbearbeitenden Dako-Geten treffen. Die Daker in Siebenbürgen und die Geten im östlichen Teil Rumäniens besaßen zu dieser Zeit schon eine aristokratische Schicht, die zweifellos auch mit der Führungsschicht der Kelten in enger Verbindung stand. Das beweisen unter anderem auch die mächtigen und noch immer nicht restlos enträtselten geheimnisvollen dakischen Bergfestungen, die die keltischen Erzgruben schützten.

Die Kelten waren die Träger der Eisenmetallurgie. Ihre Waffen und Werkzeuge waren aus Eisen – und wenn diese allmählich auch von den Dako-Geten übernommen wurden, so handelte es sich dabei nicht um dakische oder getische Derivate aus der Bronzezeit, sondern um etwas ganz Neues, das eben von den Kelten ins Land gebracht worden war. Die Gestaltungsarten waren identisch mit jenen Formen, wie sie bei den Kelten West- und Mitteleuropas üblich waren. Eine eigene Eisenmetallurgie entwickelten die Daker erst im 1. Jahrhundert v. Chr. Doch auch ihre Zentren der Erzgewinnung und Eisenverarbeitung befanden sich in der Regel in der Nähe der auf Berggipfeln gelegenen Festungen. Es ist wahrscheinlich, daß auch die in Südwestsiebenbürgen gelegenen dakischen Festungen eine mit der La-Tène-Eisenmetallurgie eng verbundene Entwicklung durchgemacht hatten.

Doch abseits dieser Zentren blieb das Leben der dakischen und

getischen Bevölkerung lange Zeit von der keltischen Zivilisation
unberührt. Die Bewohner der dakischen Dörfer lebten in viereckigen, winzigen Häusern (zwei mal vier Meter groß), die auf einer
engen Fläche zusammengedrängt waren. Wie in der neolithischen
Epoche waren die Wände aus Rutengeflecht und die Dächer aus
Stroh; im Donaugebiet aus Schilf, die Dächer aus Riedgras. Meist
lagen diese Siedlungen auf einem unzugänglichen Bergsporn, an
Fluß- oder Seeufern und waren an der gefährdetsten Stelle durch
einen Palisaden-Graben geschützt.
Die Dörfer waren klein. Auf eineinhalb bis zwei Hektar kamen
kaum mehr als hundert Häuser. Es gab keine Straßen, sondern nur
kleine, schmale Wege. Getreide und Saatgut wurden in Erdmieten
aufbewahrt, die manchmal (wie die Gräber) unter den Häusern
angelegt waren. Der freigelegte Inhalt dieser Getreide»speicher«
zeigt, daß Korn, Flachs, Hanf und Raps zu den wichtigsten
Kulturpflanzen der dakischen Bevölkerung zählten. Ihre Toten
verbrannten sie, und deren Asche wurde in der Umgebung des
Dorfes, aber auch unter den Häusern, vergraben. In den freigelegten
Kulturschichten fand man fast kein Eisen, aber sehr viel verkohltes
Holz. Nicht nur die Behausungen und deren spärliches Mobiliar
bestanden aus Holz, auch Wagen, Pflüge und alle Geräte für die
Landwirtschaft sowie die Haushaltsgegenstände, die Fässer und die
Kähne. Einen sicheren Hinweis auf die Holzbearbeitung zu dieser
Zeit liefern auch die Tischlerwerkzeuge, die bei verschiedenen
Ausgrabungen gefunden wurden: Es gibt da Krummeisen, runde
und ovale Meißel, Feilen, Beile, Raspeln und auch Scheren.
Bis ins 1. Jahrhundert v. Chr. blieb die örtliche dakische Keramik
den alten neolithischen Formen treu. In den Kulturschichten Siebenbürgens finden sich jedoch neben den Scherben dieser Keramikform auch solche keltischen Ursprungs. In Muntenien hingegen
überwiegt in den Gräberfunden die griechische Keramik. Es wurden
vor allem Amphoren aus Rhodos und Thasos, aber auch aus den
griechischen Städten des Schwarzen Meeres gefunden.
Es ist aufgrund der Einwanderung und der Einfälle der Kelten zu
keiner Unterbrechung der Kulturschichten gekommen, doch es gibt
zahlreiche Überlappungen mit der bodenständigen Kultur, die im

Norden – vor der Römerzeit – keltisch und im Süden griechisch sind. Diese Überschneidungen und Parallelen sind durch zahlreiche Funde belegt.

Der Handel zwischen den Kelten und der geto-dakischen Bevölkerung erfolgte wahrscheinlich noch in Form eines primitiven Tauschhandels. In den ehemaligen Siedlungen wurden bisher kaum Münzen gefunden. Hortfunde lagen meist außerhalb der Siedlungen. Diese stammten jedoch nicht von der einheimischen Bevölkerung, sondern aus dem Besitz jener griechischen, makedonischen und italischen Händler, die den gesamten Ex- und Importhandel in ihren Händen hatten. Für sie waren die griechischen Drachmen ein ebenso gültiges Zahlungsmittel wie die römischen Denare. Sie verkauften den Reichtum des Landes – Korn, Honig, Felle, Salz und Sklaven – und importierten dafür Wein, Öl, Bronzegeräte und auch Stahlwaffen.

Die römischen Händler, die vom 2. Jahrhundert v. Chr. an ihren Handel auch auf die geto-dakischen Stämme ausdehnen, wickeln ihre Geschäfte ebenfalls vorwiegend in bar ab. Daß dabei erhebliche Umsätze getätigt wurden, geht aus den Hortfunden hervor, die vor allem aus der Zeit um 44 v. Chr. stammen. Damals rechneten die zahlreichen italischen Händler mit einem Einmarsch Cäsars in Dakien und einer Strafexpedition gegen den geto-dakischen König Burebista und versteckten ihre Schätze in der Hoffnung, sie nach dem Feldzug wieder unbeschadet in Besitz nehmen zu können. Die Rechnung der Kaufleute ging nicht auf; Cäsar wurde ermordet, und Dakien blieb eine weitere Gnadenfrist. Die versteckten Schätze sind erst in unseren Tagen durch Zufall gehoben worden. Der Handel war den geographischen und politischen Gegebenheiten entsprechend ausgerichtet: Der Südosten des Landes war mehr dem griechischen, der Norden und Westen mehr dem römischen Markt verbunden.

Der Einfluß der Kelten auf das kulturelle Leben der Geto-Daker ist gering. Diese blieben in ihrer Kunstauffassung den alten geometrischen Linien treu. Ihr Gott bleibt weiterhin der Beherrscher des »bewölkten Himmels«, Zamolxis, den sie in Höhlen und auf den Gipfeln der Berge verehren. Die Daker bleiben auch bei der

Verbrennung ihrer Toten und bestatten deren Asche selbst noch zur Römerzeit, wo Nekropole und Sarkophage allgemein gang und gäbe waren, wie vor tausend Jahren in archaisch geformten Urnen. Ihr Beharrungsvermögen ist stark. Von der Mitte des 2. Jahrhunderts v. Chr. an werden die Bestattungsbräuche der Daker sogar von den Kelten übernommen. Der einzige Unterschied (und damit auch das Unterscheidungsmerkmal) lag darin, daß die Kelten ihren Toten – wie in Gallien – nicht nur Nahrungsmittel (Schweine, Hühner, Wildschweine), sondern auch Kultgegenstände wie Urnen, Kelche und Schalen, aber auch Waffen sowie Teile der Rüstung und des Streitwagens, außerdem Schmuck ins jenseitige Leben mitgaben. Demgegenüber sind die geto-dakischen Gräber von beeindruckender Einfachheit. Es gibt fast keine Grabbeigaben und keine Grabhügel; diese sind nur bei den Thrakern und den Skythen üblich.

Fîntînele – ein zweites Münsingen

Ein Mekka der Keltenforschung sind die Ausgrabungen von Münsingen in der Schweiz. Sie waren bisher in ihrer Aussage, aber auch in ihrem Umfang und ihrer wissenschaftlichen Bedeutung ohne Beispiel. 1974 wurde in Rumänien ein zweiter, nicht weniger interessanter Pol der Keltologie freigelegt und damit die großartigen und kühnen Gedanken Vasile Pârvans endgültig bestätigt.

Nach fünfjährigen Forschungsarbeiten wurde von einem Wissenschaftlerteam des Instituts für Geschichte und Archäologie an der Universität Cluj-Napoca (Klausenburg) unter Führung von Ion Horațiu Crișan in der Nähe des siebenbürgischen Dorfes Fîntînele ein keltisches Gräberfeld aus der La-Tène-Zeit freigelegt.

Nach Ansicht der rumänischen Archäologen stellen diese keltischen Grabstätten einen der wichtigsten, wenn nicht den wichtigsten und repräsentativsten Keltenfund dar, der bis jetzt in Europa entdeckt wurde. Bisher wurden in dem La-Tène-Gräberfeld 82 Gräber entdeckt; weitere 20 konnten nicht mehr sichergestellt werden, weil sie durch landwirtschaftliche Arbeiten zerstört worden waren.

Die Bedeutung dieses einmaligen Gräberfeldes besteht darin, daß die Bestattungen hier über einen langen Zeitraum hinweg stattgefunden haben und dadurch eine waagerechte Stratigraphie bilden, die sich über die gesamte keltische Zeit erstreckt. So war es möglich, eine genaue chronologische Differenzierung der Gräber und der ihnen beigegebenen Gegenstände vorzunehmen.

Durch die Gräberfunde von Fîntînele wurde auch ein Problem, das den Archäologen und Historikern schon lange auf den Nägeln brannte, gelöst. Sie konnten nachweisen, daß die Kelten bereits Anfang des 4. Jahrhunderts v. Chr. nach Osteuropa gekommen sind und nicht erst in den Jahren 300 bis 278 v. Chr., wie dies bisher angenommen wurde. Die Einwanderung aus dem Westen Deutschlands erfolgte in mehreren Wellen und dauerte über ein Jahrhundert lang. 23 Gräber von Fîntînele stammen aus der Zeit Anfang des 4. Jahrhunderts v. Chr. Ihre wissenschaftliche Erforschung hat mit dazu beigetragen, die bisherigen Meinungen über die keltischen Wanderungen in Europa zu revidieren. Von besonderer historischer Bedeutung sind die Funde für Rumänien auch deshalb, weil damit der Nachweis erbracht werden konnte, daß seit dem Beginn der keltischen Einwanderung bereits eine enge Symbiose zwischen den Kelten und den Geto-Dakern bestanden hat.

Diese Symbiose macht es nach Meinung des rumänischen Archäologen I. Horaţiu Crişan auch verständlich, daß zu Beginn des 1. Jahrhunderts v. Chr. die Persönlichkeit eines getisch-dakischen Fürsten wie Burebista heranreifen konnte.

Die Gräberfunde von Fîntînele haben auch die Beeinflussung der Daker innerhalb des Karpatenbogens durch Griechen und Thraker ins rechte Licht gerückt. Der Einfluß der griechischen Kolonisten und der südlichen thrakischen Stämme auf die Entwicklung der geto-dakischen Gesellschaft war nämlich bis dahin von vielen Gelehrten ebenso überbewertet, wie der Einfluß der Kelten und deren Bedeutung für die Ethnogenese des rumänischen Volks unterbewertet wurde. Dies hatte dazu beigetragen, daß die geto-dakische Welt in zwei unterschiedliche Teile aufgeteilt wurde: in eine fortschrittliche außerkarpatische und eine rückständige innerkarpatische Zone. Was nicht stimmt.

Die Funde von Fîntînele haben außerdem den frühen Romanisierungsprozeß der geto-dakischen Bevölkerung bestätigt, wie ihn

Vasile Pârvan skizziert hat: Die keltische Zivilisation, aufgrund der doppelten Beeinflussung von hellenistischer und italischer Seite der römischen sehr verwandt, leitete schon zweihundert Jahre vor dem ersten Auftauchen römischer Händler die Romanisierung Dakiens ein, die mit der Eroberung des Landes durch die Römer ihren Höhepunkt erreichte.

Mars besiegt Ares

Mitte des 19. Jahrhunderts notiert der russische Außenminister Fürst Gortschakow in sein Tagebuch: »Wenn ich die Landkarte ansehe, so kann ich meinen Zorn nicht verbergen über diese acht Millionen einer nichtslawischen Nation, die die Hänge der Karpaten bewohnen, die ein Pfeil im Körper der slawischen Völker sind und so ihre Vereinigung verhindern. Wenn es anstelle der Rumänen dort Serben oder Bulgaren geben würde, um wieviel leichter wäre die orientalische Frage zu lösen.« Wobei es den Russen damals nicht nur um die Lösung der »orientalischen«, das heißt der Meerengenfrage gegangen ist, sondern ebenso stark um die Verwirklichung alter panslawistischer Ziele. Der Einiger Italiens, Graf Vacour, bestätigt fast zur selben Zeit, im Jahre 1856, die russischen Befürchtungen, wenn er sagt: »So ist die rumänische Nation ein nützliches Hindernis gegen die gefährliche Entwicklung des Panslawismus. Da der Panslawismus für den Westen ohne Zweifel eine Gefahr darstellt . . ., gibt es also kein größeres Interesse, als inmitten der slawischen Völker eine Nation zu schaffen, die Sympathien für den Westen haben würde.«

Die Entwicklung dieser historischen Sonderstellung Rumäniens, die politisch auch heute noch relevant und ohne Beispiel in Europa ist, läßt sich in direkter Linie auf die Politik des römischen Reiches in Südosteuropa zurückführen. Sie betrifft eines der faszinierendsten Kapitel der europäischen Geschichte, das jedoch in den großen Standardwerken über Hellas und Rom kaum die gebührende Beachtung findet; und wenn, dann in einer Weise, die den nunmehr nachgewiesenen historischen Abläufen nicht gerecht wird und auch nicht gerecht werden kann, weil die Zusammenhänge den Historikern des vergangenen Jahrhunderts weitgehend unbekannt waren. Heute wissen wir, daß die römische Eroberung Thrakiens und Dakiens zu einer thrakisch-römischen und zu einer dakisch-römischen Synthese führte, die in den Ländern südlich und nördlich der Donau völlig unterschiedliche historische Entwicklungen bedingte.

Ende des dritten vorchristlichen Jahrhunderts richtet Rom seinen Blick erstmals auf die Balkanhalbinsel. Die italische und die griechische Geschichte beginnen zu verschmelzen, nachdem Rom seine

Herrschaft im Westen, im Norden und in Afrika gefestigt hat. Doch die Einbeziehung des thrakischen Raumes in das römische Welt- reich ist ein langwieriger und über Jahrhunderte andauernder Prozeß. Rom kann nach der Abwehr der Kelten nicht so ohne weiteres das Erbe Alexanders antreten. Um dessen Besitz waren Ende des 3. Jahrhunderts v. Chr. bereits Makedonien und das ägyptische Reich der Ptolemäer in Streit geraten. Beide wollten die Ordnungsmacht im hellenistischen Raum werden.

So wird also Thrakien erneut zum Spielball einer Großmachtpolitik. Die Ptolemäer, ein makedonisch-griechisches Herrschergeschlecht, das in Ägypten von 323 bis 30 v. Chr. regierte, waren seit dem Tod Lysimachos – er starb 281 v. Chr. im Kampf gegen Seleukos – bestrebt, ihre Macht in Kleinasien, Griechenland und Thrakien weiter auszudehnen. In Thrakien reichte ihr politischer und wirt- schaftlicher Einfluß von der Halbinsel Chersones bis zur Mesta- mündung. Doch auch Makedonien, das Ende des 3. Jahrhunderts v. Chr. unter der Herrschaft Philipps V. (238 bis 179 v. Chr.), militärisch gefestigt, als ernst zu nehmender Gegner Roms und Verbündeter Hannibals weltpolitisch in Erscheinung tritt, erhob Anspruch auf thrakisches Gebiet.

In diesem Kampf um die Vormacht im thrakischen Raum verbünde- te sich Philipp V. von Makedonien mit den Todfeinden der Ptolemä- er, den syrischen Seleukiden, die in Kleinasien ein mächtiges Reich errichtet hatten. Philipp und der syrische Großkönig Antiochos III. beschlossen in einem Geheimvertrag die Vernichtung der Ptolemäer und die Aufteilung ihres Reiches. Von Kleinasien und Makedonien aus militärisch in die Zange genommen, mußten die Ptolemäer die nördliche Ägäis aufgeben. Philipp erhielt die thrakische Küste bis zur Halbinsel Chersones.

Doch in ihrem gemeinsamen Sieg über die Ptolemäer lag bereits der Kern der späteren Feindschaft zwischen den beiden Verbündeten. Die Wende vom 3. Jahrhundert zum 2. Jahrhundert war keine ruhige Zeit. Immer wieder mußte Philipp V. im unruhigen Thrakien nach dem Rechten sehen und gleichzeitig darauf achten, daß sich der syrische Großkönig nicht mehr vom ptolemäischen Kuchen nahm, als vereinbart worden war.

Rom signalisiert im Jahre 200 v. Chr. sein politisches und vor allem strategisches Interesse an der thrakischen Südküste mit einem Angriff auf Makedonien. Philipp V. muß seine Truppen aus Thrakien abziehen, um die Westgrenze seines Reiches zu verteidigen. Dieser zweite makedonische Krieg in der römischen Geschichte endet 197 v. Chr. mit einer Niederlage des Makedonenkönigs. Antiochos III. nützt diese Chance: Er unterwirft in den Jahren 196/95 v. Chr. die thrakische Halbinsel Chersones und fällt in das nördliche Thrakien ein, wo er auch die griechischen Städte am Schwarzen Meer erobert. Auch die von den Thrakern besetzten Festungen Lysimachia, Sestos und Madytos geraten unter seine Botmäßigkeit. Der Großkönig verbündet sich mit den von Norden her gegen die Donau vorgestoßenen germanischen Bastarnern. In die durch die vorangegangenen Kriege entvölkerten thrakischen Ostgebiete – etwa das Gebiet der heutigen europäischen Türkei – siedelte Antiochos ihm ergebene thrakische Flüchtlinge an, die durch den Zug Alexanders nach Kleinasien verschlagen worden waren. Waren diese inzwischen Sklaven geworden, so kaufte sie Antiochos großzügig frei und stattete sie auch mit Vieh und den notwendigen landwirtschaftlichen Geräten aus. Selbstsicher ließ der Syrer die Römer sowie Philipp wissen, daß er Thrakien nicht aufgeben werde und daß er auch nicht gewillt sei, den Makedoniern und Griechen von der thrakischen Küste her den Zugang zum Landesinneren Thrakiens zu gewähren.

Diese prekäre Situation zwingt Römer und Makedonier zu einem Zwangsbündnis, bei dem jeder Partner den Dolch des anderen im Rücken spürt. An dem römischen Feldzug gegen Antiochos im Jahre 190 v. Chr., der von dem römischen Feldherrn L. Cornelius Scipio geführt wird, nehmen neben den makedonischen Verbänden auch thrakische Reiter teil. Antiochos III. wird bei Magnesia geschlagen und muß auf die griechischen und thrakischen Städte an der nördlichen Ägäis-Küste verzichten.

Die Halbinsel Chersones wird entgegen den Erwartungen der thrakischen Stammesfürsten nicht ihnen, sondern dem kleinasiatischen König Eumenes II. von Pergamon überlassen. Dieser war schon seit Jahren ihr geheimer Verbindungsmann gewesen, der nun für seine Spionagetätigkeit nicht nur mit einer Vormachtstellung in Anatolien, sondern zudem auch mit der Übergabe der Schlüsselstellung beiderseits der Meerengen fürstlich entlohnt wurde. Der »Syrische Feldzug« festigte die Position Roms. Antiochos wurde 187 v. Chr. bei einem Aufstand erschlagen. Hannibal, der von seinem kleinasiatischen Exil aus sowohl mit Antiochos als auch mit Philipp gegen Rom konspiriert hatte, nahm in Bithynien den Giftbecher, um der drohenden Auslieferung an die Römer zu entgehen. Auch Philipp von Makedonien gewann durch seine Teilnahme am »Syrischen Feldzug« nur wenig; er erhielt lediglich einige unwichtige Städte an der thrakischen Südküste.

Die thrakischen Stämme, enttäuscht über die römische Regelung, führen nun Raubkriege gegen jedermann. Beim Rückzug aus Kleinasien wird die römische Armee von zehntausend Thrakern aus dem Hinterhalt angegriffen und vernichtend geschlagen. Philipp wiederum nimmt diesen Überfall zum Anlaß für eine Strafexpedition. Er stößt weit ins thrakische Binnenland vor, überquert den Balkan und nimmt den Odrysenfürst Amatokos gefangen. Einen anderen thrakischen Fürsten, der sich Teres nennt, besiegt er mit friedlichen Mitteln: Er gibt ihm eine seiner Töchter zur Frau. Es ist eine Art Interregnum: Jeder führt Krieg gegen jeden, und die thrakischen Stämme sind sich dabei nie einig, wen sie im Kampf um die Vormacht unterstützen sollen. So wechseln sie wahllos – meist ohne langfristige politische Konzeption und nur auf den momentanen Vorteil bedacht – ihre Bündnispartner. Und es ist sicherlich kein Zufall, daß sie in dieser Zeit eine Göttin besonderer Art verehren: Kysmeta, die Göttin »Zufall«.

Das Ende Makedoniens

Philipp von Makedonien ist nach der siegreichen Beendigung der Punischen Kriege der einzige Herrscher, der Rom militärisch noch gefährlich werden kann. Beide Seiten bereiten die unumgängliche militärische Auseinandersetzung diplomatisch und politisch klug vor. Philipp erzwingt durch einen überaus brutal geführten Feldzug die Unterordnung der Odrysen und Dentheleten; sie werden seine

Verbündeten. Mit den germanischen Bastarnern, die schon bis in das Gebiet des heutigen Burgas vorgestoßen waren, verhandelt er insgeheim und offeriert ihnen einen Plan, mit dem er zwei Fliegen auf einen Schlag zu treffen hoffte. Er ermutigt sie zu einem Angriff auf die romtreuen Dardaner im oberen Vardartal. Philipp will damit nicht nur den Ring der Isolation durchbrechen, den die Römer durch Bündnisse mit den Ätolern, mit Rhodos, Pergamon und den Dardanern um Makedonien gelegt hatten, sondern die Bastarner auch als Speerspitze eines Angriffes gegen Italien benützen. Diesem Feldzug sollen sich auch die keltischen Skordisker und illyrische Stämme anschließen. Rom soll in Italien geschlagen – und die Bastarner von der Balkanhalbinsel weggelockt werden. Mommsen nennt diesen Plan »großartig und Hannibals würdig«.

»Im Jahre 181 v. Chr. besteigt der Makedonenkönig auf beschwerlichem Pfad einen Hämosgipfel, um sich über den Weg nach Italien zu orientieren. Man soll damals, wie Livius berichtet, geglaubt haben, man könne von diesem Gipfel des Balkangebirges bis zur Donau und zu den Alpen sehen« (Randa).

Die Bastarner, vom Odrysenkönig Kotys im Auftrag Philipps freundlich aufgenommen und versorgt, ziehen von der Donau nach Philippopolis (Plovdiv), wo sie sich zum Überfall auf die Dardaner sammeln. Als Philipp V. jedoch im Herbst 179 v. Chr. überraschend stirbt, wird der an sich großartige Plan nur noch halbherzig durchgeführt. Die Bastarner werden geschlagen und ziehen sich wieder in Gebiete nördlich der Donau zurück. Die Ruhe, die nun eintritt, ist wie ein großes Atemholen vor der großen Entscheidungsschlacht.

Philipps Sohn, Perseus (181 bis 168 v. Chr.), ist der Aufgabe, die ihm sein Vater hinterlassen hat, nicht gewachsen. Er zaudert und nützt nicht die große Chance, den Krieg gegen die Römer offensiv zu führen, solange diese ihre Streitmacht noch nicht mobilisiert haben. Perseus hat nicht die Kühnheit seines Vaters, um durch einen erfolgreichen Präventivschlag die anderen Balkanvölker zum Kampf gegen Rom mitzureißen. Der Odrysenkönig Kotys, sein einziger Verbündeter, hatte ihm eine überraschende Offensive nahegelegt und auch wieder Verbindung mit den Bastarnern aufgenommen. Diese wollten mitmachen, wenn Perseus ihnen vorher den noch ausstehenden Sold vom mißglückten Unternehmen gegen die Dardaner auszahlen würde. Der geizige Makedonenkönig dachte jedoch nicht daran, sich auch nur von einem Teil seiner riesigen Gold- und Silberschätze zu trennen.

Die Entscheidungsschlacht gegen die Makedonier wurde dann von den Römern präzis vorbereitet und am 22. Juni 168 v. Chr. nach einem nur einstündigen Kampf bei Pydna in ihrem Sinne entschieden.

G. F. Hertzberg schreibt darüber: »Am 22. Juni 168 v. Chr. entwickelte sich nach Mittag aus einem Vorpostengefecht der furchtbare Zusammenstoß. Anfangs war die Wucht der aufmarschierenden Phalanx, deren Anblick selbst den unerschrockenen Consul« (L. Aemilius Paullus, Anm. d. Verf.) »mit Grauen erfüllte, unwiderstehlich, die römischen Truppen wichen unter schweren Verlusten bis zu ihrem Lager zurück. Sobald aber bei dem eiligen Marsch auf unebenem Terrain der Zusammenhang der Phalanx sich lockerte, warf der kluge Aemilius unter glücklicher Verwendung auch der Elefanten die einzelnen Kompanien der Römer in die Lücken, ließ zugleich die Makedonier flankieren und von der Seite angreifen. Bald war der makedonische Stoß zum Stehen gebracht, und da die Reiterei auf dem Flügel des Königs sich schlecht hielt und den Perseus selbst, der noch dazu verwundet worden war, in ihre Flucht mit hineinriß, so fand das schwere Fußvolk, auf welches auch von See her die römischen Marinetruppen sich warfen, seinen Untergang. Damals sind 20 000 Makedonier gefallen, 11 000 gefangen worden. Die Stadt Pydna verfiel der Plünderung.«

Mit dieser nur einstündigen Schlacht war der Krieg gegen Makedonien und zugleich das Schicksal der östlichen Welt bis hin nach Kleinasien entschieden. Der Grundstein für ein Weltreich, das dasjenige Alexanders überragte, war gelegt. Die feindliche Armee war vernichtet. Perseus selbst fand nirgendwo mehr Aufnahme; seine Offiziere huldigten den Römern. Der König floh in das Kabirenheiligtum von Samothrake und ergab sich schließlich auf Gnade und Ungnade mit all seinen Schätzen den Römern. Der Senat beschloß seine Entthronung und brachte ihn mit seinem

Gefolge, also all den Hof-, Staats- und Heeresbeamten samt deren Söhnen, nach Italien, wo »sie bei Todesstrafe nicht wieder nach Haus zurückkehren« durften. Der König selbst, seine Kinder und der Sohn des Thrakerfürsten Kotys wurden im Triumph vorgeführt. Dieser römische Triumph ist nach Mommsen »die Schlußszene einer großen historischen Entwicklung, deren Krönung und Gipfelpunkt, wie der zeitgenössische griechische Geschichtsschreiber Polybios sich ausdrückte, die Auflösung des makedonischen Königtums bildete ... Als Rom bei Cannae noch um sein Leben zitterte, war Aemilius Paullus ein Knabe von elf Jahren. Jetzt, wo er als 61jähriger Greis den letzten Nachfolger Alexanders des Großen vor seinen Wagen einherschreiten sah, war im ganzen Umkreis der bekannten Welt niemand, keine Stadt, kein Königreich, keine Föderation, die ohne Wahnsinn hätte wagen können, den Kampf wider die römische Republik noch einmal aufzunehmen. Mit fast greller Deutlichkeit sagte es dieser Tag: Senat und Volk von Rom waren Erben Alexanders des Großen geworden.«

Das makedonische Reich wird in vier Republiken aufgeteilt. Das Königtum wird ausgelöscht. Die Haupttore dieser neuen Republiken sind Amphipolis, Thessalonike, die alte Königsstadt Pella und im Nordwesten Pelagonia. Zwar bleiben die alten Sitten und Gebräuche unangetastet, doch die Verbindungen zwischen den vier neuen Staaten sind auf ein Minimum beschränkt. Ehen zwischen den Bürgern der einzelnen Republiken sind verboten, und kein Bürger darf in einem anderen Land einen Grundbesitz erwerben. Die Armee wird aufgelöst, nur an der Grenze zu Thrakien dürfen einheimische Truppen gehalten werden. –

Die Verbündeten der Makedonier wurden ebenfalls hart bestraft. Mit zwei Ausnahmen: Athen blieb ungeschoren, desgleichen der Odrysenkönig Kotys. Damit machten sich die Römer erstmals einen innerthrakischen Fürsten zum Verbündeten. Die Saat des »Divide et impera« unter den thrakischen Stämmen ging jedoch erst später auf. Die meisten thrakischen Stämme blieben den Römern weiterhin feindlich gesinnt.

Im Jahre 150 v. Chr. kommt es in Makedonien zu einem Aufstand, der von einem Schmied namens Andriskos angeführt wird. Der Mann gibt sich als Sohn des Perseus aus – er soll diesem auch verblüffend ähnlich gesehen haben – und versucht mit militärischer Unterstützung der Syrer, König von Makedonien zu werden. Nach den ersten Erfolgen entledigt sich jedoch der syrische Herrscher Demetrios seines zu mächtig werdenden Partners, indem er ihn verrät und Rom ausliefert. Der Senat zeigt sich gnädig. Er weist dem falschen Königssohn eine Ehrenhaft in einer italienischen Kleinstadt zu. Andriskos entflieht von dort nach Milet und findet nun Unterstützung bei dem mit einer Tochter Philipps verheirateten Thrakerfürsten Teres sowie einem Thrakerkönig namens Barsabas. Mit deren Hilfe gewinnt er Makedonien zurück und läßt sich in Pella zum König von Makedonien krönen. Die Thraker sind nun ihrerseits um ihre Sicherheit besorgt. Sie müssen damit rechnen, schon als nächste den Hegemonialbestrebungen des Makedoniers zum Opfer zu fallen. Also wechseln sie die Fronten. Andriskos wird von den Römern besiegt, kann aber zu den Thrakern fliehen. Einer ihrer Fürsten, ein Sohn Kotys', nimmt ihn gefangen und liefert ihn den Römern aus. Andriskos-Pseudophilippos wird 146 v. Chr. im Triumph in Rom vorgeführt und dann hingerichtet.

Rom macht aus Makedonien eine Provinz, in die auch das heutige Albanien, die thrakische Küste und Hellas einbezogen werden. Die Römer werden dadurch zu unmittelbaren Nachbarn der Thraker und ihre Legionen zu den verhaßtesten Feinden vieler thrakischer Stämme.

Für und gegen Rom

Trotz ihres Sieges über die Makedonier und über Griechenland bleibt der Balkan für die Römer ein gefährlicher Unruheherd. Immer wieder greifen thrakische Stämme die römische Provinz Makedonien an und verwüsten die Städte an der thrakischen Küste. Während sich Rom bei der Befriedung des thrakischen Raumes nur auf die thrakischen Odrysen und die bei Kjustendil lebenden Dentheleten wirklich verlassen kann, werden die ehemaligen Feinde der Makedonier, die Dardaner, Bessen, Maiden, Triballer und noch viele andere Stämme, nunmehr zu erbitterten Gegnern der Römer. Der Mann aber, der im Hintergrund der ständigen thrakischen Aufstände und Überfälle auf die Römer die Fäden zog, saß jenseits des Bosporus. Er hieß Mithridates VI. (geboren etwa um 131 v. Chr.) und war der Beherrscher des Pontischen Reiches. Dieses Reich war nach dem Zerfall des Alexander-Reiches an der heutigen türkischen Schwarzmeerküste entstanden und umfaßte später den gesamten Schwarzmeerraum. Mithridates übte als Schutzherr der thrakischen Stämme bis zur makedonischen Grenze einen entscheidenden politischen Einfluß aus.

Mithridates' Herkunft verliert sich in Legenden. Einer seiner Vorfahren hatte nach der Schlacht bei Ipsos am unteren Halys (im heutigen Anatolien) ein kleines Königreich errichtet. Sein Vater war mit den Römern befreundet. Dieser wurde ermordet, und für seinen damals noch minderjährigen Sohn begann eine harte Jugend. Seine Vormundschaft, ja selbst seine Mutter trachteten ihm nach dem Leben. Um den Gefahren an seinem eigenen Hof zu entgehen, zog sich Mithridates als Jäger in die Wälder und Berge zurück und wurde dort »ein harter Mann mit imposanter Größe, gewaltiger Körperkraft, ein unermüdlicher Läufer und Reiter, ein derber Soldat und ein gewaltiger Schlemmer in Trunk und Liebe« (Hertzberg). Eine echte Sultansnatur war er nicht unbedingt, auch wenn Hertzberg bemerkt, »daß dieser kolossale Mensch allmählich der gefährlichste Feind seiner Feinde werden sollte«. In seiner Person wurde das gemeinsame thrakisch-persische Erbe deutlich sichtbar: ein Leben voll prunkhafter Großzügigkeit, barbarischer Grausamkeit und die dämonische Lust am »leichten« Sterben.

Es hat verhältnismäßig lange gedauert, bis es zu kriegerischer Berührung mit den Römern kam. Nicht zufrieden mit dem Besitz seines ererbten Reiches, welches sich an der Südküste des Schwarzen Meeres von Tios aus ostwärts bis zu den kolchischen Grenzen ausdehnte, hatte Mithridates zunächst die Unterwerfung der östlichsten und nördlichen Küstenländer des Schwarzen Meeres in Angriff genommen. Nachdem er Kleinarmenien erobert hatte, zwang er die Herrscher von Kolchis zur Botmäßigkeit. Noch schwerwiegender war sein Eingreifen an der Nordseite des Schwarzen Meeres. Hier unterwarf er die Skythen und die aus den östlichen Steppen gekommenen Sarmaten und machte sich die bis zum Dnjestr siedelnden thrakischen Geten sowie die germanischen Bastarner und die Peukiner untertan. Ein Teil der getischen Stämme wich nach Norden und Nordosten aus, wo sie einen erheblichen Anteil an der Ethnogenese der Lettoslawen hatten. Die linguistischen und archäologischen Spuren der Dnjestr-Geten lassen sich bis an die Ostsee verfolgen.

Mithridates kam auch den griechischen Kolonistenstädten am kimmerischen Bosporus, auf der Krim und an der heutigen rumänischen und bulgarischen Schwarzmeerküste zu Hilfe, als diese von den Sarmaten angegriffen wurden. Die Steppenvölker vom Kaukasus bis zur Donaumündung waren mit ihm verbündet und lieferten ihm massenhaft Söldner. Allein aus dem Bosporanischen Reich – darunter verstand man die Uferlandschaft des nördlichen Schwarzen Meeres – bezog Mithridates jährlich 200 Talente Gold und 180 000 Scheffel Getreide.

Nach der Unterwerfung der Schwarzmeervölker erweiterte Mithridates seine Macht in Kleinasien. Rom, zu dieser Zeit ausreichend mit den Kimbern und Teutonen beschäftigt, konnte die Expansion des pontischen Königs nicht wirksam bekämpfen. Als die Römer schließlich dazu in der Lage waren, standen sie einem Gegner gegenüber, wie sie ihn seit Hannibals Tod nicht mehr zu fürchten gehabt hatten.

Im Frühjahr des Jahres 88 v. Chr. begann Mithridates VI. seinen Krieg gegen die Römer. Er hatte Erfolg auf allen Linien. Zunächst schlug er die mit den Römern verbündeten Bithyner und besetzte die römische Provinz Asia (im heutigen Anatolien). Die Bevölkerung, ausgepreßt von den Steuereinnehmern der Römer, jubelte Mithridates als Befreier zu. Die Einwohner von Laodikeia lieferten ihm den römischen Statthalter Oppius gefesselt aus, und Lesbos übergab Aquillius lebend dem Sieger, der sich grausam an dem römischen Feldherrn rächte. Er ließ den »Anstifter des Krieges« auf einen Esel gebunden durch die Städte Kleinasiens führen und ihn schließlich in Pergamon ermorden: mit geschmolzenem Gold, das dem römischen Feldherrn in die Kehle gegossen wurde.

Im eroberten Ephesos, das seit dem 2. Jahrhundert v. Chr. unter starkem römischem Einfluß stand, erließ Mithridates jenen berüchtigten Blutbefehl, wonach an einem bestimmten Tag alle in seinem Herrschaftsbereich lebenden Menschen römischer oder italischer Herkunft, ohne Unterschied des Alters und Geschlechts, ob frei oder unfrei, ermordet wurden. Die Güter der Ermordeten wurden eingezogen und je zur Hälfte deren Mördern und Mithridates übergeben. »Mit Ausnahme weniger Orte, so der Insel Kos, fand Mithridates überall willige Henker. Es sind damals nach den geringsten Angaben 80 000, nach der höchsten 150 000 Menschen lateinischer Zunge ermordet worden« (Hertzberg). Ende des Jahres 88 v. Chr. setzte Mithridates' Sohn Ariarat mit einem großen Heer über den Hellespont, besetzte Thrakien, eroberte gemeinsam mit thrakischen Stämmen Abdera und Philippi und baute diese zu festen Stützpunkten aus. Im März 86 v. Chr. versuchte der Getenköning Dromichaites, der mit seinem Heer als Verbündeter Mithridates' in Griechenland stand, das von dem römischen Feldherrn Sulla eingeschlossene Athen zu entsetzen. Er wurde geschlagen. Die thrakischen Sintier und Maider wurden von den Römern für ihren Abfall schwer bestraft. Das pontische Heer mußte sich nach Kleinasien zurückziehen. Doch noch gab Mithridates seinen Kampf gegen Rom nicht auf. Mit exzessiver Grausamkeit rekrutierte er immer neue Truppen, um sie gegen die Römer in Kleinasien einzusetzen. Doch der Erfolg blieb aus. Die Willkürherrschaft des Mithridates, die auch seine engsten Verwandten nicht ausschloß, begünstigte innenpolitisch eine Rebellion gegen diesen altersstarren König. Als ihn die Römer im Jahre 69 v. Chr. entscheidend schlugen und ihre Vormacht in Kleinasien bis nach Armenien ausdehnten, zog sich Mithridates an den kolchischen Strand des Schwarzen Meeres zurück. Doch sein Ende war nicht mehr aufzuhalten. Im Jahre 63 v. Chr. stellte sich sein Sohn offen gegen ihn. Mithridates' Truppen verweigerten ihm den Gehorsam. Nun war auch seine Residenz Pantikapäon nicht mehr zu halten. Der greise König zog die seinem Leben angemessene Konsequenz: Nachdem er seine Töchter und sämtliche Frauen seines Harems selbst vergiftet hatte, ließ er sich durch einen keltischen Söldner töten. –

In Thrakien bleibt die Lage undurchsichtig. Nur die Dentheleten und einige Odrysenstämme sind den Römern während des Mithridatischen Krieges treu geblieben. Nach dem Tod des pontischen Großkönigs unternehmen die Römer mehrere Befriedungsaktionen gegen die rebellischen Thraker. Sie unterwerfen vorübergehend die Bessen und erobern die Städte Philippopolis, Hadrianopolis am Hebros und Kabyle. Die mit Mithriadates verbündeten griechischen Schwarzmeerstädte Mesembria, Odessos, Dionysopolis, Bizone, Tomis und Istros ergeben sich. Nur Apollonia, das heutige Sozopol in der Bucht von Burgas, leistet Widerstand. Die Stadt wird schließlich von den Römern eingenommen und bis auf die Grundmauern zerstört.

Doch eine Unterwerfung bedeuten diese Befriedungsaktionen nicht. Der Kampf gegen die römischen Eindringlinge hört nicht auf, und es gelingt diesen nie, ihr überlegenes Kriegsmaterial massiv einzusetzen. Die lockere und sehr effektvolle Kampftechnik der Thraker, die plötzlichen und überraschenden Angriffe sowie die blitzschnellen Rückzüge erinnern an den Partisanenkampf der Jugoslawen während des Zweiten Weltkrieges und an die überaus erfolgreiche Taktik des Vietkong.

Immer wieder fielen die thrakischen Stämme auch nach Makedonien ein. Im Jahre 57 v. Chr. kam es dadurch zu einem tragischen Konflikt mit den romtreuen Dentheleten. Von thrakischen Stämmen unbekannter Herkunft überfallen, vermutete Calpurnius Piso, der Statthalter von Makedonien, einen heimtückischen Überfall der Dentheleten. Im Rahmen einer Strafexpedition verwüstete er die Siedlungsgebiete der Verbündeten, obwohl diese mit dem Überfall überhaupt nichts zu tun hatten.

Doch in den Kämpfen, die zu dieser Zeit auf der Balkanhalbinsel wie ein beginnender Steppenbrand mal hier, mal dort aufflammten, ging es nicht mehr so sehr um die militärische oder politische Präsenz Roms in diesem Raum, sondern um die große innenpolitische Auseinandersetzung, um das Schicksal der römischen Republik. Hier findet am 9. August 48 v. Chr. bei Pharsalus in Nordgriechenland die schicksalhafte Schlacht zwischen Cäsar und Pompeius statt. Pompeius greift mit 47 000 Mann und 7000 Reitern – unter denen

sich auch 500 odrysische und 200 sapäische befinden – die zahlenmäßig unterlegenen Truppen Cäsars an – und verliert. Eine Entscheidung von weltgeschichtlicher Bedeutung war gefallen.

Das Reich des Burebista

Erstmals taucht zu dieser Zeit in den Annalen der Römer der Name
eines Königs auf, der über die nördlich der Donau lebenden Geten
und Daker herrschte. Sein Name: Burebista. Auch er hatte Pompeius Hilfe angeboten und somit im innerrömischen Streit auf das
falsche Pferd gesetzt.

Der Name Burebista weist uns den Weg zu einem Volk, das zwar
von den Thrakern nicht getrennt, aber mit diesen ebensowenig in
einem einzigen Atemzug genannt werden kann: zu den Dakern.
Verfolgen wir kurz deren Herkunft und geschichtliche Entwicklung
bis zur römischen Zeit, die ganz anders verlief als jene der thrakischen Stämme südlich der Donau. Die unterschiedliche geostrategi-
sche Lage der nördlich und südlich der Donau lebenden thrakischen
Stämme bestimmte nachhaltend ihre historische Entwicklung. Die
Thraker des heutigen Bulgariens und Nordgriechenlands lebten seit
Menschengedenken an der wichtigsten Nahtstelle zwischen dem
Orient und dem Okzident. Wer immer auf dem Landweg von
Europa nach Kleinasien zog, mußte durch Thrakien. Und so
mußten sich die Thraker mehr als alle anderen Balkanvölker immer
wieder ihrer Haut wehren. Krieg und Raub wurden für sie im
wahrsten Sinn des Wortes zum »Vater aller Dinge«. Die Thraker
mußten angriffslustig und kriegerisch sein, weil sie nur so eine
Chance hatten, die fremden Völkerstürme zu überleben (anders als
die nördlich der Donau auf dem Gebiet des heutigen Rumänien
siedelnden Geten und Daker). Selbstverständlich lebten auch diese
Stämme in- und außerhalb des Karpatenbogens nicht in einem
weltfremden Elysium. Feindliche Einfälle und Raubzüge gehörten
auch in diesem Gebiet zum normalen historischen Ablauf. Die
Geten und Daker waren jedoch im strategischen Denken der
antiken Großmächte nur in wenigen Fällen Subjekt, meistens
erstrebenswertes Objekt ihrer Angriffspläne. Sie waren ihres Reich-

tums und ihrer Bodenschätze wegen eine begehrte Beute. Das Hirten- und Bauernvolk war nämlich nur schwer aufzufinden. Es wich dem ungebetenen Gegner aus, tauchte in den dunklen Wäldern unter, verschwand und verlor sich auf den Höhen der Berge, um erst dann wieder von den Almwiesen in die Täler zu steigen, wenn der Feind bereits außer Landes war.

Die Thraker im Süden der Donau konnten den permanenten feindlichen Einfällen und Wanderungen auf die Dauer nicht auf diese Weise ausweichen, sie mußten sich dem Kampf stellen. Das veränderte sie. »Wer für die Freiheit fällt, stirbt nicht«, heißt ein bulgarisches Sprichwort aus der Zeit der fünfhundertjährigen osmanischen Besetzung. Die Rumänen hingegen hielten im Kampf ums Überleben der türkischen Fremdherrschaft die Taktik des Ausweichens für klüger – nach dem bekannten rumänischen Motto: »Einen gebeugten Kopf schlägt man nicht ab.« Es kann sein, daß man diese für die Mentalität der beiden Balkanvölker so charakteristischen Lebensweisheiten schon in deren thrako-dakischer Vergangenheit suchen muß.

Der Donau-Karpaten-Raum war – wie auch die Gebiete um den Balkan südlich der Donau – schon im Paläolithikum bewohnt. Wir haben uns mit der Indoeuropäisierung dieses Raumes schon an anderer Stelle beschäftigt. Hier sei sie deshalb nur noch als Orientierungspunkt vermerkt. Die Existenz der Daker und Geten ist bis zur Bronzezeit, also bis zu jenem Zeitraum, der hier etwa 1800 bis 1700 v. Chr. beginnt und allmählich um 800 v. Chr. ausklingt, archäologisch nachgewiesen. Die ältesten schriftlichen Aufzeichnungen über die Geten stammen aus dem 5. Jahrhundert v. Chr.; ihre Anwesenheit auf dem Gebiet des heutigen Rumänien reicht selbstverständlich viel weiter zurück. Die Zeugnisse der antiken Autoren bestätigen ebenso wie die moderne Archäologie und Linguistik, daß Geten und Daker eng mit den Thrakern verwandt waren und daß sie ungefähr dieselbe Sprache gesprochen haben. Sie bildeten den nördlichen Zweig der großen thrakischen Völkerschaft und waren wie diese Indoeuropäer.

Manchmal wird in rumänischen Publikationen für die frühe Bevölkerung des Donau-Karpaten-Raumes die Bezeichnung »Dako-

Geten« oder »Geto-Daker« verwendet. Hier muß man zum besseren Verständnis eine durch die verschiedenen historischen Epochen bedingte Unterscheidung machen. Bei der Bildung der thrakischen Stämme gab es kein dako-getisches Volk, sondern nur Geten und Daker. Die Geto-Daker sind erst später entstanden. Der rumänische Gelehrte D. Berciu hat einen sehr brauchbaren Leitfaden für die ethnische Einstufung der rumänischen Urbevölkerung geschrieben, ohne dessen Hilfe man sich nur schwerlich im Labyrinth der Bezeichnungen und wissenschaftlichen Dispute zurechtfindet. Für ihn sind die in der (heutigen) Dobrudscha und nördlich der Donau siedelnden Geten (von der Zeit der Homerischen Epen bis zum Kelteneinfall, also etwa von 1200 bis zum 4. Jahrhundert v. Chr.) rein thrakisch gewesen. Er bezeichnet sie als »Thrako-Geten«. Vom 4. Jahrhundert v. Chr. an übernehmen die im Karpatenraum lebenden Daker, zweifellos auch ein thrakischer Stamm, die geistige Kultur der Geten. Diese Epoche reicht etwa bis zur Zeit des Getenfürsten Dromichaites im 3. Jahrhundert v. Chr. Hier kann man – nach Berciu – bereits aufgrund der engen Symbiose zwischen den beiden Völkern von Geto-Dakern sprechen.

Allmählich gewinnen im 1. Jahrhundert v. Chr. die Daker an Übergewicht, so daß man im 1. Jahrhundert n. Chr. nur noch von den Dakern spricht. Dementsprechend muß man auch zwischen einer thrako-getischen Kunst (mit griechischen und persischen Einflüssen), einer geto-dakischen (in der der keltische Einfluß bestimmend war) und einer dakischen Kunst unterscheiden, die westlich-römisch orientiert war.

Den geto-dakischen Siedlungsraum steckt der rumänische Historiker C. Daicoviciu folgendermaßen ab:

Der Hauptsiedlungsraum der Daker und Geten deckt sich ungefähr mit dem Territorium des heutigen Rumänien. Die Südgrenze bildet die Donau. Die am weitesten zurückreichende historische Angabe über die Nordwest- und Nordgrenze der Daker geht auf Julius Cäsar um die Mitte des 1. Jahrhunderts v. Chr. zurück. Cäsar zufolge siedelten die Daker in Richtung Nordwesten bis in die heutige Slowakei hinein. Dieselbe Grenzlinie wird auch von Strabon vermutet, der jedoch die Daker und Geten mit einem heute österreichisch-slowakischen Grenzfluß, der March (Marus), in Verbindung bringt, wo sie angeblich Nachbarn der germanischen Sueben waren. Der dakische Charakter der heutigen Südost- und Mittelslowakei wird, was das 1. Jahrhundert v. Chr. anbelangt, auch durch archäologische Funde bestätigt.

Als westliche Grenzlinie wird von den antiken Autoren die mittlere Donau angenommen; im Südwesten hingegen dürfte, den Funden nach zu schließen, ihr Siedlungsgebiet auch auf das südliche Ufer übergegriffen haben. Im Osten dringen die Geten bis zum Dnjestr vor, wobei der im Norden des Schwarzen Meeres gelegene und von der Donaumündung bis zum Dnjestr reichende Landstreifen von Strabon als »Getensteppe« bezeichnet wird. Bei Ptolemäus reicht die Ostgrenze Dakiens von der Donau bis zu jenem Punkt am oberen Sereth, von wo sie eine Gerade mit der Dnjestr-Mündung verbindet. Später wird dieses Gebiet von den germanischen Bastarnern und die »Getensteppe« von den Sarmaten bewohnt.

Eine dakische Besiedlung ist auch nördlich der Ostkarpaten in Galizien und der Ukraine nachgewiesen. Hier siedelten vorübergehend die dakischen Karpen, die den Karpaten ihren Namen gaben, und die Kostoboken.

Mercatores, heimliche Eroberer

Die Expansion der dakischen Stämme, deren Zentrum in Siebenbürgen lag, war während des Überganges vom 2. zum 1. Jahrhundert v. Chr. besonders stark. Das war eine Zeit, in der die Römer sich um die Festigung ihres Einflusses in den Gebieten südlich der Donau in Makedonien und Griechenland bemühten und militärischen Konfrontationen mit den Dakern und Geten aus dem Wege gingen. Dennoch war der geto-dakische Donau-Karpaten-Raum für Rom weder politisch noch wirtschaftlich eine Terra incognita. Im Gegenteil: Die wirtschaftliche Durchdringung der dakischen Stämme durch römische Kaufleute und Handwerker begann schon in der Mitte des 2. Jahrhunderts v. Chr. und stellte eine besondere Art der Taktik der römischen Eroberungspolitik und eines zielbewußten Romanisierungsprozesses dar. Die archäologischen Funde, die in

Rumänien gemacht wurden, beweisen, daß Dakien – wie auch die
keltischen Alpen und Gallien – zu dieser Zeit schon voller römischer
»mercatores«, also römischer Geschäftsleute, war, die vor allem bei
der begüterten Schicht schon sehr früh die Offenheit für ein
zivilisiertes, besseres, komfortables und luxuriöses Leben geweckt
hatten. Die römischen »mercatores« waren nicht nur einfache
Wanderhändler und Kaufleute, sondern auch selbständige Unter-
nehmer, die unter dem Schutz der dakischen Stammesfürsten und
Könige oftmals als die eigentlichen Träger der Wirtschaft des
Landes fungierten – und deren Handwerker als »Meister«
Festungen bauten, Kriegsgeräte herstellten und für die Daker auch
die ersten Münzen schlugen, gewöhnlich Nachahmungen der rö-
misch-republikanischen Denare. An den dakischen Fürstenhöfen
gab es damals auch Spezialisten mit besonderen Aufgaben. Der
rumänische Gelehrte Pârvan nennt sie »brasseurs d'affaires«, deren
Tätigkeitsbereich von diplomatischen Verhandlungen bis zum Ver-
kauf von Kriegsgefangenen als Sklaven reichte.
Es ist sehr wahrscheinlich, daß zu dieser Zeit schon bei den Dakern
das Keltische als Sprache der internationalen Beziehungen vom
Latein abgelöst wurde. Die griechische Sprache hatte in Dakien,
anders als in Makedonien und Thrakien, auch in der hellenistischen
Epoche kaum eine bedeutende Rolle gespielt.
Die ersten staatlichen Organisationsformen sind im geto-dakischen
Raum Ende des 4. und zu Beginn des 3. Jahrhunderts v. Chr.
anzusetzen. Sie wurden durch die wirtschaftlichen Veränderungen
ausgelöst, die durch die Einführung des Eisens entstanden. Allmählich kam es bei den getischen und dakischen Stämmen zu einer
sozialen Differenzierung innerhalb der Bevölkerung: Aus der Masse
der Bauern und Hirten entstanden allerorts Spezialisten, die nicht
nur Gegenstände für den eigenen Bedarf, sondern auch Waren für
einen kleineren oder größeren Markt produzierten. Es entstanden
die ersten handwerklichen Berufe. Den Warenaustausch besorgten
die Kaufleute. Diese Entwicklung führte schließlich zu einer Auf-
spaltung der dako-getischen Urbevölkerung in Reiche und Arme, in
Edle und Gemeine und – wenn auch nicht so ausgeprägt wie bei den
Griechen und Römern – zu Freien und Sklaven. Nicht aber zu einem

Despotismus kleinasiatischer Provenienz, wie er bei vielen thrakischen Stämmen südlich der Donau üblich war.

Mit dem Zug des Perserkönigs Dareios im Jahre 514 v. Chr. gegen die Skythen nördlich der unteren Donau waren die Geten erstmals ins Licht der Geschichte getreten. Der Feldzug Alexanders des Großen irgendwo im Westen der Großen Walachei führte »in ein getisches Gebiet mit reichen Feldern und befestigten Städten« (Pârvan).

Nach dem Tod Alexanders kommt es in der walachisch-moldauischen Tiefebene zur ersten lockeren Gründung von Stammesverbänden, deren bedeutendste Führer Dromichaites, Zalmodegikos und Rhemaxos waren. Selbst die griechischen Städte standen unter ihrem Protektorat. Einer dieser drei, Dromichaites, wird in den kriegerischen Auseinandersetzungen mit dem Diadochen Lysimachos – wir haben von dem symbolträchtigen Gastmahl der beiden Herrscher schon gehört – als »König der Geten« bezeichnet. Manche Wissenschaftler sehen in ihm einen Odrysenkönig, während der rumänische Gelehrte Constantin Daicoviciu die Meinung vertritt, daß Dromichaites nicht König der Odrysen, sondern des geto-dakischen Stammes der Odyrsen, d. h. der Ordessois am Argeş-Fluß, war.

Geschichtlich werden die Daker in Siebenbürgen erst später erwähnt, was aber nach Ansicht vieler Historiker nicht bedeutet, daß sie nicht schon vorher hier lebten. Sie wurden nur deshalb in den antiken Quellen nicht genannt, weil es mit ihnen damals noch keine direkten Konfrontationen gegeben hat. Die Nordwälder waren den Persern ebenso unheimlich wie den Griechen und Makedoniern. Herodot berichtet von einem »Land der Bienen«, in das einzudringen unmöglich war; und noch im ersten Jahrhundert v. Chr. empfand der römische Feldherr C. Scribonius Curio (74 v. Chr.), der als erster Römer beim Eisernen Tor die untere Donau erreichte, eine gewisse Scheu, den Strom zu überqueren und in die »dunklen Wälder jenseits des Danubius« vorzudringen. So blieben die Bewohner der Nordwälder den aus der gleißenden Helle der Mittelmeerländer stammenden antiken Historikern und Geographen fremd und unbegreiflich.

Aufgrund zahlreicher archäologischer Funde wissen wir heute, daß
das »Land der Bienen« ebensowenig unbewohnt war wie die
riesigen Wald- und Almengebiete im inneren Karpatenbogen. »Als
dann später die Strahlen der Geschichte den Nebel vorgeschichtli-
cher Zeiten, der Siebenbürgen einhüllte, zerteilen, erscheint das
geto-dakische Volk als ein mächtiger und bestimmender politischer
Faktor auf dem Boden Rumäniens auf beiden Seiten der Karpaten«,
schreibt C. Daicoviciu. »Die fremden Völkerschaften waren längst
inmitten der Geto-Daker verschwunden, aber ihr Name lebte noch
in der Erinnerung fort, und in vielen Lebensformen der Einheimischen blieben ihre Spuren erhalten.«
Das dakische Volk lebte in offenen Dörfern und Weilern, in
Holzhäusern, die mit Lehm bestrichen waren. Die Daker waren
Bauern und Hirten, widmeten sich aber allmählich auch dem
Bergbau, der Töpferei und der Metallverarbeitung. Es gab zwei
voneinander getrennte Klassen: die der gewöhnlichen Daker (coma-
ti) und die der Vornehmen (pileati). Die Adeligen trugen nach
römischen Quellen hohe »phrygische Mützen«, während der Rest
der Bevölkerung lange Haare hatte und keine Kopfbedeckung trug.
Die Aristokratie verfügte über ausgedehntes Besitztum und Vermö-
gen und wohnte ebenso wie ihre Könige in befestigten Kastellen und
Burgen, auf den Gipfeln von Bergen, eine Siedlungs- und Befesti-
gungsart, die auf ältere, hallstättische, d. h. keltische Formen
zurückgeht.
In die ersten Jahrzehnte des 1. Jahrhunderts v. Chr. fällt der
Aufstieg des Dakerkönigs Burebista, »der sein Volk zu einem
bedeutenden Machtfaktor neben den Bessen und Odrysen machte«
(J. Wiesner). Die Zeit war jetzt für die Bildung einer staatlichen
Organisation, die über das Gefolgswesen der Stämme und die
Bildung von Stammesgemeinschaften hinausging, reif geworden.
Nach dem Zerfall der keltischen Vormachtstellung und nach der
despotischen Oberherrschaft des Mithridates war im Karpaten-Do-
nau-Raum ein gefährliches Vakuum entstanden. Raublust, Alko-
holsucht und politische Anarchie bestimmten die politische Szene-
rie. Sie verlangte, wie wir heute sagen würden, nach einem »starken
Mann«, nach »Law and Order«, um durch die Festigung der

innenpolitischen Situation eine Bedrohung von außen abwehren zu können.

Dieser »starke Mann« war für die dakischen Stämme Burebista. Er regierte und reagierte wie alle »starken Männer« der Weltgeschichte vor und nach ihm.

Zunächst beruft er sich auf einen göttlichen, einen missionarischen Auftrag. Um seinem Reformwerk den notwendigen Nachdruck zu verleihen, verbündet er sich mit den Zamolxis-Priestern. »Mittelpunkt der Reformbestrebungen, durch die die in langen Kämpfen mit den Bastarnern geschwächten Daker wieder erstarkten, war der in einer unzugänglichen Höhlengegend bei einem Fluß gelegene heilige Berg Kogaionon, der Sitz Zamolxis'. Abgeschlossen von der Außenwelt, nur vom König und seinen Dienern besucht, lebte hier der Oberpriester als Nachfolger des Gottes, dessen Ratschläge als göttliche Befehle verkündet wurden« (Wiesner).

Einer dieser Befehle, den der Oberpriester Dekaineos dem König im Auftrag Gottes erteilte, traf die Daker besonders hart: Er befahl ihnen die Vernichtung der Weinstöcke und verlangte von ihnen ein Leben ohne Weingenuß. Wir wissen indes nicht, inwieweit die Bevölkerung diesem Befehl tatsächlich nachgekommen ist.

Manche Historiker schließen die Möglichkeit nicht aus, daß sich Burebista mit dem Verbot des Weinanbaues ein Staatsmonopol schaffen wollte, um für die vorgesehenen kriegerischen Auseinandersetzungen mit den Römern zusätzlich Geld einnehmen zu können. Damit hätte Burebista drei Fliegen auf einen Schlag getroffen: die Moral der Bevölkerung angehoben sowie die Disziplin seiner Soldaten erhöht und das Staatssäckel aufgefüllt. Manche Historiker (z. B. C. Daicoviciu) interpretieren die Vernichtung der Weinstöcke als ein Ereignis ohne große reformatorische Wirkung, »weil in der Antike der Wille der Monarchen oft zu Dingen geführt hat, die uns heute unwahrscheinlich erscheinen«. Und doch auch wieder nicht, wenn man bedenkt, daß einer der fernen Nachfolger des Dakerkönigs, der rumänische Partei- und Staatschef Nicolae Ceaușescu, noch 1972 ebenso spontan und der eigenen Intuition gehorchend, die Bauern seines Heimatdorfes anwies, auf einem Berg Weinstöcke zu pflanzen, auf dem wahrscheinlich nicht einmal zu Burebistas Zeiten Wein gewachsen war.

Die Reformen des Burebista dienten nicht nur der Hebung des Niveaus der guten Sitten und Bräuche, sondern sie hatten darüber hinaus einen sehr konkreten politischen und militärischen Zweck: Sie erhöhten die Schlagkraft seiner Kerntruppen, mit denen der siebenbürgisch-dakische Stammesfürst zunächst die gewaltsame Vereinigung der dakischen und getischen Stämme in- und außerhalb des Karpatenbogens erzwang und diese – in der Folgezeit – auch für die imperialistische Ausdehnung seines Reiches einsetzte. Sie dienten somit auch der Stärkung seiner königlichen Macht und damit seiner Vormachtstellung gegenüber der Aristokratie.

Zwischen Pompeius und Cäsar

Dem neuen Staat, der sich im Schutze seiner dichten Wälder relativ unbehelligt von äußeren Einflüssen formieren konnte, drohte von dem Augenblick an Gefahr, wo er selbst zum politischen Faktor im Donau-Karpaten-Raum wurde: vom Westen her durch die keltischen Bojer und vom Süden her durch die Römer. Die keltische Gefahr war für Burebista akuter. Die Bojer, die im Gebiet der heutigen Tschechoslowakei lebten, waren bereits im 3. Jahrhundert v. Chr. bis zur Theiß vorgedrungen, wo sie Gebiete besetzt hatten, die früher zum Herrschaftsbereich dakischer Fürsten gehörten. Damit bedrohten die Bojer unmittelbar den dakischen Zentralraum in Siebenbürgen. So war es nur folgerichtig, daß sich Burebista bei der militärischen Absicherung seines Reiches zunächst gegen die Bojer und die mit ihnen verbündeten Taurisker wandte. Der Zeitpunkt dieses Angriffes ist bei den Historikern lange Zeit umstritten gewesen. Heute wissen wir, daß der dakische Vorstoß etwa um 60 v. Chr. stattgefunden hat. Mit dem Angriff auf die Taurisker im Gebiet von Noricum gelangte Burebista fast bis an die Grenzen Italiens.

Nach Bereinigung der Gefahr an der Westgrenze seines Reiches eroberte und besetzte Burebista die griechischen Städte an der Schwarzmeerküste. Als erste Stadt fiel Olbia an der Mündung des Bug in seine Gewalt und als letzte Apollonia, das heutige bulgarische Sozopol. Später überfielen seine Horden auch Illyrien und

Makedonien und gelangten zeitweise bis in die Täler der nördlichen Ausläufer des Balkans. Doch diese militärischen Aktionen waren im Grunde genommen nichts anderes als königlich privilegierte Raubzüge. Mit der militärischen Abschirmung seines Reiches gegenüber dem immer stärker werdenden römischen Druck hatten diese Aktionen wenig zu tun.

Burebista wußte, daß ihm die Auseinandersetzung mit Rom nicht erspart bleiben würde. Seine Kundschafter informierten ihn über die starken Machtkämpfe innerhalb der römischen Führungsspitze. Als Cäsar den legendären Rubikon überschritten hatte und der Bürgerkrieg nicht mehr aufzuhalten war, versuchte Burebista, aus diesem Konflikt das Beste für sich herauszuholen. Er unterstützte den militärisch stärkeren Pompeius – wahrscheinlich auch deshalb, weil er vor diesem weniger Angst hatte als vor Cäsar. Cäsar siegte, und Burebista stellte sich überraschend schnell auf den neuen Herrn des römischen Reiches ein.

Interessant ist es, in diesem Zusammenhang die von zeitgenössischen rumänischen Historikern Burebista zugeschriebene »flexible Außenpolitik« mit jener des heutigen Rumänien zu vergleichen. Burebista war nämlich trotz des missionarischen Eifers bei der Durchführung seiner strengen innenpolitischen Reformen in außenpolitischen Belangen ein handfester Pragmatiker, der die Grenzen seiner Macht und seines außenpolitischen Handlungsspielraumes genau kannte. Er wußte, so vermuten die rumänischen Experten, daß er nun mit dem Zorn Cäsars rechnen mußte; aber ebenso klar war dem Dakerkönig aus Transsilvanien auch, daß man Zorn – sei es mit Geschenken, sei es durch politische Konzessionen – besänftigen kann. Seinen »pompeiischen« Fehltritt würde, so überlegte Burebista, Cäsar verzeihen, nicht aber einen aggressiven geto-dakischen Staat an der Nordflanke seines Operationsgebietes gegen Kleinasien, Thrakien und Ägypten. Aus dieser Überlegung heraus hat Burebista nach Cäsars Sieg seine Eroberungszüge und Raubexpeditionen nach Makedonien und Illyrien sofort eingestellt und seine gesamte militärische Macht auf die Verteidigung des Dakerreiches ausgerichtet. In diese Zeit fällt der Bau der großartigen Festungsanlagen im siebenbürgischen Orăştie-Gebirge. Sie werden

von überwiegend römischen Meistern und Gehilfen, die als
»Gastarbeiter« in Dakien lebten, errichtet.
Burebista, der in einer antiken Inschrift als der »erste und größte
aller Könige« bezeichnet wird, der »je Thrakien beherrscht hat«,
erfährt durch seine Kundschafter, daß Cäsar die Bereinigung der
»dakischen Frage« nicht mehr länger hinausschieben will. Truppen-
konzentrationen an der Adria und bei Apollonia nach dem glänzen-
den Sieg Cäsars über die Parther an Tigris und Euphrat signalisieren
Burebista, daß nun die Reihe an ihn kommen wird. Doch noch
einmal wird die Entscheidung hinausgeschoben. Im Jahre 44 v. Chr.
wird Julius Cäsar ermordet. Burebista fällt ebenfalls einem Komplott unzufriedener Aristokraten zum Opfer.
Nach Burebistas Tod zerfällt sein Reich in vier, später in fünf
Teilherrschaften.
Der rasche Zerfall des von Burebista geschaffenen Reiches macht
deutlich, daß es sich bei diesem ersten dakischen Staatswesen – wie
auch bei jenem der Odrysen oder Bessen – noch nicht um einen Staat
im klassischen Sinn gehandelt hat, sondern um eine militärische
Organisation mit einem König als Heerführer an der Spitze, wie sie
auch bei allen anderen barbarischen Völkern, einschließlich dem der
Hunnen, Germanen oder Skythen, üblich war.

Geheimnisvolles Sarmizegetusa

Der Weg zum frühen Zentrum des dakischen Reiches war noch vor
einigen Jahren recht beschwerlich. Heute kann man die Ruinen von
Sarmizegetusa, der einstigen geheimnisvollen Hauptstadt der Daker, mit einem Jeep auf schlechten Waldstraßen leidlich gut erreichen. Für die Orientierung an Ort und Stelle – in Rumänien gelten
scheinbar Speziallandkarten als »Geheime Kommandosache«; sie
sind weder im Handel erhältlich, noch dürfen sie bei Instituten
entliehen werden – hilft noch immer die gute alte österreich-ungari-
sche Militärkarte im Maßstab 1 : 75 000 weiter. Ihre Ausgabe von
1916 ist in Wien in Spezialgeschäften erhältlich.
Die Ruinen von Sarmizegetusa liegen im sogenannten Orăştie-Gebirge, also in den südwestlichen Karpaten, etwa 50 Kilometer

südlich der Stadt Deva in der Nähe des Paßüberganges von Haţeg nach Caransebeş. Das dakische Sarmizegetusa ist nicht identisch mit der südwestlich gelegenen Ortschaft gleichen Namens. Diese verdankt ihre historische Bezeichnung dem politischen Trend im heutigen Rumänien, die romanische Abstammung auch durch antike Ortsnamen zu dokumentieren. So wurde das alte ungarisch-siebenbürgische Kolosvar̀ (deutsch: Klausenburg, seit 1918 offiziell Cluj) im Jahre 1973 mit der Verleihung des altrömischen Namens Napoca ausgezeichnet. Seither heißt Klausenburg amtlich »Cluj-Napoca«.

Die Überreste der machtvollen und ausgedehnten dakischen Burganlage liegen auf einem Berg südöstlich des Gebirgsdorfes Grădişte am Oberlauf der Apa Oraşului. Sie erhebt sich, auch in ihren Trümmern noch immer imponierend, am Ende dieses Tales in einer schwer zugänglichen Gegend auf einem schmalen Rücken des Godeanu, zwischen der Valea Alba und dem Rîul Alb (auf der Spezialkarte zwischen der Quote 1144 und 1254 eingetragen). Vom Talschluß aus führt lediglich ein Fußweg nach Sarmizegetusa – beschwerlich zwar, aber ein Weg, der sich lohnt, weil er zu den Spuren einer Vergangenheit führt, wie man sie sonst in dieser Art nirgendwo in Europa findet.

Sarmizegetusa war die Hauptburg eines großangelegten Verteidigungssystems im Südwesten Siebenbürgens. Hier lag auf verhältnismäßig kleinem Raum – etwa 150 Quadratkilometer groß – südlich des Mureş in und um das Orăştie-Gebirge das wirtschaftliche, kulturelle und militärische Zentrum der Daker (von der Zeit Burebistas bis zum letzten freien Dakerkönig Decebal an).

Charakteristisch für Sarmizegetusa und die sie wie ein Kranz umgebenden und schützenden Burgen und Festungen sind nach C. Daicoviciu folgende Merkmale:

Die Befestigungen liegen auf alleinstehenden Kuppen oder Gipfeln in der Nähe eines Baches. Der Berggipfel ist eingeebnet und hat gewöhnlich eine ovale Oberfläche. Darunter befinden sich eine oder mehrere Terrassen, die zumeist künstlich aufgerichtet oder bei denen Unebenheiten des Geländes entsprechend verstärkt und nivelliert wurden. Die Burgen liegen gewöhnlich in einer Höhe von etwa 500 bis 1000 Meter.

Die Festungen, von denen heute nur noch Ruinen vorhanden sind, wurden aus großen, 50 bis 65 Zentimeter hohen, gut behauenen Steinblöcken errichtet. Außer Stein wurden auch an der Luft getrocknete oder schwach gebrannte Ziegel und Holz verwendet. Zeitlich gehören diese Anlagen in das erste Jahrhundert vor und nach Christi Geburt.

Die Festungen sind an den alleinstehenden kegelförmigen Bergformen mit abgeflachter Spitze sowie an den darunterliegenden Terrassen, die die Spitze meist kreisförmig umfangen, verhältnismäßig leicht zu erkennen. Sie gehören ihrem System nach nicht zu jenen kleinen befestigten Siedlungen, wie sie in der rumänischen Tiefebene und dem siebenbürgischen Hügelland von den Geto-Dakern auf kleineren Hügeln oder Flußterrassen angelegt worden sind.

Sarmizegetusa und die Burgen in der Umgebung, die erst nach dem Zweiten Weltkrieg archäologisch erschlossen wurden, vermitteln durch ihre zum Teil einzigartigen Funde einen tiefen Einblick in die geistige und materielle Kultur der Daker vor der römischen Eroberung. Diese Burgen waren nämlich nicht nur militärisch klug angelegte Befestigungsanlagen, sondern gleichzeitig auch stadtähnliche Siedlungen mit zahlreichen Wohnungen und Werkstätten. In den weiträumigen Anlagen von Sarmizegetusa fanden die Archäologen die Überreste von acht Öfen zur Eisenverarbeitung. In der Nähe dieser Schmelzöfen wurden Roheisen und kleine Gefäßscherben mit Eisenspuren entdeckt. Das glühende und noch weiche Eisen wurde an Ort und Stelle verarbeitet. In den Schmiedewerkstätten fand man Ambosse, Zangen von verschiedener Größe, Hämmer, Schmiedehämmer, eiserne Schneidewerkzeuge, Meißel, Feilen und Niethämmer.

In den Behausungen der unteren Terrassen von Sarmizegetusa – es gab elf Terrassen, die streng hierarchisch unterteilt waren und die soziale Pyramide deutlich erkennen lassen – wurden Pflugschare, Pflugmesser, Sensen, Sicheln, Pickel, Spaten, Hauen, Harken und Rebmesser gefunden. Wir können annehmen, daß in den untersten Terrassen die Bauern und Hörigen untergebracht waren. Auf den nächsthöheren Terrassen lebten die Handwerker, die Kaufleute, die Aristokratie und der König. Die letzte und höchstgelegene Terrasse dieser Gipfelburg war den Göttern vorbehalten. Hier befanden sich die Wohnungen der Priester und die Kultstätten.

Ein »L« trennt Himmel und Erde

Bevor wir uns in der geheimnisvollen Welt der einzigartigen Weihestätten von Sarmizegetusa etwas genauer umsehen, noch ein paar Worte über die Glaubens- und Götterwelt der Daker. Ihre oberste Gottheit war Zamolxis, den sie von den thrakischen Geten übernommen haben. Daneben verehrten sie noch andere Götter wie Ares oder Bendida, zu denen später noch einige römische Gottheiten hinzukamen. Die Daker waren der äußeren Form nach zwar Polytheisten – den einzelnen Göttern kamen, wie den Heiligen in der katholischen Kirche, in der Regel Hilfs-, Schutz- und Fürsprachefunktionen zu –, doch ebensogut könnte man sie durch die bedingungslose Befolgung der Lehren ihres »obersten Gottes Zamolxis« auch als monotheistisch bezeichnen.

Wir sind Zamolxis schon als thrakischem Mediziner begegnet. Über seine religiösen Funktionen bei den Geten lesen wie bei Herodot: »Ehe er, Dareios, an den Istros kam, besiegte er als erste die Geten, die an die Unsterblichkeit des Menschen glauben. Denn diejenigen Thraker, die Herren von Salmydessos sind und nördlich von Apollonia und der Stadt Mesembria wohnen – Skyrmiaden und Nipsaier heißen sie –, ergaben sich Dareios ohne Kampf. Die Geten aber leisteten sinnlosen Widerstand und wurden bald unterworfen. Sie sind der tapferste und gerechteste Stamm der Thraker. Sie stellen sich die Unsterblichkeit des Menschen so vor: Sie glauben, daß sie nicht sterben, sondern daß der Dahingeschiedene zu dem Dämon Zalmoxis« (wir werden uns mit dieser Schreibweise Herodots im Zusammenhang mit der sonst in der Antike üblichen Form ›Zamolxis‹ noch beschäftigen müssen, Anm. d. Verf.) »geht. Einige nennen ihn auch Gebeleizis. Alle fünf Jahre schicken sie einen durch das Los Erwählten aus ihren Reihen als Abgesandten zu Zalmoxis und nennen ihre jeweiligen Wünsche, die er dem Gott ausrichten soll. Sie tun es in folgender Weise: Einige von ihnen, die dazu aufgestellt sind, müssen drei Speere aufrecht halten; andere fassen die Hände und Füße dessen, den man zu Zalmoxis entsenden will, werfen ihn in die Höhe und lassen ihn auf die Lanzen fallen. Wenn er, wie zu erwarten, aufgespießt wird und stirbt, halten sie dies für ein Zeichen, daß der Gott gnädig ist. Überlebt der Bote den Vorgang, dann geben sie ihm die Schuld und nennen ihn einen Bösewicht. Dann senden sie einen andern Boten zum Gott ab. Sie erteilen ihm ihre Aufträge, während er noch lebt. Dieser Thrakerstamm schießt auch, wenn es donnert und blitzt, mit Pfeilen gegen den Himmel und droht Gott. Sie glauben, es gäbe keinen anderen Gott als ihren eigenen.«

»Wie ich aber«, so erzählt Herodot weiter, »von den am Hellespont und am Pontos wohnenden Griechen erfahren habe, ist dieser Zalmoxis ein Mensch gewesen und als Sklave nach Samos verkauft worden. Er diente als Sklave bei Pythagoras, dem Sohn des Mnesarchos. Dann soll er frei geworden sein, sich große Reichtümer erworben haben und damit in seine Heimat zurückgekehrt sein. Da aber die Thraker noch ein recht erbärmliches und rohes Leben führten, baute dann Zalmoxis, der ionische Lebensweise und Sitten kannte, die vernünftiger waren als die der Thraker – er hatte ja unter Griechen gelebt und nicht gerade bei dem schlechtesten Gelehrten der Griechen, dem Pythagoras –, einen Saal, in dem er die vornehmsten Bürger zum Mahl einlud und bewirtete. Dabei lehrte er sie, daß weder er noch seine Gäste noch deren Nachkommen sterben würden, sondern an den Ort kämen, wo sie ewig weiterlebten und alle Güter in Fülle hätten. Während er aber solche Gastmähler gab und solche Reden führte, ließ er sich ein unterirdisches Gemach bauen. Als es fertig war, machte er sich den Thrakern unsichtbar. Er stieg nämlich in dieses Gemach hinab und lebte drei Jahre darin. Die Leute sehnten sich nach ihm und betrauerten ihn wie einen Toten. Im vierten Jahr erschien er wieder bei den Thrakern, und dann glaubten sie an die Lehre des Zalmoxis.«

Doch Herodot kann die für sein rationales Denken ungewohnte Erzählung nicht so recht glauben. Mit einem »sowohl als auch« zieht er sich aus der Klemme: »Was man von dem unterirdischen Gemach sagt, will ich nicht bestreiten; ich glaube aber auch nicht recht daran. Meiner Meinung hat dieser Zalmoxis viele Jahre vor Pythagoras gelebt. Doch lassen wir unentschieden, ob es überhaupt einen solchen gegeben hat oder ob er ein Stammesgott der Geten war.«

Herodots Skepsis im Hinblick auf die Verbindung Zamolxis mit Pythagoras war nicht unberechtigt. War er ein Priester-Medizinmann, der erst später als Gott verehrt wurde, so mußte er Jahrhunderte vor Pythagoras gelebt haben; war er jedoch eine autochthone Gottheit der Thraker, dann ist eine Verbindung mit dem griechischen Gelehrten noch weniger vorstellbar. Zamolxis war für die Geten – und gewiß nicht für alle anderen thrakischen Stämme – ein göttlicher Lehrer, der sich ihnen durch seine Priesterschaft offenbarte. Wahrscheinlich war er vorher zunächst ein König, ein Hoherpriester oder ein Prophet gewesen, ehe er im 6. Jahrhundert v. Chr. zu ihrem Hauptgott wurde. Zamolxis wurde niemals personifiziert dargestellt. Seine Lehre erreichte die übrigen thrakischen Stämme kaum. Die Daker hingegen liehen dem Getengott willig ihr Ohr. Sein Unsterblichkeitsglaube bestimmte noch bis zur römischen Eroberung Dakiens die Religion der dakischen Stämme und verlieh ihnen Mut und Todesverachtung.

Wie die Thraker verehrten auch die Daker ihre Gottheiten inmitten der freien Natur. Um dem Himmel möglichst nahe zu sein, befanden sich ihre Kultstätten fast immer auf Bergkuppen und Gipfeln. Auch Zamolxis wurde in diesen Weihestätten verehrt, indem man ihm Opfer darbrachte. Menschenopfer hat es bis zum Ende der dako-getischen Zeit nachweisbar gegeben.

Wahrscheinlich hat aber im Laufe der Jahrhunderte auch bei den Dakern der Zamolxisglaube eine Veränderung erfahren, die mit der sozial-ökonomischen Entwicklung parallel verlaufen ist. Wir kennen dieses Phänomen auch bei anderen primitiven Völkern und Religionen. Diese Veränderung betraf zuerst die Aristokratie und erst später das breite Volk. Der Zamolxisglaube wurde idealisiert. Da die meisten Götter dieser Zeit urano-solaren Charakter hatten, rückte die Aristokratie auch den Gott-Lehrer Zamolxis in den Bereich des Sonnenkults. Manche Forscher sind der Meinung, daß die mitunter anstelle des Namens Zamolxis auftauchende Bezeichnung »Gebeleizis« für die Vornehmen und Reichen zu einem Synonym für den »himmlischen« Zamolxis geworden war, während die Bauern und Hirten ihn weiterhin als irdischen Gott verehrten. Doch das waren Überlegungen, die bis zum Ende des Zweiten Weltkrieges weder durch historische Quellen noch durch archäologische Funde abgestützt werden konnten.

Daß die Daker der Eisenzeit urano-solare Götter verehrten, ist seither durch archäologische Funde eindeutig geklärt worden. So wurden in der Festung Piatra Roşie vor einigen Jahren Teile eines Kultwagens aus Eisen und Bronze gefunden, die zu einem »Sonnenwagen en miniature« gehörten. Die Sonnenscheibe wurde im 1. Jahrhundert v. Chr. von dakischen Künstlern oft keramisch dargestellt.

Eines der größten Sonnenheiligtümer Dakiens wurde auf der elften Terrasse von Sarmizegetusa entdeckt. Es handelt sich dabei um eine stilisierte Sonnenscheibe aus Andesitplatten, die mit ihren Strahlen einen Durchmesser von knapp sieben Meter hat. Das unter freiem Himmel errichtete kultische Monument diente nicht nur als Altar, sondern auch als Opferstein für Tier- und Menschenopfer. Die Bauweise dieses Altars beweist nicht nur eine relativ hochentwickelte Bautechnik, sondern bestätigt auch, daß den profantechnischen Funktionen des Opfersteins eine durchdachte Konstruktion zugrunde lag.

Der Sonnenaltar von Sarmizegetusa besteht aus einer Zentralscheibe mit einem Durchmesser von 1,46 Meter und aus zehn Kreissegmenten, die die Sonnenstrahlen darstellen. Jedes Segment hat eine Länge von 2,72 Meter. Das ergibt einen Gesamtdurchmesser von 6,90 Meter. Die Steinplatten, deren Oberfläche ursprünglich spiegelglatt gearbeitet war, sind etwa 30 Zentimeter dick. An den äußeren Rändern der Sonnensegmente befinden sich einige kleinere, rechteckige Aushöhlungen – etwa zehn mal acht Zentimeter groß und drei bis vier Zentimeter tief –, deren Funktionen bis jetzt noch nicht ergründet werden konnten.

Auch ist bis heute nicht klar, welche Bewandtnis es mit den kleinen marmornen Skulpturen in T-Form haben könnte, die in den Aushöhlungen gefunden wurden.

Deutlicher schon ist da die Funktion einer Herdstelle mit einem Durchmesser von 1,05 Meter, die, 2,30 Meter vom Zentrum der

268

Sonnenscheibe entfernt, zwischen zwei Strahlensegmenten angelegt worden war. Hier fanden die Archäologen Knochen von einem Hausschwein, Fragmente einer feinen Keramik mit dünnen Wänden und Teile von Keramikgegenständen, die auf der Töpferscheibe hergestellt worden waren.

Etwa ein Drittel der Strahlensegmente war vermutlich bei der Zerstörung Sarmizegetusas durch die Römer vernichtet worden oder ist in späteren Jahrhunderten der natürlichen Erosion zum Opfer gefallen. Warum nur ein Drittel und nicht das ganze Sonnenheiligtum zerstört wurde, erkannten die Archäologen erst, als sie sich mit dem Unterbau des Altars beschäftigten und unter den Steinplatten eine raffinierte Konstruktion aufdeckten, durch die das Blut der Opfer gesammelt und über einen Kanal entfernt wurde. Das Sammelbecken bestand aus einem 1,30 Meter langen Kalksteinblock, der in der Form eines großen Waschbeckens behauen war. Es hatte ein Spundloch und einen Steinpfropfen und war unterhalb der freischwebenden Segmente verborgen. Dadurch konnten diese auch leichter zerstört werden als die übrigen, die auf eine feste Unterlage aus Kalksteinblöcken montiert waren. Die Archäologen glauben, daß sich in den Steinplatten, die später zerstört wurden, Öffnungen für den Blutabfluß befunden haben. Man nimmt an, daß hier dem Sonnengott neben Tier- auch noch Menschenopfer dargebracht wurden. In welcher Form dies geschah, läßt sich heute kaum noch nachweisen. Desgleichen nicht, ob die Opfer nach ihrem Tod verbrannt wurden: Außer den bereits erwähnten Knochen eines Hausschweins wurden im Bereich des Heiligtums keine weiteren Skeletteile gefunden.

Welchem Gott diente nun dieser Sonnenaltar? Die Konfrontation der antiken Quellen mit den archäologischen Funden hat die Frage noch komplizierter gemacht. Obwohl die Identität zwischen Zamolxis und Gebeleizis, von der uns Herodot berichtet, nicht ausgeschlossen werden kann, nimmt man allgemein an, daß Zamolxis der höchste irdische Gott war, dem sein himmlisches Gegenstück allmählich die Herrschaft über das Reich der Toten, über die Verstorbenen, streitig machen wollte. Infolge der bereits erwähnten Verschiebung von religiösen Begriffen begann ein Teil der dakischen Bevölkerung daran zu glauben, daß ihre Verstorbenen zu Gebeleizis gingen und nicht zu Zamolxis. In diesem Fall müßte jedoch auch Gebeleizis zur Erde abgestiegen sein und wie Zamolxis in unterirdischen Gemächern gelebt haben. Doch dafür fehlen ebenso wie für Zamolxis' unterirdische Gemächer die archäologischen Beweise; bisher wurde in Dakien keine einzige unterirdische Kultstätte gefunden.

Das führte dazu, daß die Wissenschaftler nun die Beziehung zwischen Zamolxis und Gebeleizis hypothetisch ins Gegenteil umkehrten, nämlich in die Verwandlung des chthonischen Zamolxis in eine urano-solare Gottheit. Der Sonnenaltar von Sarmizegetusa gab den Anstoß zu dieser Überlegung. Er war zweifellos dem höchsten dakischen Gott gewidmet, und das war Zamolxis. Doch Zamolxis war ebenso nachweisbar kein Sonnengott – es sei denn, man verwendet nicht die allgemein in der Antike übliche Schreibweise »Zamolxis«, sondern die von Herodot gebrauchte Form »Zalmoxis« als Basis der neuen Interpretation, deren Beweiskraft allerdings an einem einzigen Buchstaben, an der Stellung des »l« im Namen des obersten dako-getischen Gottes, hängt. Linguisten haben nämlich nachgewiesen, daß die von Herodot verwendete Schreibweise »Zalmoxis« den Gott der Geten und Daker schon im 6. Jahrhundert v. Chr. dem urano-solaren Götterhimmel zuordnen müßte. Der Partikel »Zalm«, so wies der rumänische Gelehrte C. Daicoviciu überzeugend nach, bedeutet im Thrakischen soviel wie »hell«, »strahlend« oder »klar«. Er ist im Namen des Dakerkönigs Zalmodegikos ebenso enthalten wie in verschiedenen dakischen Toponymen. War »Zalmoxis« ein Himmelsgott, dann war es nur selbstverständlich, daß das Sonnenheiligtum ihm als oberstem Gott gewidmet war. Vorausgesetzt allerdings, daß dem »Vater der Geschichte« hierbei nicht einfach ein simpler Schreibfehler unterlief, der noch zweieinhalb Jahrtausende später einen heftigen wissenschaftlichen Disput auslöste.

Das Kalender-Heiligtum von Sarmizegetusa

Jordanes, der römische Historiker von vornehmer gotischer Abstammung, gibt in seiner Weltgeschichte eine dakische Idylle wieder, wie er sie lateinischen Quellen aus der Zeit des Dakerkönigs Burebista entnommen hat. Er ist voll des Lobes über den gelehrten Oberpriester Dekaineius, dessen Gebote die Daker willig befolgen, und bestätigt den Dakern, daß sie intelligent sind. »Dekaineos hat die Daker in die Philosophie eingeführt, sie die Moral gelehrt und von ihren barbarischen Sitten befreit. Durch ihn erfuhren sie die Gesetze der Physik und daß sie die Gebote der Natur und das Leben beachten müßten«, schreibt Jordanes, um dann fast überschwenglich festzustellen, daß die »Geten durch ihn die Logik erfaßt hatten und dadurch den anderen Völkern überlegen waren«.

Seinen historischen Rapport beschließt Jordanes mit einem rührend naiven Resümee: »Und Dekaineos hat ihnen dargelegt, unter welchen Namen und Zeichen jene 346 Sterne in ihrem schnellen Weg vom Osten nach Westen gehen und in welchem Rhythmus sie sich dem Himmelspol nähern oder entfernen. Siehst du, was es für ein großes Vergnügen bereitet, zu sehen, wie sich ein sehr tapferes Volk mit der Philosophie beschäftigt. So sehr, daß es nur wenig Zeit für Kriege hatte. Du konntest den einen sehen, wie er die Position der Sterne am Himmel beobachtete, einen anderen, der die Eigenschaften von Kräutern und Sträuchern untersuchte, und einen dritten, der genau das Wachsen des Mondes vermerkte. Und wieder ein anderer beobachtete eine Sonnenfinsternis und berechnete die Rotation des Himmels und der Sonne.«

Nun, man weiß, daß Jordanes nicht unbedingt zu den glaubwürdigsten antiken Autoren zählt und daß er bei seinem Getenbericht eigentlich an seine gotischen Vorfahren gedacht hat. Er hat die beiden Völker verwechselt und, wie er selbst zugibt, seine »Geschichte der Goten« nach einem Werk des Griechen Kasseodorus, das er in drei Tagen gelesen hatte, aus dem Gedächtnis niedergeschrieben und durch Angaben anderer antiker Autoren ergänzt. Sicherlich hat Jordanes übertrieben; dennoch wäre es falsch, seine Angaben in Bausch und Bogen zu verdammen. Man darf sie natürlich nicht auf das ganze Volk übertragen, auch nicht auf eine geistige Elite, wie es sie bei den Griechen gab; man muß sie auf einen kleinen Führungskreis der dakischen Priesterschaft »projizieren«. Dann ist das Bild, das Jordanes von den Geten zeichnet, gar nicht mehr so abwegig – vor allem, wenn man in Betracht zieht, daß doch eine Reihe seiner Angaben inzwischen auch archäologisch abgesichert werden konnte. Die Daker verwendeten viele Heilpflanzen, und die Heilquellen von Geoagiu waren ihnen ebenso bekannt wie jene von Călan und Herkulesbad. In Sarmizegetusa hat man Schächtelchen aus Knochen für Salben und Schminke gefunden, die auf feingeschliffenen Marmorplatten zubereitet wurden. In der Wohnung eines Priesters fanden die Archäologen ein medizinisches Besteck, das unter anderem ein Skalpell, Pinzetten und mehrere kleine Salbendosen enthielt. Wie gefundene Schädel mit Trepanationsnarben beweisen, waren die Priesterärzte mit ihren medizinischen Instrumenten auch in der Lage, Schädeltrepanationen durchzuführen. Von besonderem Interesse für die Gelehrten war eine Platte aus Vulkangestein, deren Asche, abgeschabt wie Puder, auf offene Wunden gestreut wurde und deren Heilung beschleunigte. Eine chemische Analyse ergab, daß das vulkanische Gestein vom Ätna stammte.

Die Handelsbeziehungen zwischen den Bewohnern von Sarmizegetusa und Rom dürften recht intensiv gewesen sein. Ein Großteil der gefundenen Waffen und Gegenstände aus Eisen ist römischer Herkunft oder wurde an Ort und Stelle von römischen Handwerkern hergestellt.

Daß Jordanes' Angaben über die astronomische Beschäftigung der getischen Priesterschaft – ihr Wissen entsprach dem allgemeinen Niveau der damaligen Zeit – nicht frei erfunden waren, sondern im Gegenteil der geto-dakischen Realität sehr nahe kamen, konnten die Archäologen durch eine weitere Ausgrabung im Bereich der Festungsanlage von Sarmizegetusa beweisen.

Die Geschichte dieser Ausgrabung, die von einem Wissenschaftlerteam des Archäologischen Instituts der Universität Cluj (Klausenburg) in den Jahren 1951 bis 1958 unter der Leitung von Professor C. Daicoviciu durchgeführt wurde, ist faszinierend. Seit etwa

Anfang des vergangenen Jahrhunderts wußte die Wissenschaft von einem geheimnisvollen Platz im Orăştie-Gebirge mit moosbewachsenen Steinen und Blöcken, die auf eine frühgeschichtliche oder antike Siedlung schließen ließen. Man wußte von einem terrassenförmigen, mit uralten Buchen bewachsenen Ort, an dem in einer gewissen kreisförmigen Anordnung kleine Steinblöcke aus dem Boden lugten.

Schon die wissenschaftliche Überprüfung – von einer systematischen Erforschung konnte damals noch keine Rede sein – ließ dieses frühzeitliche Monument noch rätselhafter erscheinen. Für einen Friedhof fehlten die Skelette, für eine Opferstätte die Kultgegenstände und Herdstellen. Auch die Vermutung, daß man hier endlich jene Stelle entdeckt hatte, auf der der grausame Brauch praktiziert wurde, alle fünf Jahre todgeweihte Jünglinge zu Zamolxis zu entsenden, erwies sich als falsch.

Der rumänische Historiker Teodorescu, der sich vor dem Zweiten Weltkrieg erstmals eingehender mit den geheimnisvollen Steinen im Orăştie-Gebirge beschäftigte, kam der Lösung des Rätsels etwas näher, indem er hier ein großes Sonnenheiligtum vermutete, ähnlich jenen bronzezeitlichen Anlagen im englischen Stonehenge, die im 19. Jahrhundert n. Chr. entdeckt wurden. Ein besonderes Handikap der Archäologen lag auch darin, daß sie die tatsächliche Form und Gestalt der Anlage infolge des dichten Baumbestandes nicht einmal ahnen konnten.

»Wir begannen als Holzfäller«, erinnerte sich einer der Archäologen, der damals als Student an den ersten Ausgrabungen beteiligt war. »Erst als die Bäume im Bereich der sporadisch freigelegten Steinfunde gefällt und beseitigt waren, formte sich für uns das Bild einer kreisförmigen Anlage, mit der wir zunächst wenig anzufangen wußten.«

Erst die totale Freilegung der Grabungsstelle und ihre genaue, minuziöse Untersuchung brachten die Forscher auf die richtige Spur: Die große Anlage, die aus mehreren Stein- und Holzsymbolkreisen bestand, war ein Kalender-Heiligtum, das von geto-dakischen Priestern betreut wurde. In welcher Form und nach welchen Gesetzmäßigkeiten dieser Kalender tatsächlich gehandhabt wurde, darüber gehen die Meinungen augenblicklich noch auseinander.

Halten wir uns einmal an die Fakten, wie sie uns der rumänische Historiker H. Daicoviciu liefert:

Das Kalender-Heiligtum bestand aus mehreren Elementen, die zum Teil noch vollständig erhalten sind. Das Heiligtum wurde bei der Eroberung von Sarmizegetusa durch die Römer im Jahre 106 n. Chr. zerstört.

Das Heiligtum wird durch einen äußeren Kreis eng aneinandergereihter Steinblöcke abgegrenzt, dessen Durchmesser 29,40 Meter beträgt. Insgesamt besteht dieser äußere Kreis aus 104 Andesitblökken, die 80 bis 90 Zentimeter lang, 43 bis 45 Zentimeter hoch und 47 bis 50 Zentimeter breit sind. Ihre Rückseite ist etwas gewölbt, so daß sie aneinandergereiht einen kompletten Kreis ergeben. Diese Steine wurden direkt auf das künstlich eingeebnete Niveau der Kultstätten aufgesetzt. Sie dienten der Abgrenzung.

Der zweite, nur geringfügig kleinere Kreis besteht aus zwei verschieden großen, rechteckig behauenen Andesitsteinen – ähnlich den Kilometersteinen an den Landstraßen –, deren konvexe Rückseite millimetergenau mit der konkaven Vorderseite des ersten Steinkreises verbunden ist. Die einen sind hoch und schmal (100 bis 105 cm hoch, 24,5 bis 25,5 cm breit und 18 bis 20 cm dick), die anderen breit und niedrig (50 cm hoch, 52 bis 54 cm breit und 21 cm dick). Diese Steine – genauer: die zapfenförmig behauenen oberen Enden der längeren Steine – waren von den römischen Eroberern »geköpft« worden. Sie wurden so tief in die Erde gerammt, daß sie den äußeren Steinkranz um 20 bis 25 Zentimeter überragten, während die breiteren Steine nur um 10 bis 15 Zentimeter höher waren als der Außenrand. Es gab 180 schmale und 30 breite Steine, die ohne Unterbrechung in gleichmäßigen Abständen einen geschlossenen Kreis bildeten. Interessant ist die Anordnung dieser Steine. Sie hat den Forschern viel Kopfzerbrechen bereitet. Nach je sechs schmalen und hohen Steinen folgt ein breiter Stein. Diese Gruppierung von sechs plus einem Stein wiederholt sich dreißigmal. Der innere Durchmesser des zweiten Kreises beträgt 28,02 Meter. Der dritte Kreis mit einem Durchmesser von 20 Metern bestand aus 68 Holzpfosten, die etwa 130 bis 140 Zentimeter tief in die Erde eingegraben waren und eine Höhe von drei Metern hatten. In den

Erdlöchern fanden die Archäologen Abschlußsteine, die ein Einsinken der etwa 40 Zentimeter dicken Holzstämme verhinderten. Der Abstand zwischen den einzelnen Stämmen betrug 36 bis 40 Zentimeter. Sei waren vierkantig behauen, mit Lehm bestrichen und mit dünnen Terrakottaplatten verkleidet und so vor einer frühen Verwitterung geschützt. An jedem dieser Holzpfosten befanden sich 9 bis 13 große Eisennägel mit einem dicken, in Form eines Ringes geschmiedeten Kopf. Der von den Holzstämmen gebildete Kreis war nicht durchgehend geschlossen und auch nicht regelmäßig angeordnet. Er war durch vier aus Kalksteinblöcken markierte Eingänge unterbrochen. Davon bestanden zwei aus je drei und zwei aus je vier Blöcken. Die Breite dieser »Eingänge« zum innersten Bezirk des Heiligtums betrug 130 bzw. 220 Zentimeter. Zwischen diesen Eingängen standen einmal 16, zweimal 17 und einmal 18 Holzsäulen.

Den Mittelpunkt des Kalender-Heiligtums bildeten 34 Holzsäulen in Hufeisenform. Diese Säulen, präpariert wie jene des dritten Kreises, dürften eine Höhe von 1,50 bis 2 Meter gehabt haben. Auch dieser innerste Teil dürfte, den Funden nach zu schließen, nicht überdacht gewesen sein.

Das war alles, was die Archäologen nach fast achtjähriger Arbeit freilegen konnten. So etwas wie eine Feuerstelle im Bereich des Heiligtums fanden die Archäologen erst, als sie im Jahre 1957 die letzte der vielhundertjährigen Buchen der wissenschaftlichen Neugierde opferten. An den Wurzeln der Buche entdeckten sie deren Überreste aus runden Flußsteinen. Diese Feuerstelle war etwa 1,50 mal 1,35 Meter groß und dürfte nicht oft benützt worden sein – vielleicht nur bei der Einweihung des Kalenders.

Das gesamte Heiligtum war, wie bereits erwähnt, auf einer künstlich errichteten Terrasse angelegt. Seine beherrschende und weithin sichtbare Lage auf dem abgeflachten Bergrücken war im Laufe der Jahrhunderte durch den urwaldähnlichen Baumbestand verdunkelt worden. Bei den Grabungsarbeiten fanden die Archäologen in zwei Meter Tiefe Spuren von Behausungen (Kohlereste, Keramikscherben und Bausteine), so daß man eine ältere Siedlung unter dem Heiligtum vermutete. Eine Vermutung, die bei späteren Nachgrabungen nicht bestätigt werden konnte. Die Siedlungsspuren waren bei der künstlischen Aufschüttung in das tiefere Erdreich geraten. Errichtet wurde das dakische Kalender-Heiligtum etwa in den Jahren zwischen 81 bis 101 n. Chr.

Dakische »Sechs« kontra magische »Sieben«

Mit der Ausgrabung und der Bestimmung als überdimensionales Kalendarium war jedoch das Rätsel des dakischen Heiligtums noch lange nicht gelöst. Man könnte im Gegenteil behaupten, daß damit die Schwierigkeiten für eine plausible Lösung erst begannen. Es gab viele Meinungen und Hypothesen, doch alle waren irgendwo an einer Stelle, an einem Punkt der Überlegungen durch andere ersetzbar. Doch sie waren trotzdem nicht umsonst angestellt worden. Jede These, auch wenn sich die Autoren beim Überdenken selbst ad absurdum führten, zwang zur Beschäftigung mit der geistigen Welt der Daker und Geten sowie zur Auseinandersetzung mit dem Weltbild, das das Leben der Barbaren und Kulturvölker dieser Epoche bestimmte, und zwar um so mehr, als inzwischen auch das »Sonnenheiligtum« von Stonehenge in Südengland als ein uraltes keltisches Kalender-Heiligtum enträtselt worden war. Stonehenge wie Sarmizegetusa setzten astrologisches Wissen und handwerkliche Fertigkeit voraus. Die gemeinsame keltische Komponente ist unverkennbar.

In der Gruppierung der Steinblöcke im zweiten Kreis des Heiligtums lagen, darüber waren sich alle Wissenschaftler einig, das Alpha und Omega für des Rätsels Lösung: Sechs große Steine und ein kleiner, das waren zusammen sieben Steine. Die Zahl sieben aber war die mystische Zahl der Pythagoräer. Und war nicht Zamolxis ein Schüler des Pythagoras gewesen?

Doch die Zahl sieben war es nicht. Sie konnte in keine astronomische Übereinstimmung mit den anderen Zahlen des Heiligtums gebracht werden. Auch die Überlegung, daß die »6-plus-1-Anordnung« auf die uns geläufige Zeiteinteilung einer Woche zurückzuführen sei, erwies sich als unbrauchbar. Im Wochenrhythmus sechs plus ein Tag gab es sie damals nur bei den Juden und Alexandrinern.

Selbst wenn man annimmt, daß diese Zeiteinteilung von Jerusalem bis nach Sarmizegetusa gelangt war, kann diese Rechnung nicht stimmen. Der Tageskreis des Heiligtums würde demnach aus 30 Wochen und das Jahr somit nur aus 210 Tagen bestehen.

Griechen und Ägypter teilten ihre Monate in Dekaden ein; doch auch diese Überlegung führte in Sarmizegetusa nicht zum Ziel. Schließlich gingen die Forscher nicht mehr von der vorgegebenen 6-plus-1-Wochenmarkierung aus, sondern von der Gesamtanzahl der Tagessteine. Diese beträgt 180; das könnte, so überlegten die Gelehrten, gerade für die Kalendrierung eines halben Jahres reichen. Und das war dann auch der springende Punkt, der die Wissenschaft der Lösung des Rätsels näherbrachte.

Heute geht man von folgender Annahme aus: Den Erbauern des Kalender-Heiligtums waren von den Priestern architektonisch-mathematische und astronomische Auflagen gemacht worden, die in kalendrischen Symbolen ausgedrückt werden mußten. Der Kalender mußte alle Grundzeitspannen beinhalten: den Tag, die »Woche« (oder eine andere Zeitspanne mit gleichem Stellenwert), den Monat und das Jahr.

Nimmt man nun an, daß der Tageskalender auf ein halbes Jahr ausgerichtet war, dann wurden die 180 Steine durch die kleinen Steine in 30 Wochengruppen zu je 6 Tagen aufgeteilt. Die Anzahl der niederen Steine stimmte dann auch mit der Anzahl der Tage eines Monats überein. Das heißt nun, daß die dakische Woche eine »Sextima« war, eine Sechstagewoche, und daß der Monat 30 Tage und das Jahr 360 Tage umfaßte. Wir wissen, daß diese Einteilung zwar mathematisch stimmt und auch der Mondumlaufzeit mit 29,5 Tagen einigermaßen entspricht, daß aber diese Zeiteinteilung der tatsächlichen Dauer eines Jahres nicht gerecht wird. Es mußte also noch die Möglichkeit geben, Korrekturen (d. h. so etwas wie Schalttage) unterzubringen. Immerhin erbrachte die unflexible Datierung dem dakischen Jahr jährlich ein Defizit von rund fünf Tagen. Dieses Defizit gab es auch bei anderen Völkern, so bei den Babyloniern und den Ägyptern sowie bei den alten Griechen und Indern. Manche dieser Völker behoben dieses »Zeitmanko« durch das Anhängen von fünf Tagen nach dem Ablauf des starr eingeteilten Jahres. Die Daker lösten diese Frage anders oder, wie manche Forscher annehmen, ließen sie durch einen fremden Astronomen anders lösen. Sie wußten aufgrund eigener Himmelsbeobachtung, daß die 360 Tage nicht ausreichten, um Sonne und Gestirne zum vorjährigen Ausgangspunkt (beim Auf- und Untergang von Sonne und Sternen) zurückzuführen; ihnen fehlten hierfür einige Tageseinheiten.

Der französische Gelehrte G. Charrière hat inzwischen plausibel nachgewiesen, daß die Daker in ihrem Kalender-Heiligtum durchaus die Möglichkeit einer Korrektur hatten, und zwar aufgrund der Zahl der Holzsäulen im dritten Kreis und der Hufeisenform. Nach Meinung des französischen Forschers stehen diese beiden Zahlen in unmittelbarem Zusammenhang mit der Korrektur zwischen dem sogenannten tropischen Jahr und dem dakischen. Jede der 68 Säulen stellt einen Zyklus von 180 Tagen und jede der 34 einen Jahreszyklus dar. Warum aber gerade 34 Jahressäulen? Die Antwort ist, wenn man sie erst einmal kennt, gar nicht so absonderlich: Die Astronomen hatten ausgerechnet, daß die dakische Zeit nach 34 Jahren einen Nachholbedarf (bezüglich der realen Zeit) von 178,22 Tagen haben würde. Und dies wiederum entsprach fast dem dakischen Halbjahrskalendarium mit 180 Tagen. Man mußte also nach Ablauf der 34 Jahre einen Halbjahreszyklus hinzufügen, um mit der realen Zeit gleichziehen zu können. Das ergab für 34 Jahre 12.420 Tage gegenüber den tatsächlichen 12.418,22 Tagen – und somit eine durchaus überschaubare Differenz von 1,78 Tagen pro Jahr. Charrière ist der Meinung, daß dieser 34-Jahres-Zyklus des Kalender-Heiligtums von den dakischen Priestern errechnet wurde und vom relativen Niveau der damaligen wissenschaftlichen Erkenntnisse bei den Dakern zeugt.

Offen bleibt allerdings noch die Frage, wie die dakischen Priester sich ihres Mammutkalenders in der Praxis bedienten, wie sie den Ablauf der Tage, »Wochen«, Monate und Jahre markierten. Denn das war ja der Sinn des Kalenders: daß sie ihn genau ablesen konnten, um dann ihre Befehle und Anweisungen für Feste, Opfergaben, aber auch für den Beginn der Saat oder Ernte an die Bevölkerung zu geben. Man nimmt an, daß die Priester des

Heiligtums jeden Tag auf einem schmalen Stein markierten und jeweils nach 180 Tagen eine Markierung an einer der Halbjahressäulen des dritten Kreises anbrachten. Das volle Jahr wurde dann an einer der Säulen der Hufeisenform vermerkt. So hatten sie eine doppelte Kontrolle über den Ablauf der Jahre. Über die Zeit Bescheid zu wissen war für die Macht der Priester von nicht geringer Bedeutung. – Mathematisch hat das System des »Heiligen« Kalenders von Sarmizegetusa sicherlich funktioniert. Schwerlich vorstellen kann man sich jedoch die praktische Handhabe auf längere Sicht, denn durch die Verschiebung zwischen dem Kalenderablauf und der tatsächlichen Jahresdauer muß es unweigerlich zu einer kalendarischen Verschiebung – im 34. Jahr sogar um ein halbes Jahr – gekommen sein, die eine tatsächliche Fixierung der Jahreszeiten nicht mehr zuließ. Extrem gesprochen: Im 34. Jahr mußte der Kalender den Sommer anzeigen, wenn es tatsächlich Winter war, und umgekehrt.

Doch die Priester von Sarmizegetusa kamen nicht mehr dazu, sich mit dieser Misere auseinanderzusetzen, wenngleich einige Forscher der Meinung sind, daß eine Zeitkorrektur schon jedes zweite Jahr durchaus möglich gewesen wäre. Denn als sie endlich ihren eigenen Kalender (wie alle anderen Kulturvölker der Antike) hatten, kam es 106 n. Chr. zum Krieg zwischen Römern und Dakern, der mit der Unterwerfung und Eroberung Sarmizegetusas endete. Dakien wurde römische Provinz und seine Zeit der römischen angeglichen. Der mit viel Mühe und wahrscheinlich über mehrere Jahrzehnte hindurch vorbereitete und berechnete »Heilige« Kalender wurde zerstört. Seine Zeitmessung war unbrauchbar geworden.

Unruheherd Thrakien

Am 15. März des Jahres 44 v. Chr. wurde Julius Cäsar bei der letzten Senatssitzung vor seiner Abreise nach Asien ermordet. Die Tat des Cassius und Brutus führte Rom in den Strudel eines Bürgerkrieges, der alle Völker des Imperiums erfaßte – auch den europäischen Südosten, wo es den Römern erst nach einem hundertjährigen Kampf im Jahre 46 n. Chr. gelang, den Unruheherd Thrakien durch die »Fesselung des bessischen Ares« zu einer römischen Provinz zu machen.

Die Zeit zwischen Cäsars Tod und der Unterwerfung der Bessen war ein blutiges Jahrhundert. Verrat, Mord und Totschlag gehörten ebenso zum politischen Instrumentarium der römischen Politik wie die zahlreichen Kriege und Strafexpeditionen, die von allen Beteiligten mit beispielloser Grausamkeit geführt wurden. Bei einer Strafexpedition gegen die Serden und Maider läßt Crassus allen Gefangenen zur Warnung die Hände abhacken. Im Jahre 28 v. Chr. unterwirft er die Bessen und übergibt deren Dionysos-Heiligtum den Odrysen. Die alte Feindschaft zwischen den beiden Stämmen wird dadurch neu entfacht. Ein grausamer und erbarmungslos geführter Kleinkrieg um den Besitz dieses heiligen Berg- und Waldgebietes fordert über Jahre hinaus zahlreiche Opfer.

Bei Cäsars Tod war das römische Weltreich, das Ende des 2. und Anfang des 1. Jahrhunderts v. Chr. durch eine explosionsartige Eroberungspolitik nach allen Himmelsrichtungen entstanden war, weder außen- noch innenpolitisch gefestigt. Das Riesenreich, das von Spanien bis nach Kleinasien und von Ägypten bis nach dem Norden Deutschlands reichte, war kein homogener Völkerblock. Es bestand vielmehr aus einzelnen, sozial-ökonomisch völlig unterschiedlich entwickelten Ländern, deren gemeinsame und verbindende Klammer vorerst einzig und allein die Armee war. Zwischen diesen einzelnen territorialen Fragmenten bestand auch keine Kontinuität der politischen Entwicklung, und man vergißt allzu leicht – wie es der rumänische Historiker V. Pârvan einmal treffend ausdrückte –, »daß man im 1. Jahrhundert v. Chr., als Rom seine Macht bis nach Syrien ausdehnte, in Padua, Verona oder Mailand noch sehr schlecht lateinisch sprach und daß die Zivilisation des zisalpinischen Gallien mehr mit derjenigen des keltischen Europa übereinstimmte als mit der des römischen Italien und daß die romanisierten zisalpinischen Bewohner des Römerreiches ethnisch den Galliern, den Illyrern und Dakern näherstanden als den Lateinern«.

Ein Blick auf die Landkarte macht die wenig stabile Lage der Römer auf der Balkanhalbinsel und im Donau-Karpaten-Raum noch deutlicher. Einigermaßen sicher war Rom nur die Provinz »Macedonia«, zu der auch das heutige Griechenland gehörte. Die Provinz »Moesia«, die das heutige Nordostserbien bis zur Donau umfaßte, war ein beliebtes Angriffsziel der Bastarner, Daker und Sarmaten. In Thrakien, dem strategisch wichtigen Verbindungsstück zwischen den Provinzen »Macedonia« und »Moesia« mit den kleinasiatischen römischen Provinzen, waren nur die Dentheleten und Odrysen zeitweilig mit Rom verbündet. Die meisten thrakischen Stämme lagen in ständigem Kampf mit den Römern und deren thrakischen Vasallen.

Für Rom war die Lage im europäischen Südosten, wie gesagt, militärisch unsicher und politisch instabil. Und das um so mehr, als den Römern schon unter Cäsars Herrschaft nördlich der Donau – die damals an ihrem Unterlauf keinen sicheren Schutz vor Überfällen bot – durch die Einigungsbestrebungen der dakisch-getischen Könige und deren Bündnis mit den germanischen Bastarnern und turkvölkischen Sarmaten ein mächtiger potentieller Gegner erwuchs.

Cäsar strebte eine gewaltsame Lösung an: Die thrakischen Stämme wollte er unterwerfen und zu seinen Verbündeten machen, die Daker unter ihrem König Burebista jedoch durch einen Vernichtungsfeldzug so schwächen, daß sie nie mehr in der Lage sein sollten, die Nordostgrenze des Imperiums zu gefährden. Cäsar plante die Aussiedlung der innerhalb eines breiten Grenzstreifens nördlich der Donau ansässigen Daker, Bastarner und Sarmaten und die Besiedlung dieser Sicherheitszone mit römischen Kolonisten.

Sein Tod und der darauf folgende vierzehnjährige Bürgerkrieg erzwang eine Verschiebung des großzügig konzipierten Planes. Dakien erhielt einen Aufschub; die unmittelbare militärische Konfrontation mit Rom blieb vorerst aus.

Anders war die Lage in Thrakien, das nach Cäsars Tod direkt in die militärischen Auseinandersetzungen des römischen Bürgerkriegs einbezogen wurde. Die thrakischen Fürsten schalteten sich damals erstmals unmittelbar in die entscheidenden Auseinandersetzungen um das weitere Schicksal Roms ein. So etwa bei der bedeutungsvollen Schlacht um die Zukunft der römischen Republik, die im Jahre 42 v. Chr. auf thrakischem Boden bei Philippi am Strymon geschlagen wurde. Im Kampf um die Macht standen hier die Mörder Cäsars, Brutus und Cassius, den Triumviren Marc Antonius und C. Octavian gegenüber. Mit je dreitausend Reitern unterstützten zwei Sapaische Fürsten die römischen Kontrahenten. Es waren die Brüder Rhaskuporis und Rhaskos, die in diesem Kampf jeweils auf eine andere Karte setzten. Rhaskuporis unterstützte Brutus, während sein Bruder Rhaskos den Triumviren seine berittene Streitmacht zur Verfügung stellte. Allerdings nur bedingt, denn beide Brüder hatten sich den Einsatzbefehl für ihre Truppen selbst vorbehalten, und das erlaubte es ihnen, »politisch über die Fronten hinweg zur Wahrung des eigenen Vorteils zu taktieren. Mit dem Ergebnis, daß Rhaskuporis durch die Vermittlung seines Bruders bereits vor dem Ende der Schlacht im Lager der Sieger stand« (Wiesner).

Diese Schaukelpolitik setzten die thrakischen Fürsten auch bei späteren Auseinandersetzungen fort. So bei der Schlacht von Attium im heutigen Albanien im Jahre 31 v. Chr., bei der thrakische Verbände sowohl für Antonius als auch für Octavian kämpften. Nach der Schlacht standen die für Antonius streitenden Fürsten Sadala und Rhoimetalkes I. im Lager des siegreichen Octavian. Dieser Frontwechsel während der Schlacht wurde von dem siegreichen Römer mit den Worten quittiert: »Ich liebe den Verrat, doch nicht die Verräter!« Nun darf man sich aber ein Bündnis zwischen den einzelnen thrakischen Fürsten und römischen Feldherren keineswegs als Beginn einer geistig-kulturellen Synthese zwischen den beiden Welten vorstellen. Es waren ausschließlich militärische Zweckbündnisse, die aus taktischen oder strategischen Überlegungen jederzeit aufgelöst, verändert oder ins Gegenteil umgekehrt werden konnten.

Daran änderten auch die Versuche Roms nichts, nach Konsolidierung der innenpolitischen Verhältnisse durch die Übernahme der Erziehung thrakischer Fürstensöhne verläßliche Vasallenherrscher heranzuziehen. Rom war für die Thraker keine geistige Heimat, und wenn diese nach Thrakien zurückkehrten, handelten sie mehr nach ihrem Instinkt als nach rationalen politischen Überlegungen. In seinen instinktiven Handlungen unterschied sich ja das thrakische

»Barbarentum« wesentlich vom von der Ratio her bestimmten Handeln der alten Griechen und dem kodifizierten Denken der Römer.

Der Untergang der Bessen

Den Tod des Sapaierkönigs Rhoimetalkes im Jahre 13 n. Chr., der als einziger unter den thrakischen Fürsten die Realität der römischen Vorherrschaft und deren Bedeutung für die wirtschaftliche und kulturelle Entwicklung Thrakiens erkannt hatte, nimmt Kaiser Augustus zum Anlaß, das Odrysenreich aufzuteilen. Rhoimetalkes' Sohn Kotys IV. erhält die fruchtbare thrakische Ebene mit der Residenz Philippopolis und den Königstitel. Sein Onkel Rhaskuporis, der Bruder des verstorbenen Königs, muß sich mit dem unwegsamen Balkan und dem kaum erschlossenen Schutzgebiet der »Ripa Thraciae« zwischen dem Balkan und der Donau zufriedengeben. Wo im heutigen Nordbulgarien die riesigen, oft kilometerlangen Weizen- und Maisfelder im prallen Licht der Sonne liegen, war das Land damals noch von einem undurchdringlichen Urwald bewachsen.

Die römische Devise des »Teile und herrsche!« führt schnell zum Erfolg. Ein Überfall der Daker und Geten zwingt Rhaskuporis für eine kurze Zeit an die Seite Roms. Gemeinsam mit dem römischen Feldherrn L. Pomponius Flaccus wirft er die Insurgenten über die Donau zurück. Doch nach dem Tod Kaiser Augustus' fällt Rhaskuporis immer wieder in das Reich seines Neffen ein. Kaiser Tiberius warnt den thrakischen Fürsten vor einer weiteren Eskalation, doch Rhaskuporis kümmert die Warnung nicht: Er will beide Staaten unter seiner Herrschaft vereinigen und sich dann von Rom lösen. Er lädt seinen Neffen zu einem Versöhnungsgespräch und läßt diesen, als er sich seinen Wünschen nicht beugt, in Ketten legen.

Der Bruch ist vollkommen. Tiberius ist mit der Entwicklung nicht unzufrieden, denn sie gibt ihm nun die Möglichkeit, sich neuerdings als Vermittler einzuschalten. Er verlangt die Auslieferung des Kotys und verspricht Rhaskuporis eine objektive Untersuchung. Dieser beantwortet das Auslieferungsbegehren mit der als Selbstmord getarnten Ermordung Kotys'. Aufgrund dieses »Fait accompli« rechnet er für seine Verhandlungen mit den Römern mit einer besseren Ausgangsposition. Doch hier irrte Rhaskuporis. Tiberius will keine Verhandlungen, er will den König selbst.

Und so lockte er den schlauen Thraker in eine Falle: Er entsandte dessen einstigen Waffengefährten Pomponius Flaccus zu Rhaskuporis, der diesen »durch ungeheure Versprechungen« bewog, über die römische Grenzverteidigungslinie zu gehen. Eine starke »Ehrengarde« empfing den thrakischen Fürsten, um ihn nach Rom zu geleiten. Doch je weiter man kam, desto deutlicher wurde, daß Rhaskuporis trotz des Ehrenwortes seines Freundes nicht als freier Mann, sondern als Gefangener in die Weltstadt einziehen würde. Der Menschenraub ist perfekt. Angeklagt von Kotys' Frau Tryphaena, wird Rhaskuporis verurteilt und nach Alexandria verbannt. Sein Sohn Rhoimetalkes II., von dem die Römer wußten, daß er auf ihrer Seite stand, erhält den Norden Thrakiens; die unmündigen Kinder Kotys' bekommen den Süden des Landes, der von einem Statthalter Roms wie eine römische Provinz verwaltet wird. Rhaskuporis wird bei einem angeblichen Fluchtversuch getötet. Tiberius ist in seinem Bemühen um die Unterwerfung Thrakiens um einen Schritt weitergekommen. Rhoimetalkes II. ist ein treuer Vasall des römischen Kaisers. Bedingungslos unterstützt er die Römer im Kampf gegen die aufständischen thrakischen Stämme und stellt dem Kaiser bereitwillig zahllose Rekruten zur Verfügung. Dies und die sukzessiv durchgeführte Entwaffnung der unter römischer Kontrolle stehenden Stämme führen im Jahre 26 n. Chr. zu einer gewaltigen Aufstandsbewegung der bessischen Dier. Der römische Historiker Tacitus berichtet darüber:

»Ursache des Aufstandes der thrakischen Völkerstämme, deren Ingrimm durch das Leben in der Wildnis ihrer Hochgebirge noch verstärkt wurde, war neben ihrem freiheitsliebenden Charakter, daß sie sich die Rekrutierung ihrer kräftigsten Leute für unseren Kriegsdienst nicht gefallen lassen wollten. Sie waren gewohnt, selbst ihren Königen nur nach Gutdünken Gehorsam zu leisten. Wenn sie Hilfstruppen stellten, dann wählten sie den Anführer aus ihrer Mitte und waren auch nur bereit, gegen Nachbarvölker Kriegsdienst zu leisten.«

Bevor die Bessen und die mit ihnen verbündeten Stämme jedoch zu den Waffen griffen, versuchten sie eine friedliche Regelung zu erreichen. Sie sandten den Römern eine Botschaft, in der sie ihre Loyalität für den Fall bekräftigten, daß man ihnen keine neuen Kriegslasten auferlegen würde. Sollte man ihnen aber »wie Besiegten ein Sklavenjoch auferlegen, dann hätten sie Eisen, streitbare Jugend und Mut genug zur Freiheit oder zum Tode«. Außerdem ließen sie den Statthalter von Mösien, Sabinus, wissen, daß ihre Angehörigen bereits in Felsenburgen im Balkan in Sicherheit wären, und drohten ihm – notfalls – mit »einem schwierigen, mühseligen und blutigen Krieg«.

Rom weicht der Entscheidung nicht mehr aus. Um Zeit für den Aufmarsch seiner an der Donau stationierten Truppen zu gewinnen, gibt C. Poppaeus Sabinus den thrakischen Abgesandten zunächst einen positiven Bescheid. Zufrieden ziehen die Thraker ab. Sabinus mobilisiert daraufhin die Hilfstruppen des Rhoimetalkes, die plündernd und brandschatzend in die Siedlungsgebiete der Bessen und deren Verbündeten einfallen. In diese für die Aufständischen scheinbar nur innerthrakischen Kämpfe greift Sabinus überraschend mit zwei Legionen ein, die den tapfer kämpfenden Bessen schwere Verluste zufügen. Der Rest der Aufständischen flieht ins Balkangebirge.

Über ihr tragisches Ende berichtet Tacitus: »Sabinus begann die Belagerung der thrakischen Fluchtburg mit dem Ausbau fester, verschanzter Punkte. Darauf verband er diese mit einem Graben mit Böschung um Ausmaß von viertausend Schritten. Um den Bessen das Wasser und die Weiden für das Vieh zu nehmen, zog er die Umschließung allmählich enger und enger zusammen. Zur gleichen Zeit ließ er einen hohen Damm aufwerfen, um von dort aus den Feind mit Steinen, Schleuderspeeren und Feuerbränden zu beschießen. Nichts setzte jedoch demselben so arg zu wie der Durst. Die vielen Krieger und Zivilisten verfügten nur noch über eine einzige Quelle. Auch das Vieh, das die Barbaren in ihre Festung mitgenommen hatten, begann aus Futtermangel zu verenden. Daneben lagen die Leichen der Menschen, welche ihren Wunden oder dem Durst erlegen waren. Alles war verpestet durch Jauche und Gestank.« Der ungleiche Kampf endet, als die Führer der Aufstandsbewegung aus der militärischen Überlegenheit der Römer die Konsequenzen ziehen. Die Alten und Schwachen ergeben sich. »Die streitbare Jugend dagegen war in zwei Parteien, die des Tarsa und die des Turesis, geteilt. Beide waren fest entschlossen, als freie Männer unterzugehen: nur daß Tarsa ein schnelles Ende wollte. Unter dem Ausruf: ›Man muß Furcht und Hoffnung auf einmal töten‹, stieß er sich das Schwert in die Brust, und viele taten es ihm gleich.« Turesis wartete mit seiner Schar die Nacht ab, um einen Ausbruchsversuch zu wagen. »Eine schauerliche Regensturmnacht brach herein. Dem wilden Geschrei des Feindes folgte jeweils eine Stille und hielt die Belagerer in spannender Ungewißheit. Sabinus ging überall umher und ermahnte seine Krieger, sie mögen sich nicht durch das zweideutige Getöse oder durch die scheinbare Ruhe verführen lassen und dadurch dem Feinde einen Vorteil bieten. Jeder sollte auf seinem angewiesenen Posten bleiben, ohne sich zu rühren und ohne aufs Geratewohl seine Geschosse zu versenden« (Tacitus).

Die Bessen stürmten plötzlich in hellen Scharen von der Höhe herab und schleuderten mit der Hand Steine, feuergehärtete Pfähle und Eichenstämme gegen den Wall der Römer. Mit Reisigbündeln, Flechtwerk und mit Leichen versuchten sie die Gräben auszufüllen. Andere warfen die mitgebrachten Brückenstege und Leitern an die Zinnen der Brustwehr, erfaßten dieselben, suchten sie niederzureißen und rangen Mann gegen Mann mit den Verteidigern. Die Römer bewarfen die Anstürmenden mit Wurfgeschoßen und drängten sie mit den Schildbuckeln zurück. Von ihren Sperren aus ließen sie Steinlawinen auf die Angreifer rollen.

»Bei den Unseren«, vermerkt Tacitus, »befeuerte der Mut das Selbstvertrauen und der Gedanke an die um so größere Schande vor einer Flucht. Die Feinde beflügelte der Gedanke an die letzte Aussicht auf Rettung, die Gegenwart vieler ihrer Weiber und Kinder und deren Jammergeschrei. Die Nacht vermehrte hier die Kühnheit, dort die Furcht. Man stieß blind drauflos, empfing Wunden, ohne zu sehen, woher, und konnte weder Freund noch Feind erkennen: dies und das von den Felswänden vielfach zurückgeworfene Echo der Schlachtrufe der Barbaren verwirrte die unseren derart, daß sie einige Stützpunkte aufgaben. Dennoch kamen von den Feinden nur wenige durch. Den Rest drängte Sabinus im Morgengrauen in die Bergfestung zurück, wo sich die erschöpften Krieger endlich ergaben. Die Bewohner der nächsten Umgebung unterwarfen sich dann freiwillig: Die übrigen schützte der frühe Eintritt des Winters im Hämusgebirge vor der Unterwerfung durch Gewalt oder Belagerung.«

Der Endkampf der bessischen Dier, der den Untergang des freien Thrakien besiegelte, erinnert durch den bedingungslosen Einsatz und Mut der Aufständischen an jene fast schon legendäre Schlacht auf dem Schipkapaß während des russisch-türkischen Krieges im Jahre 1877. Damals trotzten bulgarische Haiduken ebenfalls auf den Hängen des Balkans mit einer Todesverachtung sondergleichen einer türkischen Übermacht so lange, bis russischer Entsatz kam. Wie ihre thrakischen Vorfahren bahnten sich auch die Verteidiger des Schipkapasses mit den Leichen ihrer gefallenen Kameraden Schneisen in die Wellen der anstürmenden Türken. Für die Bulgaren bedeutete der Ausgang dieser Schlacht die Befreiung vom 500jährigen türkischen Joch – für die Bessen die fast ebenso lange Unterwerfung unter das römische Joch.

Nach der »Fesselung des bessischen Ares« ist Rom de facto Herr über Thrakien, das nach der Ermordung des letzten Thrakerkönigs Rhoimetalkes III. im Jahre 46 n. Chr. auch juristisch eine römische Provinz wird.

Thrakien im Imperium Romanum

Die Eroberung Thrakiens war für Rom eine strategische Notwendigkeit, und alle Maßnahmen, die die Römer nach der Übernahme der Macht trafen, entsprachen ausschließlich ihren militärischen Bedürfnissen. Sie bauten Straßen und Brücken, gründeten Städte und errichteten entlang der Donau vom Eisernen Tor bis zum Schwarzen Meer eine Kette wehrhafter Grenzbefestigungen.

Die sozialen und ökonomischen Strukturen der thrakischen Gesellschaft wurden durch die römische Herrschaft zunächst kaum verändert. Die Militärverwaltung respektierte die alte Stammesgliederung und änderte auch nichts an der sozialen Stellung der thrakischen Aristokratie, die weiterhin uneingeschränkt über ihren Boden und über ihre Hörigen verfügte. Sie lieferte der römischen Armee Weizen und Pferde und versorgte den zivilen Markt mit Sklaven, die hauptsächlich für Arbeiten in der Landwirtschaft, in den Bergwerken und in den handwerklichen Betrieben der Städte Verwendung fanden. Und als Gladiatoren.

Gladiatoren waren im alten Rom Einzelkämpfer, die bei ungleicher Bewaffnung auf Leben und Tod gegeneinander kämpfen mußten. Die Gladiatorenkämpfe, aus kultischen Handlungen bei Begräbnissen thrakischer und etruskischer Fürsten hervorgegangen, waren im Römischen Reich weit verbreitet. Sie dienten ausschließlich der Unterhaltung eines zahlenden Publikums und waren für die Veranstalter ein lukratives Geschäft. Die Wettkämpfe, die in den Arenen der Amphitheater ausgetragen wurden, waren eben wegen der ungleichen Bewaffnung der Kämpfer raffiniert-spannend, brutal, barbarisch. So traten sich beispielsweise Kämpfer gegenüber, von denen der eine ein Schwert, aber keinen Schild, der andere hingegen einen Schild und kein Schwert besaß. Nicht immer siegte der Schwertträger. In ihrer tödlichen Verzweiflung erschlugen manche Gladiatoren ihre schwertbewaffneten Gegner mit dem blanken Schild. Oft standen sich die Gladiatoren mit einem Fischernetz und einer Harpune gegenüber. Bei diesen Kämpfen kam es nicht selten vor, daß der »Fischer« den dreizackbewehrten Gladiator mit dem Netz einfing und ihn zum Gaudium des Publikums erdrosselte. Der Kampf war erst dann beendet, wenn einer der beiden Gladiatoren tot war. Ein Unentschieden gab es nicht. Manchmal mußten die

Gladiatoren mit wilden Tieren kämpfen. Auch dann dauerte der Kampf so lange, bis der Tod eines Kämpfenden eintrat. In späteren Jahren wurden Christen zum tödlichen Zweikampf mit Raubtieren gezwungen.

Thrakische Sklaven waren in Rom schon vor der Eroberung Thrakiens unter der Bezeichnung »Thraex« als todesmutige Gladiatoren bekannt. Einer von diesen, ein Thraker aus dem Stamm der Maider, war Spartacus. Er organisierte im Jahre 72 v. Chr. den größten Sklavenaufstand der Antike, der die Römer in außerordentliche Schwierigkeiten brachte. An die 60 000 Mann – Sklaven, Freigelassene und arme Bauern – schlossen sich den thrakischen, keltischen und germanischen Aufständischen an, die von Capua aus ganz Süditalien eroberten. Ein römisches Heer wurde in der Campagna vernichtet, und Rom erlitt eine seiner größten Demütigungen, als Spartacus nach thrakischer Sitte einen Begräbniswettkampf organisierte, bei dem 400 gefangene Römer als Gladiatoren kämpfen mußten.

Nach den großen Anfangserfolgen artet der Aufstand jedoch bald in zügellosen Raubzügen aus. Der Streit um die Zielsetzung der Rebellion und die Taktik des Kampfes führt schließlich zu einer verhängnisvollen Spaltung. Der Kelte Crixus, einer der engsten Gefährten des Spartacus, trennt sich mit seinen Anhängern vom Haupttheer und wird vernichtend geschlagen.

Spartacus gelingt zunächst der Durchbruch nach dem Norden. Er will von Italien aus nach Illyrien, Makedonien und Thrakien. Dort erhofft er Hilfe und Freiheit. Doch seine Leute zwingen ihn zur Rückkehr nach dem Süden, wo sie sich eine noch größere Beute erhoffen.

Im Jahre 71 v. Chr. stellt der römische Feldherr Crassus, »der Reiche«, den Thraker zur Entscheidungsschlacht. Vor dem Kampf tötet Spartacus nach alter Vätersitte sein Pferd als Zeichen, daß es kein Zurück mehr gibt. Seine Frau Valerie (»die Lebenslustige«), eine ehemalige Dionysos-Priesterin, und seine engsten Getreuen kämpfen mit ihm bis zum bitteren Ende. Sie fallen nicht lebend in die Hände der Römer. Jene 6000 Überlebenden aber, die die Waffen gestreckt haben, werden auf Befehl Crassus' entlang der Via Appia gekreuzigt. Sechstausend Kreuze für sechstausend Mann.

Wenn man heute im Zentrum von Sofia durch unterirdische Fuß-
gängerpassagen inmitten der Ruinen des alten römischen Serdica
spazierengeht, sich von den gewaltigen Steinmauern der Stadt
Abritus in Nordbulgarien beeindrucken läßt oder die großartigen
römischen Skulpturen von Varna und Nessebăr bewundert, so steht
man zwar vor höchst beachtenswerten Zeugnissen einer hohen
Kultur und Zivilisation, doch haben sie mit den alten Thrakern
nichts mehr zu tun. Auch nicht sekundär! Denn trotz des überwälti-
genden archäologischen Fundus, den die römischen Zivilisatoren
auf dem Gebiet des heutigen Bulgarien zurückgelassen haben, blieb
der geistig-kulturelle Einfluß Roms auf die Masse der thrakischen
Bevölkerung gering.
Die Provinz Thracia war für Rom in erster Linie eine militärische
Basis; eine gezielte Romanisierung wie in Dakien oder zum Teil
auch in Mösien war hier nicht beabsichtigt. Römer und Thraker
lebten nebeneinander. Durch Rekrutierung und Versklavung nahm
die Bevölkerung rasch ab. Sie wurde in Thracia nicht durch Neuan-
siedler oder Kolonisten ersetzt; Rom hatte daran kein Interesse.
»Die schleichende Erschöpfung der thrakischen Volkskraft« (Wiesner) führte durch den Arbeitskräftemangel auch zu einer tiefgreifenden Veränderung der Grundbesitzverhältnisse. Die Güter der thrakischen Aristokraten kamen in römischen Besitz oder wurden
kaiserlichen Domänen bzw. verdienten Veteranen zur Nutzung
übergeben. Die jungen Aristokraten versuchten daraufhin ihr Glück
in den Eliteverbänden des römischen Heeres und gingen so für ihr
eigenes Volk verloren. Sie wurden Römer – wie jeder, der vorankommen wollte.
Innerhalb der Armee konnten die thrakischen Soldaten – wie alle
anderen illyrischen, pannonischen oder makedonischen »Römer«
auch – die höchsten Ränge einnehmen, ja sogar, wie Maximinus C.
Iulius Verus Thrax im Jahre 235 n. Chr., Kaiser werden.
Er besiegte die Alemannen am Rhein, die freien Daker in Siebenbürgen und schließlich die Sarmaten an der Donaumündung. Von den
Militärlagern aus regierte er das römische Weltreich. Rom hat er nie
gesehen. Doch schon nach nur dreijähriger Regierungszeit fällt der
»thrakische Emporkömmling« 238 n. Chr. in Aquileia einer vom

Senat angezettelten Meuterei mauretanischer und keltischer Truppen zum Opfer.

Der spätere oströmische Kaiser Justinian (482 bis 527 n. Chr.) war ebenso thrakischer Herkunft wie der aus dem heutigen südbulgarischen Stara Zagora stammende Trajan Mukian, der seine militärische Laufbahn als Dux (also mit dem höchsten Rang, den Rom zu vergeben hatte) beendete. Justinian wie Mukian sprachen nur noch lateinisch, und ihre vom Militärdienst geprägte Erziehung war römisch. Ihre ethnische Abstammung besagt damit eigentlich nur noch wenig.

Die erste Donaufront

Die erste donauländische Region, welche zunächst im Jahre 15 n. Chr. mit einer und um 23 n. Chr. mit zwei Legionen effektiv unter römische Kontrolle geriet, war Mösien, das alte Stammland der thrakischen Myser. Die Provinz Moesia erstreckte sich etwa von der bulgarischen Westgrenze zwischen Donau und Balkan bis zum Schwarzen Meer. Später kamen noch die heutige bulgarische und rumänische Dobrudscha sowie weite Gebiete der Moldau, Galiziens und verschiedener Randzonen der Ukraine hinzu. Diese vergrößerte Provinz erhielt den Namen »Moesia Inferior«. Die Provinz Moesia Superior lag im Westen und umfaßte das Gebiet des heutigen Ostserbiens und das spätere Banat nördlich der Donau.

Mösien war die erste Donaufront der Römer gegen Dakien. Die Bevölkerung bestand vorwiegend aus seßhaft gewordenen getischen Bauern, von denen Ovid einmal sagte, »daß sie mit der einen Hand den Pflug und mit der anderen das Schwert führen, um sich gegen die wilden Reiter« (Sarmaten, Anm. d. Verf.) »aus dem Norden zu verteidigen«. Schon im 1. Jahrhundert v. Chr. war die relativ dünne Besiedlung Mösiens durch bessische Emigranten verstärkt worden, die durch römische Strafexpeditionen der Feldherren Lucullus (72 v. Chr.) und Crassus (19 v. Chr.) aus ihrer Bergheimat in die Rhodopen nach Nordbulgarien vertrieben worden waren. Eine zweite bessische Einwanderungswelle folgte in den Jahren 27 v. Chr. bis 45 n. Chr. Diesmal kamen die Bessen jedoch nicht als Vertriebene,

sondern als »Wehrbauern«, die von den thrakischen Vasallenköni-
gen zum Schutz der Donaugrenze angesiedelt wurden. Bessische
Dörfer sind heute bis zur Donaumündung nachweisbar.Im Jahre 46
n. Chr., also nach der Errichtung der Provinz Thracia, schob Kaiser
Claudius die Donaugrenze endgültig bis an das Schwarze Meer vor,
nachdem die ständigen Überfälle der keltischen Skordisker, Daker
und Bastarner eine neue Sicherheitspolitik notwendig gemacht
hatten. Im Gegensatz zu früheren Maßnahmen, die sich nur auf
einfache Strafaktionen beschränkten, wandten die Römer hier erstmals ein völlig neues Verteidigungssystem an, das die Schaffung von
entvölkerten Verteidigungszonen entlang des linken Donauufer-
streifens vorsah. Die Bevölkerung dieses Gebietes wurde gewaltsam
ausgesiedelt. Eine derartige Aussiedlung fand zweimal statt: einmal
in den ersten zwei Jahren des 2. Jahrzehnts n. Chr. und ein zweites
Mal in den Jahren 62 und 63 n. Chr.
Insgesamt wurden etwa 100 000 bis 150 000 »Transdanubier« mit
ihren Frauen, Kindern und Fürsten nach Mösien gebracht und hier
angesiedelt. Wahrscheinlich waren unter den Aussiedlern nicht nur
Geten und Daker, sondern auch Bastarner und Sarmaten. Sie
wurden nicht in geschlossenen Räumen, sondern über die ganze
Provinz verstreut angesiedelt.
Zu den Umsiedlern aus Dakien kamen noch zahlreiche Kolonisten
aus Italien, dem Noricum, Pannonien und Dalmatien, die von dem
fruchtbaren Lößboden Mösiens nicht zu Unrecht hohe Erträge
erwarteten. Die römischen Siedler, die in den Dörfern friedlich mit
den geto-dakischen und bessischen Bauern zusammenlebten, trugen
durch ihre Sitten und Bräuche, durch ihre Glaubenswelt und ihre
Sprache wesentlich zu einer vorübergehenden Romanisierung Mösiens bei. Auch in den griechischen Städten am Schwarzen Meer wie
Dionysopolis und Odessos (Varna) gewann das römische Element
rasch Übergewicht.
Mösien blieb trotz der Urbanisierung und des großen Zuzugs
römischer Bürger ein Bauernland. Die Stärke des römisch-bäuerli-
chen Elements war durch die weite Verbreitung des Silvanus-Kultes
garantiert. Silvanus war ein Gott der Natur, der angeblich das
Wachstum hervorrief und der auch als Beschützer des Viehs, der

Herden und des privaten Eigentums verehrt wurde. Er galt als guter Gärtner und wurde stets mit einem Rebmesser in der Hand dargestellt. Auf dem Kopf trug er Tannenzweige. Sein Name ist auf das lateinische Wort silva (Wald) zurückzuführen. Im Christentum wurde Silvanus zum heiligen Sylvester.

Festung Siebenbürgen

Anders als in Mösien war die Situation nördlich der Donau. Das Karpatenmassiv Dakiens war von entscheidender Bedeutung für die Wahrung der militärischen Überlegenheit der Römer in Südosteuropa. In Dakien herrschte König Decebal (85 bis 106 n. Chr.), der die dakischen Stämme mit starker Hand vereinigt hatte und auch mit den Bastarnern und Sarmaten in Freundschaft lebte. Er war in den Jahren 86/87 n. Chr. erstmals mit den Römern in einen ernsthaften Konflikt geraten. Damals versuchte der römische Feldherr Cornelius Fuscus, die Daker zu unterwerfen. Er verlor jedoch bei der ersten Begegnung Schlacht und Leben. Die Daker machten zahlreiche Gefangene und erbeuteten viele römische Waffen und Kriegsmaschinen. Zwar bereinigte Kaiser Domitian durch seinen Sieg bei Tapae die Situation, doch konnte er den militärischen Erfolg politisch nicht auswerten. Decebal nützte den Friedensverhandlungen im Jahre 89 n. Chr. die Niederlage Domitians gegen die Markomannen und die ständige Bedrohung Mösiens durch die sarmatischen Roxolanen geschickt aus und war trotz der militärischen Niederlage letztlich der Sieger.
Decebal unterwarf sich formell der Oberherrschaft der Römer und nahm durch einen Gesandten die Königskrone aus den Händen Domitians entgegen. Eine persönliche Begegnung mit dem römischen Kaiser vermied der dakische König aus taktischen Gründen: Er wollte sich Domitian nicht persönlich verpflichten, um freie Hand für spätere Entscheidungen zu haben. Die Römer erklärten sich bereit, ihrem neuen Vasallenkönig nicht nur jährliche finanzielle Zuwendungen zukommen zu lassen, sondern auch den Ausbau Dakiens durch die Entsendung römischer Handwerker, Baumeister und Festungstechniker zu unterstützen, und trugen damit unge-

wollt zur Aufrüstung des Landes bei, die gegen sie selbst gerichtet war.

Doch die Notwendigkeit der Eroberung Dakiens war für Kaiser Trajan nicht allein nur von politisch-militärischen Überlegungen diktiert. Rom befand sich zu dieser Zeit in einer katastrophalen Finanzkrise, die durch die verschwenderische Herrschaft Domitians ausgelöst worden war. Das Riesendefizit im Staatshaushalt konnten selbst seine sparsamen Nachfolger Nerva und Trajan nicht decken. Eine Lösung des Problems bot sich Trajan jedoch durch die Eroberung des an Gold, Silber und Eisen unermeßlich reichen Dakien an.

Trajan bereitete den Feldzug gegen Dakien, der zu den größten kriegerischen Unternehmen der Antike zählte, gewissenhaft vor. Die Vorbereitungen dauerten fast drei Jahre, ehe die etwa 13 in den beiden Mösien stationierten Legionen, unterstützt von zahlreichen Kohorten der Prätorianergarde und vielen Auxiliarverbänden, im Frühjahr 101 n. Chr. auf einer Schiffsbrücke bei der Nera-Mündung (etwa 40 Kilometer östlich von Belgrad) die Donau überquerten und entlang der banatischen Ebene nach Norden vorrückten. Den Befehl über die rund 150 000 Mann starke Armee hatte Trajan persönlich übernommen. Auch hatte er für den 15. März 101 n. Chr., den Tag seiner Abreise aus Rom, die Priester zu Jupiter um eine siegreiche Heimkehr beten lassen.

Ohne wesentlichen Widerstand gelangt Trajan bis in die Gegend von Caransebeş (Rumänien), wo sich ihm Decebal bei den südlichen Ausläufern des Orăştie-Gebirges im Gebiet des antiken Tapae (Bistra-Enge) stellt und besiegt wird. Decebal kann in die Berge entkommen. Trajan zieht über die Paßhöhe unterhalb der Königsburg Sarmizegetusa ins Haţeg-Land. Noch heute rätseln die Historiker, wie es dazu kommen konnte, daß der römische Kaiser an Sarmizegetusa vorüberzog, ohne auch nur die geringsten Anstalten zu machen, die Festung anzugreifen. Niemand vermag bis heute mit Gewißheit zu sagen, ob Trajan das in den Bergen versteckte Sarmizegetusa überhaupt wahrgenommen hat.

Es war Herbst geworden, als Kaiser Trajan im Haţeg-Land den Vormarsch abbrach, um das Winterquartier zu beziehen. Aus diesem Winterlager entstand später die römische Stadt Sarmizegetusa (Ulpia Trajana). Decebal nützte die Winterkampfpause zu einem kühn vorgetragenen Entlastungsangriff gegen die Provinz Moesia Inferior. Gemeinsam mit germanischen Bastarnern und sarmatischen Roxolanen setzten die Daker über die zugefrorene Donau und berannten die römischen Siedlungen und Festungen. Der Kampf wurde mit äußerster Erbitterung geführt. Römische Gefangene wurden von thrakischen Frauen mit Messern und brennenden Fackeln gefoltert – und viele nach alter Sitte dem Kriegsgott Ares geopfert.

In Eilmärschen zieht Kaiser Trajan nach dem Süden und jagt die Angreifer wieder über die Donau zurück. Viele dakische Reiter ertrinken bei der Flucht, weil durch einen Tauwettereinbruch das Eis der Donau brüchig geworden ist. Trajan erzwingt die Unterwerfung der geto-dakischen Stämme in Muntenien und der unteren Moldau.

Im Frühjahr 102 n. Chr. geht Trajan zur Offensive gegen das Zentrum des Dakerreiches im Orăştie-Gebirge über. Seine Verbände, die durch aus dem Süden über den Vîlcan- und Rotenturmpaß herangeführte Einheiten verstärkt wurden, umgehen die weiträumigen Festungsanlagen von Sarmizegetusa und ziehen um den gesamten Gebirgsstock einen starken Belagerungsring. Decebal muß um Frieden bitten. Die Bedingungen der Römer sind hart: Der Dakerkönig muß seine Armee auflösen, seine römischen Berater ausliefern und die Festungen schleifen lassen. Und er muß, wie der römische Historiker Dio Cassius sagt, »als seine eigenen Freunde und Feinde die Freunde und Feinde der Römer anerkennen«; was heißt, auf eine eigene Außenpolitik verzichten.

Der Friede erweist sich als ein Waffenstillstand zwischen zwei Kriegen. Nachdem es Decebal gelungen war, die römischen Besatzungstruppen durch die übereifrige und servil erscheinende Erfüllung der Friedensbedingungen aus dem Land hinauszukomplimentieren, rüstet er insgeheim wieder auf. Decebal weiß, daß Trajan Dakien erobern und zu einer Provinz des Imperiums machen will. Er weiß aber auch, daß er allein zu schwach ist, den Römern auf die Dauer Widerstand zu leisten. So beschwört er seine Nachbarn, sich mit ihm zu verbünden, weil sie nur in gemeinsamer Abwehr dem römischen Druck begegnen können. Die antirömische Koalition kommt nicht zustande. Decebal muß erkennen, daß er mit fremder Hilfe nicht mehr rechnen kann und daß selbst einige seiner eigenen Stammesfürsten schon insgeheim mit Rom verbündet sind.

Mit einer Geiselnahme und einem Mordanschlag will Decebal den Angriff der Römer verhindern oder zumindest verzögern. Beide Aktionen mißlingen.

Mit dem Versprechen, sich den römischen Wünschen erneut bedingungslos zu beugen, lockt er Longinus, den Kommandanten der VII. Legion, der ein persönlicher Freund Trajans war, in sein Lager. Vor dem angetretenen Heer verlangt Decebal von Longinus offenen Verrat: Der Römer soll über die Kriegsabsichten Trajans berichten. Longinus lehnt ab und wird von Decebal unter Hausarrest gestellt.

Ein Bote überbringt Trajan die Bedingungen für die Freilassung des Longinus: Rückgabe des von den Römern eroberten Banats bis zur Donau und Ersatz der Kosten, die ihm, Decebal, durch den ersten römischen Eroberungskrieg entstanden sind. Trajan vertröstet den Dakerkönig: Er lege keinen zu großen, aber auch keinen zu kleinen Wert auf Longinus. Mit anderen Worten, über die Höhe des »Lösegeldes« müsse man noch verhandeln.

Longinus nimmt seinem Kaiser die Entscheidung über Leben und Tod ab. Er gibt diesem die volle Handlungsfreiheit, indem er sich durch Gift tötet. Decebal bietet daraufhin dem römischen Kaiser ein neues Tauschgeschäft an: Für die Auslieferung jenes freien Dakers, der Longinus das Gift gegeben und dessen schriftliche Botschaft zu Trajan gebracht hatte, will er die Leiche des Longinus und zehn römische Gefangene freigeben. Er schickt einen gefangenen römischen Offizier als Parlamentär ins Lager Trajans. Der Kaiser lehnt mit dem Hinweis ab, daß ihm das Leben eines Offiziers (des Parlamentärs) für die Ehre des Kaiserreiches wichtiger sei als ein Staatsbegräbnis für Longinus.

Auch Decebals Plan, Trajan durch »Überläufer« ermorden zu lassen, schlägt fehl. Einer der gedungenen Mörder macht sich verdächtig, wird gefangengenommen und nennt unter der Folter seinen königlichen Auftraggeber.

Im Sommer, vermutlich im Juni des Jahres 106 n. Chr., marschieren die Römer unter der Führung Trajans zum zweitenmal nach Dakien ein. Das Hauptheer überquert bei Turnu-Severin die Donau auf einer Steinbrücke – die Trajan von dem berühmten Architekten Apollodor von Damaskus erbauen ließ – und stößt in zwei Kolonnen gegen Norden vor. Ziel aller Verbände ist die Königsburg Sarmizegetusa, die nach heftigem Widerstand erobert und bis auf die Grundmauern zerstört wird. Decebal gelingt mit einigen Getreuen die Flucht. Er versucht, sich zu den sarmatischen Roxolanen durchzuschlagen, um dort um politisches Asyl zu bitten.

Trajan schickt dem flüchtenden König ein berittenes Sonderkommando nach. Nach einigen Tagen wird Decebal von den römischen Reitern eingeholt, in einer Waldlichtung umzingelt und gestellt. Die letzte Szene des dakischen Dramas ist auf der Trajanssäule in Rom bildlich festgehalten, die zur Erinnerung an den Sieg Trajans über die Daker errichtet wurde. Sie ist durch ihre zahlreichen Reliefs ein bebilderter Kriegsbericht. Decebal, von römischen Reitern umringt, gibt sich, am Fuß einer Eiche sitzend, mit einem kurzen krummen Dolch den Tod. Er will damit der Schande entgehen, in Ketten gelegt, den Triumphzug Trajans in Rom anführen zu müssen, um dann nachher im Staatsgefängnis von Rom wie ein gemeiner Verbrecher hingerichtet zu werden.

Die Häscher trennen Kopf und rechte Hand vom Körper des toten Königs und bringen beides Trajan. Sein Kopf wird in Rom öffentlich ausgestellt, als Trajan seinen Sieg über die Daker 123 Tage lang feiern läßt. Bei diesem Siegesfest müssen auch zehntausend Gladiatoren in die Arena treten. –

Decebals Ende war bis vor einigen Jahren bildlich nur durch die Reliefs der Trajanssäule überliefert. Jetzt gibt es jedoch noch konkretere Angaben. Sie sind einem amerikanischen Forscher zu verdanken, der im archäologischen Museum von Kavala in Griechenland zufällig die Grabstele jenes Reiterführers entdeckte, der Decebal verfolgt und gestellt hatte. Der Mann hieß Tiberius Claudius Maximus, und die Inschrift auf seiner Grabstelle besagt, daß er »Decebal gefangen und dessen Kopf nach Rom gebracht hat«. Als Ort der Gefangennahme wird die dakische Siedlung Ranistorum angegeben; sie konnte bisher noch nicht lokalisiert werden.

Nicht nur die Inschrift, sondern auch das Relief der Grabstele weist auf die Tat des Soldaten Tiberius Claudius Maximus hin: Es zeigt ihn hoch zu Roß und vor ihm, am Fuße einer Eiche sitzend, einen dakischen Adeligen mit dem charakteristischen hohen Filzhut. Der rechten Hand des Mannes entfällt ein krummer Dolch. Das Relief der Grabstele bestätigt den Bildbericht der Trajanssäule. Dort wird Decebal gezeigt, wie er versucht, sich mit dem Dolch den Hals durchzuschneiden. Die Stele des Tiberius Claudius Maximus zeigt die nächste Szene: Der Dakerkönig ist tot, und der Dolch entgleitet seiner Hand. Das dakische Drama ist beendet.

Am 11. August 106 n. Chr. wird Dakien erstmals als römische Provinz Dacia erwähnt. Mit Decebal geht auch der dakische Staat unter, nicht aber das dakische Volk, das nunmehr unter römischer Herrschaft die Provinz Dacia bildet. Es war eine reiche Provinz.

Das materielle Erbe, das den Römern nach dem Tod Decebals zufiel, war nicht gering. Sie übernahmen eine gut florierende Landwirtschaft und ertragreiche Bergwerke. Die Daker züchteten von altersher Vieh und hielten große Schafherden, gewannen Salz und bauten Gold, Silber und Eisen in großen Mengen ab.

Auch die Kriegsbeute hatte sich für Trajan gelohnt. Allein das Gold, das der römische Kaiser nach dem Ende des zweiten dakischen Krieges außer Landes brachte – Decebal hatte vergeblich versucht, seinen Goldschatz in einem Fluß des Orăştie-Gebirges zu versenken –, entsprach umgerechnet dem Wert von rund 555 Millionen Goldfranken. Diese Summe erlaubte es Trajan nicht nur, das Staatsdefizit zu decken, sondern ermöglichte es ihm auch, die Steuern für das Jahr 106 n. Chr. zu streichen und jedem Steuerzahler des Imperiums ein Geschenk von 650 Denaren zu machen. Das dakische Gold stammte zum Großteil aus den Minen der Westkarpaten. Auch die Silberbeute konnte sich sehen lassen: Ihr Gegenwert betrug 62 Millionen Goldfranken.

Anders als nach der Eroberung Thrakiens setzte in Dakien unmittelbar nach der römischen Eroberung eine gezielte Romanisierung ein. Aus allen Teilen des Imperiums wurden Kolonisten herangeholt und das Niveau des städtischen Lebens erheblich angehoben. Monumentalbauten, Tempel, Amphitheater und Bäder sowie ein

Netz fester Straßen – einige mit Steinen gepflastert – waren die charakteristischen Merkmale der römischen Zivilisation. Das Kulturniveau hob sich nicht nur in den Städten, sondern in Form von großen Gutshöfen (villae rusticae) auch auf dem Lande, denn die in der Fremde lebenden römischen Bürger wollten auf die gewohnte höhere Lebenshaltung aus ihrer alten Heimat nicht verzichten. Die Städte waren die Ausgangspunkte für die Romanisierung, denn in der Verwaltung, dem Gerichtswesen und im Heer wurde nur Lateinisch gesprochen. Die lateinische Sprache war das einigende Band, das dieses Völkergemisch zusammenhielt und das natürlich auch die einheimische Bevölkerung mit einbezog. »Um zu verstehen, wie es zu dieser raschen Romanisierung kommen konnte – die ihrerseits den Beginn der Bildung des rumänischen Volkes bedeutet –, wie also ein ganzes Volk seine Sprache aufgab, um die des Eroberers anzunehmen, müssen wir bedenken«, so der rumänische Historiker Constantin C. Giurescu, »daß Dakien mit dieser Entwicklung keinen Einzelfall darstellte, sondern daß sich dasselbe Phänomen auch in anderen Teilen des Imperiums abgespielt hat, und zwar in Gallien, wo die alte keltische Bevölkerung das Lateinische lernte, oder in Spanien, wo die Iberer dasselbe taten. Kein Zwang tat not. In erster Linie war es der Vorteil, dann die Anziehungskraft, die die höhere römische Lebenshaltung ausübte, das Ansehen und die Macht des großen Reiches und schließlich der Nachahmungstrieb, die zur Assimilierung führten. Um die Mitte des 3. Jahrhunderts n. Chr. sprach jedermann in Dakien Lateinisch; wohlgemerkt: das Vulgärlatein, das hier im Donau-Karpaten-Raum eine kleine dakische lexikalische Erbschaft angetreten hatte.« Unterstützt wurde dieser Romanisierungsprozeß durch die alten keltischen Einflüsse, die noch überall im Lande anzutreffen waren. Doch trotz aller Romanisierung und weitgehender militärischer Absicherung mußte Dakien nach 168 Jahren römischer Herrschaft den »Barbaren« überlassen werden. Als vom Jahre 230 n. Chr. an die Angriffe der Goten, der »freien Daker«, der Karpen – die als Viehzüchter in den Ostkarpaten lebten – und der Kostoboken immer hartnäckiger werden, beschließt Kaiser Aurelian eine drastische Frontbegradigung. Er gibt die Provinz Dacia auf. Ende des

Jahres 271 n. Chr. verlassen die römischen Legionen und die römische Verwaltung den nördlichen und mittleren Teil der Provinz und ziehen sich ins Gebiet südlich der Donau zurück. Im Frühjahr 275 n. Chr. werden auch der südliche Teil, das heutige Muntenien, und die Walachei geräumt.

Rom wird von den Barbaren in die Defensive gedrängt. Der militärische Druck von außen, der die Lösung wirtschaftlicher Probleme durch fortdauernde Eroberungen unmöglich macht, führt im Römischen Reich zu tiefgreifenden sozialen und wirtschaftlichen Veränderungen. Im Jahre 212 n. Chr. erhalten alle freien Bewohner der Provinzen das römische Bürgerrecht, und ihre Söhne müssen nicht mehr als Reiter- und Fußsoldaten bei den Hilfstruppen dienen, sondern werden den Legionen als gleichberechtigte Soldaten zugeteilt.

Bis Ende des 1. Jahrhunderts n. Chr. beruht die römische Wirtschaft zum Großteil auf Sklavenarbeit, und der Reichtum des Landes stammt nicht zuletzt aus der Beute der Eroberungskriege. Als diese durch die »Barbaren« gestoppt werden, stockt auch die Sklavenzufuhr, und in der Landwirtschaft hört die Sklavenarbeit allmählich auf. An die Stelle der Sklaven treten die sogenannten Kolonen (Pachtbauern), die gegen Geldzins und Naturalien von den Latifundienbesitzern kleine Bauernwirtschaften pachten. Da es den Kleinpächtern, die sich aus ehemals freien und grundbesitzenden Bauern, Handwerkern, Freigelassenen und Sklaven rekrutierten, an landwirtschaftlichen Geräten ebenso mangelte wie an Zugtieren und Dünger, blieben die Erträge gering. Die Kolonen verschuldeten sich vor allem in Italien sehr stark und sanken allmählich bis zur Hörigkeit ab.

Chancen für eine gute Ernte bot jedoch das unverbrauchte Neuland, wie es in den eroberten Provinzen Dakien und Mösien zur Verfügung stand. Es zog viele Kolonisten an. Das war mit ein Grund, weshalb in diesen beiden reichen landwirtschaftlichen Provinzen der Anteil der Römer an der Gesamtbevölkerung ungleich höher war als etwa in der Provinz Thracia, deren Landwirtschaft durch die geographischen Verhältnisse auf die thrakische Ebene im oberen Marizatal beschränkt bleiben mußte.

Die Gleichberechtigung der Provinzen führte allmählich zu einer Verlagerung des politischen Schwerpunktes vom Zentrum Rom in die Randgebiete. Unter Kaiser Konstantin (306 bis 337 n. Chr.) wurde das ehemalige thrakisch-griechische Byzantium als neugegründetes Konstantinopel (330 n. Chr.) zur Hauptresidenz des Römischen Reiches. Die Provinzen Thracia und Moesia rückten dadurch in den unmittelbaren Einflußbereich der neuen römischen Hauptstadt, während die preisgegebene Provinz Dakien unter germanisch-gotische Oberherrschaft geriet. Dennoch – und das ist das Faszinierende in der historischen Entwicklung im Donau-Balkan-Raum – entstand in den folgenden Jahrhunderten aus der alten dako-getischen Bevölkerung Dakiens inmitten einer fremdvölkischen Umwelt ein romanisches Volk, während die Thraker trotz wesentlich längerer Römerherrschaft weitgehend slawisiert wurden.

Wie die Daker Romanen wurden

Die rumänische Geschichtsforschung ist von einem Trauma belastet, seit ausländische Historiker im 19. Jahrhundert erstmals die Meinung äußerten, das Volk der Rumänen sei nicht als direkte Nachkommenschaft der in Dakien stationiert gewesenen römischen Truppen und Kolonisten anzusehen, sondern es sei erst später durch neuerliche Zuwanderung romanischer Stämme aus den Gebieten südlich der Donau entstanden, weil der Abzug der Römer zu einer totalen Entvölkerung Dakiens geführt habe.
Dieser Streit mußte bis in die jüngste Zeit hypothetisch bleiben, weil beide Seiten den wissenschaftlichen Beweis für die Richtigkeit ihrer These nicht erbringen konnten. Die Entscheidung ist nun durch umfangreiche archäologische Funde zugunsten der Kontinuitätstheorie entschieden worden. Sie haben den Beweis erbracht, daß weder die dako-getische Bevölkerung durch die Römer ausgerottet noch daß Dakien nach dem Abzug der römischen Legionen von den dako-römischen Einwohnern verlassen wurde.
Die Preisgabe Dakiens durch Aurelian muß nach Constantin Giurescu in dem Sinne verstanden werden, daß sich nur die Legionen,

Beamten und eine Minderheit der Zivilbevölkerung – als jene Leute, die es sich leisten konnten, auch anderswo gut zu leben – über die Donau zurückgezogen haben. Die große Mehrheit der Land- und Stadtbevölkerung hingegen, die Bauern, Hirten, Handwerker, kleinen Kaufleute, die direkten Abkömmlinge der romanisierten einheimischen Daker und der Veteranen, blieb zurück. Zahlreiche Gräberfunde mit Keramik dakischer Herkunft in unmittelbarer Nachbarschaft römischer Siedlungen sowie dakisch-römische Funde aus der Zeit nach dem Abzug der Römer wurden in jüngster Zeit in fast allen Landesteilen Rumäniens gemacht.

Die in Dakien zurückgebliebenen romanisierten Daker, Geten und römischen Kolonisten gerieten unter gotische Herrschaft. Das war keine gewaltsame Unterwerfung, sondern eine freiwillige Anerkennung der neuen Herren. Die Goten waren nicht Feinde, die alles vernichten wollten – wie es die römischen Historiker gerne darstellen –, sondern bemüht, zu einem friedlichen Konsens mit der dako-römischen Bevölkerung zu kommen. Die dörflichen Strukturen blieben von der Gotenherrschaft nahezu unberührt. Daß für die Landbevölkerung das Leben unter den Goten nicht unerträglicher war als unter den römischen Steuereinnehmern und Soldaten, das deutet ein Bericht des römischen Historikers Salvianus an, der u. a. schreibt: »Einstimmig flehen die römischen Bauern, man solle sie bei den Barbaren leben lassen ... und dann wundern wir uns, daß die Goten nicht besiegt werden können, wenn die Bauern lieber mit ihnen als mit uns sind.«

»Die Goten«, meint C. Daicoviciu, »die neuen Herren Dakiens, waren nicht so, wie sie uns – pro domo – manch ein Historiker von seinem Schreibtisch aus vorstellte. Sowohl mit ihnen als auch mit ihren Nachfolgern, den Gepiden, hat die einheimische Bevölkerung einen Modus vivendi gefunden ... Das erscheint ungewohnt im Hinblick auf die Grausamkeiten der Barbaren, an die uns eine frühe Geschichtsschreibung gewöhnt hat; aber es ist sicher, daß die Goten und Gepiden für die verlassene bodenständige Bevölkerung den besten, wenn auch etwas rauhen Schild ihres Daseins geboten haben ... Wir dürfen nicht vergessen, daß sowohl die Goten als auch die Gepiden den wohltätigen Einfluß des Christentums erfah-

ren hatten, das gerade im 4. Jahrhundert stark in Dakien eindrang.«
Daß sich die Spuren der dako-römischen Bevölkerung im 5. Jahrhundert n. Chr. etwas verlieren, muß auf den Einbruch der Hunnen
zurückgeführt werden, durch den viele Dörfer zerstört, das
schwach entwickelte städtische Leben der Goten vernichtet wurde
und die Bevölkerung sich in die dichten Wälder und Berge zurückziehen mußte.
Wo die dako-römische Bevölkerung keine Flucht- und Ausweich-
möglichkeit hatte (wie etwa in den Ausläufern der südrussischen
Steppe und in der rumänischen Tiefebene entlang der Donau),
wurde sie durch feindliche Angriffe fast total ausgerottet. Eine
sporadische Neubesiedlung dieser Gebiete erfolgte erst vom 5.
Jahrhundert n. Chr. an mit dem Einsickern slawischer Sippen und
Stämme aus dem Norden. –
Nach dem Niedergang der römisch-byzantinischen Macht in den
thrakischen Stammländern südlich der Donau und als Folge des
Zusammenlebens der geto-römischen Bevölkerung mit den in Dakien siedelnden Slawen beginnt der eigentliche Prozeß der rumänischen Volkswerdung, der etwa vom siebenten bis zum neunten
Jahrhundert n. Chr. andauert. Zwei Faktoren liegen dieser Volkswerdung zugrunde: die autochthone dako-getische Bevölkerung
mit dakisch-mösischer Sprache und das romanische Element der
römischen Kolonisten. Die von den Menschen gesprochene Ge-
meinsprache beginnt sich allmählich vom Vulgärlatein zu unterscheiden und geht auf der ersten Stufe in die rumänische Gemein-
sprache, das sogenannte Ur-Rumänisch, über.
Die rumänische Sprache entstand zwischen dem achten und zehnten
Jahrhundert n. Chr. Sie umfaßt auch starke slawische Elemente, die
sich vor allem auf landwirtschaftliche Begriffe beziehen. Freilich,
die sprachliche Volkwerdung darf nicht darüber hinwegtäuschen,
daß die Ethnogenese der Rumänen geringere romanische Züge
aufweist als die sprachliche. Heute präsentieren sich die Rumänen
als ein Mischvolk dakisch-getischer, römischer, slawischer und
sogar germanischer Herkunft. Ein weiterer, in unserem Jahrhundert
stattfindender Assimilierungsprozeß wird dieser europäischen Pa-
lette noch zwei weitere, nicht unbedeutende Farbtupfer aufsetzen:

die magyarische und die deutsche Minderheit, die sich heute zwar noch einer Selbständigkeit erfreuen, aber dennoch allmählich im rumänischen Mehrheitsvolk aufgehen. Die Rumänen sind heute, so könnte man vielleicht überspitzt formulieren, das europäische Pendant zu den Bürgern der Vereinigten Staaten von Nordamerika: mit einer starken dakischen Komponente, die auch heute noch in der Mentalität und im Brauchtum des rumänischen Volkes weiterlebt. Die rumänische Hirtenkleidung gleicht noch immer jener Dakerkleidung, wie wir sie von der Trajanssäule her kennen; und in den Hirtenballaden wie der bezaubernden »Miorita« und der schwermütig-melancholischen Doina (Volkslied) liegt die Sehnsucht nach einem glücklichen Leben nach dem Tod. Hier lebt der Unsterblichkeitsglaube der alten Daker weiter. –

Um nach dem Rückzug aus Dakien das Gesicht der römischen Vorherrschaft zu wahren, verfügt Kaiser Aurelian eine Veränderung der administrativen Einteilung: Er schiebt zwischen die beiden mösischen Provinzen den Verwaltungsdistrikt »Dacia rispensis« (Uferdakien), der etwa von Timok bis Vit reicht, und das sogenannte »Dacia mediterranae« (Innerdakien) mit den Städten Nassus (Niš), Pauthalium (Kjustendil) und Serdica (Sofia).

Diese Entscheidung Aurelians hat Jahrhunderte später mitgeholfen, die Frage nach der Herkunft der Rumänen noch mehr zu verwirren. Manche Historiker sahen in der Existenz dieser beiden Dakien den Beweis für ihre These, daß die Volkswerdung der Rumänen südlich der Donau erfolgt sei. Nach dieser Theorie erfolgte die Besiedlung des Landes, vor allem Siebenbürgens, erst im 12. Jahrhundert n. Chr. Das ist eine historische Deutung mit politischer Brisanz. Würde sie nämlich stimmen, dann wäre der Nachweis erbracht, daß die Ungarn bei ihrer Landnahme im 9. Jahrhundert n. Chr. im inneren Karpatenbogen ein menschenleeres Gebiet vorfanden – und somit einen historisch-legalen Anspruch auf Siebenbürgen haben. Eine Behauptung, die von den rumänischen Historikern ebenso kategorisch in Abrede gestellt wird. Die Frage der historischen Zugehörigkeit Siebenbürgens ist zwischen den beiden Staaten Ungarn und Rumänien noch immer ein politisch heißes Eisen, über das offiziell zur Zeit nicht diskutiert werden darf.

306

Der Sieg der »Barbaren«

Mit der Aufgabe der Provinz Dacia werden die beiden Mösien erneut Grenzprovinzen. Auch Thrakien wird militärisch noch stärker ausgebaut. Beide Provinzen sollen einen Sperriegel für Konstantinopel bilden. Die alten Städte im Landesinnern erhalten Festungsmauern und werden mit starken Torbauten abgesichert. Neue Städte wie Nicopolis ad Istrum (bei Nukjup im Bezirk Veliko Tarnovo), Augusta Trajana (Stara Zagora), Marcianopolis (Devjna bei Varna) und andere entstehen. Augusta Trajana wird auf den Überresten der uralten thrakischen Siedlung Beroe errichtet. Die Ruinen der Römerstadt werden erst 1968 bei Bauarbeiten im Zentrum von Stara Zagora entdeckt, ebenso die in der Nähe befindlichen ältesten Kupfererzgruben Bulgariens.

Eine andere dieser städtischen Neugründungen war Abritus, zwei Kilometer östlich der nordbulgarischen Stadt Rasgrad, die 1953 entdeckt wurde. Abritus lag auf einer Hochebene und war vom Norden und Osten durch den Fluß Beli-Lom und ansonsten durch einen tiefen, künstlichen Graben geschützt. Nach einem Überfall der Goten, bei dem im Jahre 251 n. Chr. Kaiser Decius fiel, wurde die Stadt mit einer zehn Meter hohen und 2,40 Meter breiten Stadtmauer mit wehrhaften Türmen umgeben. Den Funden nach zu schließen, war Abritus, das von »Veteranen, römischen Bürgern und Kolonisten« bewohnt war, eine reiche Handelsstadt mit prächtigen Marmorkolonnaden. Die Wohnhäuser der Bürger besaßen Zentralheizung. Hohlziegel wärmten den mit Mosaiken verzierten Fußboden und die Wände, die mit Malereien geschmückt waren.

Im 4. Jahrhundert n. Chr. bereiten die Goten den Römern erneut große Sorgen. Von den Hunnen aus dem heutigen Südrußland und Rumänien vertrieben, suchen die Westgoten zunächst auf friedliche Weise Schutz südlich der Donau, wo sie von den Römern als Föderaten aufgenommen werden. Doch die lokalen römischen Behörden, die durch die Ansiedlung der Goten den latenten Arbeitskräftemangel in der Landwirtschaft beheben wollen, machen den Neusiedlern das Leben schwer. Sie zwingen die in freier Stammesgemeinschaft lebenden Goten in ein System von Steuern, Pacht, Zins und zum Teil auch noch der Sklaverei.

Als die Ostgoten, die ebenfalls Zuflucht bei den Römern suchen wollen, als Föderaten abgewiesen werden, erzwingen sie sich im Jahre 376 n. Chr. mit Gewalt Eingang in das Römische Reich. Unterstützt von den in Mösien lebenden Westgoten, thrakischen Bauern, Handwerkern und den Sklaven der Bergwerke, die ihnen den Weg zu den römischen Lagern weisen, verwüsten und plündern sie Mösien und Thrakien. Sie besiegen die Römer bei Marcianopolis westlich von Varna und fügen im Jahre 378 n. Chr. bei Hadrianopolis (Edirne) dem oströmischen Heer eine vernichtende Niederlage zu. Kaiser Valens findet bei dieser Schlacht, die den Verfall des Römischen Reiches beschleunigt, den Tod.

Unter ihren Fürsten Alaviv und Fritigern ziehen sich die Goten nach Thrakien zurück, wo sie sich in den Mineralbädern von »Aquae caldae« in der Nähe des heutigen Schwarzmeerhafens Burgas von den Strapazen des Kampfes erholen. »Viele Tage blieben die Goten hier und erfreuten sich an dem warmen Wasser der Bäder, deren Gewässer aus der Tiefe eines warmen Brunnens quellen. Vergleicht man sie mit zahlreichen anderen Quellen auf der Welt, so muß man sagen, daß sie in jeder Beziehung einwandfrei und am günstigsten für die Heilung übermüdeter Menschen sind.« Da man in der Nähe des römischen Heilbades Überreste einer thrakischen Siedlung entdeckt hat, kann man annehmen, daß auch schon die frühen Thraker des 6. Jahrhunderts v. Chr. die Heilquellen von Burgas gekannt haben.

Für eine kurze Zeit beruhigt sich die Situation. Theodosius I. stellt den Frieden und das Bündnis mit den Goten wieder her, die sich erneut in den fruchtbaren Donauebenen Mösiens niederlassen. Unter der Führung ihrer frei gewählten Fürsten weitgehend unabhängig, wird ihnen der Schutz der Donaugrenze übertragen. Doch Theodosius' Sohn, Arcadius, Kaiser des Ostreiches, hat nicht den politischen Weitblick seines Vaters. Er ist eine Krämerseele, verweigert den Goten den zugesagten Sold und löst damit eine weltgeschichtlich bedeutungsvolle Entwicklung aus: Die Goten ziehen unter ihrem König Alarich plündernd durch die Balkanhalbinsel und bedrohen in Italien das Westreich. Mit den Goten verlassen auch die germanischen Bastarner Mösien.

Die Nordostflanke ist militärisch entblößt, und die Hunnen erkennen ihre Chance: Sie überrennen die schwachen Donaubefestigungen und stoßen bis zu den Thermopylen vor. In Mösien überlebt keine einzige Stadt den Hunnensturm.

Glimpflicher kam das unwegsamere Thrakien zwischen dem Balkan und der Ägäis davon, wenngleich auch hier die Städte Niš, Sofia, Plovdiv und Edirne dem Erdboden gleichgemacht wurden.

Als im Jahre 450 n. Chr. im Ostreich der tüchtige Kaiser Marcian die Regierung übernahm und den Plünderungen der Hunnen Einhalt gebot, wandten sich diese gegen das Westreich. Nach dem Abzug der Hunnen begannen sich die thrakischen Länder allmählich von Konstantinopel (Byzanz) zu lösen; das war eine natürliche Reaktion auf den allgemeinen Verfall der römischen Herrschaft. Das Land war arm, und die Städte waren zerstört. Die Menschen vegetierten mehr dahin, als daß sie lebten. Es gab keine staatliche Ordnung, keine Steuereinnehmer und keine Soldaten. In den Ruinen der Städte hausten die amorphen Reste der ehemaligen Bevölkerung. Sie lebten wie die Ratten vom Vorrat blühender Jahre, den die Römer bei ihrem Abzug zurückgelassen hatten.

Nur auf dem Land, in den Wäldern, den Ebenen und auf den Almen der Berge lebten die wenigen Menschen so, als wäre die Zeit stehengeblieben. Hier erwies sich die römische Zivilisation als Tünche, die nach dem Abzug der Besatzungsmacht rasch abbröckelte: Die ethnische Substanz und die geistig-religiöse Welt der Thraker leuchteten wieder ungebrochen auf. Ihre Mentalität wurde in ihrer Beständigkeit sichtbar. Sie waren die Wahrer des Alten und werden noch einmal in ihrem Beharrungsvermögen der mehr als zweitausendjährigen Geschichte ihrer Vorfahren gerecht, die im wahrsten Sinn des Wortes jenes ursprüngliche Volk bildeten, das zur Bildung vieler Völker beitrug und deren ethnische Komponenten bis in unsere Zeit nachzuvollziehen sind.

Die Thraker zählen wie die Achäer zur ältesten Bevölkerung der Balkanhalbinsel: Aus ihrem Ursprung haben sich alle ägäischen Hochkulturen entwickelt.

»*Thrakischer Reiter*« und *Karakatschani*

»Die ungebrochene Selbstbehauptung der alteinheimischen Kräfte in unruhiger Zeit zeigt sich eindrucksvoll vor allem im religiösen Bereich, in dem sich wie in der Vergangenheit ein charakteristischer Wesenszug des Thrakischen, die gläubige Frömmigkeit, entfaltete«, stellt Joseph Wiesner fest. Die Thraker in den Städten und größeren Siedlungen haben während der fast vierhundertjährigen römischen Herrschaft viele Kulte und Götter der Römer übernommen. Auch jene, von denen sie nicht mehr wußten, daß sie einst ihrer eigenen Götterwelt angehört hatten. Doch über allen fremden und vergessenen eigenen Göttern stand für die Thraker ein Gott-Heros, der keinen Namen trug, der nie als Gottheit personifiziert und doch vieltausendfach in Reliefs, auf Amuletten, Votivtafeln und Münzen dargestellt wurde: in Gestalt eines Reiters, dem die Wissenschaft erst Jahrtausende nachher die Bezeichnung »Thrakischer Reiter« (Heros) gab.

Im Jahre 1931 wurde von dem bulgarischen Gelehrten Kazarov in Tikili Tasch (Schrecklicher Wald) bei Russe in einer Felswand drei Meter über dem Boden eine etwa einen Meter hohe Reiterfigur entdeckt, die aus der römischen Zeit stammt. Das war das erste entdeckte Bildnis des »Thrakischen Reiters«, des Reiter-Heros der Thraker. Seither wurden insgesamt 136 Felsenreliefs und über zweitausend Votivtafeln aus Ton, Stein und Metall gefunden, auf denen er abgebildet ist. Der »Thrakische Reiter« wurde aber auch auf zahllosen Münzen aller antiken Epochen Thrakiens dargestellt. Seltsam ist, daß die Verehrung des Reiter-Heros zu einer Zeit ihren Höhepunkt erreichte, als die thrakische Bevölkerung als Bewohner einer römischen Provinz starken fremden Einflüssen ausgesetzt war. Manche Forscher sind der Meinung, daß die Verehrung des »Thrakischen Reiters« gerade in einer Zeit der Verfremdung und Entrechtung mit »einer religiösen Besinnung, die zur Wiedergeburt alter thrakischer Vorstellungen vom Göttlichen führte« (Wiesner), in Zusammenhang gebracht werden muß. Nicht zu Unrecht; denn der Reiter-Heros ist so charakteristisch für die thrakische Glaubenswelt, daß er außerhalb Thrakiens nicht existieren konnte.

Der »Thrakische Reiter« ist ein Symbol Gottes, aber nicht Gott selbst. Seine Darstellung wird von der thrakischen Mythologie bestimmt, in der das Pferd eine überragende Rolle spielte; sein Ursprung ist aber wahrscheinlich schon in der Ethnogenese der Thraker aus den Reiternomaden des Nordens und den Ackerbauern des Südens zu suchen. Nach Homer glaubten die Thraker, daß sich die göttliche Kraft in der Gestalt und in der Darstellung des Pferdes inkarniert. In der Glaubenswelt der antiken Thraker formt sich um die Figur des »Thrakischen Reiters« der Glaube an einen ungenannten Gott als Schöpfer alles Irdischen schon lange vor der Entstehung des Christentums, das viele Elemente des altthrakischen Glaubens übernommen hat. Auf einer Silbervase aus dem 3. Jahrhundert v. Chr. finden wir mit griechischen Buchstaben in thrakischen Worten die Inschrift:

»Oh, Erde, schau mich an. Mächtiger Heros, der du uns das Leben gibst, hilf uns . . . beschütze uns!« (Georgiev.) Das ist ein untertäniges Flehen, das nicht mehr der alten Formel vom »Geb ich dir, gibst du mir« primitiver Religionen entspricht. Das ist das Ergebnis einer evolutionären religiösen Entwicklung, die über Dionysos, Orpheus und Zamolxis zu einer mystischen Religion geführt hat.

Dieses Ahnen von der Unsterblichkeit der Seele und einem gewaltigen Schöpfungsakt Gottes, das sich zur Römerzeit in vielen Inschriften manifestierte, läßt uns die Thraker – wie auch die Daker – in dieser Periode froh, ausgeglichen, heiter und todesbereit erscheinen. Es ist, den antiken Berichten zufolge, eine fast archaische Heiterkeit, wie wir sie heute nur noch bei einigen abgeschiedenen Völkern, wie etwa den Hundsas im Himalajagebiet, oder bei Menschen mit einer tiefreligiösen Gesinnung finden – und bei den Karakatschani, der kleinsten und seltsamsten ethnischen Minderheit Bulgariens.

Die Karakatschani sind ein Überbleibsel aus der grauen Urzeit Bulgariens. Sie sind die ethnologische Spitze eines längst in der Völkerflut nachkommender Jahrhunderte versunkenen thrakischen Stammes. Als ihre Urheimat gilt das Dorf Sirakowo auf dem Pindos in Griechenland; von dort zogen sie nordwärts bis zu den Karpaten. Sie sind, sprachlich hellenisiert, die direkten Nachkommen der alten

Thraker. Fast zweitausend Jahre lang lebten die Karakatschani, völlig isoliert von ihrer Umwelt, in der unwegsamen Bergwelt des Pindos. Ihre geistige, materielle und gesellschaftliche Struktur entspricht noch weitgehend den alten Formen. Sie sind Viehzüchter und echte Nomaden. Sie kommen nur dann, wenn sie von einem Gebirge zum anderen überwechseln, ins Tal.

Als echte Nomaden sind die Karakatschani Selbstversorger. Die Stoffe für Kleider werden aus Schafwolle gewebt und mit einer selbsterzeugten, schwarzen Farbe gefärbt. Die Frauen tragen auch im Sommer dicke Schafwollkleider mit weißen Linnenblusen. Bei den Männern findet man noch den typisch schwarzen »Jarmulik« mit Kapuze und ohne Ärmel, der nach Anfertigung, Schnitt und Form jenen thrakischen Umhängen gleicht, wie sie uns aufgrund der Darstellung Telesphors bekannt sind.

Auch der reiche Schmuck, den die Frauen tragen, ist Handarbeit und wird von den Karakatschani selbst hergestellt: angefangen bei den filigranen silbernen Halsketten – sie könnten ihrer Formgebung nach direkt aus der antiken thrakischen Zeit stammen – bis zu den schweren silbernen Armreifen, die an die einfachen, nichtziselierten Formen der Goldreifen aus dem Schatz von Varna erinnern.

Ihre Schafherden sorgen für die Ernährung; nur Salz wird per Handel erworben. Wenn die Karakatschani von einem Weideplatz zum anderen ziehen, nehmen sie alles mit, was sie besitzen. Auf den Packpferden werden Zelte (aus einem dicken, filzähnlichen Stoff) und alles Hausgerät so kunstgerecht verstaut, daß selbst noch das Federvieh auf den Pferderücken Platz hat.

Doch das Ende ihrer Tage ist gezählt. Im Jahre 1951 hat die bulgarische Regierung versucht, die Karakatschani seßhaft zu machen. Man stellte ihnen kostenlos Siedlungsboden zur Verfügung sowie Baumaterial für den Hausbau. Der Versuch mißlang wie jener, der auch die Zigeuner seßhaft machen sollte. Einige Familien verbrachten den Winter in den Hütten, die sie sich in den Ebenen gebaut hatten; doch als das erste Frühjahr kam, zogen sie wieder zu ihren angestammten Weiden ins Hochgebirge. Seither sind sie wieder, unbehelligt von aller staatlichen Reglementierung, freie Nomaden in der Bergwelt Bulgariens. Doch ihre Zahl nimmt ständig ab: nicht aufgrund ihrer harten Lebensbedingungen, sondern auch durch die Abwanderung der jungen Leute in die Dörfer und Städte, wo sie einen Beruf erlernen und allmählich assimiliert werden.

Ich bin Karakatschani-Familien mehrmals begegnet, und die Aufnahmen, die ich damals in den sechziger Jahren machte, haben heute schon Seltenheitswert. Es ist nur noch eine Frage der Zeit, bis dieses kaum noch dreitausend Menschen zählende Völkchen ausgetorben, das heißt von der Industriegesellschaft absorbiert sein wird.

Die Erben Thrakiens

Gegen Ende des 5. Jahrhunderts n. Chr. kommen die Slawen, und bald wird die ganze Balkanhalbinsel bis nach Kreta von dem Bauernvolk aus dem Norden überflutet. In Mittel- und Südalbanien und in Griechenland (bis zum Peloponnes) und sogar auf Kreta fallen die slawischen Stämme durch die Übernahme der griechischen Sprache und die Annahme der griechisch-christlichen Religion bald einem Assimilierungsprozeß zum Opfer. In Thrakien verläuft der Assimilierungsprozeß in die andere Richtung: Die Thraker werden Slawen.

Die Slawen, ein ebenfalls indoeuropäisches Volk, befanden sich in ihrer materiellen und geistigen Kultur auf der gleichen Stufe wie die Bevölkerung Thrakiens. Manche Forscher vermuten sogar eine gemeinsame Abstammung der beiden Völker. Folgt man dieser Überlegung und fügt man ihr die neuesten Erkenntnisse des bulgarischen Ethnographen Dr. Peter Petrow hinzu – wonach die Slawen, Balten und Germanen noch im 18. Jahrhundert v. Chr. eine ethnisches Einheit bildeten –, dann würden die ethnologischen Linien der Thraker irgendwann in fernster Vergangenheit zu jenem Ursprung führen, aus dem auch die germanischen Völker hervorgegangen sind. Eine Überlegung, die von einer Reihe von Tatsachen bestärkt wird: so durch die starke Ähnlichkeit der Mentalität der Thraker mit jener der Germanen, durch ihre gleichen sozialen Strukturen in der vorrömischen Zeit und nicht zuletzt durch den »Thrakischen Reiter«, der den reitenden Gottheiten mancher germanischer Stämme entspricht.

Nach dem Slaweneinfall tauchen im 7. Jahrhundert n. Chr. die Urbulgaren unter Chan Asparuch am Horizont der Geschichte auf. Sie unterwerfen die slawisch-thrakische Bevölkerung Nordbulgariens, wo sie mit der Hauptstadt Pliska das Erste Bulgarische Reich gründen, das bis zu den Karpaten und zur Theiß reichte. Die Urbulgaren, ein Turkvolk aus der Wolga-Niederung, das als kriegerisches Herrenvolk ohne Frauen in Mösien eingefallen war, vermischen sich rasch mit der einheimischen Bevölkerung. Sie nehmen in kurzer Zeit die Lebensformen und das Brauchtum der Besiegten an und zuletzt auch deren Sprache. Nach einer, geschichtlich gesehen, kurzen Zeit zeugt nur noch der Name »Bulgar« von der turkvölkischen Herkunft der Bulgaren, die heute längst zu »reinrassigen« Slawen geworden sind und sogar das Verdienst in Anspruch nehmen dürfen, im Laufe ihrer vielhundertjährigen Geschichte, vor allem aber durch die Tätigkeit der Slawenapostel Cyrill und Method, einen wesentlichen Beitrag zur Festigung der Einheit des Slawentums beigetragen zu haben.

Um die gleiche Zeit, als Karl der Große sein fränkisches Großreich schuf, schmiedete im Osten Chan Krum mit der Eroberung Thrakiens die Voraussetzungen für ein bulgarisches Reich, das vom Gebiet östlich der Theiß bis zum Schwarzen Meer und von der Mündung des Dnjestr bis fast zur Adria reichte. Im September 865 n. Chr. nahm Zar Boris das Christentum an, Kaiser Michael von Byzanz war sein Pate. –

Heute leben im einstigen thrakischen Raum Bulgaren, Griechen, Makedonier, Rumänen, Serben und Türken, die trotz ihres gemeinsamen ethnischen Substrates eine völlig verschiedene historische Entwicklung erfuhren. Diese machte schon vielen Balkangenerationen untereinander arg zu schaffen. Und dennoch: Von der Maramureş im äußersten Norden Rumäniens bis zu den griechischen Thermopylen, vom bosnischen Sarajewo bis zum türkischen Konstantinopel – überall liegt den nationalen, religiösen und sozialökonomischen Gegensätzen die emotionelle Gemeinsamkeit jenes liebenswerten Balkantums zugrunde, dessen Ursprung wir sicherlich nicht zu Unrecht in der thrakischen Komponente aller Balkanvölker zu suchen haben.

Zeittafel

Ältere Jungsteinzeit (ca. 3500–2500 v. Chr.)
Neolithische Kultur von Sesklo mit Zentren in Thessalien und auf
dem nördlichen Peloponnes
Beginn nahöstlicher Kultureinflüsse in der Ägäis und im Donau-
Balkan-Raum
Goldschatz von Varna (ca. 3000 v. Chr.)

Jüngere Jungsteinzeit (ca. 2500–2000 v. Chr.)
Entstehung der kretischen Hochkultur

Kupferzeit (ca. 2000–1800 v. Chr.)
Frühthraker im Donau-Balkan-Raum
Frühgriechen im ägäischen Bereich
Einwanderung achäischer Stämme aus dem Norden
(um 1900 v. Chr.)

Bronzezeit (ca. 1800–1100 v. Chr.)
Konsolidierung der Frühthraker und Frühgriechen
Hochblüte der kretisch-minoischen Kultur (um 1500 v. Chr.)
Donauländisch-balkanische Wechselbeziehungen zur mykenischen
Kultur und Westanatolien
Ausbruch des Santorin-Vulkans – Zerstörung der kretisch-minoi-
schen Kultur (um 1380 v. Chr.)
Kreta von Achäern beherrscht – Ausbreitung der Achäer nach dem
östlichen Mittelmeer (14. u. 13. Jh. v. Chr.)
Thraker erstmals als Bundesgenossen der Trojer gegen die mykeni-
schen Frühgriechen erwähnt
Ägäische Wanderung – »Seevölker« greifen Ägypten, Syrien und
Palästina an – Thrakische Stämme erobern Gebiete in Kleinasien
und am Schwarzen Meer (um 1200 v. Chr.)

Untergang der mykenischen Kultur
Dorische Wanderung mit venetisch-illyrischen Kräften

Frühe Eisenzeit (ca. 1100–700 v. Chr.)
Beginn der Eisenzeit in Griechenland
Bildung der geschichtlichen Grenzlinien zwischen Thrakern und Illyrern
Konsolidierung der Myser, Phryger und verwandter Thrakerstämme in Kleinasien
Griechische Kolonisation der Westküste Kleinasiens (Ionier, Äolier, später auch Dorer; um 1000 v. Chr.)
Gründung des phrygischen Staates (um 730 v. Chr.)
Vordringen der Skythen im nördlichen Schwarzmeer-Raum (erste Hälfte des 7. Jhd. v. Chr.)
Abwanderung der Kimmerier nach Kleinasien und Ausweichbewegungen in das donauländisch-balkanische Thrakergebiet
Zerstörung des Phrygerreiches durch die Kimmerier – Tod des Phrygerkönigs Midas (696 v. Chr.)
Aufstieg des Reiches der Lyder in West-Kleinasien
Vernichtung der Kimmerier durch die Lyder (unter dem Lyderkönig Ardys 651–625 v. Chr.)
Abwanderung der thrakischen Bithynen aus dem Strymon-(Struma)-Gebiet nach Nordwest-Kleinasien

Griechische Zeit (7. Jhd.–340 v. Chr.)
Griechische Niederlassungen an der getisch-thrakischen Schwarzmeer-Küste, im Meerengengebiet, an der Küste und auf den Inseln des Thrakischen Meeres
Kolonisierung der thrakischen Halbinsel Chersones
Feldzug des Perserkönigs Dareios I. gegen die Skythen durch das östliche Thraker- und Getenland (513–512 v. Chr.)
Skythische Verfolgung des Perserheeres bis auf die thrakische Chersones
Feldzug des Perserkönigs Xerxes, Brückenbau über den Hellespont (480–477 v. Chr.)
Aufstieg des Odrysenherrschers Teres I. (441 v. Chr.)

Heereszug des Sitalkes gegen den Makedonierkönig Perdikkas
(429 v. Chr.)
Beginnender Zerfall des Odrysenreiches (um 400 v. Chr.)
Philipp II. von Makedonien erobert Amphipolis (357 v. Chr.)
Ende der Odrysenherrschaft
Einrichtung der Thrakischen Strategie Makedoniens
(nach 341 v. Chr.)

Zeit der Makedonenherrschaft (340–168 v. Chr.)
Makedonische Eroberung Thrakiens (340–339 v. Chr.)
Gründung von Philippopolis (Plovdiv; 342 v. Chr.)
Zug Philipps II. in das Getenland
Tod Philipps II. (336 v. Chr.)
Erster Feldzug Alexanders d. Gr. in Thrakien (335 v. Chr.)
Zweiter Feldzug Alexanders d. Gr. gegen aufständische Thraker
(335 v. Chr.)
Unterwerfung der freien Thraker im Balkan-Donau-Raum
Lysimachos nach dem Tod Alexanders d. Gr. König von Thrakien
(305 v. Chr.)
Tod Lysimachos' (281 v. Chr.)
Kelteneinbrüche in Thrakien (281–280 v. Chr.)
Erster Makedonischer Krieg (215–205 v. Chr.), Rom gegen
Philipp V.
Kämpfe Philipps V. in Thrakien (205–204 v. Chr.)
Philipp V. erobert thrakische Küste bis zur Halbinsel Chersones
(203–202 v. Chr.)
Zweiter Makedonischer Krieg (200–197 v. Chr.), Rom gegen
Philipp V.
Perseus, Sohn Philipps V., König von Makedonien
(179–168 v. Chr.)
Dritter Makedonischer Krieg (171–168 v. Chr.), Rom gegen Perseus
Schlacht bei Pydna; Makedonisches Reich durch die Römer ver-
nichtet (168 v. Chr.)
Thrakische Erhebungen gegen die Römer (um 150 v. Chr.)

Römerzeit (168 v. Chr.–7. Jhd. n. Chr.)
Thrakische Südküste bis zum Hebros mit Makedonien römische Provinz (148 v. Chr.)
Erweiterung der römischen Provinz Macedonia bis zur Halbinsel Chersones (129 v. Chr.)
Thrakische Einfälle in die makedonische Provinz (91–85 v. Chr.)
Erster Mithridatischer Krieg (88–84 v. Chr.), Rom gegen Mithridates VI.
Zweiter Mithridatischer Krieg (83–81 v. Chr.), Rom gegen Mithridates VI.
Dritter Mithridatischer Krieg (74–64 v. Chr.), Rom gegen Mithridates VI.
Römervorstoß über das Balkangebirge – Durchbruch bis zur Donau und Unterwerfung der griechischen Städte an der Schwarzmeer-Küste (72 v. Chr.)
Einnahme des bessischen Dionysos-Orakels durch die Römer (60–59 v. Chr.)
Aufstieg des Dakerkönigs Burebista (55–50 v. Chr.)
Ausweitung des dakischen Machtbereichs – Cäsar plant Angriff gegen die Daker (48 v. Chr.)
Tod Burebistas und Cäsars (45 und 44 v. Chr.)
Schlacht bei Actium (im heutigen Rumänien; 31 v. Chr.)
Übergabe des bessischen Dionysos-Orakels an die Odrysen (28 v. Chr.)
Griechenland wird römische Provinz Achaia (27 v. Chr.)

Römischer Vasallenstaat Thrakien (19 v. Chr.–46 n. Chr.)
Bessenaufstand unter dem Dionysospriester Vologaises (13–11 v. Chr.)
Rekrutierung thrakischer Hilfstruppen für das römische Heer (26 n. Chr.)
Ende des thrakischen Vasallenstaates (46 n. Chr.)

Römische Provinz Thracia (46–284 n. Chr.)
Einfälle der Daker südlich der Donau (69 n. Chr.)
Aufstieg des Dakerkönigs Decebal (86–87 n. Chr.)

Strafexpedition der Römer gegen Dakien
Friedensschluß mit Decebal (89 n. Chr.)
Erster Dakerkrieg Trajans (101–102 n. Chr.)
Zweiter Dakerkrieg Trajans (105–106 n. Chr.)
Decebals Tod (106 n. Chr.) – Einrichtung der Provinz Dacia
Angriffe freier Dakerstämme aus dem nördlichen Siebenbürgen
(161–180 n. Chr.)
Wachsender Druck der Germanen auf die Gebiete der freien Daker
und die Provinz Dacia (180–192 n. Chr.)
Kaiser Maximus Thrax (235–238 n. Chr.)
Goteneinfall in die Provinz Thracia (244–249)
Gotenvorstoß bis Thessaloniki (254)
Gotische Plünderungszüge in Kleinasien (253, 256 und 262)
Gotenzüge in die Provinzen Thracia und Macedonia (268–270)
Aufgabe der Provinz Dacia durch die Römer (271)

Römische Dioecese Thracia (284–610)
Angriffe karpischer und germanischer Kräfte an der Donaufront
(284–305)
Durchbruch der Westgoten unter Alarich bis Konstantinopel (395)
Einbrüche der Hunnen unter Attila und Bleda (441) – Attila vor
Konstantinopel (447)
Vordringen der Ostgoten unter Theoderich in die Südprovinzen
Thrakiens (483)
Abzug Theoderichs nach Italien (488–489)
Slawische Stämme sickern in Thrakien ein (5. und 6. Jhd.)
Abwehrkämpfe der Römer gegen Hunnen, Bulgaren und slawische
Anten (525–526)
Vordringen der Awaren bis zur Donaumündung (560)
Einbruch der Urbulgaren in das Gebiet des heutigen Bulgarien
(7. Jhd.)
Verschmelzung der Urbulgaren mit den ansässigen Slawen und
Thrakern – Übernahme der slawischen Sprache – Geburtsstunde
Bulgariens (8. Jhd.)

Literaturnachweis

Altheim, F.: Die Soldatenkaiser. Frankfurt, 1939

Angelov, D.: Obrazuvane na bălgarskata narodnost. Sofia, 1971

Balkanska, A.: Die Handelsbeziehungen von Seuthopolis, in »Acta antiqua Philippopolitana«. Sofia, 1963

Barloewen, Wolf O. v.: Abriß der Geschichte antiker Randkulturen. München, 1961

Bensen, Heinrich Wilhelm: Lehrbuch der griechischen Altertumskunde. Erlangen, 1842

Berciu, Dumitru: Arta traco-getică. Bukarest, 1969

Berciu, Dumitru: Contribution à l'étude de l'art thraco-gète. Bukarest, 1974

Berciu, Dumitru: Das thrako-getische Fürstengrab von Agighiol in Rumänien. Berlin, 1971

Berciu, Dumitru: Lumea celţilor. Bukarest, 1970

Birley, A. R.: The status of Moesia Superior under Marcus Aurelius, in »Acta antiqua Philippopolitana«. Sofia, 1963

Bittel, Kurt: Geschichte der Hethiter, in »Kunst und Kultur der Hethiter«, Ausstellungskatalog. Köln, 1961

Bodor, A.: Dacian Slaves and Freedmen in the Roman Empire and the fate of the Dacian prisoners of war, in »Acta antiqua Philippopolitana«. Sofia, 1963

Boev, Peter: Die Rassentypen der Balkanhalbinsel und der ostägäischen Inselwelt und deren Bedeutung für die Herkunft ihrer Bevölkerung. Sofia, 1972

Bolen, Carl van: Geschichte der Erotik. Teufen, 1951

Brice, William C.: Nomadism in Thrace – its nature and origins, in »Thracia«, Bd. 2. Sofia, 1974

Brion, M.: Die frühen Kulturen der Welt. Köln, 1964

Canarache, V., Rădulescu, A., Aricescu, A., Barbu, V.: Le dépôt des monuments sculpturaux récemment découverts à Constanţa, in »Acta antiqua Philippopolitana«. Sofia, 1963

Čenov, Lančo: Die Abstammung der Bulgaren und die Urheimat der Slawen. Berlin-Leipzig, 1930

Chirassi-Colombo, Ileana: The role of Thrace in Greek religion, in »Thracia«, Bd. 2. Sofia, 1974

Čičikova, Maria: Développement de la céramique thrace à l'époque classique et hellénistique, in »Acta antiqua Philippopolitana«. Sofia, 1963

Čičikova, Maria: Sur la chronologie du Hallstatt en Thrace, in »L'ethnogenèse des peuples balkaniques«. Sofia, 1971

Conček, Dimiter: Contribution à l'étude de la viticulture et de la vinification dans l'antiquité et au Moyen Âge en Bulgarie, in »Actaantiqua Philippopolitana«. Sofia, 1963

Končeva, Mara: Hudožestvenoto nasledstvo na trkiiskite zemi. Sofia, 1971

Condurachi, Em.: L'ethnogenèse des peuples balkaniques: Les sources écrites, in »L'ethnogenèse des peuples balkaniques«. Sofia, 1971

Constantinescu Miron, Daicoviciu Constantin, Pascu Ştefan: Histoire de la Roumanie des origines à nos jours. Bukarest, 1970

Daicoviciu, C.: Cetatea dacică de la Piatra Roşie. Bukarest, 1954

Daicoviciu, C.: Dacica. Studii şi articole privind istoria veche a pămîntului românesc. Cluj, 1969

Daicoviciu, C.: La Transilvanie dans l'antiquité. Bukarest, 1945

Daicoviciu, C., Pascu, Ştefan: Din istoria Transilvaniei. Bukarest, 1963

Daicoviciu, Hadrian: Dacia de la Burebista la cucerirea romană. Cluj, 1972

Daicoviciu, Hadrian: Dacii. Bukarest, 1966

Danov, Christo: Altthrakien in den mythographischen Büchern Diodors, in »Acta antiqua Philippopolitana«. Sofia, 1963

Danov, Christo: Drevna Trakija. Sofia, 1967

Dascalakis, Alostolas: Ce que nous informent les historiens grecs de l'antiquité pour les Thraces, in »Thracia«, Bd. 2. Sofia, 1974

Detschev, D.: Die thrakischen Sprachreste. Wien, 1957

Die Dramen des Euripides, Bd. 4. Stuttgart, 1859

Dimitrov, D. P.: Die Kunst in Thrakien im I. Jahrtausend v. Chr., in »Kunstschätze in bulgarischen Museen und Klöstern«. Essen, 1964

Dimitrova, Alexandra: Beitrag zur Geschichte Kabyles und Thrakiens in der Römerzeit, in »Thracia«, Bd. 2. Sofia, 1974

Domaszewski, A. v.: Geschichte der Römischen Kaiser. Leipzig, 1914

Dörner, F. K.: Bericht über eine Reise in Bithynien. Wien, 1952

Dumitrescu, Vladimir: A propos de la plus ancienne culture néolitique de la Roumanie, in »L'ethnogenèse des peuples balkaniques«. Sofia, 1971

Duridanov, Ivan: Die Vorgeschichte Mygdoniens im Lichte der Sprache, in »L'éthnogenèse des peuples balkaniques«. Sofia, 1971

Duridanov, Ivan: Thrakisch-Dakische Studien, Bd. 1. Sofia, 1969

Džambazov, N.: Načalo na kašnija paleolit v Bălgarija, in »Arheologija«. Sofia, 1971

Endres, Robert: Geschichte Europas und des Orients, Bd. 1. Wien, 1948

Entralgo, Pedro Lain: Heilkunde in geschichtlicher Entscheidung. Salzburg, o. J.

Faulmann, Karl: Illustrierte Culturgeschichte. Wien, 1881

Filip, J.: Keltové vestředni Evropě. Prag, 1956

Fol, Alexander: C. Suetonius Tranquillus – une source peu connue pour l'histoire de la Thrace antique, in »Acta antiqua Philippopolitana«. Sofia, 1963

Fol, Alexander: Političeska istorija ne trakite. Sofia, 1972

Fol, Alexander: Trakiisko voenno iskustvo. Sofia, 1969

Forni, Giovanni: Considerations sur l'occupation militaire en Thrace au cours des deux premiers siècles de notre ère, in »Thracia«, Bd. 2. Sofia, 1974

Frel, Jiři: Observations sur les bijoux hellénistiques des Messambria, in »Acta antiqua Philippopolitana«. Sofia, 1963

Georgiev, Georgi, J.: Die Entwicklung der älteren prähistorischen Kulturen in Südbulgarien, in »L'ethnogenèse des peuples balkaniques«. Sofia, 1971

Georgiev, Vladimir, J.: L'ethnogenèse de la péninsule balkaniques d'après les données linguistiques, in »L'ethnogenèse des peuples balkaniques«. Sofia, 1971

Georgiev, Vladimir, J.: Lingvistica balcanică și limba română. Bukarest, 1968

Georgieva, Ivanička: Sur certaines influences thraces dans la culture spirituelle du peuple bulgare, in »Thracia«, Bd. 2. Sofia, 1974

Gerov, Boris: A propos de la population et les localités de la vallée du cours moyen de la Struma dans l'antiquité, in »Recherches de géographie historique«. Sofia, 1970

Gerov, Boris: Die gotische Invasion in Mösien und Thrakien, unter Decius im Lichte der Hortfunde, in »Acta antiqua Philippopolitana«. Sofia, 1963

Giurescu, C. Constantin: Die Bildung des rumänischen Einheitsstaates. Bukarest, 1971

Giurescu, C. Constantin: Transsilvanien in der Geschichte des rumänischen Volkes. Bukarest, 1968

Goetze, Albrecht: Hethiter, Churriter und Assyrer. Leipzig, 1936

Gregor, Joseph: Europa. Wien, 1957

Gurney, O. R.: Die Hethiter. Dresden, 1969

Hamp, Eric P.: Albanian and Baltic as clues to Thracian, in »Thracia«, Bd. 2. Sofia, 1974

Hartwig, P.: Bendis. Leipzig-Berlin, 1897

Herodot: Historien. Stuttgart, 1955

Hertzberg, G. F.: Geschichte von Hellas und Rom. Berlin, 1879

Homer: Ilias. Berlin und Weimar, 1971

Homer: Odyssee. Berlin und Weimar, 1971

Horedt, K.: Transsylvanien im ersten Jahrhundert nach der Preisgabe der Provinz Dazien, in »Acta antiqua Philippopolitana«. Sofia, 1963

Irmescher, Johannes: Zur Verwaltungsgeschichte Thrakiens in byzantinischer Zeit, in »Thracia«, Bd. 2. Sofia, 1974

Ivanov, T.: Archäologische Forschungen in Abrittus (1953–1969), in »Acta antiqua Philippopolitana«. Sofia, 1963

Jiricec, Konstantin: Geschichte der Bulgaren. Prag, 1876

Kalinka, E.: Antike Denkmäler in Bulgarien. Wien, 1906

Kassner, Karl: Bulgarien, Land und Leute. Leipzig, 1916

Kazarov, Gavril: Beiträge zur Kulturgeschichte der Thraker. Sarajevo, 1916

Kazarov, Gavriel: Die Denkmäler des thrakischen Reitergottes in Bulgarien. Budapest, 1940

Kehnscherper, Günther: Kreta, Mykene, Santorin. Leipzig–Jena--Berlin, 1973

Kerényi, A.: A dáciai személynevek – Die Personennamen von Dazien. Budapest, 1941

Koledarov, Peter St.: Thrace is a name in historical geography, in »Thracia«, Bd. 2. Sofia 1974

Lexikon der Antike. Leipzig, 1972

Lindenschmidt, L.: Die Altertümer unserer heidnischen Vorzeit. Mainz, 1858–1911

Marinow, Wasil: Zum Problem der kulturellen Hinterlassenschaft der Thraker, in »Thracia«, Bd. 2. Sofia, 1974

Marquart, I.: Römische Staatsverwaltung, Bd. 1. Leipzig, 1881

Matz, F.: Kreta-Mykene-Troja. Stuttgart, 1957

Meyer, Ed.: Geschichte des Altertums. Stuttgart, 1928

Mihailov, Georgi: Septimus Severus in Moesia Inferior and Thrace, in »Acta antiqua Philippopolitana«. Sofia, 1963

Mihailov, Georgi: Trakite. Sofia, 1972

Mikov, Vasil: La Bulgarie à l'âge du bronze, in »L'ethnogenèse des peuples balkaniques«. Sofia, 1971

Minns, E. H.: Scythians and Greeks. Cambridge, 1913

Mîrza, Gabriela: Rapports entre le Daco-Mésien et le grec ancien, in »Thracia«, Bd. 2. Sofia, 1974

Mommsen, Th.: Römische Geschichte. Berlin, 1886

Mozsolics, A.: Bronzefunde des Karpatenbeckens. Budapest, 1967

Nagy, Géza: A szkythák. Budapest, 1909

Ognenova, Ljuba: Sur vivances de la civilisation méditerranéenne du II–e millénaire en Thrace, vers la seconde moitié du I–er millenaire, in »Acta antiqua Philippopolitana«. Sofia, 1963

Ognjanoff, Christo: Bulgarien. Nürnberg, 1967

Oliva, Pavel: Die unentwickelte Form der Sklaverei im antiken Griechenland, in »Acta antiqua Philippopolitana«. Sofia, 1963

326

Pârvan, Vasile: Dacia. Bukarest, 1928, 1972

Pârvan, Vasile: Getica. Bukarest, 1924

Pârvan, Vasile: România şi popoarele balcanice. Bukarest, 1913

Patek, E.: Die Urnenfelderkultur in Transdanubien. Budapest, 1968

Patsch, C.: Der Kampf um den Donauraum unter Domitian und Trajan. Wien, 1937

Pettazzoni, R.: The Religion of Thrace, in »Essays on the History of Religion«. Leiden, 1954

Pick, B.: Die antiken Münzen von Dazien und Moesien, Bd. 2. Berlin, 1910

Pink, K.: Die Münzprägung der Ostkelten und ihrer Nachbarn. Budapest, 1939

Poghirc, Cicerone: Considérations philologiques et linguistiques sur Gebeleizis, in »Thracia«, Bd. 2. Sofia, 1974

Poghirc, Cicerone: Réflexions sur les problèmes du Daco-Moesien, in »L'ethnogenèse des peuples balkaniques«. Sofia, 1971

Pöhlmann, R.: Griechische Geschichte und Quellenkunde. München, 1914

Poulianos, Aris N.: On the origin of the »Thracians«, in »Thracia«, Bd. 2. Sofia, 1974

Preda, Constantin: Münzen eines unbekannten Typs aus der Region Dobrogea, in »Klio«, Bd. 46. Wiesbaden, 1965

Pudič, I.: Die Sprache der alten Makedonen, in »L'ethnogenèse des peuples balkaniques«. Sofia, 1971

Raduntscheva, Ana: Die prähistorische Kunst in Bulgarien. Sofia, 1973

Randa, Alexander: Der Balkan. Schlüsselraum der Weltgeschichte. Salzburg-Wien, 1949

Randa, Alexander: Zur thrako-illyrischen Kaiserzeit, in »Thracia«, Bd. 2. Sofia, 1974

Reichenkron, G.: Das Dakische. Heidelberg, 1966

Rice, T. T.: The Scythians. London, 1957

Rostovtzeff, M.: Iranians and Greeks in South Russia. Oxford, 1922

Russu, I.: Die Sprache der Thrako-Daker. Bukarest, 1969

Sarafov, Todor: Sur le culte d'Héraclès en Bulgarie, in »Acta antiqua Philippopolitana«. Sofia, 1963

Schachermeyr, Fritz: Die ältesten Kulturen Griechenlands. Stuttgart, 1955

Schachermeyr, Fritz: Hethiter und Achäer. Leipzig, 1935

Schall, Hermann: Südbalten und Daker: Väter der Lettoslawen, in »Thracia«, Bd. 2. Sofia, 1974

Schwidetzki, Ilse: Das Problem des Völkertodes, Stuttgart 1954

Schuchhardt, C.: Alteuropa in seiner Kultur und Stilentwicklung. Berlin, 1926

Scorpan, Constantin: The problem of the Thraco-Getae in Scythia Minor, in »Thracia«, Bd. 2. Sofia, 1974

Shivkova, Ljudmila: Das Grabmal von Kasanlăk. Recklinghausen, 1973

Šipkovenski, Nikola: Grundsätze der thrakischen Medizin, in »Thracia«, Bd. 2. Sofia, 1974

Starcke, C. N.: La famille primitive. Paris, 1891

Stein, A.: Die Legaten von Moesien. Budapest, 1940

Stein, A.: Römische Reichsbeamte der Provinz Thracia. Sarajevo, 1920

Tanţău, Rodica: Meşteşugurile la geto-daci. Bukarest, 1972

Thukydides: Geschichte des Peloponnesischen Kriegs, übersetzt von Adolf Wahrmund. Stuttgart, 1864

Todorovič, J.: Kelti u jugoistočnoj Evropi. Belgrad, 1968

Tomaschek, W.: Die alten Thraker. Sitzungsberichte der kaiserlichen Akademie der Wissenschaften. Wien, 1893/1894

Tsontchev, D.: Contributions à l'histoire du stade antique de Philippopolis. Sofia, 1947

Tudor, D.: Oraşe, tîrguri şi sate in Dacia romană. Bukarest, 1968

Turczynski, Emanuel: Elemente der rumänischen Volkstänze, in »Die Volkskultur der südosteuropäischen Völker«. München, 1962

Vakarelski, Hristo: Charakteristische Merkmale der bäuerlichen Volkskultur in Bulgarien. München, 1962

Vakarelski, Hristo: Des vestiges anciens, probablement thraces dans la culture matérielle des Bulgares, in »Thracia«, Bd. 2. Sofia, 1974

Vasilev, Vladimir D.: Untersuchungen über die Medizin im alten Thrakien und Mösien, in »Thracia«, Bd. 2. Sofia, 1974

Velkov, Velizar: Robstvoto v Trakija i Misija prez antičnotta. Sofia, 1967

Velkov, Velizar: Thraker und Phryger nach den Epen Homers, in »L'ethnogenèse des peuples balkaniques«. Sofia, 1971

Venedikov, Ivan, und *Gerassimov*, Todor: Thrakische Kunst. Wien, München, 1973

Vlăduțiu, Ion: Etnografia românească. Bukarest, 1973

Vraciu, Ariton: Einige Überlegungen zu den dakischen Elementen im Rumänischen, in »Thracia«, Bd. 2. Sofia, 1974

Vraciu, Ariton: Sur le caractère autochtone des populations anciennes de la Dacie: les données linguistiques, in »L'ethnogenèse des peuples balkaniques«. Sofia, 1971

Vulcănescu, Romulus: Le substratum thrace des quelques activités ludiques de la culture populaire roumaine, in »Thracia«, Bd. 2. Sofia, 1974

Vulpe, Alexandru: The cultural unity of the Norththracian tribes in the Balkano-Carpathian-Hallstatt, in »The Journal of Indo-european studies«. 1974

Vulpe, R.: Histoire ancienne de la Dobroudja. Bukarest, 1938

Vulpe, R.: Le nombre des colonies et des municipes de la Mésie Inférieure, in »Acta antiqua Philippopolitana«. Sofia, 1963

Werner, J.: Mykene-Siebenbürgen-Skandinavien. Florenz-Rom, 1952

Wiesner, Joseph: Die Thraker. Stuttgart, 1963

Wiesner, Joseph: Fahren und Reiten in Alteuropa und im alten Orient. Leipzig, 1939

Wiesner, Joseph: Grab und Jenseits. Berlin, 1938

Namen- und Sachregister

330

Rudolf Pörtner (Hrsg.)

Alte Kulturen ans Licht gebracht

Neue Erkenntnisse der modernen Archäologie

480 Seiten, 280 Farbabbildungen,
60 Schwarzweißabbildungen, gebunden

»Ein Buch für alle archäologisch und historisch interessierten Leser, die nicht nur mit Grabungsstorys und geschichtlichen Kuriosa unterhalten, sondern auch über den Fortschritt der Wissenschaft informiert werden wollen.«
Wiesbadener Kurier

»Ein Kompendium der Archäologie, locker geschrieben und durch Abbildungen noch lebendiger gemacht.«
Nürnberger Nachrichten

ECON Verlag · Postfach 92 29 · 4000 Düsseldorf 1

Rudolf Pörtner

Die Wikinger-Saga

456 Seiten, zahlreiche Fotos
und Zeichnungen, gebunden

»Pörtner zeichnet das Bild von den sagenhaften Nordmännern,
deren Taten noch immer eine starke Faszinationskraft ausstrahlen.«
Südwest-Presse

Hermann Schreiber

Die Hunnen

Attila probt den Weltuntergang

353 Seiten, 28 Abbildungen,
davon 8 in Farbe, gebunden

»Was immer von den dunkelhäutigen Reitern aus der Steppe
bekannt ist – Schreiber hat es in lesbarer Form zusammengefaßt.«
Welt am Sonntag

Nigel Davies

Die Azteken

Meister der Staatskunst –
Schöpfer hoher Kultur

436 Seiten, 21 Seiten Abbildungen,
8 Karten, gebunden

»Die hervorragende Darstellung der Geschichte eines Volkes und
seines Weges.«
Literaturreport

ECON Verlag · Postfach 92 29 · 4000 Düsseldorf 1

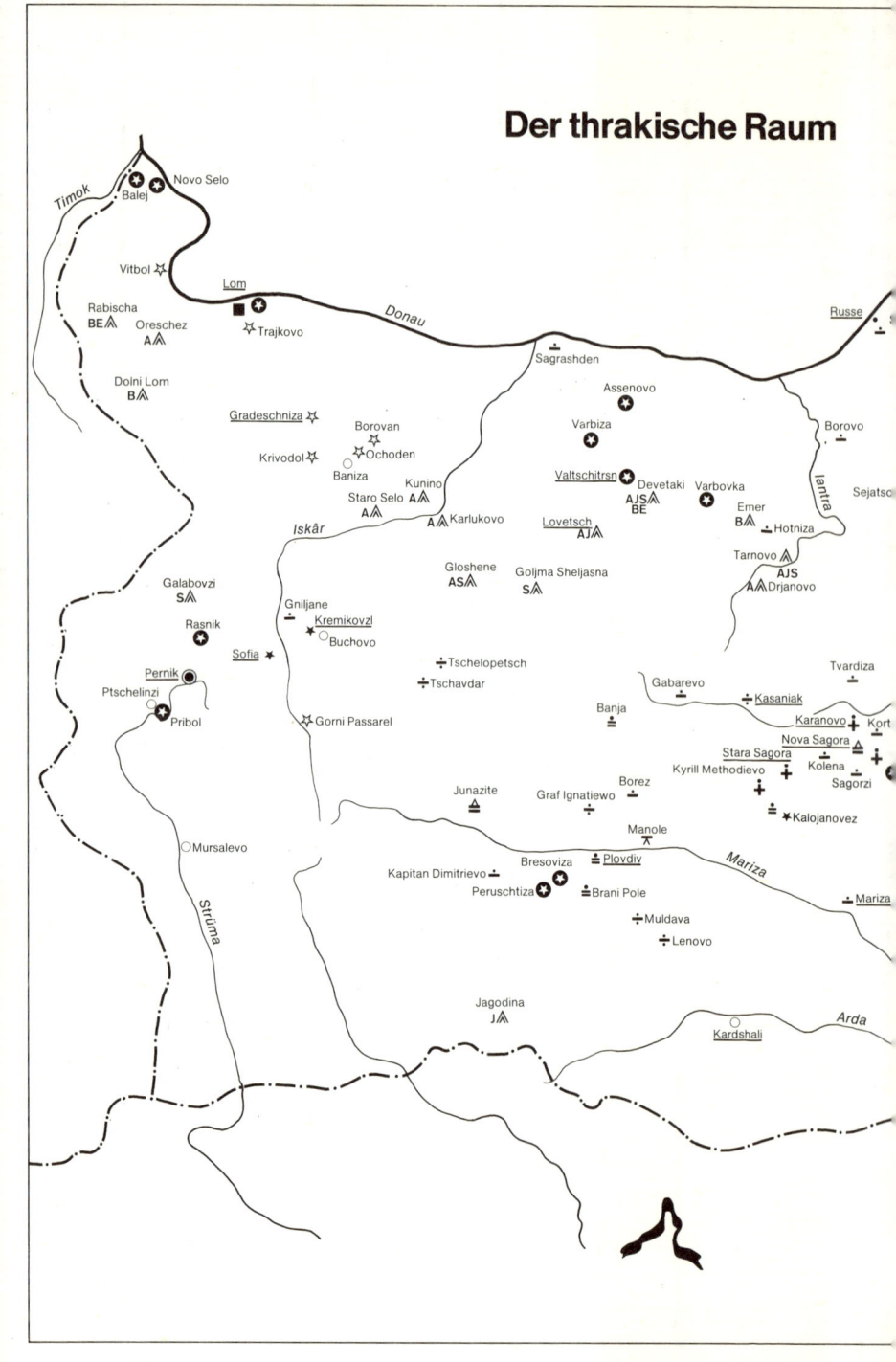

Der thrakische Raum